Robert T. Michael ist Wirtschaftswissenschaftler und hat sich als Leiter des Meinungsforschungszentrums der Universität von Chicago intensiv mit der Theorie und Praxis von soziologischen Umfragen beschäftigt. Er ist Dekan der Irving B. Harris Graduate School für Politikwissenschaft der Universität von Chicago.

John H. Gagnon ist Professor für Psychologie und Soziologie an der State University von New York, lehrt außerdem an der Irving B. Harris Graduate School für Politikwissenschaft der Universität von Chicago und ist ein anerkannter Sexualexperte. Neun Jahre lang hat er mit dem Kinsey Institut zusammengearbeitet und das Sexualverhalten verschiedenster Bevölkerungsgruppen erforscht. Er ist außerdem Mitglied einer nationalen Aid-Forschungsgruppe.

Edward O. Laumann ist Professor für Soziologie an der Universität von Chicago. Sein wissenschaftliches Interesse gilt vor allem der Analyse sozialer Netzwerke und der Soziologie menschlicher Sexualität.

Gina Kolata ist eine der führenden amerikanischen Wissenschaftsjournalistinnen, hat zahlreiche Auszeichnungen erhalten und wurde zweimal für den Pulitzerpreis nominiert. Sie schreibt für die *New York Times*, früher auch für *Science*, und ist Autorin dreier Bücher.

W0047763

Dieses Buch wurde auf chlor- und säurefreiem Papier gedruckt.

Deutsche Erstausgabe November 1994
© 1994 für die deutschsprachige Ausgabe
Droemersche Verlagsanstalt Th. Knaur Nachf., München
Das Werk einschließlich aller seiner Teile ist urheberrechtlich geschützt.
Jede Verwertung außerhalb der engen Grenzen des
Urheberrechtsgesetzes ist ohne Zustimmung des Verlages
unzulässig und strafbar.
Das gilt insbesondere für Vervielfältigungen, Übersetzungen,
Mikroverfilmungen und die Einspeicherung und Verarbeitung
in elektronischen Systemen.
Titel der Originalausgabe »Sex in America«
© 1994 CSG Enterprises Inc., Edward O. Laumann /
Robert T. Michael / Gina Kolata
Originalverlag: Little, Brown & Co., Boston/MA
Umschlaggestaltung: Agentur Zero, München
Umschlagfoto: G+J / Bockelberg, Hamburg
Satz und Repro: Dr. Ulrich Mihr GmbH, Tübingen
Druck und Bindung: Elsnerdruck, Berlin
Printed in Germany
ISBN 3-426-77175-6

2 4 5 3 1

Robert T. Michael · John H. Gagnon
Edward O. Laumann · Gina Kolata

SEXWENDE

Liebe in den 90ern – Der Report

Aus dem Amerikanischen von
Gabriele Burkhardt, Manuela Olsson
und Ursel Schäfer

Inhaltsverzeichnis

Danksagung

Die Autoren danken allen Stiftungen für ihre Unterstützung, ohne die der National Health and Social Life Survey nicht möglich gewesen wäre. Die Ergebnisse dieser landesweiten Erhebung bilden die Grundlage für das vorliegende Buch. Es seien genannt: die Robert-Wood-Johnson-Stiftung, die Stiftung der Familie Henry J. Kaiser, Menlo Park, die Rockefeller-Stiftung, die Andrew-Mellon-Stiftung, die MacArthur-Stiftung, der New York Community Trust, die amerikanische Stiftung für Aids-Forschung und die Ford-Stiftung. Den qualifizierten Mitarbeitern und dem Engagement des National Opinion Research Center ist es zu verdanken, daß dieses Projekt erfolgreich durchgeführt werden konnte. Ebenso bedanken wir uns bei den Studenten und Mitarbeitern der Universität Chicago, die uns halfen, das umfangreiche Datenmaterial der Erhebung zu einer schlüssigen Darstellung zu verarbeiten. Unser größter Dank gebührt jedoch den 3432 Personen, die uns in jeweils anderthalbstündigen Interviews Auskunft über ihr Sexualleben gaben. Ihre Angaben bilden den repräsentativen Querschnitt, auf dem die Ergebnisse dieses Buches beruhen.

1

Sexualität in Amerika

Amerika hat in Sachen Sex eine Botschaft für uns, und diese Botschaft kommt massiv. Wer sich einen Kinofilm ansieht, eine Zeitschrift liest oder auch nur den Fernseher einschaltet, wird mit ihr konfrontiert. Die Botschaft lautet, daß fast jeder, man selbst ausgenommen, am laufenden Band aufregenden, abwechslungsreichen Sex erlebt.

Wir haben jedoch festgestellt, daß das Bild der Sexualität in der amerikanischen Öffentlichkeit in keiner Weise der Wirklichkeit entspricht. Die öffentliche Meinung wird von einem Sexmythos beherrscht, der schädliche Folgen haben kann. In harmlosen Fällen sind es nur unrealistische Vorstellungen, schlimmstenfalls jedoch gefährliche Fehleinschätzungen, die sich der einzelne über das sexuelle Verhalten seiner Mitmenschen macht. Die daraus resultierenden falschen Erwartungen können die Selbstachtung untergraben, das gemeinsame Leben in Ehe und Partnerschaft beeinträchtigen und sogar die Gesundheit schädigen.

Das vorliegende Buch befaßt sich mit Sexualität in Amerika. Es ist ein Tatsachenbericht, der auf wissenschaftlich erhobenen Daten basiert. Das Buch will weder ein Ratgeber sein, noch bietet es Pikanterien aus der Sexualwissenschaft. Vielmehr liefert es Fakten über das Sexualverhalten der Amerikaner und stellt sie in einen größeren sozialen Zusammenhang. So kann es bei der Beantwortung der Frage helfen, was Menschen eigentlich sexuell tun und warum sie es tun. Wer aber die Tatsachen und die Gründe kennt, kann auch rational abwägen, ob er sein Sexualleben ändern will, und wenn ja, wie.

Fast jeder hat sich Fragen zur eigenen Sexualität gestellt, und fast jeder hat dabei die Erfahrung gemacht, daß die Geschichten, die über das Thema Sex im Umlauf sind, und die Mythen, die uns auf Schritt und Tritt verfolgen, nicht der Weisheit letzter Schluß sein können. Die Fragen bleiben.

Der einzelne hat mit seinen privaten Problemen zu kämpfen, angefangen mit der Suche nach einem liebevollen Partner, bis hin zu der Obsession vieler Frauen, wie sie zum Orgasmus gelangen. Manche Fragen sind recht speziell: Ein neunundzwanzigjähriger alleinstehender Mann, der pro Jahr etwa viermal die Partnerin wechselt, fragt sich, wie groß wohl das Risiko ist, sich eine Geschlechtskrankheit zu holen. Eine vierzigjährige Prostituierte beschäftigt die Frage, ob sie vielleicht doch noch heiratet. Ein junger Homosexueller aus New York steht vor dem Problem, ob er einen Partner finden wird, wenn er den neuen Job in Rochester im ländlichen Minnesota annimmt. Ein anderer ist darüber verunsichert, ob seine sexuellen Phantasien vielleicht pervers sind. Andere Fragen wiederum sind eher allgemeiner Art: Haben die meisten ebenso selten Sex wie ich? Sind andere Ehefrauen ihren Männern treu?

Die Fragen können sich mit den Jahren ändern. Geht es anfangs um Partnersuche oder sexuelle Techniken oder die Frage des richtigen Zeitpunkts, um mit einem neuen Partner intim zu werden, so steht später vielleicht das Problem der Treue im Vordergrund. Und schließlich quält viele die altbekannte Frage, wie oft in der Woche denn als normal gelten kann. Jeder hat seine eigene Geschichte, aber die Themen sind überall die gleichen.

Felicia, eine Frau mittleren Alters aus dem wohlhabenden Bürgertum, lebt mit ihrem Mann und ihrem kleinen Sohn in einer Luxuswohnung an der Upper East Side von Manhattan. Sie scheint alles zu haben: eine gutdotierte Stellung, einen liebevollen Ehemann, ein Leben in Wohlstand. Und doch gestand sie der Autorin Anita Shreve, kein besonders reges Sexualleben zu haben. »Mein Mann und ich, wir gehen unkompliziert mitein-

ander um«, erzählte sie. »Ehrlich gesagt, habe ich meist keine
Lust auf Sex. Ich bin einfach dauernd müde. Habe ich mir deshalb zwei Vibratoren angeschafft? Aber auch da weiß ich nicht,
wann ich sie das letzte Mal benutzt habe. Wenn es hochkommt,
schlafen wir jetzt zweimal im Monat miteinander. Wenn ich
abends müde ins Bett falle, habe ich nur einen Wunsch: schlafen
und sonst gar nichts.«[1]
Felicia fragt sich, ob sie normal sei. »Manchmal würde ich dem
Problem gern auf den Grund gehen. Schlafen andere Ehepaare
auch nicht öfter miteinander? Ist es das Alter? Ist es Erschöp-
fung? Ist es die Arbeit? Ist es nur vorübergehend? Dieses Problem muß doch auch andere Frauen beschäftigen. Aber ich muß
lachen, wenn ich das sage. Ich kann mir beim besten Willen
nicht vorstellen, mit anderen Frauen über Sex zu reden.«
Jim Walsh, einen Mann Anfang Dreißig, der über Rockmusik
schreibt, beschleichen ebenfalls Zweifel. Er hält sein Sexualleben
für außergewöhnlich banal. Andere Männer seines Alters, meint
er, trieben es viel bunter.
Wenn er darüber nachdenke, falle ihm eine Fummelparty ein,
auf der er 1974, mit dreizehn Jahren, gewesen sei. Auf dieser
Party habe er sich vergeblich bemüht, ein Mädchen abzuschlep-
pen, und seine Freunde hätten sich deswegen noch wochenlang
über ihn lustig gemacht.
»So schlimm war es gar nicht«, fügt Walsh hinzu. »Ich gräme
mich nicht mehr darüber, wie ich in der ersten Woche des Jahres
1974 von den anderen Jungs aufgezogen wurde. Aber so, wie
ich mich damals als Außenseiter fühlte, sehe ich mich auch
heute, zwanzig Jahre später, immer noch als Zuschauer der sogenannten sexuellen Revolution. Ich besitze kein Sexspielzeug,
keine Videos oder irgend etwas, das über das Übliche hinaus-
ginge und die Phantasie stimulierte. Ich bin seit vierzehn Jahren
mit derselben Frau verheiratet. Das sage ich nicht, um mich
frömmer oder besser als die anderen zu machen; ehrlich gesagt,
mir ist es manchmal fast peinlich, es zuzugeben.«

Walsh glaubt, das Sexualleben eines Großteils seiner Freunde und der meisten Prominenten sei so aufregend, daß er sich ihnen gegenüber blaß und kümmerlich fühlt. »In meinen schlimmsten Stunden geben mir die *Spur Posse* das Gefühl, ein verklemmter Spießer zu sein«, sagt er mit Blick auf eine Clique von High-School-Athleten, die darum wetteiferten, wer die meisten Mädchen flachlegte.

Felicia wuchs in den fünfziger und sechziger Jahren in einem katholischen Elternhaus auf, wo sie, nach ihren eigenen Worten, »überaus behütet« wurde. Sexualität war damals ein Tabuthema und blieb weitgehend der Phantasie eines jeden überlassen. In Jim Walshs Jugend in den siebziger Jahren drangen sexuelle Themen in die öffentliche Unterhaltungskultur vor, sexuelle Phantasien tauchten in Filmen, in der Rockmusik, in Büchern, Zeitschriften und Zeitungen auf. Aber sowohl Felicia als auch Jim Walsh quälen ähnliche Fragen: Sind wir normal? Was für ein Sexualleben haben die anderen?

Felicia und Jim Walsh sind nur zwei Beispiele von vielen, und ihr Problem hat unzählige Varianten. Obwohl manche meinen, die Geschichten, die wir uns über das Sexualleben anderer erzählen, seien mehr als übertrieben, blicken sie mit einem gewissen Neid auf Paare, bei denen der amerikanische Traum von Sexualität scheinbar in Erfüllung geht. Andere können nicht fassen, was für scheinbar schlechte Karten ihnen das Schicksal gegeben hat.

Obwohl die Drehbuchautorin Mary Lou Weissman dem Sexmythos mißtrauisch gegenübersteht, muß sie doch dazu Stellung nehmen. Sie beschreibt, wie Paare bei Dinnerpartys anderen ein aufregendes Sexualleben vorgaukeln. »Das wetteifernde Paar Nummer drei kann es gar nicht erwarten, nach Hause zu kommen. Sie füttert ihn mit Appetithäppchen. Er tätschelt ihr verheißungsvoll den Po. Sie flüstert mit heiserer Stimme: ›Wollen wir nicht bald gehen?‹ Und er flüstert zurück: ›Ja, bald.‹« Mary Lou Weissman denkt über ihre Reaktion nach. »Dahinter steckt dieser verzehrende Neid, weil angeblich alle anderen eine bessere Ehe führen als man selbst«, erklärt sie. »Es ist dieselbe Einbildung, die Menschen glauben macht, die anderen ließen sich am Thanksgiving Day ihr Festmahl von dem populären Maler Norman Rockwell arrangieren und nur sie selbst hätten einen Vater, der keinen Braten tranchieren, eine Mutter, die nicht kochen kann, eine Schwester, die in Scheidung lebt, eine Tochter, die das Erntedankfest lieber mit der Familie ihres Freundes verbringt, und einen Onkel, der unaufhörlich von seiner Elektroschocktherapie erzählt. Es ist derselbe, letztlich selbstzerstörerische Drang, der Menschen – wider besseres Wissen – an der Vorstellung festhalten läßt, die Schlanken könnten soviel essen, wie sie wollten, nur man selbst müsse Diät halten.«[2]

Cesar, ein Homosexueller in den Vierzigern, der am Ende das Opfer von Aids wurde, hatte ein Leben des stillen Kompromisses geführt und sich mit einem Sexualleben begnügt, das hinter seinen Vorstellungen zurückblieb. Dann zog er nach San Francisco und suchte dort Liebe und eine freie, offene Sexualität. Aber er mußte sich regelmäßig mit unpersönlichem Sex begnügen. Sein Freund Paul Monette schreibt in seinen Erinnerungen mit dem Titel *Borrowed Time*, Cesar habe »in der Liebe kein Glück« gehabt. »Während der Zeit im Osten hatte er ziemlich zurückgezogen gelebt. Der Umzug nach San Francisco war für ihn so etwas wie ein Übergangsritus. Cesar war immer auf der Suche nach der großen Liebe, aber die wenigen sexuellen Kontakte, die er hatte, waren kaum der Rede wert. Trotzdem war er stolz und erging sich nicht in Selbstmitleid. Er lernte, die Flüchtigkeit seiner Beziehungen in San Francisco zu akzeptieren.«

Mary Lou Weissman war zwar desillusioniert und zynisch, fühlte sich aber zum Traum von romantischer Liebe hingezogen. Cesar konnte nicht verstehen, warum dieser Traum sich für ihn nicht erfüllte. Felicia und Jim Walsh glaubten, alles über Sex in Amerika zu wissen, und fühlten sich wie arme Kinder, die sich die Nasen an Schaufensterscheiben platt drückten. Aber keiner von ihnen wußte wirklich, wie es um die Sexualität in Amerika bestellt ist.

Diese Unwissenheit führt nicht nur dazu, daß die Menschen an ihrer Normalität zweifeln, sondern sie hat viel schwerwiegendere Folgen. Mythen und irrige Vorstellungen machen es den Amerikanern schwer, wenn nicht gar unmöglich, die Entwicklung ihrer Sexualität zu begreifen und realistisch darüber nachzudenken, wie sich jene Aspekte ihres Sexualverhaltens, die ihnen nicht gefallen, ändern lassen.

Mangelhafte Kenntnisse sind schuld daran, daß weder der einzelne in seinem Privatleben noch die für soziale Belange zuständigen Politiker in der Lage sind, das eigene Sexualleben bzw. die gesellschaftlichen Rahmenbedingungen, in denen es stattfindet, zu verstehen und zu verändern. Eine geschiedene Frau, die sich darum bemüht, einen Mann kennenzulernen, übersieht nicht das Geflecht sozialer Beziehungen, das ihre Chancen auf eine Wiederheirat von vornherein einschränkt. Ein Mann, der öfter Geschlechtsverkehr mit seiner Frau möchte, weiß nichts von den Vorgängen, die sein Sexualleben derart haben verkümmern lassen. Und er weiß auch nicht, wie er diese Vorgänge rückgängig machen könnte. Die Eltern eines Heranwachsenden, die verhindern wollen, daß ihr Sohn verfrühte sexuelle Erfahrungen macht, erreichen gar nichts, wenn sie ihn mit dem simplen Rat abspeisen, »einfach nein zu sagen«. Den Verantwortlichen im Gesundheitswesen, die der Verbreitung von Aids auf der Spur sind, oder den Sozialarbeitern, die für einen verantwortungsvollen Umgang mit der Sexualität werben, wird die Arbeit durch unzureichende Kenntnisse über das tatsächliche Sexualverhalten der Amerikaner erschwert.

Bisher hatten wir trotz Sexmythos, privaten Anekdoten, Klatsch und Expertenmeinungen keinen objektiven Anhaltspunkt, um zu entscheiden, ob nun die meisten oder auch nur viele jugendliche oder erwachsene Männer wie die »Spur Posse«

Sex als Hochleistungssport betreiben oder wie betrunkene Soldaten bei Zusammenkünften Frauen vergewaltigen oder ob der Großteil der männlichen Bevölkerung das sexuelle Treiben nur als Zuschauer auf der Tribüne verfolgt. Die Beispiele aktiver erotischer Frauen auf der Leinwand können nicht darüber hinwegtäuschen, daß wir bisher keine objektive Darstellung des Sexuallebens der Durchschnittsamerikanerin besaßen.

Obwohl das Land von Aids überschattet wird, haben Wissenschaftler keine Antworten auf grundlegende Fragen der Sexualität parat. Dabei wären solche Antworten dringend nötig, um Aussagen über die Ausbreitung der Seuche in der Bevölkerung zu machen. Gewiß, es liegen Untersuchungen über bestimmte Bevölkerungsgruppen vor, bei denen ein besonders hohes Risiko besteht, sich mit dem HIV-Virus zu infizieren. Aber darüber hinaus gibt es keine Erkenntnisse, ob sich das Sexualverhalten im Land inzwischen geändert hat oder ob Kondome benutzt werden. Die weitverbreitete Ansicht, die Amerikaner hätten mit immer mehr Partnern immer häufiger Geschlechtsverkehr, weil das Eingangsalter für sexuelle Kontakte immer mehr sinke, basiert größtenteils auf Untersuchungen, die in Umfang und Gültigkeit beschränkt, wenn nicht methodologisch fehlerhaft sind. Es fehlen zuverlässige Erhebungen, wie oft Amerikaner in einer Woche, einem Monat, einem Jahr oder im Verlauf ihres Lebens Geschlechtsverkehr haben und mit wie vielen Partnern.

Der Sexmythos läßt die Zahl der Single-Clubs und Kontaktanzeigen sprunghaft in die Höhe schnellen. Heutzutage reden sich einsame Herzen ein, sie könnten einen Partner finden – einen reichen, verständnisvollen Partner mit Sex-Appeal –, wenn sie nur neue Wege beschritten. Sie lesen begierig Zeitschriften, die ihre Leser mit Versprechen angeln wie z. B. »Wie werde ich sexuell attraktiv?« und »Wie muß ich mich im Bett verhalten, damit mein Partner sexuell anspricht?« Sie liefern die Vorlagen für Filme und Romane, die uns die Welt so zeigen, wie wir sie uns

15

wünschen, und die uns weismachen, daß die Jungen und Schönen alles haben können.

Wie können wir angesichts unzureichender Informationen über das Sexualleben der Amerikaner glauben, in Amerika sei Sex für alle leicht zu haben, ja die Nation sei im Sexuellen außer Rand und Band geraten?

Schon ein flüchtiger Blick in die Vergangenheit lehrt, daß sich in Amerika ein revolutionärer Wandel vollzogen hat. In den Jahrzehnten nach dem Zweiten Weltkrieg wurde Sexualität durch Filme, Zeitungen, Zeitschriften, Bücher und Anzeigen immer mehr in die Öffentlichkeit gerückt, und es wurde immer offener darüber gesprochen. Der Wandel vollzog sich nach und nach, mit Vorstößen hier und dort, so daß er schwerlich bewußt wahrgenommen wurde. Aber das Ergebnis war am Ende derart drastisch, daß die Welt der Sexualität, wie wir sie in den fünfziger Jahren kannten, heute fast irreale Züge für uns hat.

Der Wandel spiegelte sich in der Kultur wider und wurde durch sie gefördert. In den vergangenen fünfzig Jahren wurde aus einer Gesellschaft, die Sexualität tabuisierte, eine Gesellschaft, in der das Thema Sexualität allgegenwärtig ist.

Die zunehmende sexuelle Offenheit der Massenmedien hat zu der weitverbreiteten Annahme geführt, die Amerikaner von heute seien sexbesessen. Während in den fünfziger Jahren offenbar völlige sexuelle Unterdrückung herrschte, überwiegt in den neunziger Jahren die Sorge über die negativen Folgen der sexuellen Freizügigkeit. Übersättigt von vielen Erscheinungsformen der Sexualität in der Öffentlichkeit – angefangen von Hard-Core-Filmen bis hin zu Talkshows, in denen über alles geredet, und Seifenopern, in denen nichts ausgespart wird – sorgen sich viele Amerikaner, kaum fühlten sie sich von falscher Prüderie befreit, ihr Land könne in sexueller Dekadenz versinken.

Gleichzeitig haben die veränderten Normen dazu geführt, daß viele nicht mehr wissen, wo im Alltag die Grenzen eines akzeptablen Sexualverhaltens liegen. Wie sieht in einer gemischten Gesellschaft eine kultivierte Unterhaltung über sexuelle Erfahrungen, Ansichten und Kenntnisse aus? Was sollen wir als angepaßtes Sexualverhalten bei unseren Politikern, unseren künftigen Richtern und Erziehern voraussetzen, was können wir bei unseren Nachbarn, Kindern und Eltern erwarten?

So bequem es auch wäre, wir können unsere Meinung nicht mehr für uns behalten. Von uns wird erwartet, daß wir bei Diskussionen mehr über unsere Ansichten verraten als früher. Ist es schlimmer, daß Politiker außereheliche Geschlechtsbeziehungen haben oder daß sie sie verheimlichen? Ist es ein gravierenderer Charakterfehler, mit einer Zufallsbekanntschaft sexuell verkehrt zu haben oder beim Steuerzahlen zu mogeln?

Religiöse Wertkonservative legen uns, der verunsicherten Mehrheit, gern Entscheidungen zu sogenannten ethischen Fragen vor – gerade uns, die wir solchen Fragen nie besondere Aufmerksamkeit gewidmet haben und denen wir auch jetzt lieber aus dem Weg gingen.

Gleichzeitig drängen uns aggressive Verfechter des Liberalismus, Stellung zu nehmen zum Recht auf sexuelle Selbstbestimmung für Homosexuelle, zum Recht auf freien Ausdruck bis hin zur Zurschaustellung von Sexualität in der Öffentlichkeit. Heutzutage ist es niemandem erlaubt, zu solchen Fragen keine Meinung zu haben. Trotzdem wäre es vielen Amerikanern lieber, wenn sie aus unserer Unterhaltung, aus den Radiowellen und den wichtigsten Zeitungen und Zeitschriften, die sie schon seit Jahren lesen, verschwinden würden. Doch immer noch bleibt vieles über diesen tiefgreifenden Wandel im unklaren. Warum und wie vollzog er sich? Wer wollte ihn und wem nützt er?

Kaum einer kann sich heute vorstellen, was mit dem alten Amerika geschehen ist, dem Land der Freiheitsliebe und der sexuellen Unbedarftheit. Wohin ist jene Zeit entschwunden, als es noch keine Hard-Core-Filme und Videos, keinen Rap und kein MTV, keinen Rock'n'Roll, keinen *Playboy*, keinen Kinsey, keine

Masters und Johnson gab? Selbst diejenigen, die noch die Zeit vor 1948 erlebt haben, bevor Kinseys erstes Buch über das Sexualverhalten des Mannes erschien, können sich kaum noch daran erinnern, wie öde damals die erotische Landschaft in Amerika war. Und ebenso schwer lassen sich die entscheidenden Ereignisse genau bestimmen, die unsere althergebrachten Verbote sexueller Darstellungen unterminierten und die schließlich dazu führten, daß das einstige Tabuthema Sexualität nun allgegenwärtig ist.

Und doch herrscht ein gravierender Mangel. Obwohl Sex heute kein Tabu mehr ist, bleibt das ständige Gerede darüber zum großen Teil bloße Rhetorik. Männer reden über Sex und Frauen ebenfalls, aber nur selten reden Männer und Frauen miteinander darüber, es sei denn in der verhüllten Sprache der Verführung. Auf der einen Seite stehen die Ermahnungen der Eltern und auf der anderen Seite das, worauf die Kinder und Jugendlichen tatsächlich hören. Klagen, Prahlerei, Tratsch und Moralpredigten sind kennzeichnend für die meisten Unterhaltungen über Sexualität in unserer Gesellschaft. Manche Bereiche des Sexuallebens wie z. B. Masturbation werden fast nie angesprochen. Wohl noch nie zuvor in der Geschichte herrschte in einer Gesellschaft eine solche Kluft zwischen der öffentlichen Zurschaustellung von Erotik und der Abneigung, über private Sexualpraktiken zu sprechen.

In Sachen Sex ist die amerikanische Nation tief gespalten. Einerseits ist Sexualität für uns schon fast etwas Selbstverständliches. Uns wird weisgemacht, jeder treibe es *ad libitum,* und wir würden den Anschluß verpassen, wenn wir uns nicht weiterentwickelten. Wir sollen unserer Sexualität freien Lauf lassen, dem Diktat unserer Hormone folgen und irgendwo jenseits des Gewühls zur Erfüllung kommen. Damit wird Sexualität zum höchsten Ausdruck des amerikanischen Traumes von Freiheit, Freizügigkeit und Mobilität stilisiert. Andererseits hören wir immer wieder, wie verheerend Sexualität sein kann. Manches rührt von dem starken Einfluß unseres puritanischen Erbes her, allerdings mit einem modernen Einschlag. Aids, die Anonymität der Städte, sexueller Mißbrauch und Vergewaltigungen machen Sex zu einem gefährlichen Zeitvertreib. Diese Gefahren stimmen genau mit den alten Moralvorstellungen überein, die neben unserer angeblichen sexuellen Freizügigkeit fortbestehen.

Auf der einen Seite wird Sex als ein Weg zur Befreiung und Erlösung gepriesen, scheint er doch dem einzelnen und der Gesellschaft als Ganzer eine nieversiegende Quelle der Freude und der Transzendenz zu bieten. Sex ist wie die Dose mit den leckersten Keksen, die böse Eltern verschlossen halten. Auf der anderen Seite gilt Sex als potentieller Unheilstifter. Eine aus den Fugen geratene Sexualität führe nicht nur zum Grab, sondern bringe auch ewige Verdammnis.

Für diese gegensätzlichen Auffassungen lassen sich leicht Beispiele finden. Das Argument, Sex sei höchste Lebensfreude, wird von Verfechtern des gemeinsamen Orgasmus vorgebracht. Sie behaupten, daß Ehepaare, die beim Geschlechtsverkehr einen gemeinsamen Orgasmus haben, den Höhepunkt körperlicher Befriedigung erleben und damit die Basis für eine tiefe emotionale Bindung schaffen.

Das Argument, Sex sei Sünde, wird von empörten Konservativen vertreten, die dagegen protestieren, daß an Schüler Kondome ausgegeben werden. Solche Kritiker behaupten, Kondome würden die Moral der Jugendlichen untergraben, weil sie die Botschaft suggerierten, Sex sei allgemein akzeptiert. Sie sind der Meinung, Kondome verleiteten zu vorehelichem Geschlechtsverkehr.

Diese widersprüchlichen Ansichten über Sex gehören in den Vereinigten Staaten schon so zum Alltag, daß sie gar nicht mehr zur Kenntnis genommen werden. Wenn Menschen sexuelle Erfahrungen machen, vermischen sich die unterschiedlichen Vorstellungen. Junge Leute lernen durch eigenes Tun ohne große Unterstützung der Eltern, aber stets der Mahnung eingedenk,

Sexualität sei etwas Geheimes und vielleicht auch Schmutziges, dem man sich gleichwohl nicht entziehen kann.

Deshalb glauben Jungen oft, sie hätten einen übermächtigen Sexualtrieb, während Mädchen meinen, sie könnten dem Verlangen nicht widerstehen. Unwissenheit, gepaart mit einem starken Interesse an Sexualität, ergibt eine berauschende Mixtur, die bis ins Erwachsenenalter Verwirrung schafft. So kommt es, daß Menschen beim Geschlechtsakt oder in ihren Phantasien sexuelle Gefühle abwechselnd als mitreißend, geheimnisvoll, gefährlich und abstoßend erleben. Da der korrigierende Einfluß eines ehrlichen Meinungsaustausches und objektiver Kenntnisse fehlt, führen solche Vorstellungen leicht zu magischem Denken. Wenn es um Sexualität geht, sind wir mit uns selbst uneins und wissen nicht, an wen wir uns wenden sollen. Zwar wimmelt es von Experten, die uns vor allem in populären Büchern und Zeitschriften erklären, wie es um unsere intimsten Gefühle bestellt sei und was wir tun sollen. Aber leider sind solche Experten kaum besser informiert und dem gleichen verworrenen Denken verhaftet wie diejenigen, denen sie Ratschläge erteilen.

Kann es sein, daß die zahllosen populären Bücher und Zeitschriftenartikel über Sexualität allesamt das Phänomen falsch aufgefaßt und uns dadurch noch weiter in die Irre geführt haben? Die Krux daran ist, daß fast alle Autoren der Überzeugung anhängen, Sexualität sei eine überwältigende Macht. Nur in der Frage, ob Sexualität gut oder schlecht sei, scheiden sich die Geister. Selten werden die gängigen Darstellungen von Sexualität mit dem nötigen Abstand betrachtet, und selten kommt die Realität der Sexualität ins Bild.

Wie sieht das Sexualverhalten der Amerikaner im täglichen Leben tatsächlich aus? In welchem Zusammenhang steht es zu den Darstellungen in den Medien? Sind Amerikaner ständig sexuell aktiv oder sexuell frustriert? Werden Amerikaner Opfer ihres übermächtigen Sexualtriebs? Welche Einstellung haben Amerikaner zur Sexualität?

Diese Fragen lassen sich nicht ohne eingehende Untersuchung des Sexualverhaltens im Alltag beantworten. Die Antworten auf diese Fragen wird man nicht in Seifenopern, Talkshows oder Ratgeberkolumnen finden. Da bisher nur selten das Sexualverhalten des durchschnittlichen Amerikaners bzw. der Amerikanerin wissenschaftlich durchleuchtet wurde, kennen die meisten in Sachen Sex nur Geschichten und Halbwahrheiten, die Klagen der Konservativen, daß alles vor die Hunde gehe, und die Hymnen der Liberalen auf sexuelle Freizügigkeit. Das Vakuum sexueller Unkenntnis wird mit Phantasien und Unwahrheiten gefüllt.

Wie sehen die Fakten aus? Warum kennen wir sie nicht? Und wo können wir sie finden? Die Geschichte der Versuche, das Sexualverhalten wissenschaftlich zu erforschen, zeigt bisweilen tragikomische Züge. Die Materie ist kompliziert, die Erwartungen hochgespannt und die Hoffnungen leicht enttäuscht. Die publizierten Ergebnisse haben zu manch verworrenen Ansichten darüber verleitet, was andere im Bett treiben. Daher kamen wir uns fast wie Narren vor, als auch wir es wagten, das Sexualverhalten der Amerikaner ebenso zu untersuchen wie zuvor schon andere soziale Verhaltensweisen. Am Ende sollte unsere Untersuchung sieben Jahre in Anspruch nehmen.

Jahrzehntelang beklagten sich die wenigen Forscher, die sich überhaupt an eine Untersuchung der menschlichen Sexualität wagten, daß dies beinahe unmöglich sei. Auch Masters und Johnson waren erstaunt über den Mangel an Forschungsmaterial. Ihr in den sechziger Jahren erschienenes Buch *Human sexual Response* (dt. *Die sexuelle Reaktion)* beginnt mit einer herben Kritik an der »einzigen Scheu« der Wissenschaft vor dem Thema Sexualität. Die Wissenschaft habe alle Bereiche des menschlichen Lebens erforscht, nur um die Sexualität habe sie einen Bogen gemacht. Aber, so Masters und Johnson weiter, Sexualität gehe jeden an. »Soll gerade dieser Aspekt unseres Lebens, der mehr Menschen tiefgehender beeinflußt als alle anderen physiologischen Reaktionen, abgesehen von den lebensnotwendigen, auch weiterhin ohne den Nutzen einer objektiven wissenschaftlichen Analyse bleiben?«

Diese Frage ist heute noch genauso dringlich. Da bislang keine wissenschaftliche Analyse unternommen wurde, blieben die Fehler unkorrigiert, die auf unzureichende Forschungsmethoden zurückzuführen sind. In einigen Fällen muß sogar von bloßer Pseudowissenschaft gesprochen werden. Selbst auf ganz schlichte Fragen gab es keine adäquaten Antworten: Wie viele Geschlechtspartner haben Amerikaner heute tatsächlich? Woher kommen diese Partner? Wie hoch ist die Wahrscheinlichkeit, daß ein verheirateter Mann oder eine verheiratete Frau eine außereheliche Beziehung haben? Wenn schon diese einfachen Fragen nicht beantwortet wurden, wie ist es dann erst mit den komplizierteren? In welchem Maße hat der Befragte sein Sexualleben unter Kontrolle, und inwieweit kann er es ändern? Was können die verantwortlichen Politiker tun, um die hohe Zahl von Schwangerschaften bei noch Minderjährigen einzudämmen oder die Verbreitung des Immunschwächevirus zu stoppen? Fehlende Informationen und viele unrealistische Vorstellungen stehen der Beantwortung dieser Fragen im Wege.

Ein Grund, weshalb wir so wenig über das Sexualverhalten der Amerikaner wissen, liegt in der Tatsache, daß Regierungsstellen und private Stiftungen kein Interesse daran hatten, dafür Forschungsgelder zur Verfügung zu stellen. Wozu Forschung betreiben, wo doch alle der Meinung waren, Sex sei in den meisten Fällen sündig und schlecht? Zudem hatte man offensichtlich Angst davor, was die Sexualforscher herausfinden und wie sich die Ergebnisse auf die sittlichen und religiösen Maßstäbe auswirken könnten. Wenn sich herausstellte, daß die meisten Amerikaner bereits vor der Ehe Geschlechtsverkehr hatten, dann könnten diejenigen, die damit bis nach der Eheschließung warten wollten, unter Druck geraten und sich der Mehrheit anschließen. Wenn bekannt würde, daß Homosexualität gar nichts

Ungewöhnliches war, ließe sich schwerlich die Behauptung aufrechterhalten, Homosexualität sei pervers. Wissenschaftliche Forschung wurde als Feind tradierter Moralvorstellungen betrachtet.

Es gibt noch einen zweiten Grund, weshalb selbst viele Wissenschaftler dem Thema aus dem Weg gingen. Sie waren der Meinung, Sexualforschung sei mit einem Makel behaftet, ein Randgebiet, schmutzig oder potentiell gefährlich. Ältere Professoren warnten ihre Studenten oft davor, sich mit Sexualforschung zu befassen, weil dies das Ende ihrer Karriere bedeuten würde. Andere, die sich tatsächlich der Sexualforschung widmeten, hatten Probleme, ihre Untersuchungsergebnisse in angesehenen Fachzeitschriften zu veröffentlichen. Viele Wissenschaftler waren auch der Ansicht, Sexualforschung sei uninteressant, weil lediglich die Stärke des Sexualtriebs und die Art, wie er kontrolliert werden könne, von Belang sei.

Mochten diese Ansichten von privaten und öffentlichen Geldgebern und Wissenschaftlern auch nichts mit Wissenschaft zu tun haben, sie hatten doch zur Folge, daß die Sexualforschung zum gemiedenen Stiefkind der Sozialwissenschaften wurde.

Ende der sechziger und Anfang der siebziger Jahre machten staatliche Stellen im Rahmen von Forschungen zur Gesundheitsfürsorge einige zaghafte Versuche, Erkenntnisse über die Sexualpraktiken junger Leute und über Homosexualität zu gewinnen. Doch davon abgesehen, wurde von staatlicher Seite geflissentlich vermieden, die Sexualforschung zu unterstützen. Und die privaten Stiftungen ließen sich durch die negativen Reaktionen auf Alfred Kinseys Werk in den vierziger und frühen fünfziger Jahren abschrecken und sahen weitgehend davon ab, Untersuchungen zu Fragen der Sexualität zu unterstützen, selbst wenn es um vitale Belange wie Geburtenkontrolle und Fortpflanzungsmedizin ging.

Gewiß, es gab in den vergangenen Jahrzehnten zahlreiche Untersuchungen zum Thema Sexualität. Leider waren bis vor kurzem praktisch alle diese Untersuchungen methodologisch fehlerhaft. Die erhobenen Daten waren unzuverlässig, nicht überprüfbar und ungeeignet für eine theoretische Durchdringung des Phänomens. Der *Hite-Report*, die Fragebogenaktionen von *Redbook* und *Playboy*, der *Janus-Report*: alle sind fehlerhaft und unzuverlässig bis zur Wertlosigkeit. Und obwohl in der zweiten Hälfte der achtziger Jahre einige seriöse Untersuchungen durchgeführt wurden, waren sie vom Umfang her begrenzt und fanden in der Öffentlichkeit nicht die gleiche Beachtung wie die weithin bekannten, aber wertlosen Reporte.

In gewissem Sinn ist es schädlicher, die Ergebnisse solch schlechter Untersuchungen vorliegen zu haben als gar keine. Dies führt nämlich zu der weitverbreiteten Annahme, wir würden jetzt zumindest einige der Antworten kennen und wüßten, was diese bedeuten.

Wer wissen will, wie es um die Sexualität in Amerika bestellt ist, braucht Ergebnisse, die über Anekdoten und fehlerhafte Interviews hinausgehen. Eine umfassende Untersuchung muß verläßliche Informationen über sämtliche Bevölkerungsgruppen bieten: über Menschen mittleren Alters ebenso wie über Jugendliche, über Berufstätige mit High-School-Bildung ebenso wie über solche mit Hochschulabschluß, über konservative protestantische Christen ebenso wie über Atheisten. Wir brauchen Daten, die die sexuellen Erfahrungen von Menschen verschiedener ethnischer und kultureller Zugehörigkeit offenlegen: von Farbigen, Latinos und Asiaten ebenso wie von Weißen. Und wir benötigen Angaben über das Sexualverhalten von Angehörigen ganz verschiedener sozialer Welten, z.B. von Farmern, Wall-Street-Bankern und Krankenschwestern. Angaben wie diese finden sich nur in wissenschaftlich exakt durchgeführten Erhebungen, deren Ergebnisse nachprüfbar und verläßlich sind.

Um Sexualität in Amerika mit Sexualität in anderen Ländern vergleichen zu können, brauchen wir ebenso sorgfältig durchgeführte Untersuchungen aus diesen Ländern. Damit uns die erfaßten Angaben auch etwas sagen, benötigen wir Theorien, die das Faktenmaterial in einen Zusammenhang bringen.

Zum ersten Mal verfügen wir jetzt über eine derartige Erhebung. Wir haben eine wissenschaftlich exakte Erhebung über Sexualität in Amerika durchgeführt, die nahezu alle erwachsenen Männer und Frauen repräsentiert und die Fragen zu vielfältigen Aspekten des Sexualverhaltens umfaßt. Unserer Ansicht nach kann eine solche Untersuchung dazu beitragen, Unklarheiten und falsche Vorstellungen über das Sexualleben der Amerikaner weitgehend auszuräumen. Unsere Ergebnisse werden gestützt durch andere Untersuchungen aus Amerika und dem Ausland, die sich mit Ausschnitten des Gesamtbildes befaßten. Als wir unsere Untersuchung begannen, ahnten wir nicht, wie die Angaben aussehen würden, und wir machten uns auf Überraschungen gefaßt. Aber als Sozialwissenschaftler hatten wir ein bestimmtes Ziel vor Augen und verfolgten einen bestimmten philosophischen Ansatz.

Unser Ziel war es, den Amerikanern eine andere Vorstellung von Sexualität zu vermitteln, die sozialen Kräfte offenzulegen, die ihr Sexualverhalten beeinflussen, so wie sie jede Art von menschlichem Verhalten beeinflussen. Wir gingen davon aus, daß Fragen wie: »Wer sind unsere Geschlechtspartner? Wie finden wir sie? Wie oft haben wir Geschlechtsverkehr? Was tun wir beim Sex?« sozialen Bedingungen unterliegen.

Unsere Philosophie lautete, daß Sexualität nichts Magisches an sich habe. Es sei eine Verhaltensweise, die in derselben Weise erklärt werden könne, wie Sozialwissenschaftler andere Verhaltensweisen, etwa das Wählerverhalten oder die Wahl des Wohnorts, erklärt hatten. Wir untersuchten die Sexualität mit denselben erprobten und allgemein anerkannten Methoden, die Sozialwissenschaftler bei der Untersuchung banalerer Aspekte des Lebens anwenden.

Unsere Ergebnisse sind jedoch alles andere als banal. Sie zerstören viele Mythen über Sexualität und zeigen eine Gesellschaft, die im Grunde ganz anders ist, als wir annehmen.

Wir, d. h. wir Durchschnittsamerikaner, reden uns ein, Sexualität sei nur ein animalischer Instinkt, eine biologische Notwendigkeit, von unseren eigenen Trieben hervorgebracht und nur von unserem Willen beeinflußbar.

»Ich sehe es so, daß jeder mit jedem und allem Sex haben kann«, sagt Roseanne Arnold. »Jeder ist auf seine Art sexuell. Der andere, mit dem die eigene Sexualität ausgelebt wird, bestimmt nicht die Art und Weise, wie dieses Ausleben geschieht.«

Wir Amerikaner sind überzeugt, daß Liebe keine gesellschaftlichen Regeln kennt. Wir können uns in jeden verlieben, egal welcher sozialen Schicht er angehört. Wir glauben an Aschenputtel und an Romeo und Julia. Man muß nicht unbedingt seinesgleichen heiraten.

Wir lieben Filme wie *Pretty Woman,* die uns vorgaukeln, daß Verliebten alles möglich ist.

Wir reden uns ein, daß die Ehe zwar eine notwendige Institution ist, aber daß sie für die Liebe tödlich sein kann. Wer sich ein aufregendes Sexualleben wünscht, der muß frei und ungebunden sein, um jede Gelegenheit nutzen zu können.

Wir sind immer geneigt anzunehmen, daß die anderen häufig Geschlechtsverkehr haben und daß diejenigen, bei denen es nicht so ist, frustriert und verkümmert sind.

Wir glauben, daß die meisten Amerikaner einen ausgeprägten Geschlechtstrieb besitzen, viele unterschiedliche Partner haben und die verschiedensten Praktiken ausprobieren.

Wir haben den starken Verdacht, daß die meisten Verheirateten ihrem Partner schon einmal untreu gewesen sind. Wir glauben an das verflixte siebte Ehejahr oder an die Midlife-crisis, in der sogar bislang standhafte, treue Ehemänner plötzlich vom Pfad der Tugend abkommen.

Wir sind überzeugt, daß Masturbation ein minderwertiger Ersatz für Geschlechtsverkehr ist und von partnerlosen, unglücklichen, frustrierten Individuen praktiziert wird, deren Geschlechtstrieb schon lange keine Befriedigung mit einem Partner gefunden hat.

Wir glauben, daß 10 Prozent der Bevölkerung homosexuell sind.

Wir sind überzeugt, daß Aids sich unaufhaltsam auch unter der heterosexuellen Bevölkerung ausbreitet. Jeder, der ein reges Sexualleben führt, nimmt ein hohes Risiko in Kauf.

All diese Überzeugungen, Vermutungen und Ansichten sind falsch.

Obwohl die Fakten an sich schon interessant sind, haben wir versucht, über die bloße Aufzählung solcher Angaben wie etwa: wie viele Sexualpartner eine Person im Durchschnitt hat, wie häufig Untreue in der Ehe ist und wie viele Erwachsene noch sexuell unberührt sind, hinauszugehen. Bei unserer Analyse der Daten haben wir uns bemüht, Fragen von Personen wie Jim Walsh und Felicia, die an ihrer Normalität zweifeln, zu beantworten. Wir haben aber auch versucht zu zeigen, warum Jim Walsh und so viele andere diese Frage zuerst stellten.

Wir wollten ein Licht auf die Tatsache werfen, wie gesellschaftliche Kräfte unser soziales Verhalten und unsere Einstellung bestimmen. Wie formen sie unsere Reaktionen, angefangen bei den Fummelpartys von Jugendlichen bis zur ehelichen Treue und den zahllosen anderen Aspekten der Sexualität. Wir befaßten uns auch mit den Schattenseiten der Sexualität und fragten uns, wie die gesammelten Daten unserer Erhebung helfen können, die Verbreitung von Aids und anderer sexuell übertragbarer Krankheiten besser zu verstehen.

Wir hoffen, daß wir eine Tür geöffnet haben und daß diese Untersuchung nur ein Anfang ist, ein erster Schritt vorwärts in dem Bemühen, dem Studium der menschlichen Sexualität den Platz in der sozialwissenschaftlichen Forschung zu erobern, der ihm gebührt.

2

Die wissenschaftliche Untersuchung des Sexualverhaltens der Amerikaner

Die meisten Untersuchungen zur Sexualität in Amerika sind unzuverlässig, viele sind sogar schlicht unbrauchbar. Als Sozialwissenschaftler mußten wir feststellen, daß die erprobten Verfahren, mit denen das Wählerverhalten oder Bewegungen auf dem Arbeitsmarkt genau untersucht werden, in der Sexualforschung kaum Anwendung fanden. Die Verfahren hingegen, nach denen viele populäre Sexualreporte durchgeführt wurden, wiesen solche methodischen Mängel auf, daß die Daten und die daraus gezogenen Schlüsse wertlos waren.

Die bisher gewonnenen Erkenntnisse auf diesem Gebiet sind so spärlich, daß auch Fachleute sich immer noch auf Daten stützen, die Alfred Kinsey Ende der dreißiger und Anfang der fünfziger Jahre gesammelt hat. Damals herrschten aber in Amerika noch ganz andere Verhältnisse als heute.[1] Eine wissenschaftlich exakte Untersuchung wie die unsrige war damals noch undenkbar, dazu waren die sozialempirischen Methoden noch nicht ausgereift. Außerdem herrschte die Ansicht vor, niemand könne Menschen in derselben Weise über Sexualität befragen wie über ihr Lieblingsessen oder ihre bevorzugte Automarke.

Viele der nach Kinsey populär gewordenen Untersuchungen, wie der *Hite-Report* oder die *Redbook*-Umfrage, haben noch größere Mängel. Obwohl bei deren Erscheinen die Demoskopie als Wissenschaft anerkannt war, wurde in diesen Studien all das ignoriert, was Sozialwissenschaftler mittlerweile herausgefunden hatten.

Die Probleme der Sexualforschung gehen über bloßes Theoretisieren und über akademische Diskussionen, wie die beste Untersuchungsmethode aussähe, weit hinaus. Schließlich geht es um die Frage, wie wir uns sexuell verhalten und warum.

Die meisten Amerikaner meinen, die Faktoren, die ihr Sexualleben bestimmen, seien vorwiegend oder ausschließlich in ihrer Persönlichkeit begründet. Ausschlaggebend seien der Sexualtrieb, die persönlichen Wünsche und die Hormone. Diese Ansicht geht größtenteils auf traditionelle Anschauungen zurück, Sexualität zu erforschen und zu kontrollieren. Im vergangenen Jahrhundert konzentrierten sich die Untersuchungen auf »perverse Individuen« und Sexualverbrecher. Sie folgten den psychologischen Studien Sigmund Freuds und anderer, die Sexualität als elementaren Trieb erklären, als etwas, das uns angeboren ist und das seinen eigenen Gesetzen gehorcht. Freud benutzte das Bild vom reiterlosen Pferd, das ungezügelt davongaloppiert. Die lange Geschichte der Sexualforschung wurde von der Vorstellung beherrscht, die Sexualität komme von innen, sei im Charakter des einzelnen begründet. Wer ein beliebiges Sexualverhalten verstehen wolle, müsse den Sexualtrieb, die Hormonschwankungen und selbst die genetische Veranlagung eines Menschen kennen. Die auch heute noch gängige Ansicht, der einzelne sei der allein Agierende auf der Bühne der Sexualität, ist ein Nachhall dieser traditionellen Sexualforschung.

Wir vertreten einen anderen Standpunkt. Wir sind überzeugt – und unsere Ergebnisse bestätigen uns darin –, daß das soziale Umfeld unser Sexualverhalten prägt. Unser Verhalten, ja sogar unsere Wünsche, stehen unter dem Druck bestimmter sozialer Gruppen, denen wir angehören. Wir haben weder bei der Partnersuche jeden erdenklichen Spielraum, noch stehen uns bei der Entscheidung über unsere Sexualpraktiken alle Möglichkeiten offen. Die anderen sind es, die unsere Wahl einschränken.

Aus den Ergebnissen einer überholten und mangelhaften Forschung entstand ein falsches Bild von der treibenden Kraft hinter unserem Sexualverhalten. Die Kritik an solchen Untersuchungen geht daher über das hinaus, was zuerst als kleinliche Pedanterie erscheinen mag.

Die Ära der großen Sexualuntersuchungen begann mit den Kinsey-Reporten. Und die Geschichte dieser Reporte zeigt, was bei den Versuchen, das Sexualverhalten der Amerikaner zu erforschen, falsch gelaufen ist.

Alfred Kinsey erkannte, daß die üblichen Untersuchungsmethoden für diesen heiklen Gegenstand nicht taugten, und beschritt neue Wege. Die Nation war über seine Ergebnisse schockiert. Die öffentliche Reaktion war so stark, daß die meisten Sozialwissenschaftler fortan diesen Forschungsbereich mieden. Als Evolutionsbiologe an der Universität Indiana hatte Kinsey vorher nie menschliches Verhalten erforscht. Er war Professor für Zoologie und Experte für Gallwespen. Im Jahr 1938 wurde er gebeten, Vorlesungen über die Ehe unter dem Aspekt der Sexualität zu halten. Bei der Vorbereitung mußte er feststellen, daß es zu diesem Thema fast kein wissenschaftliches Material gab. Deshalb beschloß er, eine, wie er es nannte, »taxonomische Untersuchung« der menschlichen Sexualität durchzuführen.

Kinsey griff zu den ihm vertrauten Methoden und teilte als erstes an seine Studenten einen Fragebogen zu sexuellen Praktiken aus. Da diese Methode ihn jedoch nicht zufriedenstellte, ging er zu Interviews über. Seine Testpersonen suchte er sich aus den verschiedensten sozialen Gruppen aus. Am Ende hatten er und seine drei Mitarbeiter fast achtzehntausend Personen befragt. Es war eine langwierige und mühsame Arbeit. Kinsey berichtet, es habe ihn sechs Monate gekostet, um die ersten zweiundsechzig Personen zu überreden, sich interviewen zu lassen. Aber mit verbesserter Fragetechnik wurde es ihm immer leichter, Probanden zu finden. Das Problematische war nicht, wen er interviewte, sondern wie er seine Personen fand.

Kinsey wußte, daß es das beste wäre, Personen nach dem Zufallsprinzip auszuwählen. Auf diese Weise wäre sichergestellt, daß die Befragten die Allgemeinheit repräsentierten. Kinsey hielt es jedoch für unmöglich, eine willkürlich ausgewählte Gruppe von Amerikanern dazu zu bringen, auf persönliche Fragen zu ihrem Sexualleben wahrheitsgetreu zu antworten.

»Leider können menschliche Subjekte nicht so leicht dirigiert werden wie Spielkarten«, schrieb Kinsey. »Es ist auch nicht angängig, sich an eine Straßenecke zu stellen, jede zehnte Person auf die Schulter zu tippen und von ihr einen vollständigen und aufrichtigen Sexualbericht zu verlangen. Man wird sich entschließen müssen, theoretisch zwar weniger befriedigende, aber praktisch durchführbare Mittel anzuwenden, um repräsentative Stichproben von menschlichen Individuen zu erhalten.«

Kinsey schloß einen Kompromiß und befragte die Personen, die sich je nach Gelegenheit zum Interview bereit erklärten. Er und seine Mitarbeiter suchten Studentenverbindungen auf; sie gingen in Collegeklassen und Studentengruppen, in Wohnheime, Gefängnisse und Heilanstalten; sie wandten sich an verschiedene soziale Einrichtungen und Vereine, wo ein gelungenes Interview weitere nach sich zog. In den vierzehn Jahren seiner Arbeit holte sich Kinsey sogar Anhalter vom Straßenrand zum Interview.

Um die Glaubhaftigkeit seines Datenmaterials zu erhöhen, bemühte sich Kinsey oft, 100 Prozent der Mitglieder einer Gruppe zu befragen, indem er versuchte, jeden Studenten einer Klasse oder jeden Insassen eines Wohnheims dazu zu bringen, seine Fragen zu beantworten.

Das Ergebnis macht Eindruck. Warum sollten seine Daten also unzuverlässig sein, wo er doch achtzehntausend Personen interviewt hat und überall fast 100 Prozent der Gruppenmitglieder seine Fragen beantwortet haben?

Ein ungelöstes Problem blieb, daß die Personen, die Kinsey interviewte, nicht für alle Amerikaner repräsentativ waren. Hier eine Studentenverbindung, dort eine Collegeklasse, hier eine Eltern-Lehrer-Vereinigung, dort eine Gruppe homosexueller

Männer – aber alle zusammengenommen repräsentierten nicht die Bevölkerung der Vereinigten Staaten.

Anstatt willkürlich ausgewählte Personen aus der Bevölkerung zu befragen, machte Kinsey Stichproben unter Freiwilligen, die er anwarb oder die zu ihm kamen. Dies fordert zwei Einwände heraus. Erstens repräsentierten die befragten Personen nicht die Gesamtheit der Bevölkerung, sondern nur sich selbst. Sie wurden in die Stichprobe aufgenommen, weil es für Kinsey relativ bequem war, sie zu finden und sie zur Teilnahme zu überreden, oder weil sie sich ihm selbst anboten. Obwohl sie vielleicht wahrheitsgemäße Angaben über ihr Sexualleben gemacht haben, weiß weder Kinsey noch sonst jemand, wie sich die Aussagen dieser Personen verallgemeinern lassen, um sinnvolle und präzise Angaben über die Gesamtbevölkerung oder einen bestimmten Teil der Bevölkerung machen zu können.

Es ist, als frage man morgens um Viertel vor acht Passanten in der Nähe des Bahnhofs, wie sie normalerweise zur Arbeit kommen. Wenn 80 Prozent von ihnen antworten, sie führen mit dem Zug, würde niemand diese Tatsache verallgemeinern und behaupten, 80 Prozent der Pendler in dieser Stadt kämen mit dem Zug.

Der zweite Einwand besteht darin, daß sich viele der Befragten freiwillig für Kinseys Untersuchung meldeten. Bei einer Sexualstudie ist es wahrscheinlich, daß Freiwillige und solche, die zufällig ausgewählt wurden, hinsichtlich der Sexualität unterschiedliche Verhaltensweisen, Erfahrungen und Ansichten haben. In dem Fall liefern die gesammelten Daten von Freiwilligen ein falsches Bild von der Gesamtbevölkerung. Werden die Sexualberichte von Personen, die ein Interesse an einer Teilnahme haben, aufgenommen, bekommt die Studie sofort eine Tendenz. Dies trifft für jede Studie zu, nicht nur für solche in der Sexualforschung. Es ist oft darauf hingewiesen worden,[2] daß freiwillige Teilnehmer an Sexualuntersuchungen mehr sexuelle Erfahrung haben als andere. Zudem ist festzustellen, daß

Personen, die sozial tabuisierte Verhaltensweisen wie Inzest praktizieren, es vermutlich ablehnen würden, befragt zu werden.

Da Kinsey seine Personen nicht in einer Weise auswählte, die eine Verallgemeinerung zuließ, liefern die von ihm gesammelten Daten bestenfalls interessante Fakten über die Befragten, aber keineswegs verwertbare Aussagen über die gesamte Bevölkerung.

Aber obwohl Kinseys Erhebung selbst nach damaligen Maßstäben fehlerhaft war, schockierte sie die Nation und galt fortan als Zeugnis für das Sexualverhalten der Amerikaner schlechthin. Nicht, daß die Kinsey-Reporte eine kurzweilige Lektüre böten. Trotz ihres gewagten Themas waren sie mit Tabellen und Graphiken gespickt, weshalb vermutlich nicht viele Leser sie von Anfang bis Ende gelesen haben. Als Biologe an große Datenmengen gewöhnt, brachte Kinsey seine oftmals schockierenden Beobachtungen in dichtgedrängten Tabellen unter, wobei er sich, wie er sagte, jeder Wertung enthielt. In seinem Buch über das sexuelle Verhalten des Mannes schrieb er beispielsweise: »Die vorliegende Untersuchung stellt nun einen Versuch dar, objektiv ermitteltes Tatsachenmaterial über die Sexualität zu sammeln, wobei eine soziale oder moralische Auswertung der Tatsachen strikt vermieden wird.«

Was viele Kritiker seiner Bücher besonders erboste, war Kinseys Ansicht, daß eine Vielzahl von Sexualpraktiken normal und biologisch fundiert sei, ebenso Bestandteil der Tierwelt wie der menschlichen Gesellschaft.

»In vielen Fällen«, so Kinsey, »stellen abweichende Verhaltensweisen die ursprünglichen Grundformen des Säugetierverhaltens dar, die durch die menschliche Kultur so erfolgreich unterdrückt wurden, daß sie nur bei Individuen, die ungeachtet der Sitte in sexuellen Techniken ihren eigenen Wünschen folgen, noch fortbestehen und wieder sichtbar werden. In manchen Fällen stellt eine von der Gesellschaft verworfene sexuelle Verhaltensweise die natürlichere Form dar, da sie durch soziale Beschränkungen weniger beeinflußt ist.«

Kinsey schockierte die Mehrheit der Amerikaner, die annahmen, unverheiratete Frauen seien in der Regel noch Jungfrau, mit der Feststellung, daß die Hälfte der Frauen, die nach dem Zweiten Weltkrieg heirateten, an ihrem Hochzeitstag nicht mehr unberührt waren. Er behauptete sogar, in der Biologie finde sich kein Beleg dafür, daß Jungfräulichkeit vor der Ehe natürlich sei.

Viele Amerikaner waren auch über Kinseys Feststellung empört, wonach die Hälfte aller amerikanischen Ehemänner außerehelichen Geschlechtsverkehr hatten und sich die Beziehung zum Ehepartner durch ein außereheliches Verhältnis verbessern ließ. Kinsey schrieb zum Beispiel: »Manche Frauen, die Probleme hatten, mit ihrem Ehemann zum Orgasmus zu gelangen, erleben durch die neue Situation mit einem anderen Mann ihren ersten Orgasmus und können sich hinterher besser auf ihren Ehemann einstellen.«

Kinseys Angaben zur Homosexualität waren für eine Gesellschaft, die davon überzeugt war, daß Sex zwischen Männern äußerst selten vorkam, ein gewaltiger Affront. Seiner Untersuchung zufolge hatte jeder dritte Mann irgendwann in seinem Leben ein sexuelles Erlebnis mit einem anderen Mann. 10 Prozent der von Kinsey befragten Männer hatten mindestens vier Jahre lang ausschließlich sexuellen Kontakt zu anderen Männern. Wahrscheinlich bildet diese Zahl die Grundlage für die weitverbreitete Ansicht, »jeder zehnte in den Vereinigten Staaten ist homosexuell«.

Am meisten fürchteten Kinseys Kritiker, daß seine Untersuchungsergebnisse die moralische Ordnung untergraben könnten. Wenn ein Mann erfuhr, daß die Hälfte aller verheirateten Männer untreu sein sollen, konnte er das dann nicht als Argument für außerehelichen Geschlechtsverkehr anführen? Wenn eine junge Frau las, daß die Hälfte aller Frauen bereits vor der

Ehe Geschlechtsverkehr hat, konnte ihr da nicht der Gedanke kommen, daß Jungfräulichkeit eine Rückkehr ins viktorianische Zeitalter bedeutete? Der Erweckungsprediger Billy Graham gab den Befürchtungen vieler Amerikaner Ausdruck, als er über das Buch *Das sexuelle Verhalten der Frau* sagte: »Es ist gar nicht abzusehen, welchen weiteren Schaden dieses Buch der schon jetzt dekadenten Moral in Amerika zufügen wird.«[3] Ohne zu wissen, wie das Sexualleben der Amerikaner tatsächlich aussieht, und ohne am Puls der Nation zu bleiben, können wir nicht sagen, ob Kinseys Erkenntnisse irgendwelche Auswirkungen hatten.

Angesichts der negativen Reaktion erschien in der *New York Times* keine Rezension zu Kinseys Buch über die Männer, auch durfte keine Werbeanzeige in ihren Spalten erscheinen. Und als während des Koreakrieges das Buch über die Frauen veröffentlicht wurde, reagierten einige Kongreßabgeordnete mit Verärgerung, weil sie Kinseys Behauptung, ein Viertel aller Frauen habe außerehelichen Geschlechtsverkehr, als unpatriotisch empfanden. Es schwäche die Moral der Truppe, so hieß es, wenn die Männer mit solchen Aussagen konfrontiert würden.

Statistiker wiesen zwar darauf hin, daß Kinseys Stichprobenverfahren zu unzuverlässigen Daten führen mußte. Seine Darstellung der Sexualtätigkeit der Amerikaner war gewiß übertrieben. Aber außer seinen Daten gab es damals keine Anhaltspunkte, so daß ihre Unzulänglichkeit in den Befürchtungen über mögliche moralzersetzende Auswirkungen unterging.

Kinseys Studien riefen in Amerika nicht nur Empörung oder Faszination hervor. Sie forderten auch Kritiker auf den Plan, die der Ansicht waren, Wissenschaftler sollten Sexualität nicht mittels Fragebögen erforschen. Die heftigen Attacken gegen Kinsey bedeuteten für die empirische Sexualforschung, die mit Kinsey gerade erst begonnen hatte, auch schon beinahe das Ende. Nach den überaus negativen Reaktionen auf Kinseys Arbeit waren nur noch wenige Wissenschaftler, und noch weniger Geldgeber, dazu bereit, ähnliche Untersuchungen durchzuführen und zu unterstützen, die Kinseys Ergebnisse möglicherweise verbessert hätten.

Zehn Jahre später führten der Gynäkologe William Masters und seine Mitarbeiterin an der Washington University in St. Louis, Virginia Johnson, eine neue Form der Sexualforschung ein. Wie Kinsey waren auch Masters und Johnson der Meinung, Sexualität sei ein natürlicher biologischer Vorgang. Wer an einem unbefriedigenden Sexualleben leide, dem könne geholfen werden, indem sein Organismus in Ordnung gebracht und das in ihm vorhandene Sexualpotential freigesetzt werde. Soziale Verhältnisse hätten damit wenig zu tun.

Masters und Johnson beobachteten und beschrieben den Geschlechtsakt, der von bezahlten Probanden in einem Labor vollzogen wurde. Als Mediziner gingen sie recht nüchtern an die Sache heran. Für einen Arzt ist eine Leber wie die andere, und für Masters und Johnson waren die sexuellen Reaktionen eines Menschen trotz ihrer Verschiedenheit Teil eines genetischen Programms für sexuellen Genuß. Sie räumten selbst ein, daß es sich bei den von ihnen ausgewählten Personen keineswegs um eine repräsentative Gruppe von Amerikanern handele. Aber, so schrieben sie, »auch Daten, die zugegebenermaßen nicht repräsentativ sein können, haben für das Studium des menschlichen Sexualverhaltens außergewöhnlichen Wert«.[4]

Ihr Buch *The Sexual Response* (dt. *Die sexuelle Reaktion*) wurde sofort ein Bestseller, auch wenn es viele Amerikaner beunruhigte. Der Gedanke, daß Personen sich freiwillig für solche Studien zur Verfügung stellten und sich obendrein dafür bezahlen ließen, war für viele empörend, weil sie darin eine Form der Prostitution sahen. Außerdem machten Masters und Johnson keinen Hehl daraus, daß viele ihrer Probanden massive Interessen an ihrer Teilnahme hatten. Beispielsweise beschrieben sie »Person A«, eine sechsundzwanzigjährige unverheiratete Frau, als jemanden, der »sich aus den beiden, von den Probanden am häufigsten genannten Gründen, an dem Programm beteiligt: finanzielles Interesse und Lust auf sexuelle Spannung«.

Unterdessen hielt die Nachfrage nach noch mehr Fakten über Sexualität an. Die Frage »Bin ich normal?« beschäftigte weiterhin viele Amerikaner, ebenso ließ ihnen die Neugier, ob andere mehr Spaß hatten als sie selbst, keine Ruhe.

Mangels systematischer wissenschaftlicher Erhebungen kamen in rascher Folge mehrere populäre Sexualberichte auf den Markt: der *Playboy-Report*, der *Hite-Report* und, als jüngste Veröffentlichung, der *Janus-Report*. Diese Untersuchungen enthüllten ebensoviel, wenn nicht gar mehr, sexuelle Aktivität der Amerikaner wie seinerzeit Kinsey. Sie bestätigten die Ansicht, daß die meisten Amerikaner sich in hohem Maße und auf vielfältige Art sexuell betätigen. Aber die nachfolgenden Studien wiesen noch schwerwiegendere Mängel auf als die Untersuchungen Kinseys.

Alle genannten Reporte erhoben nur Angaben von Personen, die sich freiwillig für die Untersuchung zur Verfügung gestellt hatten. Aber diese Freiwilligen waren keineswegs für alle Amerikaner repräsentativ. Die fünf Millionen Leser des *Playboy* waren bereits eine sehr exklusive Bevölkerungsgruppe, handelte es sich doch vorwiegend um junge weiße Männer, die wohlhabender waren als die Durchschnittsamerikaner und die ein starkes sexuelles Interesse hatten. Die fast fünf Millionen Leser von *Redbook* waren hauptsächlich weiße verheiratete Frauen zwischen Ende Zwanzig und Ende Dreißig, die ebenfalls mehr Geld zur Verfügung hatten als die normalen Amerikanerinnen. Hätte man Leser anderer Magazine, wie *Christian Century* oder *Reader's Digest* gebeten, einen Fragebogen auszufüllen, wäre das Ergebnis mit großer Wahrscheinlichkeit ganz anders ausgefallen.

Shere Hite verschickte Fragebögen an Frauen, deren Namen sie den Mitgliederlisten der Ortsvereine der Nationalen Frauenorganisation entnahm, an Frauengruppen, die für das Recht auf Abtreibung eintraten, an universitäre Frauenzentren sowie an Frauen, die Hochschulblätter lasen. In Anzeigen in der *Village Voice*, in drei Frauenzeitschriften (*Mademoiselle, Brides* und *Miss*) und in kirchlichen Publikationen ermunterte sie Leserinnen, bei ihr Fragebögen anzufordern. Auch Shere Hite beschränkte sich also auf bestimmte Bevölkerungsgruppen.

Was bedeutet es aber, wenn man das Verhalten der anderen Gruppen außer acht läßt? Sagt eine Umfrage unter *Playboy*-Lesern nicht zumindest etwas über das Sexualverhalten junger, wohlhabender weißer Männer aus? Das Problem ist, daß sich nur sehr wenige an der Untersuchung beteiligten, was die Frage aufwirft, wer diese Personen sind. Von den fünf Millionen *Playboy*-Lesern schickten nur 1,3 Prozent den Fragebogen zurück. Von der Ausgabe des *Redbook*-Magazins, die die Fragebögen enthielt, wurden 4 700 000 Exemplare verkauft, aber nur knapp 2 Prozent der Leser sandten die Fragebögen ausgefüllt zurück. Und von diesen 100 000 zurückgesandten Fragebögen wurden nur 2278 ausgewertet.[5] In ihrem Buch *The Hite Report. A Nationwide Study of Female Sexuality* (dt. *Hite-Report: Das sexuelle Erleben der Frau*) berichtet Shere Hite, von den 100 000 verschickten Fragebögen habe sie 3000 zurückbekommen, das entspricht einer Antwortquote von 3 Prozent.[6]

Obwohl beide Magazine und Shere Hite stolz auf die Zahl der eingegangenen Antworten verweisen, bedeuten hohe Zahlen noch gar nichts. Wenn so viele Personen es ablehnen, Fragen zu beantworten, fängt man an, sich über diejenigen Gedanken zu machen, die sich anders entschieden haben. Unterscheiden sie sich wesentlich von denjenigen, die an der Umfrage teilgenommen haben? Wenn, wie bei der *Playboy*-Umfrage, 1,3 Prozent der Zielgruppe die Fragen beantworten, liegt der Verdacht nahe, daß diejenigen, die sich an der Umfrage überhaupt beteiligten, aus irgendeinem Grund atypisch sind, und daß ihre Antworten nicht das Sexualverhalten der Zielgruppe repräsentieren.

Es mag paradox klingen, aber der Prozentsatz der Antworten ist weitaus bedeutsamer als die absolute Zahl. Wenn man 1200 Personen bittet, bestimmte Fragen zu beantworten, und 1000 erklären sich dazu bereit, kann man daraus mit höherer Sicherheit Rückschlüsse auf die Zielgruppe ziehen, als wenn von 1 000 000 Befragten 50 000 antworten. Im ersten Fall haben 83 Prozent der Befragten geantwortet, im zweiten Fall dagegen nur 5 Prozent. Im letzteren Fall stellt sich die Frage, wie sich die Teilnehmer von denen, die nicht antworteten, unterscheiden.

Der jüngste dieser Berichte, der *Janus-Report* von Samuel S. und Cynthia L. Janus, sah etwas anders aus. Das Ehepaar Janus verteilte 4550 Fragebögen und bekam 2795 »zufriedenstellend ausgefüllt« zurück.[7] Die Angaben wurden als verläßlich eingestuft, weil die Befragten angeblich die Meinung der US-Bevölkerung widerspiegelten. Samuel und Cynthia Janus gingen zunächst die Ergebnisse der Volkszählung anhand sozialer Merkmale wie Alter, Familienstand und Religionszugehörigkeit durch. Dann suchten sie Personen aus, die zu den verschiedenen Prozentsätzen der Bevölkerung paßten.

Zum Beispiel waren laut Statistik 19 Prozent der Bevölkerung zwischen achtzehn und sechsundzwanzig Jahre alt. Deshalb suchte das Ehepaar Janus genügend Freiwillige aus dieser Altersgruppe, um 19 Prozent für diesen Bevölkerungsausschnitt in der Studie unterzubringen. Es kommt jedoch weniger darauf an, wie viele Personen bei der Umfrage ein bestimmtes Alter haben, als vielmehr, wie man sie findet.

Samuel und Cynthia Janus wollten für ihre Studie auch genügend ältere Amerikaner haben, um ihre Stichprobe den Volkszählungsdaten anzupassen. Deshalb gingen sie in sexualtherapeutische Kliniken und suchten dort nach älteren Patienten. Wir wissen nicht, wer diese Menschen waren, aber die Tatsache, daß sie sich einer Sexualtherapie unterzogen, läßt vermuten, daß sie im Gegensatz zu vielen älteren Amerikanern Sexualpartner hatten und Geschlechtsverkehr haben wollten. Samuel und Cynthia Janus fanden heraus, daß über 70 Prozent der Amerikaner, die fünfundsechzig und älter sind, einmal in der Woche Geschlechtsverkehr haben. Einer anerkannten landesweiten Untersuchung zufolge, bei der die Personen vorher nicht ausgewählt wurden, haben nur 7 Prozent der älteren Amerikaner so oft Geschlechtsverkehr.

Bei vielen dieser Sexualreporte gab es noch ein zusätzliches Problem: Wer hatte die Fragen wahrheitsgemäß beantwortet? Falsche Antworten von Personen, die die Fragebögen nur zum Spaß ausfüllten, die sexuelle Abenteuer erfanden oder die vorgaben, keine Affären gehabt zu haben, zählten ebenso wie alle anderen. Vielleicht hatte sich ein Mann als Frau ausgegeben und den *Redbook*-Fragebogen ausgefüllt, oder eine Frau hatte sich als Mann ausgegeben und die Fragen im *Playboy* beantwortet. Vielleicht hatte auch ein Übereifriger gleich mehrere Fragebögen ausgefüllt an den *Playboy* zurückgeschickt.

Immerhin erfüllten die Umfragen einen Zweck: Sie befriedigten die Neugier der Amerikaner auf Informationen über sexuelle Gewohnheiten. Die Ergebnisse wurden oft völlig unkritisch zitiert. Tatsächlich weiß jedoch niemand, was diese Angaben wert sind: Sie sind einfach nicht interpretierbar.

Jedenfalls ist auf Grundlage dieser Pseudo-Untersuchungen das Bild einer sexuell sehr aktiven Nation gezeichnet worden. Und weil die Reporte eine so große Verbreitung fanden und immer noch oft zitiert werden, glauben viele Amerikaner, sie gehörten zu den wenigen, die nicht über zahlreiche Sexualpartner verfügten. Auch wenn sie eigentlich zufrieden sind, reden sie sich ein, etwas zu vermissen.

Das wahre Bild der Sexualität in Amerika, das jetzt zum Vorschein kommt, steht im genauen Gegensatz zu den bisherigen Untersuchungen. Neben einer Reihe neuer Untersuchungen zu speziellen Aspekten der Sexualität gibt vor allem unsere erst kürzlich fertiggestellte Studie einen umfassenden Einblick in das

Sexualverhalten der verschiedenen amerikanischen Bevölkerungsgruppen.

Die Ergebnisse unserer Erhebung, die die Bezeichnung National Health and Social Life Survey, abgekürzt NHSLS, trägt, stehen oft in direktem Gegensatz zu den herkömmlichen Ansichten über Sexualität in Amerika. Sie zeigen eine Bevölkerung mit sehr unterschiedlichen Sexualpraktiken, die aber insgesamt viel weniger sexuell aktiv ist, als wir bislang geglaubt haben.

Es gibt gute Gründe anzunehmen, daß unsere Daten das Verhalten der erwachsenen amerikanischen Bevölkerung genauer widerspiegeln. Außerdem vermitteln sie eine neue Sicht der Sexualität, die erkennen läßt, welche Kräfte tatsächlich Einfluß darauf haben, mit wem wir wann und warum Geschlechtsverkehr haben.

Im Gegensatz zu den vorangegangenen Reporten war unsere Untersuchung eine exakte wissenschaftliche Arbeit, die mit modernen Methoden der Sozialwissenschaft durchgeführt wurde. Obwohl diese Methoden bereits zur Erforschung anderer demoskopischer Fragen angewandt wurden, sind sie für die Sexualforschung genausogut geeignet. Befragungen zum Sexualverhalten können ebenso erfolgreich verlaufen wie solche zu weniger emotionsgeladenen Themen, wenn die Befragten davon überzeugt sind, daß für die Untersuchung ein berechtigter Grund vorliegt, ihre Antworten vorurteilsfrei behandelt werden und Vertraulichkeit gewährleistet ist.

Neben den Vorteilen, die uns die neuesten Entwicklungen auf dem Gebiet der Meinungsforschung boten, wurden unsere Ergebnisse durch Vergleiche mit mehreren anderen aktuellen Studien in den Vereinigten Staaten und im Ausland gestützt. Diese ebenfalls methodisch einwandfreien Untersuchungen gelangten zu ähnlichen Ergebnissen wie wir.

Wir konnten unsere Studie erst nach einem langen und zähen Kampf fertigstellen; das beweist, daß es für einen Sozialwissenschaftler sehr schwierig ist, verläßliche Daten über Sexualpraktiken zu erhalten. Daß die Studie am Ende von Erfolg gekrönt war, war eher der Hartnäckigkeit und Entschlossenheit unseres Forschungsteams zu verdanken als dem Willen der Verantwortlichen in Staat und Gesellschaft, diese Erkenntnisse zu gewinnen. Die Idee zu der Erhebung wurde 1987 als Reaktion auf die Aids-Diskussion geboren. Drei Jahre zuvor, 1984, war das Immunschwächevirus entdeckt worden, das Aids beim Menschen verursacht. Im Jahr 1987 wurde deutlich, daß kurzfristig kein Impfstoff oder Medikament gegen Aids entwickelt werden konnte. Als die Seuche sich immer mehr ausbreitete, begannen die Wissenschaftler, sich auf die Vermeidung der Krankheit und auf den am meisten gefährdeten Personenkreis zu konzentrieren. Sie erkannten, daß die Krankheit ansteckend war und daß sie unter anderem durch Geschlechtsverkehr übertragen wurde. Daraus ergaben sich sofort drei Fragen: Wie rasch breitet sich die Krankheit aus? Bei wem besteht das größte Risiko, sich durch sexuellen Kontakt mit dem Virus zu infizieren? Wie kann man die Menschen dazu bringen, ihre sexuellen Gewohnheiten zu ändern?

Aber um diese Fragen beantworten und die Seuche eindämmen zu können, mußten die Wissenschaftler über Sexualpraktiken und die Einstellung der Amerikaner zur Sexualität Bescheid wissen. Nachdem die Sexualforschung jahrelang stiefmütterlich behandelt worden war, erkannten Vertreter aus Gesundheitswesen und Politik, daß ihnen kaum Daten vorlagen, die Antworten auf die drängenden Fragen hätten geben können. Sie hatten lediglich das vierzig Jahre alte Material der Kinsey-Reporte, die jeder Kundige für sehr problematisch hielt, da sie längst überholt und nicht einmal für die damalige Zeit repräsentativ waren. Mangels anderer Daten griffen Wissenschaftler auf Kinsey zurück, um sich zum Beispiel ein Bild von der Anzahl der Männer zu machen, die zu anderen Männern sexuelle Kontakte unterhielten. In dieser kritischen Lage unterstützten Wissenschaftler und Vertreter mehrerer staatlicher Einrichtungen, darunter das National Institute of Child Health and Human Development, die Centers for Disease Control and Prevention (abgekürzt CDC), das National Institute on Aging und das National Institute of Mental Health, das Projekt, eine landesweite Erhebung über Sexualpraktiken durchzuführen. Leitende Wissenschaftler dieser Einrichtungen hatten bereits eine Intensivierung der Sexualforschung gefordert, die Themen wie Schwangerschaft bei Minderjährigen sowie sexuelle Störungen und Kindesmißbrauch umfassen sollten. Aufgrund der Aids-Problematik war solch eine Erhebung nun nicht nur politisch machbar, sondern auch dringend notwendig.

Nachdem sich Spitzenwissenschaftler etwa am Institute for Medicine für eine landesweite Sexualerhebung eingesetzt hatten, tat die Regierung den ersten Schritt. Im Juli 1987 forderte das National Institute of Child Health and Human Development Forscher auf, ein Programm für eine solche Untersuchung auszuarbeiten und dann Forschungsgelder zu beantragen. Der beste Entwurf sollte als Grundlage für die Untersuchung dienen. Gleichzeitig bat das Institut um Vorschläge für eine Parallelstudie über die Sexualpraktiken von Jugendlichen.

Doch gleich meldete sich wieder das Unbehagen zu Wort, das Amerikaner bei Fragen zur Sexualität befällt und das unsere Ambivalenz gegenüber den möglichen Antworten zeigt. Sogar die Formulierung des Themas für das Programm – »Soziale und verhaltensbezogene Aspekte des Fortpflanzungsverhaltens« – machte diese zögernde Haltung deutlich. Darin fand sich kein Hinweis, daß es sich um eine Sexualuntersuchung handeln sollte. Die Untersuchung war zwar geplant, aber die Geldmittel waren auf ein Jahr befristet. Erst dann sollte entschieden werden, ob die Untersuchung tatsächlich machbar war. Nach der Planungsphase wollte die Regierung nochmals Vorschläge zur Durchführung der Studie einholen.

Unser Team, das mit dem National Opinion Research Center (einem Meinungsforschungsinstitut, das der Universität Chicago angegliedert ist) zusammenarbeitete, erhielt den Auftrag für die Planung. Aber trotz der Unterstützung der Gesundheitsbehörden regte sich staatlicherseits erneut Widerstand. In den folgenden Monaten wurde ständig Druck ausgeübt, einen Kompromiß zu schließen und die Untersuchung auf das Thema Aids zu beschränken.

Viele staatliche Vertreter wollten Themen aus dem Weg gehen, die für das Verständnis von Sexualität zwar wichtig waren, aber mit der Verbreitung von Aids nichts unmittelbar zu tun hatten. Zum Beispiel wollten sie das Thema Masturbation ausklammern. In der Begründung hieß es, Masturbation sei reine Privatsache und habe nichts mit der Übertragung des Aids-Virus zu tun. Da gesicherte Kenntnisse rar waren, wollten wir Forscher unser Netz möglichst weit spannen. Über den Zusammenhang von Masturbation und Sexualpraktiken war nichts bekannt. Ist Masturbieren ein Ersatz für Geschlechtsverkehr? Wird masturbiert, um die sexuelle Erregung zu steigern? Masturbieren Männer, um einen vorzeitigen Samenerguß zu verhindern?

Da bei der Untersuchung Fragen der Gesundheitsfürsorge im Vordergrund stehen sollten, hieß es zum Beispiel, monogame Paare nicht zu befragen, d. h. »rechtschaffene« Amerikaner sollten nicht mit solch intimen Fragen behelligt werden. Kurzum, einige staatliche Vertreter nahmen an, die Antworten bereits zu kennen und zu wissen, welche Verhaltensweisen akzeptabel und harmlos waren und welche Personen in Ruhe gelassen werden sollten.

Schließlich war selbst diese knappe Liste mit Fragen zu Aids in der Regierung umstritten. Im September 1991 brachte Senator Jesse Helms einen Ergänzungsantrag zu dem Gesetzentwurf über die finanzielle Unterstützung des Projekts ein; damit sollte verhindert werden, daß die Regierung für eine derartige Untersuchung Geld zur Verfügung stellte. Der Antrag wurde mit 66 zu 34 Stimmen angenommen. Alle Bemühungen waren umsonst gewesen.

Trotzdem gelang es uns, während der Zeit, in der es so aussah, als würde der Staat das Projekt in Auftrag geben, Vorarbeit zu leisten. Die Machbarkeitsstudie erlaubte es uns zum Teil, Fragen zu testen, Zielgruppen zu begleiten, Probebefragungen durchzuführen und die Anlage der Stichprobe zu entwerfen. Diese Arbeit bildete den Grundstock für eine umfassende Erhebung zum Sexualverhalten in Amerika.

Als der Senat es ablehnte, die Studie weiter zu finanzieren, baten wir private gemeinnützige Einrichtungen um Unterstützung.[8] Von politischen Zwängen befreit, faßten wir den Entschluß, eine Erhebung durchzuführen, die weit über das ursprüngliche Ziel, beim Kampf gegen Aids mitzuhelfen, hinausging. Wir wollten das Sexualverhalten wie jedes andere soziale Verhalten mit erprobten empirischen Methoden erforschen. Wir hofften, dabei an Daten zu gelangen, die nicht nur in den Problemfeldern Aids, Geschlechtskrankheiten und ungewollte Schwangerschaften aussagekräftig waren, sondern auch Hinweise darauf gaben, warum einige Sexualpartner jahrelang zusammenbleiben, während andere nach nur einer oder wenigen Begegnungen wieder auseinandergehen. Wir hofften auch, etwas über die Hauptmerkmale emotional und körperlich befriedigender sexueller Beziehungen zu erfahren.

Es war keineswegs sicher, daß eine solche Studie Erfolg haben würde. Viele Sozialwissenschaftler waren mit Kinsey der Meinung, daß man nicht erwarten durfte, von willkürlich ausgewählten Personen Einzelheiten aus ihrem Sexualleben zu erfahren. In Forscherkreisen herrschte die weitverbreitete Ansicht, daß viele eine Teilnahme an einer umfassenden Befragung über ihre Sexualität ablehnen würden.

Unser ursprünglicher Entwurf sah einen Stichprobenumfang von 20000 vor, der es uns ermöglichen sollte, Daten von Angehörigen kleiner Bevölkerungsgruppen getrennt auszuwerten. Angenommen 4 Prozent der männlichen Bevölkerung wären homosexuell, dann würden bei 20000 befragten Männern und

Frauen etwa 400 homosexuelle Männer ausreichen, um ihre Antworten getrennt auszuwerten.

Im Verlauf der Planung wurde klar, daß wir mit den begrenzten Mitteln aus dem privaten Sektor diesen Stichprobenumfang nicht finanzieren konnten. Wir bekamen von privaten Stiftungen genug Geld, um fast 3500 Erwachsene befragen zu können. Das reichte, um Vertrauen in die Genauigkeit der Daten zu haben, aber nicht, um umfassende Daten von Minderheiten zu erhalten. Bei den meisten politischen Umfragen beträgt der Stichprobenumfang 1000 bis 1500, was Stichprobenfehler von nicht mehr als 3 Prozent einschließt.

Da wir auf statistische Verfahren zurückgriffen, wußten wir, daß unsere Befragten die Gesamtbevölkerung repräsentierten. Außerdem gehörten unserem Personenkreis absichtlich etwas mehr Schwarze und Latinos an, damit wir genug Angehörige dieser Minderheiten hatten, um die Antworten getrennt analysieren zu können im Vertrauen darauf, daß sie statistisch einen Sinn ergaben.

Dasselbe hätten wir gern mit Homosexuellen gemacht, um auch ihre Antworten getrennt auswerten zu können. Aber Homosexuelle sind nicht so leicht zu finden, und das aus gutem Grund, denn ihre Vorliebe für gleichgeschlechtliche Partner soll Privatsache bleiben, falls sie dies wünschen. Das bedeutet, daß wir, anders als bei Schwarzen oder Latinos, keine repräsentative Stichprobe von Homosexuellen bekommen konnten. Wir mußten daher darauf verzichten, Homosexuelle beispielsweise zu fragen, wie viele Partner sie im Laufe ihres Lebens haben oder wo sie sie kennenlernen, also homosexuelles Verhalten getrennt zu analysieren. Deshalb bezogen wir gleichgeschlechtliche Sexualität in die allgemeine Sexualität mit ein und machten keinen Unterschied zwischen Homosexuellen und Heterosexuellen, wenn wir zum Beispiel nach der Häufigkeit des Geschlechtsverkehrs fragten.

Der wichtigste Teil unserer Erhebung war die Auswahl der Personen, die befragt werden sollten. Es ist eine schwierige und heikle Aufgabe, eine Gruppe auszuwählen, die alle Amerikaner repräsentieren soll. Zum Beispiel könnte man in der Nachbarschaft an die Türen der Eckhäuser jeder Häuserzeile klopfen, aber das ergäbe keine repräsentative Stichprobe, weil Personen, die in Eckhäusern wohnen, sich von anderen unterscheiden – sie sind in der Regel wohlhabender als die Bewohner der anderen Häuser, weil Eckhäuser meist teurer sind. Oder man könnte alle Ehepaare nehmen, die im Juni geheiratet haben. Aber in dem Fall hätte man am Ende zu wenig jüdische Ehepaare, weil nach mosaischem Gesetz in bestimmten Wochen, die oft in den Juni fallen, nicht geheiratet werden darf.

Es lag daher nahe, eine willkürliche Auswahl zu treffen. Aber da das Auffinden und Befragen von Personen, die im ganzen Land verstreut leben, sehr teuer werden kann, fanden Sozialwissenschaftler ein billigeres, aber gleichwertiges Verfahren, eine repräsentative Stichprobe zu bekommen. Wir suchten aufs Geratewohl Gegenden in den USA aus, wobei wir, anstatt eine Münze zu werfen, auf die Statistik zurückgriffen. In diesen Regionen wählten wir willkürlich Großstädte, Kleinstädte und ländliche Gebiete aus, dann bestimmte Viertel und schließlich einzelne Haushalte.

Mit Hilfe dieser Methode erhielten wir 9004 Adressen. Da die Adressen vom Computer ausgegeben wurden, stimmte oft der Wohnsitz nicht, oder eine Wohnung stand leer. In anderen Fällen waren die Mitglieder eines Haushalts für unsere Befragung ungeeignet – entweder waren sie nicht zwischen achtzehn und neunundfünfzig, oder sie sprachen kein Englisch. Von den ursprünglich 9004 Haushalten waren 4635 aus einem der genannten Gründe ungeeignet; blieben 4369 Haushalte übrig, in denen Personen lebten, die für die Teilnahme an unserer Erhebung in Frage kamen. Die Zahl unserer Probanden schien ziemlich geschrumpft zu sein, aber das war normal. Wir wollten für unsere Studie keine Zufallsstichprobe von Adressen, sondern eine repräsentative Stichprobe von Amerikanern im Alter zwischen achtzehn und neunundfünfzig Jahren, die Englisch sprachen. Welche Person eines Haushalts befragt werden sollte, entschied der Zufall. Lebten in einem Haushalt zwei Personen, die das geforderte Alter besaßen, warfen wir eine Münze. Lebten drei Personen in einem Haushalt, zogen wir verschieden lange Streichhölzer, um eine Zufallsauswahl zu erhalten.

Zwischen unserer Methode und dem z.B. vom *Playboy* angewandten Verfahren besteht ein großer Unterschied. An der *Playboy*-Umfrage konnte jeder, der wollte, teilnehmen. An unserer Befragung konnte nur teilnehmen, wer zuvor von uns ausgewählt worden war. Wenn ein von uns ausgewählter Mann erklärte, wir sollten an seiner Stelle seine Frau interviewen, weil er zu beschäftigt sei, lehnten wir dies ab. Obwohl seine Frau ihn hätte vertreten können, wurde er als Antwortverweigerer eingestuft.

Unsere Methode ist weder originell noch revolutionär, aber sie ist erprobt und zuverlässig. Darin sind sich alle Sozialwissenschaftler einig.

Beim Abfassen unseres Fragebogens stießen wir auf ein viel schwierigeres Problem. Wir mußten entscheiden, wie und in welcher Sprache wir die Personen über ihr Sexualleben befragen wollten. Auf keinen Fall sollten sie durch Fachausdrücke verwirrt werden. Wie sich herausstellte, konnten viele nicht einmal mit Worten wie »vaginal« und »heterosexuell« etwas anfangen. Aber wir wollten auch keine Slangausdrücke benutzen, damit die Befragung nicht provokativ oder anstößig wirkte. Wir wollten eine neutrale, vorurteilsfreie Atmosphäre schaffen, in der die Befragten entspannt über einen der intimsten Bereiche ihres Lebens sprechen konnten.

Außerdem mußten die Fragen ganz natürlich von einem Thema zum anderen übergehen, ohne die Antworten der Probanden zu beeinflussen. Wir fragten zum Beispiel zuerst nach Herkunft, rassischer bzw. ethnischer Zugehörigkeit, Bildungsgrad und

Konfession, ehe wir uns der Ehe und Partnerschaft und der Fortpflanzung widmeten. Danach kamen wir auf das Thema Sexualität zu sprechen. Wir legten mehr Wert auf Einzelheiten über die jüngsten sexuellen Erlebnisse als auf Ereignisse in der Vergangenheit, weil die Unfähigkeit, sich an lange zurückliegende Details zu erinnern, falsche, wenn auch wohlgemeinte Antworten zur Folge haben kann.

Die Fragen sollten in persönlichen Interviews von durchschnittlich anderthalb Stunden Dauer gestellt werden. Bei der direkten Befragung konnten wir sicher sein, daß die Probanden die Fragen verstanden und daß auch tatsächlich die Person antwortete, die antworten sollte. Die Fragen sollten die Probanden dazu veranlassen, ihr gesamtes Sexualleben noch einmal Revue passieren zu lassen, ohne sie zu ängstigen, zu langweilen oder zu empören. Gleichzeitig wurde auf Wertfreiheit geachtet, so daß es keine »richtigen« Antworten gab. Auch für eine gewisse versteckte Redundanz wurde gesorgt, damit wir überprüfen konnten, ob die gegebenen Antworten untereinander schlüssig waren.

Nach der Ausarbeitung der Fragen brauchten wir geschulte und erfahrene Interviewer, die den Probanden ihre Befangenheit nehmen und ihr Vertrauen gewinnen konnten. Bei der Auswahl der Interviewer nahmen wir bestimmte Zielgruppen zu Hilfe. Wir fragten Personen unterschiedlicher Rasse und Herkunft, in wessen Gegenwart sie sich am wohlsten fühlten. Zu unserer Überraschung bevorzugten fast alle, ob Schwarze, Latinos oder Männer generell, weiße Frauen mittleren Alters. Schließlich wählten wir 220 Interviewer aus, vorwiegend Frauen zwischen dreißig und fünfzig. Diese Interviewer hatten größtenteils schon an mehreren anderen Projekten teilgenommen und waren bereit, unter der Leitung des Nationalen Instituts für Meinungsforschung gewissenhaft und engagiert an dieser speziellen Studie mitzuarbeiten.

Nachdem die Interviewer ausgewählt waren, wurden sie in Chicago auf ihre Arbeit vorbereitet. Sie erhielten Anweisungen über die Durchführung der Befragung und wurden auf mögliche Probleme aufmerksam gemacht. So würden sie möglicherweise deftige Ausdrücke zu hören bekommen, die sie unter normalen Umständen in Verlegenheit gebracht hätten. Als professionelle Interviewer durften sie den Befragten ihre eigene Reaktion nicht zeigen. Außerdem ermutigten wir sie, ihre Vorstellungen zu einer Befragung über Sexualität zu artikulieren. Die Interviewer waren hoch motiviert und betrachteten es als berufliche Herausforderung, zum Erfolg der Erhebung beizutragen.

Die Interviewer setzten ihre ganze Überredungskunst ein, damit die ausgewählten Personen auch einer Teilnahme zustimmten. Personen, die sich weigerten, wurden immer wieder zu Hause aufgesucht. Ganz Widerspenstigen wurde in einigen Fällen sogar Geld geboten, damit sie sich interviewen ließen. Die Anonymität war für alle Teilnehmer gesichert. In den ausgefüllten Fragebögen wurden sämtliche Erkennungsmerkmale gestrichen, damit wir die Personen nicht namentlich benennen oder wiederfinden konnten. Bei der Überprüfung der Daten stellten wir fest, daß sich die Antworten der Befragten, die anfangs gezögert hatten, nicht von denen der anderen unterschieden.

Am 14. Februar 1992, am Valentinstag, begannen die Interviewer mit ihrer Arbeit, die bis zum September desselben Jahres dauerte. In den sieben Monaten bemühten sie sich, Personen aufzusuchen und zur Teilnahme an der Studie zu überreden. Bei den meisten Umfragen hatten die Interviewer nur zwei bis drei Monate Zeit, um Personen ausfindig zu machen und zu befragen.

Die Befragung war eine kostspielige Angelegenheit, weil hier nicht einfach Fragebögen verschickt und die eingegangenen Antworten gezählt wurden. Am Ende kostete jedes Interview im Durchschnitt rund 450 Dollar, einschließlich der Schulung der Interviewer, der Fahrten zu den Wohnorten der Probanden und der Auswertung der Daten per Computer.

Von allen in Frage kommenden Haushalten wurden 3432 befragt, d. h. vier von fünf Personen, die wir befragen wollten, waren bereit, sich hinzusetzen und neunzig Minuten lang Fragen zu ihrem Sexualverhalten und zu anderen Aspekten der Sexualität zu beantworten. Diese Antwortquote ist um so bemerkenswerter, als sie auch Personen einschließt, die nicht befragt werden konnten, weil sie einfach nicht auffindbar waren.

Wir waren selbst über das Ergebnis erstaunt. Es spricht für die Kompetenz der Mitarbeiter des Nationalen Instituts für Meinungsforschung, daß sie einen so großen Teil der in Frage kommenden Bevölkerungsgruppen zur Teilnahme an der Umfrage überreden konnten. Ebenso spricht es für die amerikanischen Bürger, daß sie sich der Teilnahme an dieser für die ganze Nation wichtigen Erhebung nicht versagt haben. Die Aufrichtigkeit der Antworten wurde mehrmals von verschiedenen Gesichtspunkten aus geprüft. Wie wir noch sehen werden, haben die Befragten den Test mit Auszeichnung bestanden.

Unseren Interviewern gelang es, die Probanden von zwei wesentlichen Dingen zu überzeugen. Erstens, daß die Informationen, die sie uns geben würden, zum Verständnis des Sexualverhaltens in Amerika wichtig waren; mehr noch, sie waren unerläßlich, um Mitarbeitern im Gesundheitswesen, Rechtsanwälten und Politikern Erkenntnisse über die angesprochenen sexuellen Probleme zu vermitteln. Und zweitens, daß ihre Informationen vertraulich behandelt wurden. Der Erfolg der Umfrage ist ein Beweis für das Können professioneller Interviewer und für den guten Willen der Bürger.

Die erste Frage bei einer solchen Erhebung lautet natürlich: Haben uns die Befragten die Wahrheit über ihr Sexualleben gesagt? Dürfen wir erwarten, daß jeder gegenüber einem Fremden ehrliche Antworten gibt, wenn er zu seinem Intimleben befragt wird, über das zu sprechen ihm sonst peinlich ist? Meinungsforscher haben mehrere Möglichkeiten, den Wahrheitsgehalt der Angaben zu überprüfen, und wir benutzten einige davon. Zunächst bauten wir mehrere redundante Fragen ein. Da diese auf verschiedene Weise und zu verschiedenen Zeiten gestellt wurden, war es für den Befragten schwer, sich erfolgreich zu verstellen. Zum Beispiel fragten wir zweimal, wie viele Geschlechtspartner der Betreffende gehabt hatte. Das erste Mal wurde die Frage zu Beginn des Interviews gestellt, und die Person wurde gebeten, die Antwort für sich auf einen Zettel zu schreiben, diesen in einen Umschlag zu stecken und den Umschlag zu verschließen. Anschließend schickte der Interviewer den Umschlag, ohne ihn zu öffnen, ins Büro der NHSLS. Nach etwa einer Stunde, wenn der Befragte sein Sexualleben gerade Revue passieren ließ, wurde die Frage erneut gestellt. In diesem Fall wurde die Anzahl der Partner in verschiedenen Lebensabschnitten zusammengezählt. Da die Zahlen beide Male im wesentlichen dieselben waren, wuchs unsere Zuversicht, daß die Befragten die Wahrheit sagten.

Außerdem bauten wir elf Fragen zur Sexualität aus einer anderen Umfrage in unseren Fragebogen ein, um zu sehen, ob die Antworten unserer Probanden mit den Ergebnissen jener Umfrage übereinstimmten. Bei dieser anderen Umfrage, dem General Social Survey (abgekürzt GSS), wurde den Probanden zu Beginn des Interviews nicht gesagt, daß auch Fragen zur Sexualität gestellt wurden, die in dem neunzigminütigen Interview allerdings nur zwei Minuten in Anspruch nahmen. Wir dagegen machten keinen Hehl daraus, daß bei unserer Studie das Sexualverhalten im Mittelpunkt stand. Der Vergleich gibt Aufschluß darüber, ob die Betonung von Sexualität irgendeinen Einfluß auf den Personentyp hatte, der unsere Fragen beantwortete, oder auf die Antworten, die gegeben wurden. Dies ist eine der Möglichkeiten festzustellen, ob Anzeichen vorliegen, daß unsere Probanden uns nicht die Wahrheit über ihr Sexualleben sagen. Ebenso zeigt ein solcher Vergleich, ob die Sexualgeschichten unserer Befragten von denen der Gesamtbevölkerung differieren. Der Vergleich unserer Ergebnisse mit denen des General Social Survey von 1991 ist nachstehender Tabelle zu entnehmen:

Tabelle 1: Vergleich der Zahl der Sexualpartner in NHSLS und GSS

Frage: »Wie viele Sexualpartner(innen) hatten Sie in den letzten zwölf Monaten?«

Antwort:	Männer		Frauen	
	GSS (%)	NHSLS (%)	GSS (%)	NHSLS (%)
0	11,6	11,1	13,4	13,7
1	69,4	67,6	76,4	75,5
2	9,2	9,6	6,7	6,3
3	2,4	4,8	3,6*	4,5*
4	2,4	2,8	–	–
5–10	3,9	3,1	–	–
11+	1,2	1,0	–	–

* Drei oder mehr Partner

Frage: »Hatten Sie in den letzten zwölf Monaten sexuellen Verkehr nur mit Männern, mit Männern und Frauen, nur mit Frauen?«

Antwort	Männer		Frauen	
	GSS (%)	NHSLS (%)	GSS (%)	NHSLS (%)
nur mit Männern	2,8	2,6	99,4	98,3
mit Männern und Frauen	0,6	1,0	0,2	0,5
nur mit Frauen	96,6	96,3	0,4	1,2

Die Tabelle zeigt die Antworten unserer Probanden auf zwei der elf Fragen im Vergleich zu den Antworten der Probanden im GSS. Die Antworten sind auffallend ähnlich. Zum Beispiel erklärten in beiden Umfragen 11 Prozent der Männer, in den vergangenen 12 Monaten keinen Sexualpartner gehabt zu haben, während 68 bzw. 69 Prozent angaben, in den letzten 12 Monaten einen einzigen Partner gehabt zu haben. Auch die Antworten der Frauen waren in beiden Untersuchungen ungefähr gleich.

Die Übereinstimmung ist frappant. Wir hätten nicht mehr Bestätigung oder Ähnlichkeit erwarten dürfen, wenn wir nach irgendeiner anderen Verhaltensweise gefragt hätten.

Im oberen Teil der Tabelle wird deutlich, daß unsere Probanden die Befragung offenbar ernst nahmen und wahrheitsgemäß antworteten. Oder zumindest stimmten ihre Antworten in bemerkenswerter Weise mit denen der anderen Umfrage überein, die in einem ganz anderen Zusammenhang durchgeführt worden war. Bei der Verteilung der Anzahl der Sexualpartner in den vergangenen 12 Monaten deutet nichts darauf hin, daß die Probanden die Frage als Scherz auffaßten und Phantasiezahlen angaben. Obwohl sich vielleicht auch in unsere Daten Fehler eingeschlichen haben, wie das bei Zahlenangaben oft der Fall ist, scheinen sich die Probanden hier tatsächlich um Wahrheitstreue bemüht zu haben.

Der untere Teil der Tabelle gibt Aufschluß über den Anteil der Homosexuellen in der Bevölkerung. Dieses Thema wird in Kapitel 9 noch ausführlich behandelt. Bei der Betrachtung der hier vorliegenden Informationen fällt auf, wie sich die Antworten in den beiden Umfragen gleichen: Bei beiden Stichproben erklärten etwas mehr als 2,5 Prozent der Männer, die in den vergangenen 12 Monaten Sexualpartner gehabt hatten, ihre Partner seien ausschließlich Männer gewesen; ein halbes bzw. ein Prozent gibt an, sowohl mit Männern als auch mit Frauen verkehrt zu haben. Die übrigen, nämlich 96 Prozent, hatten in den letzten 12 Monaten nur mit Frauen Geschlechtsverkehr. Bei den Frauen hatte etwa 1 Prozent ausschließlich mit anderen Frauen Geschlechtsverkehr, 0,2 bzw. 0,5 Prozent hatten sowohl mit Männern als auch mit Frauen verkehrt, und fast 99 Prozent der Frauen gaben an, in den vergangenen 12 Monaten ausschließlich mit Männern Sexualkontakt gehabt zu haben.

Zum Schluß verglichen wir unsere Daten mit denen anderer Studien jüngeren Datums, in denen jeweils ein Teil des Puzzles betrachtet wurde, das wir am Ende zusammensetzten. Unsere und die anderen Untersuchungen führten zu demselben Schluß, wodurch die Behauptung gestützt wird, daß unsere Daten verläßlich sind.

Selbst Daten aus Westeuropa ergaben dasselbe Bild. Dem kulturellen Klischee zufolge sind die Franzosen etwas mehr und die Engländer etwas weniger für Sex als die Amerikaner. Aber das entspricht unseren Erwartungen, weil zwischen unserer und den europäischen Gesellschaften kein großer Unterschied besteht. Das Sexualverhalten in Europa ähnelt dem in Amerika, denn viele unserer Ergebnisse entsprechen denen in neueren Untersuchungen aus Frankreich und England. Wie britische und französische Forscher fanden wir heraus, daß rund 10 Prozent der Männer und 15 Prozent der Frauen in den vergangenen 12 Monaten keinen Sexualpartner und daß rund 3 Prozent noch nie Geschlechtsverkehr hatten.

Ein entscheidender Grund für unser Vertrauen in die Daten waren die Berichte unserer erfahrenen Interviewer. Sie berichteten, daß die Teilnehmer das Interview als angenehm empfanden. Sie sahen darin eine lohnende und aufschlußreiche Erfahrung, auf diese behutsame Weise mit dem eigenen Sexualleben und Verhalten konfrontiert zu werden. Für sie war es eine Bestätigung, frei über ihre Sexualität und ihre sexuelle Vergangenheit sprechen zu können. Die Interviewer hatten das Gefühl, daß die Befragten die Wahrheit sagten.

Nachdem wir ihre Angaben bekommen hatten, prüften wir, ob die 3432 Befragten als Gruppe für die amerikanische Bevölkerung im Alter zwischen achtzehn und neunundfünfzig Jahren repräsentativ waren. Wir konnten dies nicht im voraus tun, weil wir, im Gegensatz zu Samuel und Cynthia Janus, keine Personen ausgewählt hatten, die in die Statistik paßten. Wir hatten willkürlich Personen ausgesucht, ohne vorher Alter, Geschlecht, Rasse, Religion oder Bildungsgrad zu kennen.

Tatsächlich entsprach unsere Stichprobe genau den anderen wissenschaftlich anerkannten landesweiten Erhebungen. Wir verglichen unsere Gruppe mit denen des Current Population Survey (einem Mikrozensus), des General Social Survey und des National Survey of Families and Households, wobei wir besonders auf Merkmale wie Familienstand, Alter, Bildungsgrad, Rasse und ethnische Zugehörigkeit achteten. Wir fanden keinen Anhaltspunkt dafür, daß unsere Stichprobe für die Bevölkerungsgruppe zwischen achtzehn und neunundfünfzig nicht repräsentativ wäre.

Tabelle 2 auf Seite 57 zeigt Vergleiche, die wir mit unserer ungewogenen Stichprobe anstellten, ohne die zusätzlichen Schwarzen und Latinos, die wir für andere Zwecke zufügten. Wir verglichen unsere Gruppe mit den über 140 000 Teilnehmern des Mikrozensus des Statistischen Bundesamtes von 1991 als Bezugsgröße. Diese Studie liefert den Demographen die besten Informationen über die charakteristischen Bevölkerungsmerkmale.

Wie der Tabelle zu entnehmen ist, erstrecken sich die Ähnlichkeiten zwischen unserer Stichprobe und dem Mikrozensus des Statistischen Bundesamtes auf Alter, Bildungsgrad und Familienstand. Die große Übereinstimmung unserer Stichprobe mit der US-Bevölkerung, aus der wir willkürlich unsere Probanden auswählten, garantiert, daß die von uns Befragten alle achtzehn bis neunundfünfzigjährigen Amerikaner repräsentierten.

Wir achteten auch auf den Anteil von Männern und Frauen, die unsere Fragen beantworteten. Aufgrund der Daten des Statistischen Bundesamtes wußten wir, daß 49,7 Prozent der Amerikaner zwischen achtzehn und neunundfünfzig Männer sind. Von unseren Probanden sind 44,6 Prozent Männer. Bei anderen methodisch sorgfältigen Umfragen wie dem General Social Survey und dem National Survey of Families and Households war der Prozentsatz von Männern und Frauen praktisch derselbe wie bei uns. Beim GSS waren es 43,8 Prozent Männer und beim National Survey of Families and Households 43,0 Prozent. Deshalb können wir mit Fug und Recht behaupten, daß die Personen, die der

Tabelle 2: Vergleich sozialer Merkmale in NHSLS und der US-Bevölkerung

	US Bevölkerung (%)	NHSLS (%)
Geschlecht:		
Männer	49,7	44,6
Frauen	50,3	55,4
Alter:		
18–24	18,2	15,9
25–29	14,3	14,5
30–39	29,5	31,3
40–49	22,7	22,9
50–59	15,3	15,3
Bildungsgrad:		
weniger als High-School	15,8	13,9
High-School oder ähnlich	64,0	62,2
College	13,9	16,6
Promotion	6,3	7,3
Familienstand:		
ledig	27,7	28,2
verheiratet	58,3	53,3
geschieden, getrennt lebend	12,4	16,2
verwitwet	1,6	2,3
Rasse/ethn. Zugehörigkeit		
Weiße	75,9	76,5
Schwarze	11,7	12,7
Latinos	9,0	7,5
Andere	3,3	3,3

NHSLS: ungewogene Querschnittsstichproben von 3159 Probanden
Geschlecht: Statistisches Bundesamt, Mikrozensus 1991
Alter/Rasse/ethnische Zugehörigkeit: Statistisches Bundesamt, Mikrozensus 1991
Bildungsgrad: Statistisches Bundesamt, Mikrozensus 1990
Familienstand: Statistisches Bundesamt, Mikrozensus 1992

Teilnahme am NHSLS zustimmten, dem Anteil von Frauen und Männern in der Gesamtbevölkerung entsprachen.

In unserer Studie sind viele Bevölkerungsgruppen nicht vertreten. Wir wissen nichts über die Personen, die gegenwärtig in Einrichtungen wie Krankenhäusern oder Gefängnissen untergebracht sind, über die Obdachlosen oder über die, die unter achtzehn oder über neunundfünfzig sind. Diese Gruppen wurden von unserer Stichprobe nicht erfaßt. Aber immerhin sind 97,1 Prozent der erwachsenen Amerikaner im Alter von achtzehn bis neunundfünfzig Jahren in unserer Untersuchung vertreten. Die Überprüfung unserer Daten hat uns den Beweis geliefert, daß wir aus dieser Stichprobe guten Gewissens allgemeine Rückschlüsse auf die Sexualität in Amerika ziehen können.

Natürlich hat auch unsere Erhebung ihre Grenzen. Sie ist nur eine Momentaufnahme der amerikanischen Bevölkerung in ihrer ganzen Vielfalt. Sie ist nicht so präzise wie die Berechnungen in der Weltraumforschung oder wie die Versuchsanordnungen bei chemischen Experimenten. Statt dessen umreißt sie lediglich in groben Zügen das Verhalten einer Bevölkerungsgruppe. Sie gibt beispielsweise Aufschluß darüber, wie hoch der Anteil der fünfunddreißigjährigen weißen Frauen ist, die oralen Sex mögen. Aber sie sagt nicht, daß eine fünfunddreißigjährige geschiedene Frau zweimal in der Woche mit einem Mann verkehrt, mit dem sie ein Verhältnis hat, und daß sie mit vierzig noch einmal heiraten wird. Die Erhebung kann auch nicht immer Personen erfassen, deren Verhalten ungewöhnlich, aber nicht unbedingt pervers oder bizarr ist. Vielleicht gibt es irgendwo in Amerika eine Großmutter, die nach ihrem fünfzigsten Lebensjahr noch dreimal heiratete und die jeden Tag Geschlechtsverkehr hat. Aber da es nur sehr wenige Frauen wie sie gibt, taucht keine auch nur zufällig in unserer Stichprobe auf. Das heißt jedoch nicht, daß ihre Erfahrungen unglaublich sind oder daß unsere Erhebung falsch ist, weil keine solche Frau vertreten ist.

Da Amerika ein bevölkerungsreiches Land ist, kann selbst die Anzahl der Personen mit ungewöhnlichem Sexualverhalten beträchtlich sein. Zum Beispiel läßt sich an Tabelle 1 ablesen, daß 1,2 Prozent der Frauen bei unserer Umfrage angaben, in den vergangenen 12 Monaten ausschließlich mit anderen Frauen sexuellen Verkehr gehabt zu haben. Auf den ersten Blick ist dies ein geringer Prozentsatz, aber da in den Vereinigten Staaten rund 72 Millionen Frauen im Alter zwischen achtzehn und neunundfünfzig Jahren leben, sind 1,2 Prozent davon immerhin rund 860 000 Frauen.

Daten von Umfragen spiegeln die charakteristischen Merkmale der Bevölkerung zum Zeitpunkt der Erhebung wider. In dieser Hinsicht unterscheiden sie sich ebenfalls von anderen wissenschaftlichen Daten. Mißt man heute die Ladung eines Elektrons, ist das Ergebnis dasselbe wie vor zehntausend Jahren. Aber Menschen verändern sich mit der Zeit, und unsere heutigen Erkenntnisse können in zwanzig Jahren schon überholt sein. Selbst im Fall unserer Probanden hat sich das Sexualverhalten im Laufe ihres Lebens wesentlich verändert. Zum Beispiel stellten wir fest, daß sich eine Form sexuellen Verhaltens, die nichteheliche Lebensgemeinschaft, in den letzten Jahrzehnten von einer nahezu tabuisierten zu einer gängigen Form der Partnerbeziehung entwickelt hat.

Wer weiß, was methodisch erhobene Daten sagen und was sie nicht sagen, und wer verläßliche Daten in Händen hat, beginnt zu verstehen, wie die Gesellschaft das Sexualverhalten ihrer Mitglieder prägt. Wir können jetzt beschreiben, wie soziale Bedingungen, Anreize und Verflechtungen gemeinsam ein bestimmtes Sexualverhalten hervorrufen, das früher ungezügelten Instinkten oder Impulsen zugeschrieben wurde. Wir sehen und verstehen, wie sich das Sexualverhalten über Jahrzehnte hinweg verändert hat.

Das Ergebnis unserer Arbeit ist ein riesiges und komplexes Datenmaterial, das zur Beantwortung drängender sozialer Fragen im heutigen Amerika beitragen kann. Warum wählen wir eigentlich unsere Sexualpartner aus? Warum haben wir so wenig Partner? Wohin führt die Aids-Epidemie, und für wen besteht ein Risiko, sich zu infizieren? Mit Hilfe verläßlicher Daten können wir die Mythen und Paradoxe überwinden und in eine sachkundige Debatte treten.

3

Wer sind unsere Sexualpartner?

Der bekannte Magier David Copperfield behauptet von sich, er habe seine ideale Frau, das Starmodel Claudia Schiffer, dank seiner übernatürlichen Kräfte gefunden, als er am 10. Oktober 1993 in Berlin eine Vorstellung gab. Er habe sie unter mehr als 1400 Zuschauern im Saal entdeckt. »Es waren ihre Augen, ein wohliges Gefühl schlug eine Brücke zwischen uns.«
Die Schöne und der Magier gingen nach der Vorstellung miteinander aus. Sie tanzten zu einem Song von Lionel Ritchie und sangen leise die Worte mit: »Hello, is it me you're looking for?«
Copperfields Vater war auch dabei und wurde Zeuge der Begegnung. »Der Funke war übergesprungen«, berichtete er danach. »Ich sagte nur zu David, ›Verlier das Gefühl nicht wieder, bleib dran.‹« Ein paar Monate später waren die beiden verlobt. Eine Romanze wie aus dem Bilderbuch. David Copperfield, der eigentlich David Kotkin heißt, ist der Sohn eines Herrenausstatters und wuchs in Metuchen im Bundesstaat New Jersey auf. Auf der High-School beachteten ihn die Mädchen kaum, aber er fand die blonde Claudia Schiffer in der Menge und warb erfolgreich um die Schöne aus Deutschland. Eine Geschichte, die unter dem oberflächlichen Glamour den ganzen Mythos birgt, an den wir so gern glauben. Dazu paßt es, daß die Geschichte auch noch als Titelstory in der Zeitschrift *Esquire* erschien.
Nur allzugern glauben wir, die ganze Welt stünde uns offen, wenn wir einen Sexualpartner suchen. Und auch uns würde es gefallen, wenn ein magischer Funke die Person bezeichnete, die

wie für uns geschaffen ist und wir für sie. Ein solcher Funke ginge über alle sozialen Regeln und Beschränkungen hinweg, kurz, es würde ein rein animalischer Magnetismus walten.

Schließlich meinen wir, daß die Wahl der Partner, mit denen wir Sexualkontakte haben, von der Art der Beziehung abhängt, die wir mit ihnen einzugehen gedenken, also einen bestimmten Typ für die flüchtige Affäre und einen anderen für das längere Zusammenleben oder die Ehe.

Doch wer sind die Personen, mit denen wir tatsächlich sexuell verkehren? Das ist eine der wichtigsten sozialen Fragen sowohl für den einzelnen als auch für die Gesellschaft. Viele Fragen, die tagtäglich diskutiert werden, zum Beispiel, ob für hochqualifizierte Frauen in den Dreißigern ein Männermangel herrsche oder warum ein Paar über Jahrzehnte zusammenbleibt, während sich ein anderes nach einem Jahr wieder trennt, haben hier ihren Ursprung. Wer eine Antwort geben will, muß wissen, wer welchen Partner warum wählt. Das gleiche Wissen entscheidet auch über den richtigen Weg bei der Partnersuche: Gibt man eine Bekanntschafts- oder Heiratsannonce auf, oder bittet man lieber Freunde oder die Familie, bei jemand Passendem vorzufühlen?

Die Partnerwahl spielt auch eine wichtige Rolle bei der Übertragung von Krankheiten. Viele Menschen haben Angst, sich bei einem neuen Sexualpartner mit Herpes, Gonorrhö oder im schlimmsten Fall mit Aids anzustecken. Um das Risiko realistisch einzuschätzen, müssen zwei Fragen beantwortet werden: Erstens die biologische Frage nach der Wahrscheinlichkeit einer Ansteckung, wenn man mit jemandem sexuell verkehrt, der infiziert ist; zweitens und genauso wichtig ist die soziale Frage nach der Wahrscheinlichkeit, überhaupt jemandem zu begegnen, der infiziert ist. Um die zweite Frage zu beantworten, muß man wissen, welche Faktoren die Partnerwahl regeln und wie viele Partner jemand hat.

Wir haben zum ersten Mal in einer landesweiten Erhebung untersucht, was hinter den Mythen über Sexualpartner tatsächlich steht. Besonders hat uns interessiert, wie ähnlich sich die Partner sind, gleichgültig ob sie eine flüchtige Affäre haben oder verheiratet sind.

Um es vorwegzunehmen, der romantische Mythos, daß uns bei der Partnerwahl die ganze Welt offenstünde, ist tatsächlich nur ein Mythos. Auch daß wir unsere Kriterien über den richtigen Partner ändern, sobald wir uns eine Existenz schaffen wollen, läßt sich so nicht halten. Normalerweise haben wir sexuellen Verkehr mit Menschen, die uns gleich sind in Alter, rassischer und ethnischer Zugehörigkeit und Bildungsgrad. Die Freiheit der Wahl ist eine Illusion. Funken mögen überspringen, wenn wir jemandem begegnen, den wir begehren. Aber wir begegnen von vornherein nur einer ausgewählten Gruppe von Menschen.

Selbstverständlich gibt es auch Partner, die sich gar nicht ähnlich sind und ein kurzes sexuelles Abenteuer haben oder auch Jahre und Jahrzehnte miteinander leben. Diese Gruppe bleibt jedoch eindeutig eine Minderheit, wenn man die Gesamtheit der sexuellen Partnerschaften in Amerika betrachtet.

Das Sexualverhalten ist anderen Formen sozialen Verhaltens tatsächlich sehr ähnlich. Ohne daß es uns bewußt ist, handeln wir bei der Partnersuche nach gewissen Spielregeln. Bei allem, was wir über Sexualität in Amerika herausgefunden haben, spielen diese Regeln eine zentrale Rolle. Wie wir in den folgenden Kapiteln zeigen werden, bestimmen die Regeln, wie Menschen einen Sexualpartner finden, wie viele Partner sie haben, wie oft sie sexuell miteinander verkehren, welche Form des Verkehrs sie bevorzugen, wie hoch die Risiken sind, sich mit Aids oder anderen sexuell übertragbaren Krankheiten anzustecken und wie groß die Wahrscheinlichkeit ist, vom Partner sexuell genötigt zu werden. Die Regeln werfen Licht auf ein Verhalten, das sonst willkürlich, unberechenbar oder vom Schicksal vorgegeben scheint. Rationale Entscheidungen für eine Verhaltensänderung, die sonst jenseits der Möglichkeiten des einzelnen zu liegen scheint, werden mit Wissen dieser Regeln möglich. Die Frage nach den Sexualpartnern öffnet den Blick auf die zugrundeliegenden sozialen Regeln.

Wir hatten in unserer Erhebung zu wenig Homosexuelle, um deren Partnerwahl getrennt untersuchen zu können. Nach unserer Auffassung sind jedoch auch homosexuelle oder lesbische Paare, die in festen Beziehungen leben, für gewöhnlich einander ähnlich.

Für die Untersuchung sind zunächst unverheiratete Personen aufschlußreich, da diese Bevölkerungsgruppe experimentierfreudig ist und gemeinhin Kontakte zu mehreren für sie attraktiven Partnern sucht und pflegt. Manche suchen keinen festen Partner, während andere von vornherein Kurs auf eine Ehe nehmen.

Mit der Auswahl dieser Bevölkerungsgruppe vermeidet man auch gewisse Probleme, die bei Verheirateten auftauchen. Deren Partnerwahl kann Jahrzehnte zurückliegen und insofern in vieler Hinsicht nicht mehr aktuell sein. Für einen Neunundfünfzigjährigen, der in einer anderen Welt groß geworden ist, war es vermutlich undenkbar, jemanden zu heiraten, der nicht seiner Rasse oder Konfession angehörte. Die Frage lautet jedoch, ob derlei Restriktionen auch heute noch gültig sind.

Wenn man sich auf verheiratete Personen konzentriert, ergibt sich außerdem die Schwierigkeit, daß die Wahrscheinlichkeit für eine ausgeprägte Ähnlichkeit der Ehepartner mit der Dauer der Ehe zunimmt. Tatsächlich haben verschiedene Erhebungen gezeigt, daß langverheiratete Eheleute einander ähnlicher sind; Ehen zwischen heterogenen Paaren werden nach der Statistik häufiger geschieden.

Diese Schwierigkeiten lassen sich umgehen, wenn man kurze sexuelle Beziehungen untersucht, die zur Zeit des Interviews 1992 erst seit einem Monat oder weniger bestanden. Tabelle 3 zeigt einige unserer Ergebnisse:

Tabelle 3: Prozentualer Anteil der Partnerbeziehungen mit gemeinsamen sozialen Merkmalen der Partner

		Art der Partnerbeziehung		
Ähnlichkeitskriterien	Ehe	nicht-eheliche Lebensgemeinschaft	längere Partnerbeziehung zwischen Alleinlebenden (»Singles«)	kurze Partnerbeziehung zwischen Alleinlebenden (»Singles«)
Rasse/ethnische Zugehörigkeit	93	88	89	91
Alter	78	75	76	83
Bildung	82	87	83	87
Konfession	72	53	56	60

1 Berücksichtigt wurden alle sexuell aktiven Partnerschaften der letzten zwölf Monate. Nicht berücksichtigt wurden Ehen oder nicht-eheliche Lebensgemeinschaften, die mehr als zehn Jahre vor dem Interview begannen. Befragte, die im vergangenen Jahr mehr als einen Sexualpartner hatten, sind mehr als ein Mal vertreten (bis höchstens neun Mal). Kurze Beziehungen sind solche, die weniger als einen Monat dauerten und in denen es höchstens zehn Mal zu sexuellem Kontakt kam. Längere Beziehungen sind Partnerbeziehungen zwischen Alleinlebenden, die mehr als einen Monat dauern und/oder bei denen es mehr als zehn Mal zu sexuellem Kontakt kam.

2 Bei Ähnlichkeit im Alter beträgt der Altersunterschied nicht mehr als fünf Jahre. Bei ähnlichem Bildungsgrad unterscheiden sich die Partner in nicht mehr als einer Bildungsstufe. Die Kategorien sind: weniger als High-School, High-School-Abschluß, College oder Berufsausbildung, vierjähriges College, Hochschulabschluß. Bei Rasse oder ethnischer Zugehörigkeit wird unterschieden zwischen Weißen, Schwarzen, Latinos und Asiaten. Verschiedene Konfessionen: konfessionslos, normale Protestanten, strenggläubige Protestanten, Katholiken.

Paare ohne Trauschein sind sich überraschenderweise etwa genauso ähnlich wie verheiratete Paare. Es gibt kaum Partnerbeziehungen zwischen Schwarzen und Weißen, sogar Bildungsunterschiede sind ungewöhnlich. In unserer Studie hatte keine Frau mit Hochschulabschluß eine sexuelle Beziehung zu einem Mann, der nicht mindestens einen High-School-Abschluß hatte. Obwohl Tausende gut ausgebildeter Amerikanerinnen zweifellos Partner mit geringerem Bildungsgrad haben, zeigt unsere Studie doch, daß der prozentuale Anteil insgesamt sehr gering bleibt. Abgesehen vom Ähnlichkeitskriterium Religion, ist bei allen Paaren eine bemerkenswert hohe Übereinstimmung festzustellen. Bei verheirateten Paaren ist auch hier die Übereinstimmung wieder sehr groß.

Angenommen, zwischen Menschen wirkten geheime sexuelle Anziehungskräfte und wir könnten jeden Partner wählen, zu dem wir uns hingezogen fühlen, dann müßte man erwarten, daß die Zahl der Paare verschiedener Hautfarbe merklich größer ist. Wie die Tabelle aber zeigt, gehören die Partner bei etwa 90 Prozent aller Paare derselben Rasse oder ethnischen Gruppe an. Schwarze und Weiße wählen einander nur selten.

Unsere Zahlen zeigen auch, daß 94 Prozent aller sexuell aktiven unverheirateten weißen Männer weiße Frauen als Partnerin wählen. Nur 0,6 Prozent gehen mit schwarzen Frauen Beziehungen ein, 2,1 Prozent mit hispanischen Frauen und 1,9 Prozent mit Asiatinnen.

Bei den Frauen sind die Zahlen ähnlich. 89,5 Prozent aller weißen weiblichen Singles verkehren mit weißen Männern, 6,4 Prozent mit schwarzen, 1,6 Prozent mit Latinos und 0,7 Prozent mit Asiaten.

Das Schema läßt sich bei den anderen Rassen fortführen: 82 Prozent der schwarzen Männer beispielsweise haben schwarze Partnerinnen, 7,6 Prozent haben weiße und 4,6 Prozent Latinos. 97 Prozent der schwarzen Frauen wählen schwarze Männer als ihre Sexualpartner, je 1 Prozent wählt weiße Männer oder Asiaten. Die überwältigende Mehrheit der Weißen und Schwarzen wählt Partner mit derselben Hautfarbe. Bemerkenswert ist allenfalls, daß weiße Frauen häufiger schwarze Männer als Sexualpartner haben als weiße Männer schwarze Frauen.

Die Rasse ist jedoch nur ein Kriterium, ein umstrittenes dazu, das leicht dazu führen kann, die Dinge verzerrt wahrzunehmen. Aber auch in der Frage der Bildung läßt sich wieder die Übereinstimmung der Partner feststellen.

Die Menschen wählen Sexualpartner, die ihnen gleichen. Wie unsere Erhebung zeigt, haben Männer mit weniger als HighSchool-Abschluß selten Frauen, die auf ein College gegangen sind. 78 Prozent hatten Verkehr mit Frauen, die höchstens einen High-School-Abschluß besaßen. Männer mit Collegeabschluß haben fast nie sexuelle Kontakte mit Frauen, die einen deutlich höheren oder niedrigeren Bildungsgrad haben: Nur 2 Prozent haben Frauen ohne High-School-Abschluß und nur 8 Prozent Frauen mit Hochschulabschluß.

Dasselbe gilt für die Frauen. 81 Prozent der Frauen ohne High-School wählen Männer, deren Bildungsgrad nicht höher als auf High-School-Niveau liegt. 71 Prozent der Akademikerinnen wählen Männer mit Collegeabschluß oder Hochschulabschluß. Keine der Befragten mit Hochschulausbildung verkehrte mit einem Mann ohne High-School-Abschluß.

Die Partner haben auch das gleiche Alter und die gleiche Religionszugehörigkeit. Mehr als 83 Prozent wählten sich ihre Partner in derselben Altersgruppe (höchstens fünf Jahre Unterschied), und fast ebenso viele Partner hatten die gleiche oder eine verwandte Konfession.

Beinahe 68 Prozent der männlichen katholischen Singles suchten sich katholische Frauen als Partnerinnen, weitere 25 Prozent wählten Protestantinnen. Nur 6 Prozent haben Frauen ohne Religionszugehörigkeit. Bei strenggläubigen Protestanten wie den kalvinistischen Southern Baptists oder charismatischen Gruppen läßt sich ähnliches feststellen. 61 Prozent haben Partnerinnen derselben Religionsgruppe, 20 Prozent wählten katholische Frauen und 9 Prozent Frauen der protestantischen Hauptkirchen wie die Episkopalkirche. Nur 4 Prozent haben Frauen ohne Konfession.

Bei den Frauen ergibt sich dasselbe Bild. 72 Prozent der strenggläubigen protestantischen Frauen haben Partner desselben Glaubens. 67 Prozent der katholischen Frauen wählten katholische Männer.

Und die Paare, die heiraten? Typischerweise heiratet man einen Partner derselben Rasse, der gleichen Altersgruppe, der gleichen Konfession und mit vergleichbarem Bildungsabschluß.

Damit soll nicht gesagt sein, daß die Partnerschaften mit individuellen Abweichungen keinen Bestand hätten. Es gibt selbstverständlich viele Paare verschiedener Herkunft und unterschiedlichen Bildungsgrads, die miteinander vollkommen glücklich sind. Solche Paare sind jedoch die große Ausnahme und nicht die Regel.

Das Ergebnis unserer Untersuchung hat weitreichende Bedeutung. Die Faktoren, die die Partnerwahl beeinflussen, sind, schon lange bevor ein Paar heiratet, festgelegt. Auch für eine rein sexuelle Beziehung finden nur wenige einen Partner, der ihnen unähnlich ist. Das bedeutet, daß zum Beispiel ein Mann in hochqualifizierter Stellung, obwohl er sich für ein Sexwochenende eine Frau ohne Bildung suchen könnte, dies gemeinhin nicht tut. Eine solche Verhaltensweise ist in Wirklichkeit selten. Statt dessen muß etwas wirksam sein, das die Wahl möglicher Partner einschränkt, und zwar noch ehe man auf Partnersuche geht, ob sie nun zur Ehe führt oder nicht.

Eine gängige Vorstellung besagt, daß wir als Individuen auch in sexuellen Dingen unsere eigene Zukunft bestimmen. Dieses Denken paßt zur amerikanischen Kultur, zum Pioniergeist einer Nation freiheitsliebender Individuen, die ihr Leben selbst in die Hand nehmen. Sie sehen im Vergangenen nur ein Vorspiel für die Zukunft, die sich vor ihnen als unendliche Folge von Möglichkeiten ausbreitet.

Der überspannte Individualismus hat unsere Partnerprobleme nicht gelöst, wohl aber die Menschen in einer ambivalenten Haltung verharren lassen: Einmal glauben sie, ihr Sexualleben selbst in der Hand zu haben, ein andermal verfallen sie in ohnmächtigen Fatalismus. Sie behaupten, jederzeit einen Partner zu finden, oder aber sie stellen resigniert fest, daß Teenager sich durch nichts davon abhalten lassen, sexuelle Erfahrungen zu machen. Der einzelne fühlt sich entweder als Herr seiner selbst oder als bloßes Opfer.

Ein Mann aus New York hat die Verzweiflung, die sich hinter

dieser Auffassung verbergen kann, einmal prägnant in Worte gefaßt: Mit fünfzehn wollte er mit allen Frauen auf der Welt schlafen. Mit achtzehn begehrte er jede Frau in New York. Mit zwanzig wollte er nur noch jede Frau auf der Upper West Side von Manhattan, dann nur noch die Frauen seines Blocks. Heute ist er Mitte Zwanzig und hat nur noch eine Sorge, endlich seine Unschuld zu verlieren.

Daß viele von uns an diesen Mythos der Partnersuche glauben, verwundert nicht. Wir hängen selbst solchen Vorstellungen an, wie wir auch in Politik und Wirtschaftsleben meinen, daß jeder seines Glückes Schmied und für das Erreichte im Leben selbst verantwortlich ist. In den Ghettos der Innenstädte sehen wir schwarze Jugendliche, die alle davon träumen, der nächste Michael Jordan zu werden. In den Vororten der reichen Weißen wissen schon die Schulanfänger, daß sie später einmal in Harvard studieren werden. Andererseits trifft auch manchen obdachlosen Drogenabhängigen das harte Urteil, er sei an seinem Elend selbst schuld.

Eigentlich wissen wir sehr wohl, daß keiner sein Leben ganz allein bestimmen kann. Nicht jeder kann eine Eliteuniversität besuchen, Präsident der Vereinigten Staaten von Amerika werden oder mit Basketballspielen Millionen verdienen. Erfolg ist nicht nur eine Sache des Willens und der Begabung, des Selbstvertrauens und der harten Arbeit. Wie das Leben des einzelnen aussieht, hängt auch von der sozialen Stellung der Eltern ab, von der materiellen und psychologischen Unterstützung, die man erhält. Andernfalls gäbe es keine staatlichen Sozialprogramme, keine Gesetze zur Herstellung von Chancengleichheit und keine Fernsehsendungen wie *Sesamstraße*.

Gleiches gilt auch für das Sexualleben eines jeden. Als soziale Wesen sind wir in jeder Hinsicht von der Gesellschaft abhängig, in der wir leben. Unser Leben spielt sich nicht im luftleeren Raum ab, wir wachsen in jeweils ganz spezifischen Familien, in einem spezifischen Milieu und in einer spezifischen Religion auf, die bestimmte Modelle sexuellen Verhaltens fördern oder sanktionieren. Für den Heranwachsenden gibt es eine Reihe wichtiger Personen im Leben, die ihn in seiner Auffassung von Sexualität prägen.

Ob in der Nachbarschaft, bei der Arbeit oder in der Schule, wir treffen mögliche Partner, die von den anderen Bezugspersonen in unserem Leben bewertet werden. Eine Frau kann zum Beispiel beim Sport einen interessanten Mann kennenlernen, aber ob ihre Freundinnen ihn mögen? Könnte sie ihn den Eltern vorstellen? Wenn wir einen festen Partner suchen, beeinflussen uns auch die Verwandten und Freunde des Partners in spe. Das Sexualleben ist eingebettet in ein Geflecht sozialer Beziehungen mit seinen Möglichkeiten und Beschränkungen. In uns brodelt nicht einfach nur sexuelle Energie wie in einem Dampfkessel, der unter Druck steht! Wir sind soziale Wesen, deren Leben von den gesellschaftlichen Umständen geformt wird.

Da die ganze Gesellschaft von der Ansicht durchdrungen ist, daß im Sexuellen alles von selbst geschehe, merkt der einzelne nicht, daß er einem Trugbild aufsitzt. Wenn wir über unsere Sexualität nachdenken, einen Zeitungsartikel über ein sexuelles Thema lesen, einen Film oder eine Talkshow dazu anschauen oder selbst sexuell tätig sind, deuten wir das Geschehen im Sinne dieser Theorien. Unsere Vorstellungen werden von dem Bild der Sexualität, das uns von den Medien dargeboten wird, auch fortlaufend bestätigt.

Sozialforscher haben über Jahrzehnte reichhaltiges Material für die These zusammengetragen, daß auch Alltagsverhalten, z.B. Gruppenverhalten von Männern, die über eine vorbeigehende Frau Bemerkungen machen, einem sozialen Muster gehorcht und im sozialen Kontext zu betrachten ist. Menschliches Verhalten ist nur scheinbar spontan, in Wirklichkeit ist es je nach familiärem Umfeld, Freundeskreis und persönlichen Ansichten in hohem Grade vorhersehbar. Damit ist aber auch eine Grundlage für ein neues Verständnis der Sexualität gegeben.

So hat Edward Laumann schon 1965 gezeigt, wie Freundschaften von sozialen Kräften bestimmt werden. Er befragte in Detroit 1000 Männer weißer Hautfarbe, wie sie zu ihren Freunden stehen, wie sie die Freundschaft erhalten und warum sie gerade mit diesen Männern befreundet sind. Besonders interessierte ihn, auf welche Weise soziale Merkmale die Freundschaften beeinflußten und welche Arten von Freundschaften daraus entstanden. Er stellte die berufliche Stellung, den Bildungsgrad und die ethnische Zugehörigkeit der Freunde fest, interessierte sich für ihre Gesprächsthemen und wollte wissen, wie sie ihre Freunde überhaupt ausgewählt hatten.

Die Ergebnisse widersprechen der beliebten Vorstellung, wonach Statusunterschiede und soziale Barrieren unter Freunden unwichtig seien. Die meisten Freunde waren einander sehr ähnlich, was Bildung, Beruf, Religion und ethnische Zugehörigkeit betraf. Ohne sich dessen bewußt zu sein, hatten die Männer den leichteren Weg gewählt und sich Freunde mit vergleichbarem sozialem und kulturellem Hintergrund und gemeinsamen Interessen gesucht. Es kostet viel Anstrengung, sich einen Freund zu suchen, der anders ist als man selbst.

Wenn ein Mann beispielsweise mit einem Freund zusammen ist, der eine höhere soziale Stellung hat, kann dieser ihm helfen, sich sozial zu verbessern, die Beziehung wird dafür jedoch eher schwächer werden. Die gefühlsmäßige Bindung ist bei ungleichen Freundschaften meist oberflächlicher, der sozial schwächergestellte Mann wird auf seine Worte achtgeben, um den Freund nicht zu verletzen oder zu kränken. Der sozial Überlegene ist hingegen freier in seinen Äußerungen und sagt auch Dinge, die er Gleichgestellten gegenüber vermeiden würde. Er hat die Oberhand und kann die Freundschaft ohne Prestigeverlust aufkündigen.

Andererseits unterliegt auch der sozial bessergestellte Freund inneren Zwängen. Er vermeidet es vielleicht, seinen Freund zu Einladungen in exklusive Kreise wie in den Golfclub mitzunehmen, aus Sorge, andere Clubmitglieder könnten über ihn herziehen. Verschiedene Bereiche seines Lebens behält er ganz für sich (»Von unserem Segelwochenende erzähle ich dem guten Joe besser nichts. Er wäre beleidigt, daß ich ihn nicht eingeladen habe, und außerdem wirkt das snobistisch.«)

Schon kleine Unterschiede verleiten Freunde mitunter dazu, besonders darauf achtzugeben, was sie sagen und was nicht. Wer die Demokraten gewählt hat, verrät dies seinem Freund, der Anhänger der Republikaner ist, möglicherweise nicht oder sagt vielleicht sogar die Unwahrheit. Wenn sie jedoch gemeinsame Freunde haben, die von seiner Wahl wissen, wird er eher nicht zu dieser kleinen Lüge greifen.

In diesem Fall ist nicht nur der Unterschied zwischen den Freunden entscheidend, sondern auch der gemeinsame Freundeskreis. Je weniger sich die Kreise überschneiden, desto freier ist der einzelne, wenn es um das Abwandeln beim Erzählen von Ereignissen geht. Umgekehrt wächst der Druck, die Geschichte jedem gleich zu erzählen. Gleichheit erleichtert die Freundschaft; das beste scheint es zu sein, wenn alle unter sich bleiben. Freundesgruppen tendieren dazu, Menschen, die anders sind, auszuschließen.

Nach Laumanns Studie haben noch andere Forscher ähnliche Verhaltensmuster in verschiedenen Freundschaftsbeziehungen untersucht. Überall sind Konfession, Rasse, ethnische Zugehörigkeit, Bildung und Einkommen die Barrieren, die die »Wahl« von Freunden beschränken. Entgegen der beliebten amerikanischen Vorstellung, nach der jeder mit jedem Freund sein kann, behält das alte Sprichwort recht, daß gleich und gleich sich gern gesellt.

Diese Studien über soziale Beziehungen und ihren Einfluß auf Freundschaften und deren Inhalte fordern eine neue Sicht der Dinge. Statt das Individuum zu betrachten, untersuchen die Soziologen die Gruppe und definieren die Möglichkeiten und Zwänge, die mit Besitz einhergehen. Auf die Frage, wie Menschen sich ihre sozialen Beziehungen aufbauen, wie sie Freunde finden, antwortet der einzelne wohl: »Ich gehe aus und treffe Leute, die ich mag.« Der Soziologe würde entgegnen: »Sie glauben, sich Ihren Freundeskreis selbst aufzubauen, aber tatsächlich ist Ihre Auswahl äußerst begrenzt. Ihre Bildung, ethnische Zugehörigkeit und Konfession haben starken Einfluß auf Ihre Wahlmöglichkeiten.«

Die Analogie zur sexuellen Partnerwahl ist offensichtlich, aber da Sexualität von vielen Wissenschaftlern als Thema peinlich gemieden wurde, gab es nur wenige Untersuchungen über die sozialen Zwänge bei der Suche nach einem Partner.

Studien in den fünfziger und sechziger Jahren über Ehen und Partnerschaften zwischen Menschen verschiedener Rassen und Religionen kamen dieser Frage noch am nächsten. Dahinter stand die idealistische Vorstellung vom Schmelztiegel Amerika. Um die Wirkung dieses Schmelztiegels zu beschreiben, untersuchten die Soziologen Immigranten der zweiten und dritten Generation. Sie stellten fest, daß die Menschen nicht mehr nur innerhalb ihrer eigenen ethnischen Gruppen heiraten. Dies galt als Beweis dafür, daß in Amerika niemand durch seine soziale Herkunft oder seine ethnische Zugehörigkeit ein für allemal festgelegt sei. Überspitzt formuliert, in Amerika könne jeder jeden heiraten, es gebe keine wirklich hemmenden sozialen Unterschiede. Der Schmelztiegel sei eine Realität.

Diese Forschungen waren stark beeinflußt von den egalitären und ethnozentrischen Traditionen der amerikanischen Demokratie. Jedem sollte es möglich sein, jeden beliebigen Job zu bekommen, jedes College zu besuchen und jedes politische Amt zu bekleiden, ohne Rücksicht auf Rasse und Religion, Geschlecht oder familiäre Herkunft, wenn er nur gewillt ist, hart zu arbeiten und sich als echter Amerikaner zu beweisen. Darauf beruhte der Glaube, daß Ehen zwischen allen verschiedenen Gruppen in Amerika möglich sein sollten, zumindest aber zwischen Amerikanern derselben Rasse. Ehen zwischen

Katholiken und Juden, Iren und sogenannten Wasps (das sind weiße angelsächsische Protestanten), zwischen dem Absolventen einer Eliteuniversität und der Supermarktkassiererin sollten den Beweis erbringen, daß die alten Vorurteile aus Europa sich im Schmelztiegel Amerika auflösen.

Es gab jedoch schon Hinweise darauf, daß das Sexualverhalten ähnlich den Freundschaftsbeziehungen vom sozialen Milieu bestimmt wird. Dieselben Soziologen notierten zum Beispiel bei einer Befragung von Collegestudenten, daß die Studentinnen aus Korporationen dazu tendierten, mit Studenten auszugehen, die ebenfalls in einer Korporation waren, und nicht mit anderen Studenten oder jungen Männern aus der Stadt. Die Korporationsstudenten hingegen suchten oft Kontakt zu jungen Frauen außerhalb der weiblichen Korporationen. Offensichtlich hatten diese Kontakte einen anderen Stellenwert als die Beziehungen zu Studentinnen ihres Schlages. In einigen Fällen, so stellten die Forscher fest, hatten die Studenten eher sexuellen Verkehr, wenn sie mit Frauen ausgingen, die nicht in einer Korporation waren. Soziale Zwänge steuern das Verhalten der Menschen, die einen Partner suchen, auch wenn immer wieder behauptet wird, gesellschaftliche Schranken seien keine unüberwindlichen Hindernisse. Viele erfolgreiche Bücher und Filme erzählen moderne Aschenputtelgeschichten. Im Kinofilm *Working Girl* (dt. *Die Waffen der Frauen*) übernimmt zum Beispiel die Sekretärin aus der Arbeiterschicht während der Abwesenheit ihres Chefs kurzerhand dessen Rolle. Am Ende bekommt sie den Chefposten und den Mann als Zugabe. In *Pretty Woman* angelt sich die schöne Prostituierte den reichen gutaussehenden Manager. Unsere eigenen Erfahrungen sehen jedoch ganz anders aus.

Warum aber wirkt sich das soziale Milieu so stark auf die Partnerwahl aus, und wie können diffuse soziale Kräfte so mächtig werden? Warum hat die Sekretärin aus einfachen Verhältnissen weniger Chancen, die Ehefrau des Chefs zu werden als ihre Kollegin aus wohlhabenden und gebildeten Kreisen?

Wir sehen zwei Gründe, warum Paare einander letztlich meist so ähnlich sind: Ein Grund liegt in der Nützlichkeit für die Partner selbst, also ein strategisches Motiv aus ihrer Sicht. Der zweite liegt darin, daß auch die Personen in ihrem sozialen Umfeld davon Nutzen haben.

In einer Partnerschaft geht es nicht nur um sexuelle Befriedigung. Viel gemeinsame Zeit verbringen die Partner mit ganz anderen Dingen: z.B. mit Gesprächen, Essen, Kinobesuchen am Samstagabend und Radiohören auf der Autofahrt dorthin. Je ähnlicher sich die beiden sind, je eher sie gleiche geistige Fähigkeiten und Interessen besitzen, desto einfacher ist es für sie, ihr Leben miteinander zu teilen. Wenn sie zudem einen ähnlichen Bildungsgrad, einen vergleichbaren sozialen Status und die gleiche ethnische Zugehörigkeit haben und außerdem etwa gleichen Alters sind, ist ein gemeinsames Leben noch leichter. Für den einzelnen bestehen danach wichtige Anreize, sich einen Partner zu suchen, mit dem er in zentralen Dingen übereinstimmt.

Wie in Männerfreundschaften ist auch in sexuellen Beziehungen die Macht gleichmäßiger verteilt, wenn sich die Partner im sozialen Status nicht zu stark unterscheiden. Wenn eine reiche Frau einen geringverdienenden Partner hat, kann sie mit ihm und ihren übrigen Freunden entweder nicht in teure Restaurants gehen oder sie muß zahlen. Sie und ihr Partner sind in dieser Hinsicht einander nicht gleich. Das kann die Beziehung belasten, wie dies auch bei Freundschaften der Fall ist. Auch andere Personen in unserem sozialen Umfeld üben ihren Einfluß aus. Man erwartet, daß der Partner in den Kreis der Freunde und Verwandten hineinpaßt.

Allerdings gibt es auch zartere Gründe dafür, letztlich einen Partner zu wählen, dem man sich verwandt fühlt: Gleichheit erleichtert die sexuelle Intimität und hilft die Vertrautheit zu erhalten. Fast jeder ist zu Beginn einer sexuellen Beziehung nervös und wird von Selbstzweifeln geplagt. Der Mann hat Angst, abgewiesen zu werden und die Beziehung aufs Spiel zu setzen, wenn er zu schnell intimen Kontakt sucht. Die Frau fragt sich, ob sie die Initiative ergreifen kann, ohne frivol zu wirken. Jede Geste zählt, und ein Fehler kann gravierende Folgen haben. Aber je mehr sich die Partner in solchen Merkmalen wie Rasse, Religion und soziale Stellung gleichen, desto stärker reduzieren sie die Unwägbarkeiten im Streben nach sexueller Übereinstimmung. Die Wahrscheinlichkeit, sich zu verstehen und sich in den anderen einzufühlen, ist größer, wenn beide die gleiche Sozialisation hinter sich haben.

Wie wir in einem der folgenden Kapitel noch sehen werden, belegt unsere Untersuchung, daß bestimmte sexuelle Praktiken wie z. B. Oralverkehr mit der rassischen Zugehörigkeit und der sozialen Schicht zusammenhängen. Ohne bewußt darauf abzuzielen, haben Partner, die derselben Rasse und sozialen Schicht angehören, größere Chancen, sexuell zu harmonieren.

Nicht zuletzt steht hinter der Wahl eines Sexualpartners oft auch die Wahl des künftigen Partners, mit dem man Kinder haben und großziehen möchte. Viele Eltern erfahren, daß die Kindererziehung einfacher ist, wenn man sich über den Erziehungsstil einig ist. Eltern, die ähnlich erzogen wurden und den gleichen Bildungshorizont besitzen, stimmen auch in pädagogischen Fragen eher überein. Auch hier ziehen sich eben nicht die Gegensätze an, sondern die Ähnlichkeiten.

Wir haben festgestellt, daß Partnerschaften zwischen ähnlichen Partnern am besten funktionieren. Die gesellschaftlichen Institutionen, die Menschen mit gleicher Sozialisation und gleichem Status zusammenbringen, beschränken einerseits die Möglichkeiten der Partnerwahl und erleichtern andererseits das Finden eines geeigneten Partners. Der Gruppenzwang und der Anreiz, einen Partner zu wählen, der einem nicht fremd ist, sind also nicht notwendig ein Schaden – im Gegenteil, diese sozialen Kräfte wirken vorteilhaft und produktiv.

Bei der Suche nach dem richtigen Partner handelt man also nicht allein. Die beiden Menschen, die sich verliebt haben, müssen die Zustimmung einer stattlichen Reihe von Außenstehenden erringen. Deren Meinungen darüber, ob die Partie passend ist oder nicht, bilden wichtige Impulse für die Stabilität der Partnerschaft. Auf diese Weise übt das soziale Milieu einen diskreten, aber mächtigen Einfluß aus.

Die Personen, mit denen der einzelne in engerem sozialem Kontakt steht, haben ihre eigenen Motive dafür, daß jeder einen möglichst ähnlichen Partner wählt. Je enger die Beziehung wird, desto mehr versuchen sie, ihren Einfluß geltend zu machen. Bei flüchtigen Affären werden sie nicht eingreifen, sofern sie überhaupt davon erfahren. Aber sobald der Partner zu einer festen Größe im Beziehungsgefüge wird, werden sie aktiv. Wie im nächsten Kapitel gezeigt wird, neigen sie sogar dazu, Personen ihres eigenen sozialen Feldes neue Individuen vorzustellen, um sicherzugehen, daß die Partner akzeptiert werden.

Wichtige Bezugspersonen tauchen in verschiedenen Phasen der sexuellen Beziehung auf und können vom Geschehen verschieden weit entfernt sein. Eltern stehen dem Paar meist sehr nahe, beide Elternpaare wollen sicher sein, daß der Partner ihres Kindes jeweils in die eigene Familie paßt. Sie können gut zureden oder drohen: »Du kannst mit ihr nicht ausgehen, sie hat einen schlechten Ruf.« »Er ist nicht katholisch.« »Sie ist nur eine mittellose Studentin.« »Er paßt nicht zu uns.«

Sobald sich die Beziehung festigt, überprüfen die Eltern den Partner noch strenger und beziehen auch die Familie des Heiratskandidaten mit ein. In großen Familien können sich sogar Tanten, Onkel und Cousinen an der »Prüfung« des künftigen Familienmitglieds beteiligen.

Auch die Freunde des Paares haben ein Wörtchen mitzureden. Ob absichtlich oder nicht, jede Gruppe will, daß ein neuer Freund zu ihnen paßt. Genau wie die Eltern sind sie gewöhnlich dann zufrieden, wenn das Paar derselben Rasse und sozialen Schicht angehört, den gleichen Bildungsgrad hat, etwa gleich alt ist und zur selben Konfession gehört.

Weniger deutlich, aber immer noch wahrnehmbar, ist der Einfluß von Institutionen und Personen des öffentlichen Lebens. Ein Schuldirektor mag zum Beispiel um den guten Ruf seiner Schule besorgt sein. Politische oder moralische Vereine ziehen für bestimmte Ziele zu Felde, sei es für die Rechte der Frauen oder für religiöse Belange. Eine Organisation wie »Planned Parenthood« (Geplante Elternschaft) versucht mit Lobbymethoden in den Kliniken und über Programmarbeit in der Öffentlichkeit das Fertilitätsverhalten der Frauen zu beeinflussen. Am Arbeitsplatz ist es der Vorgesetzte, der darauf achtet, daß der Mann die Frau nicht von der Arbeit abhält. Auch Passanten, die im Vorbeigehen abschätzige Bemerkungen über ein Paar verschiedener Hautfarbe, über eine ältere Frau mit einem jüngeren Mann oder ein homosexuelles oder lesbisches Paar machen, üben Einfluß aus.

Manche Sozialisationsinstanzen haben sich in den vergangenen Jahrzehnten verändert. In den fünfziger und sechziger Jahren lernten Studenten an Universitäten, die nach dem Grundsatz *in loco parentis,* d.h. »an Eltern Statt« für ihre Studiosi und Studiosae sorgten. Die universitären Behörden investierten viel Energie darein, das Sexualleben ihrer jungen Studentinnen zu kontrollieren. Besonders die Colleges hatten den Eltern gegenüber den stillschweigenden Auftrag, die Töchter bis zum Studienabschluß unbescholten zu halten. Und unbescholten hieß jungfräulich. Es war eine Zeit, so schrieb der Romancier John Updike in seiner Erzählung *Spring doch,* in der »innerhalb der Grenzen der Jungfräulichkeit ein weites und nicht lächerliches sexuelles Territorium existierte, in dem, beginnend mit den Lippen und Händen, dem Partner Teile des Körpers nach und nach gewährt wurden.«[1]

Die Regeln waren streng. Für weibliche Studierende bestand abends unter der Woche und an den Wochenenden Ausgehverbot. Wenn eine Studentin später als zur festgesetzten Stunde ins College kam, fand sie den Schlafsaal abgeschlossen. Wer die Regeln mißachtete, bekam Hausarrest und durfte die nächste Zeit abends überhaupt nicht ausgehen. In den Mädchenräumen durften sich keine jungen Männer aufhalten. An manchen Colleges war die Aufsicht so streng, daß der Dekan den Eltern einer weißen Studentin sofort eine Benachrichtigung schickte, wenn sie sich mit einem Schwarzen traf.

Diese Regeln verschwanden Ende der sechziger, Anfang der siebziger Jahre gleichsam über Nacht unter dem Druck der neuen Jugendkultur. Heute werden in den Colleges andere Regeln diskutiert, so zum Beispiel, ob sexuelle Beziehungen zwischen Studenten und Lehrenden verboten werden sollen.

Auch wenn sich die Sozialisationsträger ändern, sie bleiben allgegenwärtig. Das Paar kann dem Netz von Bezugspersonen, die Urteile über die Schicklichkeit oder Unschicklichkeit des Partners abgeben, nicht entfliehen. Zwar kann in der Öffentlichkeit durchaus darüber diskutiert werden, ob die Schranken, die die Sozialisationsinstanzen vorgeben, den demokratischen Idealen entgegenstehen und ob der einzelne um jeden Preis in den Grenzen seines Milieus gehalten werden muß. Die Wirklichkeit zeigt jedoch, daß es diese Grenzen trotz aller Reden über den Gleichheitsgrundsatz und den Abbau von Diskriminierungen weiterhin gibt und ein starker sozialer Druck für ihren Fortbestand sorgt.

Homosexuelle Paare stoßen am häufigsten auf Ablehnung. Unter anderem deshalb wird Homosexualität so oft verborgen gehalten, wie wir in einem späteren Kapitel sehen werden. Fast ebenso stark werden Beziehungen zwischen Partnern verschiedener Rassen mißbilligt. Schon Teenager spüren bei ihren ersten Flirts, daß sie sich im Hinblick auf die rassische Zugehörigkeit der Erwartung ihres Milieus beugen müssen. Rassistische Verhaltensmuster werden auf diese Weise fortgeführt. Kommt eine Eheschließung in den Bereich des Möglichen, nimmt der soziale Druck noch zu.

Einige Fallbeispiele mögen das verdeutlichen.

Vor einigen Jahren verlobte sich die weiße Kosmetikerin Angela Harms aus Pennsylvania mit einem schwarzen Armeegefreiten. Vier Tage vor der Hochzeit weigerte sich plötzlich der Methodistenpfarrer, die Trauung vorzunehmen. Er hatte erst jetzt den Bräutigam kennengelernt. »Der Pastor meinte, ich hätte ihn über die Situation im unklaren gelassen«, berichtete Angela Harms der *New York Times.* Die beiden heirateten zwar trotzdem, das Verhalten des Pfarrers ließ aber an Deutlichkeit nichts zu wünschen übrig.

Paare, die sich nicht an die Konventionen halten, riskieren die gesellschaftliche Ächtung. Eine schwarze Frau aus New Jersey, die einen weißen Sänger heiratete, berichtete, daß seine Eltern nicht einmal ihre Enkelkinder sehen wollen und auch zu den Geburtstagen nicht schreiben oder Geschenke schicken. Sie haben ihren Sohn und dessen Familie enterbt.

Theresa Johnson, eine Weiße, ist mit dem Schwarzen Ralph Johnson verheiratet. Die meisten ihrer Verwandten wissen aber nichts von der Ehe und den gemeinsamen Kindern, obwohl diese mittlerweile bald Teenager sind. Sie berichtete ebenfalls der *New York Times,* daß ihre Kinder die Großeltern jahrelang nicht besuchen durften. Erst jetzt dürften sie kommen, aber nur spät abends im Schutz der Dunkelheit, wenn die Nachbarn sie nicht sehen könnten.

Aber nicht nur Weiße sind gegen Ehen unter Partnern verschiedener Hautfarbe, auch Schwarze setzen sich oft vehement für diese spezifische Form der Rassentrennung ein. Die schwarze Schriftstellerin Bebe Moore Campbell aus Los Angeles schilderte ihre Wut, als sie einen gutaussehenden schwarzen Schauspieler mit einer blonden Frau in ein Restaurant kommen sah. »Noch bevor das Essen vorbei war, hatte ich Kopfschmerzen, Magenverstimmung und vermutlich überhöhten Blutdruck«, erinnerte sie sich in einer Zeitschriftenkolumne. Ihre Begleiterin, ebenfalls eine Schwarze, reagierte genauso: »Unsere Gabeln schlugen im Takt auf die Teller. So als gäbe uns ein unsichtbarer

Dirigent das Zeichen zum Einsatz, begannen wir wie aus einem Mund zu seufzen, die Augen himmelwärts gerichtet. Wir knirschten unisono mit den Zähnen und verzogen unsere Gesichter. Schließlich schüttelten wir die Köpfe und beklagten wieder einmal die Treulosigkeit der schwarzen Männer und verfluchten die weißen Frauen, die in fremden Revieren jagen und uns ›unsere Männer wegnehmen‹.«

Brent Staples, Mitglied des Redaktionskomitees der *New York Times,* berichtete, welche Feindseligkeit ihm sowohl von Weißen als auch von Schwarzen entgegenschlug, wenn er als Schwarzer mit einer weißen Frau ausging. Dem *New York Woman Magazine* vertraute er an, er habe einmal einer schwarzen Freundin erklärt, er treffe von Berufs wegen oft mit weißen Frauen zusammen, da er eben in einer weißen Welt arbeite. Seine Freundin habe aber nur erwidert: »Jedesmal wenn ich einen Schwarzen mit einer Weißen in intimer Zweisamkeit sehe, betrachte ich das als einen Vorwurf gegen mich.«

Der schwarze Regisseur Spike Lee gab 1991 den Problemen von Paaren verschiedener Hautfarbe eine fesselnde Darstellung in seinem Film *Jungle Fever.* Flipper, ein reicher, verheirateter Schwarzer hat eine Affäre mit Angie, einer italienischen Arbeiterin. Beider Freunde und Familien sind empört. Angies Vater schlägt sie, als er von der Beziehung erfährt. Das Paar hat sogar Schwierigkeiten, im Restaurant bedient zu werden. Da nimmt es nicht wunder, daß ihre Liebe dem Haß und der Ablehnung nicht standhält. Am Ende des Films sagt Flipper zu Angie: »Ich gebe auf. Das ist es nicht wert. Ich liebe dich nicht und glaube auch nicht, daß du mich je geliebt hast.« Und weiter: »Dieser Glaube, daß für die Liebe nichts unmöglich ist, den gibt es nur in Disney-Filmen und die habe ich nie leiden können.«

Da das Zusammenleben der Rassen in Amerika soviel Uneinigkeit schafft, ist es nicht weiter erstaunlich, wenn nur wenige Amerikaner bei der Wahl ihrer Sexualpartner die Rassengrenzen überschreiten. Hingegen ist es verblüffend, in welchem Ausmaß

Außenstehende sich in Beziehungen einmischen, die ihrer Meinung nach unpassend sind.

Deborah Gimelson mußte diese Erfahrung machen, als sie sich in ihren Trainer verliebte, einen Mann aus der Arbeiterschicht mit niedrigem Schulabschluß, und der auch noch vierzehn Jahre jünger war als sie. Ihre Freunde waren bestürzt, aber sie ließ sich nicht irremachen. »Ein Freund von mir, ein angesehener Anwalt und Spezialist für Konkursfälle, fragte mich einmal im Spaß, ob mein Trainer die High-School oder einen vergleichbaren Abschluß geschafft habe (letzteres ist der Fall). Er konnte sein Erstaunen über das Bildungsgefälle zwischen meinem Partner und mir nicht verhehlen. Doch auch seine Witze über tumbe Sportler konnten der innigen Beziehung zu meinem Partner nichts anhaben.« Deborah Gimelson erinnert sich noch, daß ihr offensichtlich überforderter Psychotherapeut ihr den Rat gab, doch eine Bekanntschaftsanzeige in der Zeitung aufzugeben.

Der Druck von außen kann auch subtil sein. Eine junge Frau aus Maryland nahm ihren Freund zu ihrer Lieblingstante mit und war verblüfft, daß die Tante, sonst eine warmherzige und freundliche Frau, die gerne lachte, kühl und zurückweisend wirkte. Ihr Freund verstand die Signale nicht, sie selbst merkte es jedoch genau. Die Tante, so stellte sich heraus, mißbilligte die Beziehung, weil der Mann nach ihrem Eindruck wie ein Hippie aussah und möglicherweise die Wertvorstellungen ihrer Familie nicht teilte.

Ob die Ablehnung so offen daherkommt wie die Weigerung des Pfarrers, eine Trauung vorzunehmen, oder so verdeckt wie die mangelnde Begeisterung der Tante für den Freund ihrer Nichte, in jedem Fall wirkt der soziale Druck auf vielfältige Weise. Bei diesem Spiel, in dem einzelne und Gruppen Einfluß auf die Protagonisten nehmen wollen, und das heißt auf die Frage, wer mit wem sexuellen Kontakt haben darf, übernehmen die Außenstehenden die Rolle des Chors, der wie in der griechischen Tragödie dem Gesetz und der Allgemeinheit Stimme verleiht.

Andererseits können die Beweggründe der Betreffenden, die einen Partner suchen, auch mit den Wünschen und Forderungen des Chors der Außenstehenden übereinstimmen. Am Ende entwickelt sich ein undurchschaubares Kräftefeld von Druck und Gegendruck, Freiheitsstreben und Repressionen, durch das das Verhalten bei der Partnerwahl beeinflußt wird, ohne daß sich der einzelne darüber im klaren ist.

Wenn man nach einem Partner sucht, wünscht man sich die Zustimmung der anderen. Man hat schließlich etwas zu gewinnen, wenn man die Aufmerksamkeit der Familie mit einem vorzeigbaren Partner auf sich lenkt. So wie die Familie insgesamt den einzelnen beeinflussen will, möchte der einzelne auch in der Lage sein, die Familie zu beeinflussen. Er will sich einerseits nicht leichtfertig über ihre Wünsche hinwegsetzen, möchte aber andererseits auch nur auf sich selbst hören und einfach nur einen Liebhaber haben, ohne an weitreichende Verpflichtungen und die Reaktionen der Familie und der Freunde zu denken.

Der Konflikt zwischen den Rechten des Individuums und den Forderungen der Gemeinschaft reicht weit in die Vergangenheit zurück. *Romeo und Julia, West Side Story, Abie's Irish Rose, Guess Who's Coming to Dinner* und wie die vielen Komödien und Tragödien mit ethnischem Konfliktstoff auch alle heißen mögen, sie gehören zum gängigen Kulturgut Amerikas.

Am Ende setzen sich die Regeln der Gemeinschaft meist durch, und aus diesem Grund wählt der Mann in Detroit auch Freunde, die ihm ähnlich sind. Wenn man einen festen Partner sucht, sind die Eigenschaften, welche die Familie von ihm oder ihr erwartet, auch für einen selbst wichtig.

Die Filmkritikerin Molly Haskell beschrieb anhand ihrer eigenen Ehe, in welche Fallgruben man tappen kann, wenn man einen Mann, der ganz anders ist als man selbst, heiratet. Ihr Mann ist griechischer Herkunft, »der Inbegriff des levantinischen Mannes: dunkler Teint, faltig, Pigmentflecke unter schokoladenbraunen Augen, das alles gibt ihm das Aussehen eines melancholischen Gangsters.« Sich selbst beschrieb sie im *New York Times Magazine* als »blaße angelsächsische Protestantin aus den Südstaaten, unterdrückt, nach außen reserviert, im Innern brodelnd, nicht so kühl, wie ich aussehe.«

»Der Schriftsteller Gore Vidal«, fuhr sie fort, »hat an einer Stelle einmal das Lob der Ehe zwischen Partnern unterschiedlicher Rasse gesungen. Wie ein Pfau, der den dummen Hühnern höhere Kultur beibringt, verurteilte er das langweilige Einerlei der Ehen zwischen gleichen Partnern. Der Nachwuchs, der dabei herauskomme sei vorhersehbar, ethnisch gesehen bloße Abziehbilder der Erzeuger. Das ist leicht gesagt, wenn man die Sache von außen betrachtet. Aber obwohl ich selbst eine sogenannte ›interessante‹ Ehe führe, zu der ich voll und ganz stehe, möchte ich behaupten, daß es gute Gründe gibt, unter seinesgleichen zu heiraten. Man verläßt sein Revier auf eigene Gefahr.«

Molly Haskell beschrieb scheinbar harmlose kulturelle Traditionen, in denen sie und ihr Mann nicht übereinstimmten: der richtige Zeitpunkt für den Cocktail, Essensgewohnheiten, Erwartungen, daß der Mann den Braten tranchiert und das Auto steuert, auch die Trauungszeremonie. »Erfolg oder Scheitern eines ungleichen Paares hängen vor allem davon ab, wie es beiden gelingt, ihre Unabhängigkeit zu bewahren. Einen kleinen Erfolgsvorsprung gibt man sich zunächst, aber beim ersten Anzeichen von Schwäche oder Mißerfolg wirken die Unterschiede eher entmutigend und nicht mehr exotisch. Das Gefühl der Isolation kann einem dann angst machen. Das ist wie ein Drahtseilakt ohne Sicherheitsnetz. Man hat die Brücken hinter sich abgebrochen und die Wärme und den Schutz des Familienverbands eingebüßt.«

Ob ein Partner als ungleich oder nicht ebenbürtig eingeschätzt wird, kann von feinen Unterschieden in der sozialen Stellung abhängen. Diese mögen eigentlich unerheblich sein, aber dennoch entscheiden sie darüber, ob die Familie oder die Freunde den Partner willkommen heißen oder kühl empfangen. Amerikaner behaupten gern, es gäbe keine wirklichen Klassenunterschiede, aber viele achten auf kleinste Signale, wenn es darum geht, einen Menschen nach seiner Stellung in der sozialen Hierarchie einzuordnen.

Das Auto ist dabei ein wichtiger Indikator. Ron Rosenbaum, Kolumnist zu Themen der Gegenwartskultur in *Harper's Bazaar*, erzählte seinen Lesern einmal, wie er die Menschen seiner Heimatstadt auf Long Island nach ihrem Sozialprestige taxieren konnte: »Ich weiß, daß ich nicht immun war gegen diese perverse Einimpfung von Statusunterschieden. In der High-School wußte ich genau, welcher Platz meiner Familie auf der Rangskala der Automodelle zukam. Die Tatsache, daß wir einen Chevrolet Bel Air besaßen, der in den frühen Sechzigern – Welch ein Schmerz! – eine Stufe unter dem Spitzenreiter Impala rangierte und – Welch ein Trost! – eine Stufe *über* dem schmucklosen Typ Biscayne lag, bedeutete mehr, als der Unterschied zwischen drei verschiedenen Chromzierleisten ahnen ließ. Das waren drei verschiedene *Welten*. Obwohl ich merkte, wie oberflächlich und lächerlich solche Unterscheidungen waren, blieb ich ihnen doch verhaftet: Ab und zu ertappte ich mich bei dem Wunsch, wir hätten doch diesen blöden Impala.«

Wer den richtigen Partner finden will, muß mehr tun als nach jemandem Ausschau halten, der ihm in vielem gleicht. Den Heirats- und Partnermarkt regeln außer sozialen Zwängen noch andere Beschränkungen. Die Konkurrenz ist hart, und es regiert das Gesetz von Angebot und Nachfrage.

Einen Partner zu ergattern wird schwieriger, wenn jeder auf Eigenschaften wie Intelligenz, Charme, Freundlichkeit oder Schönheit gleich viel Wert legt. Nahezu jeder Mann, der eine Heiratsanzeige aufgibt, sucht eine junge, schlanke und attraktive

Frau. Eine solche Frau hat also die Auswahl unter vielen Partnern, jeder, der sie erobern will, muß zumindest einige hochbewertete Eigenschaften besitzen.

Die Analyse der Sozialwissenschaft klingt kalt und herzlos, und sicherlich sind sich die meisten Menschen dieser Vorgänge auch nicht bewußt. Das Ganze erinnert an archaische Sitten, als ob um die Mitgift gefeilscht würde. Aber das versteckte Aushandeln beeinflußt die Partnerwahl stärker, als man denkt.

Seit körperliche Schönheit so hoch im Kurs steht, können sehr gutaussehende Menschen sich Partner suchen, die ebenso attraktiv sind. Wenn sie jemanden wählen, der weniger attraktiv ist, können sie zur Kompensation eine andere hochbewertete Eigenschaft fordern. Deshalb sind sich die meisten Paare mehr oder weniger ebenbürtig. Gutaussehende Männer gehen mit schönen Frauen aus, und weniger gutaussehende mit weniger schönen Frauen. Diese Regel bei der Paarbildung ist so bekannt und allgemein akzeptiert, daß es sofort einen Kommentar wert ist, wenn sie durchbrochen wird.

Wenn man den Milliardär Ross Perot mit seiner blonden Frau sieht, fällt auf, wie attraktiv sie im Gegensatz zu ihm ist. Dasselbe gilt für Henry Kissinger, der eine Frau geheiratet hat, die nicht nur jünger und attraktiver, sondern auch größer als er ist. Und welchen Klatsch löste überall auf der Welt die Nachricht aus, der gedrungene griechische Tankerkönig Aristoteles Onassis habe die elegante Jackie Kennedy heimgeführt, Amerikas Vorbild für Klasse und Schönheit.

Die Ausnahmen von der Regel betreffen also reiche und mächtige Männer, die weitaus attraktivere Ehefrauen haben. Die Männer bringen Dinge wie Reichtum und Macht mit, über die man normalerweise nicht spricht. Wir fänden es anstößig, wenn ein Mann zu seiner zukünftigen Braut sagen würde: »Ich bin reich und kann dir ein bequemes Leben bieten, wenn du mich heiratest«, oder: »Ich verfüge über großen Einfluß. Dein Leben mit mir würde zu einem endlosen Reigen von Banketten und

Dinnerpartys, auf denen du Prominente treffen und dich von ihnen bewundern lassen kannst.«

Aber die meisten Menschen sind weder ungewöhnlich reich, schön, mächtig oder berühmt, und trotzdem findet fast jeder einen Partner. Was uns davor bewahrt, im Wettbewerb um den Partner brutal verdrängt zu werden, ist die Tatsache, daß nur wenige Leute reich, gutaussehend, intelligent und vollkommen sind und keine einhellige Meinung über die Rangfolge bei den herkömmlicheren Eigenschaften besteht. Unbewußt lernen die meisten Menschen bald, ihre Erwartungen zu dämpfen und sich nach Partnern umzusehen, die ihnen im Status entsprechen.

Der Markt der Sexualpartner zeigt sich besonders kraß in der Prostitution. Ein New Yorker berichtete, er lasse sich regelmäßig, etwa jede Woche, ein Callgirl kommen, weil ihm die Vorstellung gefalle, daß eine junge, hübsche Frau ihm gehorcht und keine weiteren Ansprüche an ihn stellt. Er könne mehr arbeiten, wenn er sich nicht ständig um eine Lebenspartnerin sorgen müsse. Dieser Mann ist jedoch die Ausnahme. Nach unserer Untersuchung haben nur 16 Prozent der Männer Geschlechtsverkehr gegen Bezahlung.

Der Markt ist vielgestaltig und variiert je nach dem Objekt der Begierde. Er schließt auch Teenager mit ein, die um Verabredungen miteinander wetteifern und sich Ansehen verschaffen wollen, und auch Collegepartys oder das große Trara bei Wochenenden zu Hause. Unter Erwachsenen ist es vielleicht die Dinnerparty im Haus eines befreundeten Paares, auf der zwei kürzlich geschiedene Freunde eingeladen sind, zusammen mit verschiedenen Ehepaaren.

Anders als auf sonstigen Märkten, auf denen ge- und verkauft wird, ist auf dem Markt der Sexualpartner jeder zugleich Käufer und Verkäufer der gleichen Ware. Es ist auch nicht einfach ein Tauschgeschäft, wie wenn der Gemüsehändler den Automechaniker mit Gemüse versorgt, wenn der ihm im Gegenzug das Auto repariert. Auf diesem besonderen Markt bietet sich jeder oder jede selbst an und sucht dafür einen Partner oder eine Partnerin für die eigenen sexuellen Wünsche.

Ein weiteres Merkmal ist die Zersplitterung in Hunderte von Teilmärkten. Im Hinblick auf den Arbeitsmarkt sprechen die Ökonomen von Segmentierung. Arbeitssuchende passen je nach ihrem Profil in die eine oder andere Berufssparte. Die Segmentierung des Arbeitsmarktes verblaßt jedoch im Vergleich mit der des sexuellen Marktes. Einige Nischen gehören Teenagern oder jungen Berufstätigen, während andere von Älteren oder Homosexuellen oder sexuellen Abenteurern besetzt werden. Partner aller Art werden auf dem Markt gesucht, ob für flüchtige Affären oder feste Beziehungen.

Der Markt ist sogar noch weiter untergliedert. Der Mythos besagt zwar, daß bei der Partnerwahl jedem die ganze Welt offenstehe, in der Realität verbleiben jedoch nur wenige zur Auswahl, wenn wir die Ungeeigneten oder Unerreichbaren bei unserer Suche ausgeschlossen haben, je nachdem ob wir nur hedonistische Sexualkontakte wollen oder eine spätere Heirat beabsichtigen.

Die Auswahl beginnt mit unseren persönlichen Vorlieben, bei denen die meisten sehr wählerisch sind. Manche dieser Einschränkungen sind scheinbar persönlichen Ursprungs – »Mit solchen Leuten verkehre ich nicht« –, leiten sich aber doch aus dem ab, was wir aus unserem sozialen Milieu oder den Massenmedien übernommen haben. Mit wem wir Verbindungen eingehen, richtet sich also nach einer Kombination verschiedener Faktoren: den persönlichen Vorlieben, den Wünschen der für uns wichtigen Menschen und dem Bevölkerungsanteil, der nach Einkommen, Rasse, Bildung und geographischer Lage für uns in Frage kommt.

Der Markt hat auch seine Schattenseiten. Manche Frauen werden leicht das Opfer von Erniedrigung und Mißbrauch, sie stehen am untersten Ende der Skala potentieller Heiratskandidatinnen, wie zum Beispiel die Verkäuferinnen aus der Stadt, die von Studenten eingeladen werden, oder Frauen wie jene Serviererin in dem Kinofilm *Mystic Pizza*, die einen reichen jungen Mann umschwärmt. Gemeint sind die Frauen, von denen man nur Sex will. Die junge Frau, die für einen Mann als feste Partnerin nicht in Frage kommt, ist auch am ehesten sexueller Ausbeutung und Vergewaltigung ausgesetzt.

Eine andere, beunruhigende Eigentümlichkeit dieses Marktes kann sich nach der Heirat auch bei scheinbar vollkommen harmonischen Paaren zeigen. Der Ehemann oder die Ehefrau ändert sich, oder manche Eigenschaften treten erst nach der Eheschließung zutage. Zum Beispiel kann sich herausstellen, daß einer der Partner unfruchtbar ist; die an ihn oder sie gestellten Erwartungen erweisen sich als unerfüllbar. Forscher haben herausgefunden, daß eine Partnerschaft unter diesen Bedingungen enormen Belastungen ausgesetzt ist, viele Ehen gehen in die Brüche. Dem Ehemann einer unfruchtbaren Frau oder der Ehefrau eines unfruchtbaren Mannes kann es in den Sinn kommen, es mit einem anderen Partner zu versuchen. Auch an der Arbeitslosigkeit, zumeist des Mannes, scheitern viele Ehen.

Wenn einer der Ehepartner plötzlich begehrte Eigenschaften erwirbt, die er vor seiner Heirat noch nicht besaß, ist die Stabilität der Ehe ebenfalls gefährdet. Ein Mann, dessen Gehalt einen Sprung nach oben macht, wird sich überlegen, ob er sich nun eine »bessere« Frau leisten kann. Eine Frau, die als Rechtsanwältin Karriere macht und viel Geld verdient, mag ihren weniger erfolgreichen Ehemann verlassen. Oder die Partner von plötzlich Erfolgreichen spüren allzusehr, daß sich das Gleichgewicht in der Ehe verschoben hat, ziehen sich zurück und wenden sich von ihrem attraktiveren Partner ab, um der Zurückweisung zuvorzukommen.

Ein beliebtes Thema in Frauenzeitschriften sind Rührgeschichten von der treuen Ehefrau, die ihrem Mann das Studium finanziert und nach erfolgreichem Abschluß gegen eine jüngere und attraktivere ausgetauscht wird. Die Ratgeberseite im Magazin der *Weight Watchers* druckt regelmäßig Leserbriefe von Frauen, die sich darüber beklagen, daß die Ehemänner ihre Diätanstrengungen sabotieren. Auch soll es vorkommen, daß die Gatten ihre abgemagerten Gattinnen nicht mehr attraktiv finden.

Die Sachbuchautorin Linda Bird Francke ist diesem Aspekt des Heiratsmarktes nachgegangen: »Welche panische Angst ergreift Männer, wenn ihre Frauen dank eigener Anstrengungen Erfolg vorweisen können!« In einem ihrer Bücher schildert sie den Fall einer solchen Erfolgsfrau. »Maggi verstand sich mit ihrem Mann, einem Manager, sehr gut, bis sie, von ihm ermuntert, wieder arbeiten ging und in der Firma sehr schnell beruflichen Erfolg hatte. Obwohl ihr Mann nach außen sehr stolz auf seine Karrierefrau war, änderte sich die Beziehung schlagartig. Seit drei Jahren schläft er nicht mehr mit ihr.«

Jeder Bewerber bringt alle guten und schlechten Eigenschaften auf den Markt, die seine Persönlichkeit ausmachen: Charakter, Aussehen und sonstige äußere Merkmale, Beruf und Einkommen, Status, Interessen, Krankheiten, Kinder aus einer früheren Ehe, usw.

Die Suche nach einem passenden Partner ist ein kompliziertes Unterfangen, oft verwirrend und manchmal auch ein bißchen beängstigend. Die Vor- und Nachteile des Wettbewerbs spiegeln sich darin genau wider. Diejenigen mit höher dotierter Währung, sprich begehrteren Eigenschaften, machen die besseren Partien. Wer weniger zu bieten hat, gibt sich mit einem weniger begehrenswerten, aber erreichbaren Partner zufrieden.

Die Erkenntnisse der sozialwissenschaftlichen Forschung werfen ein Licht auf die frustrierendsten und verblüffendsten Probleme, mit denen die Menschen bei der Suche nach einem Lebensgefährten konfrontiert werden. Zu ihnen gehört z.B. die lebhafte Diskussion um das sogenannte Männerdefizit, den Mangel an heiratsfähigen und -willigen Männern, weswegen viele Frauen nie einen Ehepartner finden werden.

Im folgenden Kapitel werden wir auf dieses Problem zurückkommen und unsere Daten daraufhin befragen, ob dieses Problem tatsächlich existiert und wenn ja, in welchem Ausmaß. Auch die Macht des Milieus wird uns immer wieder beschäftigen, wenn wir danach fragen, wie Menschen einen Sexualpartner finden, wie viele Partner der einzelne hat, welche Sexualpraktiken geübt werden und wer ein besonderes Risiko für sexuell übertragbare Krankheiten eingeht.

4

Partnersuche

Irgendwann hat sich wohl schon jeder einmal von der Welt der Liebenden ausgeschlossen gefühlt. Wer kennt nicht den Anblick junger Liebespaare, die an milden Frühlingstagen Hand in Hand durch den Park schlendern. Wer kennt nicht viele Frauen, junge und alte, hübsche und weniger hübsche, die stolz ihre Eheringe tragen, und Männer, attraktiv oder bieder, die im Büro deutlich sichtbar Fotos von ihrer Frau und ihrer Familie aufstellen. Wie von selbst stellt sich dann die Frage: Wie lernen eigentlich Menschen ihre Partner kennen?

Wir reden uns gern ein, wir merkten es sofort, wenn uns der oder die Richtige begegnete. Wir meinen, daß wir uns unsterblich verlieben und daß Liebe eine Art Kräftespiel ist, eine Herzensangelegenheit, eine Erfahrung, die nicht kontrollierbar ist. Den meisten Amerikanern ist der Gedanke an eine arrangierte Ehe zuwider. Sie nehmen Anstoß, wenn wohlmeinende Freunde und Familienangehörige sich in ihr Privatleben einmischen.

Uralte Bilder drängen sich auf: Amor mit Pfeil und Bogen, Aschenputtel. Berühmte Zeilen aus vergangenen Jahrhunderten. »Wer liebte je und nicht beim ersten Blick?« schrieb Shakespeare in »Wie es euch gefällt«. Und in dem bekannten Lied aus dem Musical *South Pacific* heißt es: »Eines schönen Abends wirst du in einem überfüllten Raum einem Fremden begegnen.« So begegnet auch in Daphne du Mauriers immer noch vielgelesenem Roman *Rebecca* die Heldin, ein armes Mädchen, das sich als Gesellschafterin bei einer wohlhabenden älteren Dame seinen Lebensunterhalt verdient, dem sagenhaft reichen Max de

Winter, der sie vom Fleck weg heiratet und mit auf seinen Landsitz nimmt. Das neueste populäre Beispiel ist der Film *Pretty Woman*, in dem der reiche junge Mann sich in die arme Prostituierte verliebt.

Doch wenn Bekannte erzählen, wie sie ihren Ehepartner kennengelernt haben, dann klingt das oft langweilig und banal. Entweder haben sie sich in der Schule kennengelernt oder bei Freunden. Die Geschichten ähneln sich alle, ganz gleich, ob die Begegnung nun vor ein paar Jahrzehnten oder erst letzten Monat stattgefunden hat. Wahre Begebenheiten von dem verführerischen und geheimnisvollen Fremden, der so ganz anders ist als man selbst und dem man zufällig begegnet, sind in der Tat eine Seltenheit.

Hillary und Bill Clinton lernten sich während ihres Jurastudiums in Yale kennen, zwei intelligente Menschen auf dem Weg nach oben, die sich in vielem ähneln: beide weiß, beide Protestanten, beide ehrgeizig. Francis Collins, ein Arzt und Wissenschaftler, der das Projekt zur Entzifferung des menschlichen Genoms leitet, berichtete, er habe das erste Mädchen geheiratet, das er geküßt habe, eine Schülerliebe. Die beiden gingen seit ihrem fünfzehnten Lebensjahr miteinander, und mit neunzehn heirateten sie.

Der amerikanische Durchschnittsbürger kann ganz ähnliche Geschichten erzählen.

Martha Bari, eine vierzigjährige Kunstgeschichtlerin an der Universität von Maryland, lernte Mike DiPirro, einen Physiker am Goddard-Space-Center, durch eine Freundin und Studienkollegin kennen, deren Mann Mikes Freund und Arbeitskollege war. Die beiden verliebten sich und heirateten ein Jahr später.

Kathy, eine Musikstudentin, lernte Todd, einen Rhetorikstudenten, auf dem College in Indiana kennen. Drei Jahre später waren beide zur Hochzeit eines Freundes eingeladen, und von da an trafen sie sich regelmäßig. Aus Freundschaft wurde Liebe. Der Schriftsteller Paul Monette besuchte 1974 am Abend vor dem Labor Day in Boston eine Dinnerparty. Dort traf er den Anwalt Roger Horwitz, der nicht nur sein bester Freund, sondern auch die Liebe seines Lebens wurde.[1]

Wir wollten wissen, wie Ehepaare sich kennengelernt haben und, was ebenso wichtig ist, wie Menschen ihre Sexualpartner gefunden haben. Lernt man den Menschen, den man heiratet, auf andere Weise kennen als den, mit dem man lediglich Sexualkontakt hat? Zu wissen, wer wen auswählt und warum, kann dem einzelnen dabei helfen, einen Partner zu finden. Und über Partnerwahl Bescheid zu wissen, kann uns helfen, die Ausbreitung von Aids und anderer durch Geschlechtsverkehr übertragener Krankheiten zu verstehen. Das Risiko, eine solche Krankheit zu bekommen, hat nur zu gewärtigen, wer bereits einen infizierten Partner hat.

Die Wahl der Sexual- und Ehepartner ist durch das soziale Beziehungsgeflecht determiniert, in dem der einzelne lebt. Dadurch wird seine Wahl eingeengt, gleichzeitig aber auch erleichtert. Es mag vorkommen, daß man in einem überfüllten Raum einen Fremden sieht und sich sofort in ihn verliebt, aber dieser Fremde, der einem ins Auge fällt, ähnelt uns auch. Er gehört derselben Rasse an, besitzt dieselbe Bildung, stammt aus derselben Gesellschaftsschicht und hat wahrscheinlich auch dieselbe Konfession. Der Grund dafür ist, daß vorab bereits eine Auswahl stattfand, damit Gleiches zu Gleichem kommt.

Wir lernen bei Begegnungen mit Menschen, die wir für unseresgleichen halten, neuen Beziehungen gegenüber offen zu sein und uns vor Fremden in acht zu nehmen, deren soziales Umfeld wir nicht kennen.

Tom Byrne, ein Anlageberater aus Princeton, lernte seine Frau Barbara in einem New Yorker Klub für Absolventen von Eliteuniversitäten der amerikanischen Ostküste kennen. Er entdeckte sie tatsächlich in einem überfüllten Saal. Barbara, eine Investmentbankerin, war »eine Rassefrau«, so nannte er seine künftige Gattin. Später fragte er sie, wie sie reagiert hätte, wenn er sie in einer New Yorker U-Bahn mit derselben Aufreißermasche angesprochen hätte. Sie hätte ihn abblitzen lassen, lautete die Antwort.

Unsere Daten stützen unsere Vermutungen. Fest steht, daß die meisten Paare sich auf ganz konventionelle Weise kennenlernen. Sie werden von Familienangehörigen oder Freunden miteinander bekannt gemacht; sie lernen sich bei der Arbeit kennen; oder sie treffen sich zufällig auf einer Party.

Trotz des wachsenden Geschäfts mit Kontaktanzeigen, trotz Single-Bars und trotz der neuesten Entwicklung, daß Menschen per Computer flirten, werden Partner nach wie vor hauptsächlich über das Netz der Familienangehörigen und Bekannten vermittelt. Tatsächlich spielen bei der Wahl des Sexualpartners häufig dieselben Faktoren eine Rolle wie bei der Wahl der Hochschule, des Arbeitsplatzes oder des Autos. Und wie wir uns oft erst nach Absprache mit der Familie, mit Freunden und mit anderen Ratgebern für eine Hochschule, einen Arbeitsplatz oder ein Auto entscheiden, verlassen wir uns auch bei der Wahl unserer Sexualpartner auf unser persönliches Beziehungsgeflecht.

Nur sehr wenige lernen ihre Sexualpartner außerhalb ihres Milieus kennen, sei es über eine Kontaktanzeige, in einer Bar oder bei einem Aufenthalt in einem Ferienclub. Außerdem stellte sich heraus, daß diejenigen, die aus ihren gewohnten Verhältnissen ausbrachen, meist nur kurze sexuelle Beziehungen hatten. Diejenigen, die zusammenblieben, wie Harry und Sally in dem gleichnamigen Film, waren vermutlich zuerst Freunde, ehe sie ein Liebespaar wurden.

Fest steht auch, daß eine Bevölkerungsgruppe es besonders schwer hat, Sexualpartner zu finden, ganz gleich, wie sehr sie sich auch bemüht: die älteren Frauen. Ihr Partnerproblem ist kein Gegenstand von Vermutungen, sondern harte Realität. Unsere Daten machen in Verbindung mit einer anderen landesweiten Stichprobe auf drastische Weise deutlich, daß eine alleinstehende Frau mit zunehmendem Alter immer weniger Chancen hat, einen Sexualpartner zu finden.

Um festzustellen, welche sozialen Faktoren darüber entscheiden, wer wen kennenlernt und wer wen auswählt, werteten wir die Antworten auf zwei Fragen aus: Wer hat Sie mit Ihren jeweiligen Sexualpartnern bekannt gemacht? Wo haben Sie sich getroffen? Wenn wir wissen, wer die Befragten mit ihren Partnern bekannt gemacht hat, können wir sehen, wie stark die Familie und das Milieu unsere Wahl beeinflussen. Wenn wir wissen, wo Menschen sich kennenlernen, können wir sagen, wo und bei wem die Möglichkeit besteht, einen Partner zu finden, und welche Strategien bei der Partnersuche zum Erfolg führen. Neben Ehen und eheähnlichen Gemeinschaften wurden in unserer Stichprobe auch 1743 sexuelle Beziehungen zwischen Personen berücksichtigt, die weder verheiratet waren noch mit ihrem Sexualpartner zusammenlebten. Etwa die Hälfte dieser Personen hatte im vorangegangenen Jahr nur einen einzigen Sexualpartner.

Die meisten Paare wurden durch Familienangehörige oder Freunde miteinander bekannt gemacht oder lernten sich auf der Party eines gemeinsamen Freundes, bei der Arbeit in einer sozialen Einrichtung oder in einem Klub kennen. Und je stabiler die Beziehung war, desto wahrscheinlicher war es, daß die Personen sich durch ihr soziales Beziehungsgeflecht kennengelernt hatten.

Wie die Kreisdiagramme in Abbildung 1 auf der folgenden Seite zeigen, lernen die meisten ihre späteren Sexualpartner über Bekannte kennen. Aus Diagramm C geht zum Beispiel hervor, daß 55 Prozent der unverheirateten Paare, deren Beziehung länger als einen Monat dauerte, von einer Person zusammengebracht wurden, die beide kannten. Die Beobachtung, daß Freunde und Familienangehörige so gute Kuppler sind, zeigt, wie und warum Personen letztlich Partner wählen, die ihnen so ähnlich sind. Bei Ehepaaren ist die Wahrscheinlichkeit noch größer, daß sie

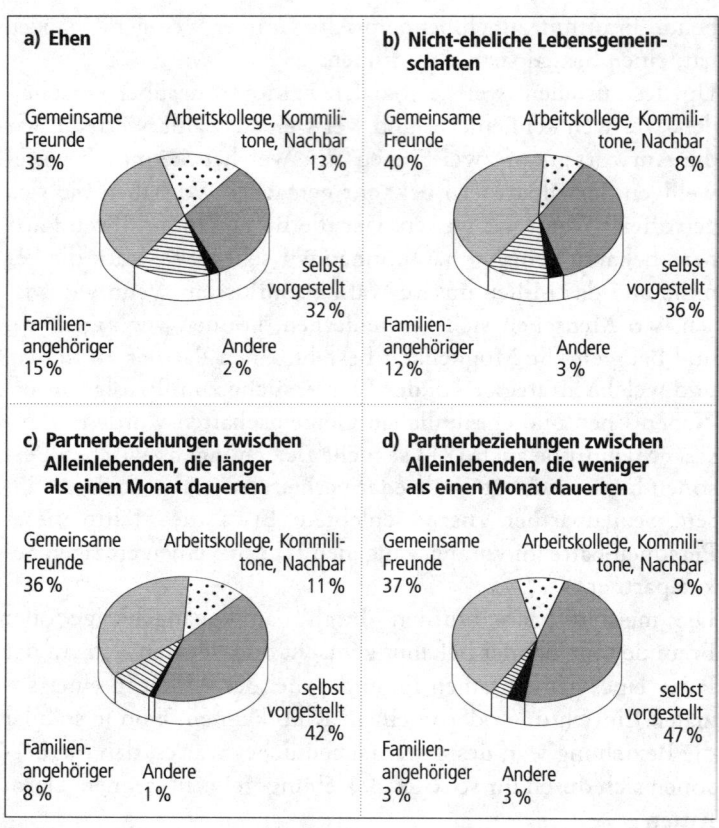

a) Ehen

Gemeinsame Freunde 35 %

Arbeitskollege, Kommilitone, Nachbar 13 %

selbst vorgestellt 32 %

Familienangehöriger 15 %

Andere 2 %

b) Nicht-eheliche Lebensgemeinschaften

Gemeinsame Freunde 40 %

Arbeitskollege, Kommilitone, Nachbar 8 %

selbst vorgestellt 36 %

Familienangehöriger 12 %

Andere 3 %

c) Partnerbeziehungen zwischen Alleinlebenden, die länger als einen Monat dauerten

Gemeinsame Freunde 36 %

Arbeitskollege, Kommilitone, Nachbar 11 %

selbst vorgestellt 42 %

Familienangehöriger 8 %

Andere 1 %

d) Partnerbeziehungen zwischen Alleinlebenden, die weniger als einen Monat dauerten

Gemeinsame Freunde 37 %

Arbeitskollege, Kommilitone, Nachbar 9 %

selbst vorgestellt 47 %

Familienangehöriger 3 %

Andere 3 %

Abbildung 1: Wer machte die Partner miteinander bekannt?

durch Angehörige, Freunde, Arbeitskollegen, Schulkameraden oder Nachbarn miteinander bekannt gemacht wurden. 63 Prozent lernten sich auf diese Weise kennen, fast alle durch Familienangehörige und Freunde.

Vermutlich lernten sich viele unter Umständen kennen, die für potentielle Partner bereits für eine Vorauswahl sorgen. Wie im

96

Falle von Tom und Barbara neigen Personen dazu, in einem Klub oder Hörsaal auf Gleichgesinnte zuzugehen. Zweifellos suchen manche auch in der U-Bahn, auf der Straße oder in einer Bar Kontakt, aber, wie die nächste Abbildung zeigt, ist diese Art der Kontaktaufnahme nicht sehr verbreitet.

Der Einfluß des Milieus zeigte sich auch, als wir nach dem Ort des Kennenlernens fragten. Wie Abbildung 2 veranschaulicht,

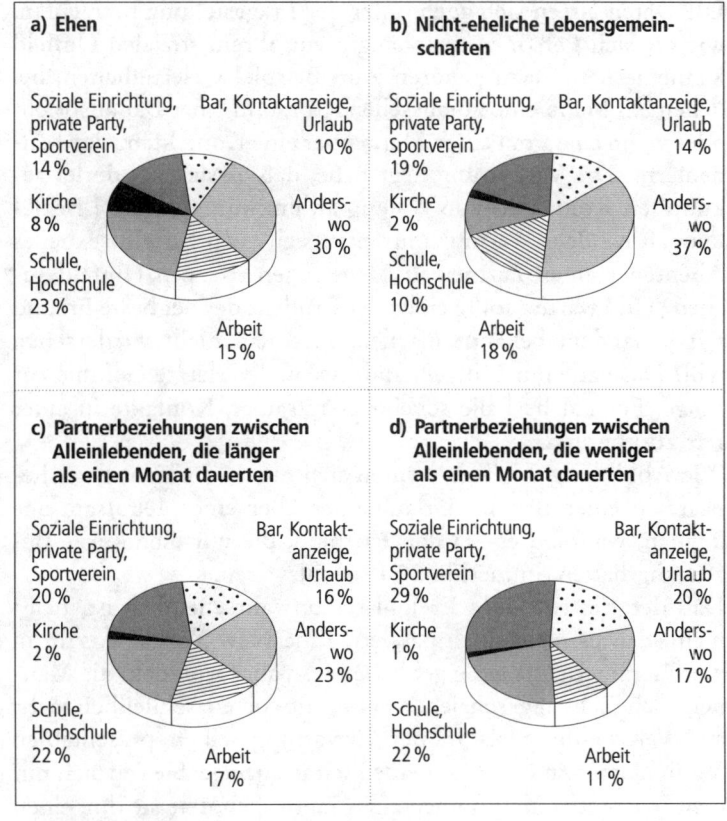

Abbildung 2: Wo lernten sich die Partner kennen?

lernten sich 50 bis 60 Prozent der Paare aller vier Gruppen in der Schule, am Arbeitsplatz, auf einer Party oder in der Kirche kennen. Anders als bei Kontaktanzeigen oder im Urlaub trifft man in der gewohnten sozialen Umgebung fast zwangsläufig auf seinesgleichen.

Ehepaare lernten sich viel häufiger in der Kirche kennen (8 Prozent) als Paare, die nur eine kurze sexuelle Beziehung hatten (1 Prozent).

Die Daten lassen sich auch unter der Fragestellung betrachten, wie oft sich Personen unabhängig von ihrem sozialen Umfeld kennenlernen. Dazu gehören zum Beispiel Gelegenheiten, bei denen ein Mann eine gutaussehende Frau in einer Bar anspricht oder wenn eine Frau einen Mann über eine Kontaktanzeige kennenlernt. Die Vermutung liegt nahe, daß es sich bei derlei geknüpften Kontakten von Anfang an um kurze sexuelle Beziehungen handelt. Warum sollte man sich auch für ein sexuelles Abenteuer einen Partner aus dem engen sozialen Umfeld suchen? Und warum sollte einen der Bruder oder der beste Freund mit jemandem bekannt machen, den man nicht wiedersehen will? Das hätte nur Mißverständnisse und verletzte Gefühle zur Folge. Für solche Fälle scheint es ratsamer, Kontakte in einer Bar zu knüpfen.

Wie Abbildung 2 belegt, lernten sich nur 10 Prozent der Ehepaare in einer Bar, im Urlaub oder über eine Heiratsanzeige kennen, während es bei den Partnern, die nur eine kurze Beziehung hatten, immerhin 20 Prozent waren.

Daß der Eintritt eines Ereignisses unwahrscheinlich ist, heißt nicht, daß es nicht doch passiert. Eine New Yorker Ärztin in den Vierzigern, die ledig geblieben war, aber trotzdem die Männer noch nicht abgeschrieben hatte, antwortete schließlich mehr aus Verzweiflung als in der Erwartung, einen präsentablen Mann kennenzulernen, auf eine Heiratsanzeige. Sie traf sich mit dem Inserenten, und binnen eines Jahres heiratete sie ihn, einen Collegeprofessor, der ebenso einsam gewesen war wie sie.

Diese Strategie verspricht jedoch selten Erfolg. Und wie unsere Daten beweisen, werden aus solchen eher unwahrscheinlichen Bekanntschaften doch öfter kurze sexuelle Beziehungen als dauerhafte Partnerschaften.

Die Ergebnisse lassen darauf schließen, daß manche Wege eher zum Erfolg führen als andere. Wer einen Partner finden will, muß mehr tun, als zehn Pfund abzunehmen, sich eine neue Garderobe zuzulegen und häufig eine Buchhandlung mit Cafeteria aufzusuchen in der Hoffnung, dort attraktive und ungebundene Menschen zu treffen.

Einige haben diese Realität intuitiv erfaßt. Geri Thoma, eine Buchvertreterin, bot ihren Freunden eine Belohnung an, wenn sie es schafften, sie mit jemandem bekannt zu machen, den sie heiraten könnte. Einem Reporter der *New York Times* verriet sie ihre Gründe. »Ich finde es erstaunlich, wie viele Leute herumsitzen und darauf warten, daß ein Wunder geschieht. Sie meinen tatsächlich, daß man jemanden in einem Waschsalon kennenlernen kann. Dabei heißt das doch, daß man sich auf das Niveau von Typen begibt, die in Waschsalons herumlungern.« Geri Thoma machte ihren Freunden vom Buchklub folgenden Vorschlag: »Derjenige, der mir im nächsten Jahr die meisten Verabredungen verschafft, bekommt ein Fahrrad mit zehn Gängen, und wer mich mit einem Mann bekannt macht, den ich am Ende heirate, gewinnt den großen Preis, eine Reise.« Innerhalb weniger Monate machte ein Freund, der nicht zum Buchklub gehörte, Geri mit einem Mann bekannt, den sie schließlich heiratete. Obwohl der Freund nichts von der Belohnung wußte, erhielt er sie trotzdem: zwei Tickets für eine Reise in die Karibik.

Andere danken ihren Ehestiftern auf bescheidenere Weise. Martha und Mike machten ihre Freunde, die sie einander vorgestellt hatten, zu ihren Trauzeugen.

Schule und Arbeitsplatz gelten als beliebte Treffpunkte, und der starke Arm dieser Institutionen bringt uns zwangsläufig mit

Menschen zusammen, die wir und unsere Bezugspersonen als akzeptable Sexualpartner betrachten. Daß so viele Menschen ihre Partner in der Schule oder am Arbeitsplatz kennenlernen, liegt daran, daß die meisten dort sehr viel Zeit verbringen. Zuerst besuchen sie jahrelang die Schule, und danach arbeiten sie jahrzehntelang. Die meisten Menschen verbringen weit mehr Zeit in der Schule und bei der Arbeit als zum Beispiel in einer Bar, im Urlaub oder in einem Fitneß-Center.

Ein anderer Grund ist das soziale Umfeld. Schule und Arbeitsplatz fördern eher den Kontakt zu Personen, die von Freunden und Familie akzeptiert werden und die ähnliche Interessen und einen ähnlichen Werdegang haben wie man selbst. Es gibt in der Tat Orte, wo Freunde und Familienangehörige einem am ehesten einen Partner vorstellen.

Wie wichtig soziale Beziehungsgeflechte beim Aufbau sexueller Beziehungen sind, wird deutlich, wenn wir die Zeitspannen betrachten, die zwischen dem Kennenlernen und dem ersten Geschlechtsverkehr vergehen. Personen, die sich ihre Partner innerhalb ihres Milieus ausgesucht haben, kannten diese wahrscheinlich schon einige Zeit und konnten sicher sein, daß sie gut in ihre Familie und ihren Freundeskreis paßten. Wie Kathy und Todd lernen sich Mann und Frau oft in der Schule kennen, ehe sie fest miteinander gehen. Ein Homosexueller arbeitet vielleicht jahrelang mit einem Kollegen zusammen, ehe aus ihrer Freundschaft Liebe wird.

Die dauerhafteste sexuelle Beziehung ist die Ehe, und deshalb war zu erwarten, daß Verheiratete ihre Partner vor dem ersten Geschlechtsverkehr schon länger kannten als Personen mit kurzen sexuellen Beziehungen. Unsere Daten belegen das.

Das obere linke Stabdiagramm in Abbildung 3 auf der folgenden Seite zeigt, daß 10 Prozent der Ehepaare, die sich durch ein Familienmitglied kennenlernten, bereits weniger als einen Monat nach der ersten Begegnung Geschlechtsverkehr hatten. Das heißt jedoch nicht, daß die restlichen 90 Prozent länger als einen

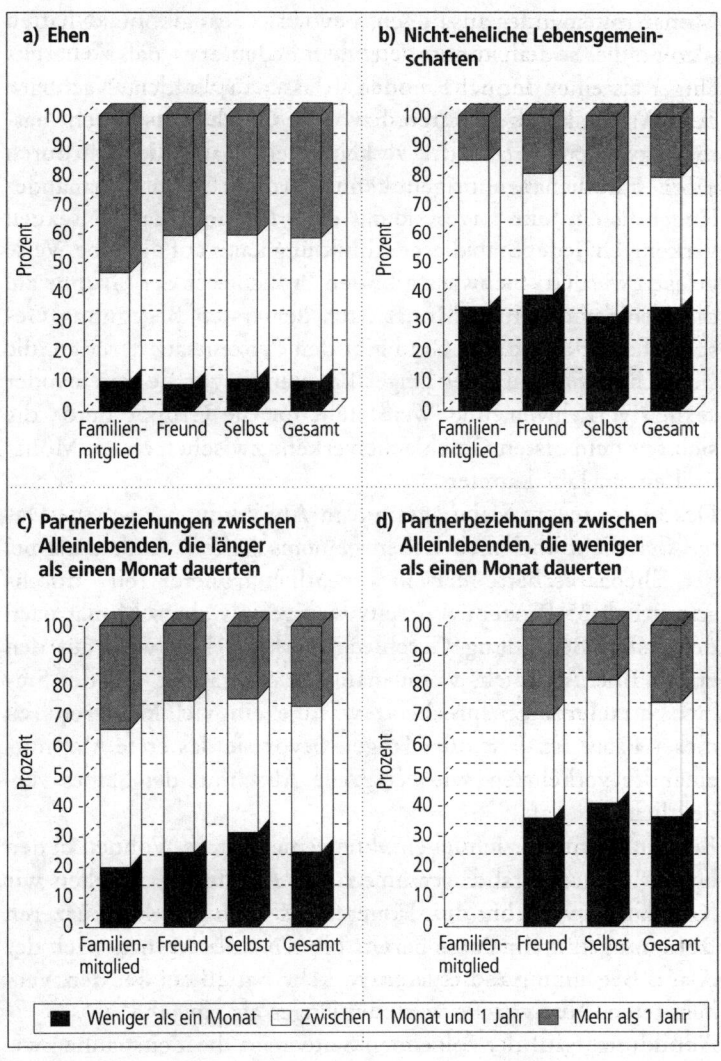

Abbildung 3: Zeitspanne zwischen erster Begegnung und erstem Geschlechtsverkehr im Hinblick darauf, wer die Partner miteinander bekannt machte.

Monat miteinander ausgingen, bevor sie Sexualkontakt hatten – obwohl es so sein könnte. Vielmehr bedeutet es, daß sie bereits länger als einen Monat Freunde, Klassenkameraden, Nachbarn oder Arbeitskollegen waren, bevor sie Geschlechtsverkehr hatten. Etwa 55 Prozent der verheirateten Paare, die sich durch einen Familienangehörigen kennenlernten, kannten einander länger als ein Jahr, bevor sie das erste Mal miteinander sexuell verkehrten. Jeder Stab dieser Abbildung kann auf dieselbe Weise gelesen werden – Schwarz gibt den Prozentsatz der Gruppe an, die weniger als einen Monat nach der ersten Begegnung Geschlechtsverkehr hatte, Grau gibt den Prozentsatz derer an, die sich schon ein Jahr oder länger kannten, bevor sie miteinander sexuell verkehrten, und Weiß steht für die Gruppe derer, die sich vor dem ersten Geschlechtsverkehr zwischen einem Monat und einem Jahr kannten.

Das obere rechte Stabdiagramm in Abbildung 3 zeigt die Daten der nicht-ehelichen Lebensgemeinschaften. Anders als bei den Ehepaaren hatte hier ein wesentlich größerer Teil – durchschnittlich 35 Prozent – bereits weniger als einen Monat nach der ersten Begegnung Geschlechtsverkehr. Das wird auf den ersten Blick deutlich, wenn man den schwarzen Teil des Stabes betrachtet. Entsprechend wartete ein viel kleinerer Teil dieser Paare ein Jahr oder länger, bevor sie das erste Mal miteinander verkehrten, wie der graue Abschnitt des Stabes verdeutlicht.

Bei den Partnerbeziehungen ohne gemeinsames Wohnen in den beiden unteren Stabdiagrammen von Abbildung 3 stellen wir fest, daß sowohl bei den längeren als auch bei den kürzeren Beziehungen mehr Paare bereits binnen eines Monats nach der ersten Begegnung Geschlechtsverkehr hatten als bei den Verheirateten. Nur wenige warteten länger als ein Jahr.

Abbildung 4 auf der folgenden Seite zeigt die Zeitspanne zwischen erster Begegnung und erstem Geschlechtsverkehr im Hinblick darauf, wo die Begegnung stattfand.

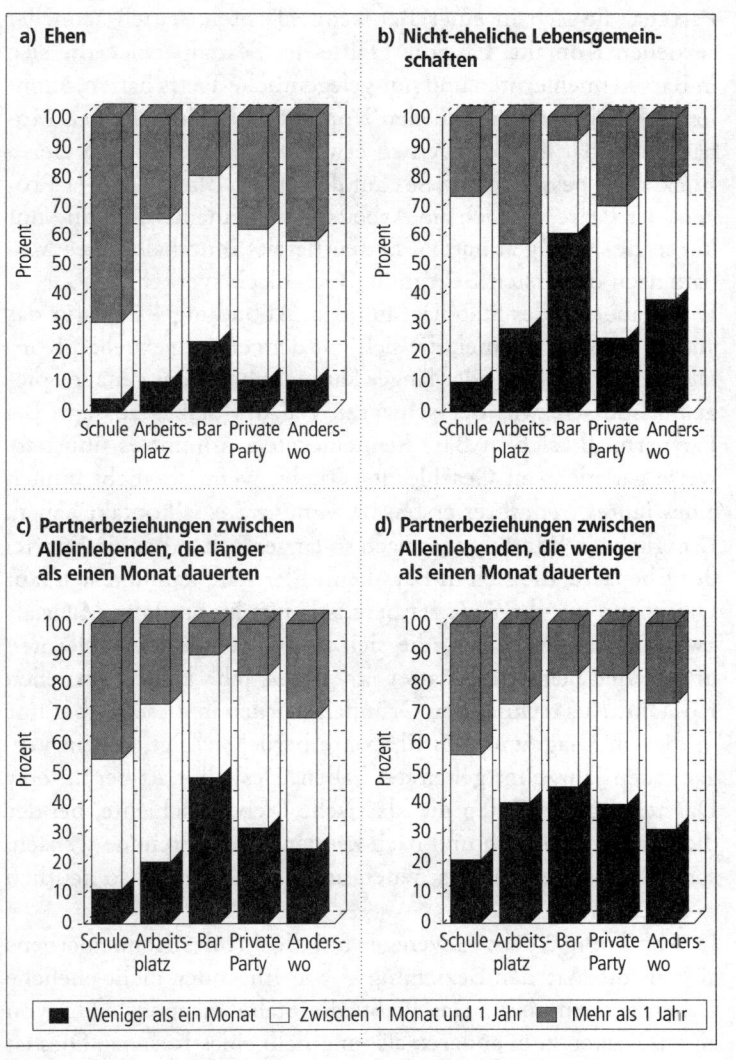

Abbildung 4: Zeitspanne zwischen erster Begegnung und erstem Geschlechtsverkehr, je nachdem, wo die Begegnung stattfand.

Partner, die sich in einer Bar kennenlernten, hatten schneller sexuellen Kontakt. Fast die Hälfte der Sexualpartner, die sich in Bars kennenlernten und nur gelegentliche Treffs hatten, kannten sich beim ersten sexuellen Kontakt nicht einmal einen Monat. Offenbar gibt es auch so etwas wie Liebe auf den ersten Blick, oder besser gesagt, Sex auf den ersten Blick, denn 41 Prozent der Paare, die sich am Arbeitsplatz kennenlernten und nur kurze Beziehungen hatten, hatten bereits innerhalb eines Monats nach der ersten Begegnung Geschlechtsverkehr.

Der graue Teil des Stabdiagramms in Abbildung 4 steht für das andere Extrem: Partner, die sich vor dem ersten sexuellen Kontakt bereits ein Jahr oder länger kannten. Es ist das genaue Spiegelbild dessen, was der schwarze Teil des Stabes aussagt. Bei Partnern, die sich in Bars kennenlernten, kommt es üblicherweise gar nicht zu Geschlechtsverkehr, wenn sie nicht binnen eines Jahres nach ihrer ersten Begegnung Sexualkontakt haben. Lediglich ein Fünftel tut es nach so langer Zeit. Aber ein Fünftel der Ehepaare, die sich in Bars kennenlernten, kannten sich laut Diagramm vor ihrer Heirat bereits länger als ein Jahr. Mehr als zwei Drittel derjenigen, die sich in der Schule kennenlernten und später heirateten, hatten im ersten Jahr keinen sexuellen Kontakt. Aus technischen Gründen wurden in diesem, aber nur in diesem Diagramm die Ehepaare berücksichtigt, die im vergangenen Jahrzehnt geheiratet haben. Deshalb tritt bei unserer Darstellung der Daten die klassische Liebesgeschichte, bei der die Partner sich nach und nach kennenlernen, Freunde werden, schließlich miteinander schlafen und dann heiraten, so deutlich in Erscheinung.

In Abbildung 3 geht es weniger um die Art des Kennenlernens als um die Art der Beziehung – wie Ehe oder nicht-eheliche Lebensgemeinschaft. Das heißt, die Stäbe variieren mehr von einem Kasten zum anderen als innerhalb eines Kastens. Dies ist bei Abbildung 4 nicht der Fall. Hier hat der Ort des Kennenlernens, sei es eine Bar oder die Schule, mehr Einfluß darauf, wann der erste Sexualkontakt stattfindet, als die Art der Beziehung.

Unserer Ansicht nach wissen die betreffenden Personen oft schon bei der ersten Begegnung, ob diese neue Bekanntschaft möglicherweise zu einer Heirat führt. Bewußt oder unbewußt wird darüber geurteilt, ob die Person in das eigene soziale Beziehungsgeflecht paßt oder aus demselben sozialen Milieu kommt. Wenn keine dauerhafte Partnerschaft möglich ist, wird aus der Beziehung wahrscheinlich nicht mehr als eine flüchtige Affäre.

So erging es Lisa, einem italienischen Mädchen aus der Arbeiterschicht, das in einem Schwimmbad in Maryland den reichen Pete aus Boston kennenlernte. Bei ihrer ersten Verabredung gingen sie in ein bescheidenes Restaurant mit rotkarierten Tischdecken und aßen ein Nudelgericht. Das nächste Mal sahen sie sich im Kino einen Film an. Und nach dem dritten Rendezvous verbrachten sie die Nacht gemeinsam in Petes Apartment.

Lisa redete sich ein, daß die Beziehung von Dauer sein könnte, obwohl sie wußte, daß Pete standesgemäß mit Janet verlobt war, die daheim in Boston auf ihn wartete. Lisa glaubte, sie könne Pete halten, aber Pete hatte nie die Absicht, bei Lisa zu bleiben. Ihm war von Anfang an klar, daß sie für ihn nur ein Abenteuer für einen Sommer sein würde, auch wenn er es nie offen aussprach oder es nicht einmal sich selbst eingestand. Als Pete sie im Herbst verließ und zu Janet zurückging, zweifelte Lisa an sich selbst, weil sie dachte, sie sei nicht hübsch oder klug genug, um ihn zu halten.

Nicht, daß Lisa etwas falsch gemacht hätte, vielmehr war sie dem romantischen Trugbild aufgesessen, an das wir nur allzugern glauben. Sie paßte von Anfang an nicht in Petes soziales Beziehungsgeflecht.

Wenn der potentielle Partner demselben sozialen Milieu entstammt, wird man sich davor hüten, zu schnell zur Sache zu kommen, weil jedes Mißverständnis zum eigenen Nachteil gereichen kann. Vermutlich hat man den Partner bereits in einem anderen Zusammenhang kennengelernt, als Klassenkameraden oder Arbeitskollegen, und ist vielleicht mit ihm befreundet. Das bedeutet, daß es für beide Teile schwieriger wird, lediglich sexuellen Kontakt zu haben und danach alles zu vergessen.

In eine solche Beziehung muß man mehr investieren als bei Partnern, die nicht derselben sozialen Schicht angehören. Das aber bedeutet, daß wir nicht einfach von der unbedeutenden Zahl von sexuellen Abenteuern ausgehen dürfen, von denen unsere Probanden berichteten, und daraus folgern, daß generell kein Interesse an flüchtigen Beziehungen besteht. Die Anzahl der sexuellen Abenteuer sagt auch etwas über die Gelegenheiten für solche flüchtigen Begegnungen aus. Will man nur Sex, muß man sich seine Partner in einem Milieu suchen, wo eine Beziehung nur von sexuellem Verlangen bestimmt wird.

Unsere Umfrage zeigt, daß nur 1,4 Prozent der verheirateten Paare bereits zwei Tage nach der ersten Begegnung Geschlechtsverkehr hatten. Bei den Paaren mit kurzen Beziehungen von bis zu einem Monat waren es immerhin fast zehnmal soviel, nämlich 13,7 Prozent. Vielleicht haben einige dieser Paare ja schließlich doch geheiratet – uns gelang lediglich eine Momentaufnahme, als wir nach den Paaren fragten, die miteinander gingen. Aber trotzdem sind wir der Meinung, daß eine allgemeine Struktur erkennbar ist.

Selbst die Personen, die im ersten Monat sexuellen Kontakt hatten, haben wahrscheinlich nicht gleich nach der ersten Begegnung miteinander geschlafen, was wieder einmal beweist, wie weit die Hollywoodromanzen, in denen Paare wie selbstverständlich bereits wenige Stunden nach dem ersten Zusammentreffen zur Sache kommen, von der Realität entfernt sind. Es beweist auch, daß ein zufälliges sexuelles Abenteuer höchst ungewöhnlich ist. Außerdem ist es eher unwahrscheinlich, daß Studenten, die ihre Partner auf der Universität kennenlernen, bereits knapp einen Monat nach der ersten Begegnung sexuellen Kontakt haben. Die weitverbreitete Ansicht besorgter Eltern, unter College-Studenten herrsche reger Partnertausch, ist also weitgehend unbegründet.

Die Tatsache, daß das soziale Beziehungsgeflecht bei der Partnersuche eine große Rolle spielt, hat zur Folge, daß die Auswahl an potentiellen Sexualpartnern im Grunde recht schmal ist. Wir haben nicht die Möglichkeit, den Großteil aller Amerikaner kennenzulernen, selbst wenn wir es wollten.

Für manche ist das eine schwer zu verwindende Erkenntnis. Sie haben das Gefühl, als werde ihnen die Tür zu einem aufregenderen Leben vor der Nase zugeschlagen. Während ein paar Glückliche einen Weg gefunden haben, die geographischen und gesellschaftlichen Hürden zu überwinden, fühlen sich viele durch ihre Verhältnisse eingeengt.

Eine Frau, die eine Schwäche für Basketballprofis hatte, sagte, allein schon die Kontaktaufnahme sei ungeheuer aufregend. Daß ein Star wie Michael Jordan, der so unerreichbar fern von ihr war, sie tatsächlich kennenlernen könnte, schien ihr anfangs unvorstellbar. Sie erkannte aber bald, daß es nicht genügte, schön zu sein, sich auffällig zu kleiden, zu den Spielen zu gehen und hinterher eine Bar aufzusuchen. So viele andere junge Frauen hatten dieselbe Idee, daß sie kaum eine Chance hatte, von Jordan oder einem anderen Spieler bemerkt zu werden. Deshalb dachte sie sich andere Möglichkeiten aus, die Aufmerksamkeit eines Spielers auf sich zu ziehen. Sie ließ dem Spieler, für den sie schwärmte, per Post geheimnisvolle Botschaften zukommen. In einigen Fällen hatte sie damit Erfolg, aber ihre Beziehungen waren meist nur von kurzer Dauer. Nach unseren bisherigen Erkenntnissen über die Wichtigkeit des sozialen Beziehungsgeflechtes überrascht das keineswegs.

Die Geschichte dieser Frau enthält aber auch eine Wahrheit. Wenn wir uns nicht zu etwas Ungewöhnlichem durchringen, kommen wir mit manchen Personen einfach nicht in Kontakt, weil wir nicht in ihrer Nähe wohnen und sie nicht unsere Arbeitskollegen oder Schulkameraden sind.

Zum Beispiel leben in einem weißen Vorort keine Schwarzen, und in einer Kleinstadt im Mittleren Westen, deren Bewohner hauptsächlich Farmer sind, gibt es keine Juden. Wir können nicht jedes Mädchen in Kalifornien kennen, wenn wir in New York leben. Wir werden weder die Rockefellers noch die Kennedys kennenlernen, wenn wir nicht die »richtigen« Schulen besuchen und wenn wir nicht in Palm Beach oder in der Park Avenue wohnen.

Untersuchungen haben ergeben, daß selbst auf der High-School, wo soziale Klassen sich vermischen, die Schüler homogene Cliquen bilden: die Sportler, die Intellektuellen, die Drogenabhängigen, die christlichen Konservativen. Und diese Cliquen sind durch Klassen- und Rassenzugehörigkeit bestimmt. Schulklassen werden nach dem angestrebten Abschluß segmentiert, was oft den sozialen Klassengrenzen entspricht. Die Gruppe, die später die Universität besuchen will, hat selten Kontakt zu der Gruppe von Jugendlichen, deren Ausbildung mit dem High-School-Abschluß endet. Und wie alle anderen, die auf der Suche nach Sexualpartnern sind, wissen auch die Jugendlichen ganz genau, wen sie mit nach Hause bringen dürfen.

Jugendliche wie Erwachsene haben meist Partner derselben Rasse, nicht, weil sie mit Personen anderer Rassen keinen Umgang haben wollen, sondern weil sie nicht viele von ihnen kennenlernen. Wenn die Eltern in einem weißen Vorort wohnen, ist bereits von vornherein festgelegt – ob mit Absicht oder nicht –, mit wem die Kinder Umgang haben.

Obwohl wir Amerikaner uns zur Rassengleichheit bekennen und obwohl das Gesetz vorsieht, daß jeder Bürger das Recht auf die freie Wahl des Wohnorts hat, zeigen viele Untersuchungen, daß die meisten Amerikaner nicht in gemischtrassigen Wohngebieten leben wollen. Weiße sondern sich von Schwarzen ab und ziehen in die Vororte mit dem Ergebnis, daß die Amerikaner in einer nach Rassen getrennten Gesellschaft leben.[2] Bevor amerikanische Jugendliche sexuell aktiv werden, bewegen sie sich in ihren Kreisen. Auch Erwachsene bleiben unter ihresgleichen und schließen sich zum Beispiel kirchlichen Gruppen an, die Geschiedenen die Suche nach einem neuen Lebensgefährten erleichtern. Andere finden Partner, weil sie derselben sozialen Gruppe angehören. Vielleicht besuchen sie dasselbe College, arbeiten in derselben Anwaltskanzlei oder trainieren im selben Fitneßclub.

Wenn es für uns nicht von Vorteil wäre, Partner auszuwählen, die uns ähnlich sind, wären wir weniger gewillt, die Partnersuche auf unser soziales Milieu zu beschränken. Und wenn das soziale Beziehungsgeflecht nicht so gut organisiert wäre, hätten wir bei der Partnersuche vermutlich nicht so viel Erfolg.

Problematisch wird es, wenn man älter wird. Viele alleinstehende Frauen haben sich darüber beklagt, daß es mit zunehmendem Alter immer schwieriger wird, einen Partner zu finden. Auch für ältere Männer ist es nicht einfach.

Die Frage, ob es in Amerika tatsächlich zu wenig Männer gibt, wurde bereits in zahllosen Zeitungs- und Zeitschriftenartikeln sowie in Radio- und Fernseh-Talkshows erörtert und entwickelte sich zu einem feministischen Thema. Manche meinen, mit der Behauptung, es gäbe zu wenig Männer, wolle man die Frauen lediglich in die Schranken weisen und ihnen klarmachen, daß sie am Ende keinen Mann mehr abbekommen, wenn sie weiterhin nur an ihre Karriere denken.

Um festzustellen, ob es genügend Männer gibt, braucht man nur die Zahl der für jede Frau geeigneten Männer durch die Zahl der für diese Männer geeigneten Frauen dividieren. Bei 100 alleinstehenden, heiratswilligen Männern einer Kleinstadt und 200 heiratswilligen Frauen, ungeachtet aller anderen Merkmale, ist das Verhältnis 1:2. Das heißt, daß die Hälfte der Frauen bei diesem Lotteriespiel keinen Mann findet.

Die Kalkulation wird etwas realistischer, wenn, wie unsere These lautet, die meisten Personen Ehepartner auswählen, die fünf Jahre jünger oder älter sind als sie selbst. Anhand der Daten des Statistischen Jahrbuchs der Vereinigten Staaten von 1992 können wir feststellen, wie viele Männer für Frauen bestimmter Altersgruppen in Frage kommen. Nachstehende Tabelle zeigt, daß, selbst wenn wir alle anderen sozialen Faktoren außer acht lassen, allein das Alter viele heiratswillige Frauen dazu nötigt, ohne Ehepartner auszukommen.

Alter 20–24:	105 Männer auf 100 Frauen
Alter 40–44:	98 Männer auf 100 Frauen
Alter 60–64:	88 Männer auf 100 Frauen
Alter 75 und älter:	55 Männer auf 100 Frauen

Wie die Tabelle zeigt, gibt es nur in der Altersgruppe zwischen zwanzig und vierundzwanzig mehr Männer als Frauen; in diesem Alter heiraten die meisten oder leben mit einem Partner zusammen. In der Altersgruppe der Vierzig- bis Vierundvierzigjährigen geht die Zahl der Männer schon unverhältnismäßig stark zurück, und mit jedem Jahr werden es weniger. Ist eine Frau erst einmal fünfundsiebzig oder älter, stehen doppelt soviel Frauen den Männern ihrer Altersgruppe gegenüber. In Wirklichkeit ist die Situation der älteren verwitweten Frauen schlechter als die Zahlen vermuten lassen, weil viele der Männer und Frauen ihres Alters verheiratet sind und somit die Auswahl für die Unverheirateten noch geringer ist. Deshalb überrascht es nicht, daß es für ältere Frauen zu wenig Männer gibt.

Aber eine simple Verhältnisgleichung ist keine ausreichende Antwort. Sie verrät uns nicht, wer für wen der geeignete Partner ist. Die meisten Personen beziehen in ihre Definition von »geeignet« vier Kriterien ein. Das erste Kriterium ist das Alter. Die meisten Frauen wollen einen Mann heiraten, der älter ist als sie, während die meisten Männer sich eine jüngere Frau wünschen.

Das nächste Kriterium ist die Rasse. Die meisten wollen jemanden ihrer Rasse heiraten. Dann kommt der Familienstand. Personen, die bereits verheiratet sind, sind in der Regel nicht daran interessiert, sich ernsthaft nach neuen Ehepartnern umzusehen, und die meisten Ledigen wollen nichts von Verheirateten wissen. Das vierte Kriterium ist der Bildungsgrad. Personen neigen dazu, Partner zu heiraten, die die gleiche Bildung genossen haben wie sie.

Oft werden diese Restriktionen, die uns von unserer Kultur auferlegt wurden, als persönliche Präferenzen betrachtet, aber das ist nur zum Teil so. Die Restriktionen haben eine soziale Funktion. Sie bewirken, daß die Zahl der geeigneten Männer, vor allem für Frauen mit qualifizierter Berufsausbildung und für ältere Frauen, reduziert ist.

Einem vierzigjährigen alleinstehenden Mann präsentiert sich der Markt der Sexualpartner ganz anders als einer vierzigjährigen alleinstehenden Frau. Für einen ganz normalen Mann ist es wesentlich einfacher, im Alter noch einmal eine Frau zu finden.

Wenn ein gerade geschiedener Mann in den Vierzigern sich umschaut, wird er feststellen, daß die meisten Frauen seines Alters, seiner Rasse und seines Bildungsgrades schon vergeben sind. Das kann für ihn eine ernüchternde Erfahrung sein. Damals, mit zwanzig, als er noch ungebunden war, hatte er reichlich Chancen. Trotz hoher Scheidungsrate lassen sich nicht alle Paare in einem bestimmten Alter oder zu einem bestimmten Zeitpunkt scheiden, und nur eine kleine Anzahl einer Altersgruppe lebt vom Partner getrennt, ist verwitwet oder geschieden. Diese geringe Zahl wird nochmals untergliedert in Rasse, Konfession, Bildungsgrad und soziale Schicht. Und die Auswahl an in Frage kommenden Personen verändert sich ständig, da diese wieder heiraten, wobei sich Männer schneller wiederverheiraten als Frauen.

Die veränderte Marktsituation läßt dem Mann drei Möglichkeiten offen. Er kann sich eine der wenigen ledigen Frauen seines Alters suchen in der Hoffnung, daß sie in sein soziales Beziehungsgeflecht paßt und daß sie anziehend auf ihn wirkt. Da die Auswahl unter diesen Frauen recht schmal ist, sind die Chancen eher gering, daß er tatsächlich eine neue Lebensgefährtin findet.

Die zweite Möglichkeit wäre, eine verheiratete Frau seines Alters zu umwerben, was allerdings noch mehr Probleme mit sich bringt. Eine verheiratete Frau muß von ihrem Mann und ihrer Familie getrennt werden, ein Prozeß, der große Opfer verlangt. Untersuchungen haben ergeben, daß fast 80 Prozent der Amerikaner außereheliche Geschlechtsverkehr mißbilligen. Es ist fast sicher, daß die Freunde und die Familie des Mannes und die Freunde und die Familie der verheirateten Frau jeden Versuch des Mannes mißbilligen würden, die Frau zu umwerben. Die meisten Amerikaner empfinden eheliche Untreue als derart verwerflich, daß wir davon ausgehen, daß Paare, die solche verbotene Liebe praktizieren, ihre Beziehung geheimhalten.

Geheime Verhältnisse sind so kompromittierend, daß ein Mann sogar einmal die New York Times Company verklagen wollte, weil sie in einer ihrer Zeitungen ein Foto von ihm abgedruckt hatte, auf dem er Hand in Hand mit einer jungen Frau die Straße entlangschlendert. Das Foto stand unter dem Motto »Liebe im Frühling«. Das Heikle daran war, daß sowohl der Mann als auch die Frau mit anderen Partnern verheiratet waren. (Die Klage des Mannes wurde abgewiesen, weil die Straße laut Gesetz ein öffentlicher Ort ist, wo jeder ohne Erlaubnis fotografiert werden darf.)

Da viele Männer Bedenken haben, sich mit einer verheirateten Frau einzulassen, wählen sie die dritte Möglichkeit – sie suchen sich eine Frau, die noch nicht gebunden ist. Dann schauen sie nicht mehr auf das Alter und knüpfen auch Verhältnisse mit Frauen von Anfang Zwanzig. Der ältere Mann hat der jungen Frau durchaus noch etwas zu bieten – relativen Wohlstand und keinerlei Belastungen.

Sogar einem achtundsechzigjährigen New Yorker Taxifahrer mit schütterem Haar, dickem Bauch und schlechten Zähnen gelingt es noch, jüngere Frauen für sich zu interessieren. Von einem solchen Fall berichtete Susan Jacoby, eine Journalistin aus New York. Wie der Mann ihr erzählte, habe er keine Probleme, Frauen in den Vierzigern zu finden, die mit ihm ausgingen. »Ich fragte ihn, ob er jemals mit Frauen seines Alters ein Verhältnis begonnen habe«, schrieb Susan Jacoby. »›Nie‹, erwiderte der Taxifahrer. ›Sie halten das wahrscheinlich für unfair. Tja, das ist es auch. Dennoch mag ich nicht mit Frauen meines Alters ausgehen. Ich sage Ihnen auch warum: Ihr Körper ist genauso wabbelig wie meiner. Aber ich muß mich nicht mit wabbeligem Fleisch begnügen. Neben meinem Job als Taxifahrer kriege ich noch eine gute Rente, ich war nämlich fünfundzwanzig Jahre bei der Feuerwehr. Da kann ich jüngeren Frauen schon etwas bieten. Die gehen natürlich nicht mit mir aus, weil ich so ein Charmebolzen wäre. Eine Frau in meinem Alter hat es da schwerer. Sie sieht genauso alt aus wie ich, und dabei hat sie meistens kein Geld und keinen Job. Ich meine, man muß etwas anderes zu bieten haben, wenn die Knochen langsam einrosten.‹«

Die meisten älteren Frauen sind in einer ganz anderen Lage. Wenn eine gerade geschiedene Frau in den Vierzigern sich umschaut, muß auch sie feststellen, daß die Auswahl an Partnern sehr gering ist. Fast alle Männer ihres Alters sind bereits vergeben. Sie wird mit denselben Problemen konfrontiert wie ein Mann, wenn sie versucht, einer anderen Frau den Mann wegzunehmen. Auch sie kann sich einen jüngeren Mann suchen, aber im Gegensatz zu einem Mann in den Vierzigern, hat sie meist nur wenig Kapital und Einfluß zu bieten. Vermutlich hat sie auch noch Kinder, eine Last, die ein jüngerer Mann sich nicht aufladen will. Außerdem hat sie ihre fruchtbarste Phase bereits hinter sich. Ein jüngerer Mann kann nicht darauf hoffen, mit ihr einmal eine eigene Familie zu haben.

Gewiß, nicht alle Beziehungen zwischen älteren Frauen und jüngeren Männern scheitern, aber ältere Frauen befinden sich im Nachteil, wenn sie versuchen, sich mit Reichtum und Macht einen Mann zu angeln. Die stillschweigend geltenden Regeln der Schicklichkeit sorgen dafür, daß eine solche Verbindung sowohl von der Familie der Frau als auch von der des Mannes mißbilligt wird.

Die demographischen Daten beweisen, daß bei Männern mit zunehmendem Alter die Chancen steigen, weil es mehr Frauen gibt, die jünger sind, in etwa gleich gebildet, alleinstehend und die derselben Rasse angehören.

Eine Gruppe von Demographen hat ausgerechnet, daß auf 100 weiße Frauen mit Collegeabschluß im Alter zwischen fünfunddreißig und neununddreißig Jahren nur neununddreißig weiße ledige Männer kommen, die genauso alt oder älter sind als die Frauen und ebenfalls Collegebildung haben. Fünfunddreißig- bis neununddreißigjährige weiße Männer mit Collegeabschluß haben gute Chancen auf dem Heiratsmarkt. Auf 100 Männer kommen hier 200 Frauen, die die entsprechenden Kriterien erfüllen.

Die Analyse ist eigentlich komplexer, weil es für die Ehepartner noch mehr Einschränkungen gibt. Einige gehören nicht in die Gruppe der potentiellen Partner, weil sie nicht heiraten wollen. Andere sind nicht an Sexualkontakten mit Personen des anderen Geschlechts interessiert.

Beruflich qualifizierte schwarze Frauen aller Altersstufen haben noch mehr Nachteile als weiße Frauen, weil weniger farbige Männer einen High-School-Abschluß haben und danach das College besuchen. Ihre Auswahl an geeigneten Partnern ist von Anfang an gering. Dagegen haben gebildete schwarze Männer jeder Altersstufe viel mehr Chancen, eine geeignete Partnerin zu finden. Das ist ein Grund, weshalb schwarze Frauen oft zornig reagieren, wenn sie einen schwarzen Akademiker mit einer weißen Frau sehen.

Das folgende Diagramm zeigt, wie sich die Chancen einer Frau, einen Partner zu finden, mit zunehmendem Alter verschlechtern. Die Graphik verbindet unsere Daten, die die Altersgruppe bis neunundfünfzig berücksichtigen, mit denen des General Social

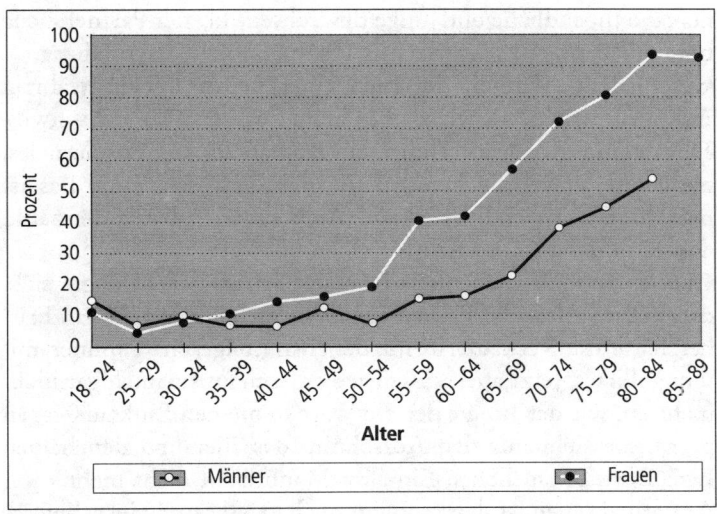

Abbildung 5: Erwachsene ohne Sexualpartner in den letzten zwölf Monaten.

Survey (GSS), der auch noch die Gruppe der Neunundachtzig-jährigen einschließt. Es ist deutlich erkennbar, daß mehr fünf-zigjährige Frauen als Männer keinen Sexualpartner haben: 22 Prozent der Frauen gegenüber 8 Prozent der Männer. Mit zu-nehmendem Alter wird die Diskrepanz noch größer. Im Alter von sechzig bis vierundsechzig haben 45 Prozent der Frauen und 15 Prozent der Männer keinen Partner. (Der GSS berück-sichtigt keine Personen in Krankenhäusern und Pflegeheimen.) Angesichts dieser Daten überrascht es nicht, daß Frauen bei der Partnersuche so große Probleme haben.

Aber natürlich haben auch Männer mit zunehmendem Alter Schwierigkeiten, Partnerinnen zu finden. Obwohl sie eine größere Auswahl haben, sind die meisten Frauen noch verhei-ratet oder leben mit einem Partner zusammen. Auch für ältere Männer wird es schwierig, da sie nicht auf Institutionen und Kollektive wie Schulen und Jugendgruppen zurückgreifen kön-

115

nen, die Jugendliche und junge Erwachsene bei der Partnersuche unterstützen.

Geschiedene Männer, die nach einer neuen Lebensgefährtin Ausschau halten, klagen, daß es beim zweiten Mal viel schwieriger werde. Roderick Thorp, ein Romancier aus Los Angeles, berichtete, er sei die meiste Zeit allein gewesen, »und das ist manchmal ziemlich bedrückend. Aber andere haben mir erzählt, daß es ihnen genauso geht.«

Charles Simmons, ebenfalls Romanschriftsteller, beklagte sich, daß ihn im Alter die Frauen gar nicht mehr wahrnehmen. Früher hätte die Verkäuferin im Lebensmittelgeschäft immer mit ihm geflirtet. Jetzt aber, so schrieb er, »schaut sie mich gar nicht mehr an, wie der Junge, der die Ware in meinen Einkaufswagen packt. Sie sieht nur den Aufschnitt, das Bier und den halben Laib Brot, sonst nichts. Ein alter Mann zählt nicht mehr.«

Aber für Frauen ist das Problem noch größer und viel schwerer zu lösen. Die Aussichten sind so trostlos, daß alle gutgemeinten Ratschläge unseriös klingen. Am Sonnabend vor dem Valentinstag 1994 lief eine beliebte Radiosendung mit dem Namen »Voices in the Family«, bei der auch eine Psychologin aus Philadelphia zu Wort kam, die sich als Expertin in Sachen Liebe und Sex zwischen älteren Menschen ausgab. Als während der Sendung eine Zuhörerin anrief und wissen wollte, was eine ältere Frau tun könne, wenn sie keinen Partner finde, antwortete die Psychologin, eine solche Frau habe drei Möglichkeiten. Sie könne entweder masturbieren, sich eine Geliebte zulegen oder sich einen jüngeren Mann suchen.

Es gibt in der Tat keine einfachen Lösungen für ältere Frauen, die noch keinen Partner gefunden haben. Einen Trost gibt es immerhin. Wie wir später noch sehen werden, sprechen unsere Ergebnisse gegen die verbreitete Ansicht, wonach eine Frau ohne Partner frustriert ist. Vielmehr haben wir festgestellt, daß Frauen – und Männer – ohne Partner weniger an Sex denken und oft ein sehr glückliches und erfülltes Leben führen.

5

Wie viele Sexualpartner haben wir?

Manchmal steckt in den landläufigen Ansichten über Sexualität auch ein wahrer Kern. Eine davon besagt, daß die Amerikaner heute mehr Sexualpartner als vor zehn oder zwanzig Jahren hätten. Wie unsere Erhebung zeigt, trifft dies tatsächlich zu. Ein Drittel der über Fünfzigjährigen hatte im Laufe des Lebens fünf oder mehr Sexualpartner, aber die Hälfte aller Dreißig- bis Fünfzigjährigen hat schon jetzt fünf oder mehr Partner gehabt.

Und doch, ältere und jüngere Leute antworten auf die Frage, wie viele Partner sie im vergangenen Jahr hatten, in den meisten Fällen entweder keinen oder einen. Zwar muß sich etwas verändert haben, denn jüngere Leute haben heute insgesamt mehr Partner, aber trotzdem muß auch ein Verhaltensmuster weiterhin regulierend wirksam sein. Die Antwort liegt in einer unserer mächtigsten sozialen Institutionen: in der Ehe und ihrem Wandel.

Die Ehe ist von solch grundlegender Bedeutung für unser soziales Leben, daß fast jeder an ihr teilhat. Rund 90 Prozent der Amerikaner sind mit dreißig Jahren verheiratet, bei weitem die meisten verbringen den größten Teil ihres Lebens mit einem Ehepartner. Die Ehe regelt das Sexualverhalten sehr wirksam. Ganz gleich, wie sich die Partner vor der Heirat verhielten, ihr Sexualleben gleicht sich unter dem Einfluß der Ehe dem Muster der übrigen verheirateten Paare an. Die Ansicht, es werde heutzutage häufig Ehebruch begangen, konnte weder durch unsere Daten noch durch andere verläßliche Studien bestätigt werden. Statt dessen stellten wir fest, daß eine große Mehrheit dem Part-

117

ner die Treue hält, solange die Ehe intakt ist. Dafür gibt es, wie wir später noch sehen werden, einen guten Grund.

Viele junge Leute mögen mit vielen Partnern Geschlechtsverkehr haben, aber das ändert sich, sobald sie verheiratet sind. Die Menschen haben heute im Laufe ihres Lebens mehr Sexualpartner, weil sie länger sexuell aktiv sind und länger ledig bleiben. Das Durchschnittsalter für den Zeitpunkt des ersten Geschlechtsverkehrs ist allmählich gesunken, während das Durchschnittsalter bei der ersten Eheschließung allmählich gestiegen ist. Außerdem hat die Zahl der Scheidungen zugenommen, so daß zwischen den Eheschließungen Zeit bleibt, nach neuen Partnern zu suchen.

Unsere Ergebnisse fußen auf den Antworten der Probanden auf eine Reihe von Fragen. Zunächst fragten wir sie nach dem Zeitpunkt des ersten heterosexuellen Geschlechtsverkehrs. Dann wollten wir wissen, was zwischen dem ersten Geschlechtsverkehr und der Heirat passierte. Wie viele Partner hatten sie? Hatten sie gleichzeitig mehrere Partner oder lebten sie in regelmäßiger Folge monogam? Wie viele hatten sich scheiden lassen, und wie lange blieben sie unverheiratet? Schließlich wollten wir wissen, wie viele Partner sie im Laufe ihres Lebens hatten.

Die Angaben zur Anzahl der Sexualpartner konnten wir in unserer Analyse nicht getrennt nach homosexuellen und heterosexuellen Personen auswerten, weil zuwenig homosexuelle Männer und Frauen in unserer Stichprobe vertreten waren, um aus ihren Angaben verläßliche Schlußfolgerungen zu diesem Punkt zu ziehen.

Wenn wir die Angaben heterosexueller Partner zur Frage nach dem Zeitpunkt des ersten Geschlechtsverkehrs betrachten, sind wir sofort beim Thema jugendliche Sexualität, das im Aids-Zeitalter seine besondere Brisanz bekommen hat.

Obwohl in der Öffentlichkeit heftig darüber diskutiert wird, ob man Jugendlichen zur sexuellen Abstinenz raten oder in den Schulen Kondome ausgeben soll, muß zunächst eine andere grundlegende Frage geklärt werden: Hat sich das Sexualverhalten der Jugendlichen verändert? Haben heute mehr Heranwachsende früher Geschlechtsverkehr als in der vorangegangenen Generation, oder sind die aufgeregten Diskussionen in der Öffentlichkeit nur Ausdruck unbegründeter Ängste? Unsere Antwort ist für die Mehrzahl der Erwachsenen, die den Jugendlichen am liebsten jede sexuelle Betätigung verbieten würden, beunruhigend und beruhigend zugleich: beunruhigend, weil die meisten Jugendlichen Geschlechtsverkehr haben, und beruhigend, weil die Intimkontakte in diesem Alter meist nur sporadisch sind.

Der erste Geschlechtsverkehr findet heutzutage immer früher statt. Männer und Frauen der Jahrgänge 1933 bis 1942 verloren im Durchschnitt mit achtzehn ihre Jungfräulichkeit. Diejenigen, die zwanzig bis dreißig Jahre später geboren wurden, waren beim ersten Geschlechtsverkehr im Durchschnitt sechs Monate jünger (siehe Abbildung 6).

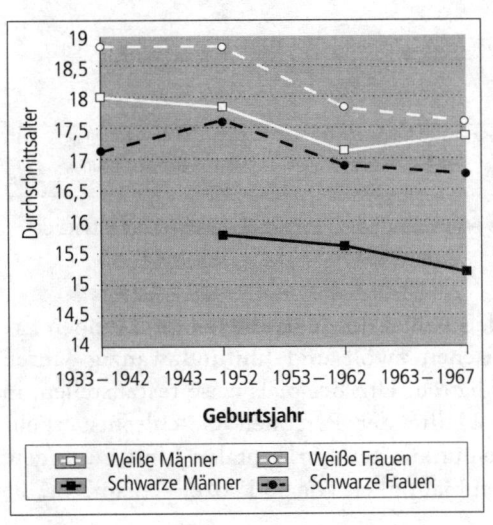

Abbildung 6:
Durchschnittsalter beim ersten Geschlechtsverkehr.

Die Abbildung zeigt, daß die Männer früher Geschlechtsverkehr hatten als die Frauen, und daß Schwarze beim ersten In-
timkontakt jünger waren als Weiße.

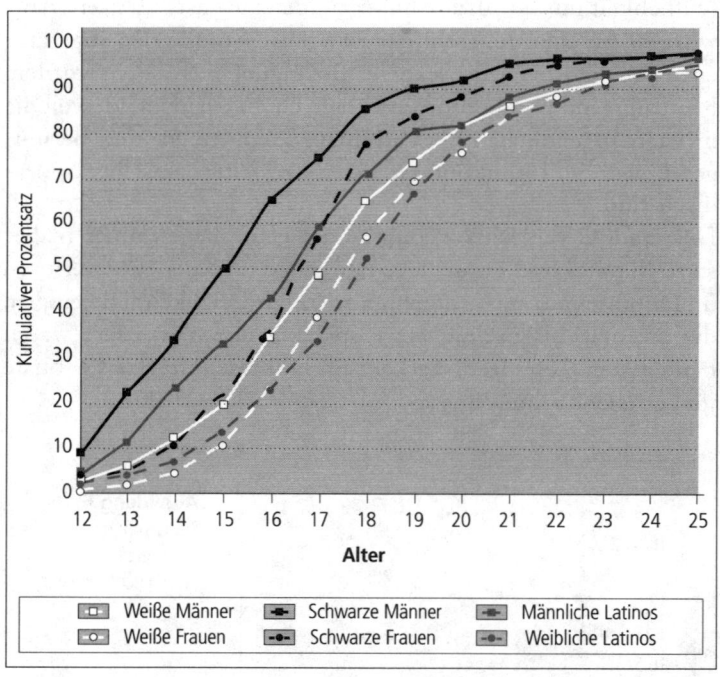

Abbildung 7: Alter beim ersten Geschlechtsverkehr. Kumulativer Prozentsatz der
Befragten.

Abbildung 7 zeigt den Anteil der Jugendlichen und jungen Erwachsenen, die zwischen zwölf und fünfundzwanzig Jahren
Geschlechtsverkehr hatten. Um beispielsweise festzustellen, in
welchem Alter die Hälfte der Personen Geschlechtsverkehr
hatte, genügt es, der punktierten horizontalen Linie zu folgen,
die einer kumulativen Häufigkeit von 50 Prozent entspricht. Sie

120

zeigt, daß die Hälfte der schwarzen Männer mit fünfzehn Geschlechtsverkehr hatten, die Hälfte der männlichen Latinos mit sechzehneinhalb, die Hälfte der schwarzen Frauen mit knapp siebzehn und die Hälfte der weißen Frauen und der weiblichen Latinos mit knapp achtzehn. Mit zweiundzwanzig hatten 90 Prozent jeder Gruppe Geschlechtsverkehr gehabt.

Das Bild ist eindeutig. Etwa die Hälfte der Jugendlichen aus verschiedenen rassischen und ethnischen Gruppen hatte den ersten Geschlechtsverkehr zwischen fünfzehn und achtzehn, und mindestens vier von fünf hatten bis zum Ende ihrer Teenagerzeit sexuellen Verkehr. Da das Heiratsalter heute im Durchschnitt bei Mitte Zwanzig liegt, warten nur wenige Amerikaner bis zur Hochzeit, um mit ihrem Partner intim zu werden.

Unsere Daten belegen, daß der Anteil der Frauen, die mit zwanzig entweder noch Jungfrau waren oder nur mit einem Partner sexuellen Kontakt hatten, von 84 Prozent für die Jahrgänge 1933 bis 1944 auf rund 50 Prozent für die Jahrgänge ab 1953 zurückging.

Damit hat sich ein kontinuierlicher, aber tiefgreifender Wandel in den vergangenen Jahrzehnten vollzogen. Ungläubiges Staunen lösen heute die Geschichten von noch unverheirateten Paaren aus, die vor wenigen Jahrzehnten, selbst wenn sie verlobt waren, unter dem massiven Druck der Gesellschaft litten, mit dem das Verbot des vorehelichen Geschlechtsverkehrs durchgesetzt wurde.

Von einer Avantgardistin wie Diana Trilling hätte man zum Beispiel erwartet, daß sie offen und ohne Scham über ihr Intimleben berichtet. Da erstaunt es um so mehr, was sie aus den dreißiger Jahren über ihre ersten sexuellen Erfahrungen mit ihrem späteren Ehemann Lionel Trilling zu berichten weiß. »Dieser Verstoß gegen Anstand und Sitte mußte um jeden Preis vor unseren Familien geheimgehalten werden. Als Jahre später – wir befanden uns Mitte der dreißiger Jahre –, Lionels Mutter erfuhr, daß ein Schulfreund von Lionels Schwester Harriet diese gebeten hatte, mit ihm ins Bett zu gehen, erwartete sie, verschroben wie sie war, allen Ernstes von Lionel, daß er ihn auspeitsche. Unter unseren damaligen Freunden wußten wir nur von einem weiteren Paar, das sich zu einer solch frevelhaften Form der Liebe hatte hinreißen lassen. Ich bin sicher, hätte uns mein Vater damals ertappt, er hätte ... ja, was hätte er wohl getan? In diesem Zusammenhang wurde in meiner Familie nie über Sünde oder Tugend gesprochen, weder über bewahrte noch über verlorene Unschuld. Niemand drohte mir, ich würde für meine Missetat einmal in der Hölle schmoren. Ich malte mir meine eigenen furchteinflößenden Höllenbilder. Ein schrecklicher Ort war das, auf keiner Karte zu finden, aber an den ich gewiß zur Strafe für den frevelhaften Verstoß gegen das Familiengesetz verbannt würde. Bei dem Gedanken, mein Vater könnte herausfinden, daß Lionel und ich miteinander geschlafen hatten, hörte ich schon das Tor zu meiner Hölle knarren.«

Diana Trillings Erzählung macht deutlich, daß sich die Gründe, warum Personen vor der Ehe sexuell miteinander verkehrten oder nicht, im Laufe der Jahrzehnte geändert haben. Wir wollten von unseren Probanden wissen, was sie veranlaßt hatte, mit einem Partner zum ersten Mal intim zu werden. War es ihr Wunsch? Wurden sie gezwungen? Oder waren sie nur dem Partner zuliebe einverstanden? Auf diese Weise läßt sich feststellen, welche sozialen Faktoren manche Jugendlichen davon abgebracht haben, schon früher mit einem Partner intim zu werden, und was sie dazu ermutigte, es jetzt zu tun. Die Ergebnisse zeigen, daß junge Männer und junge Frauen ganz unterschiedliche Gründe haben.

Über 90 Prozent der Männer erklärten, sie hätten den Geschlechtsverkehr beim ersten Mal gewollt. Weniger als 8 Prozent gaben an, ihn zwar nicht gewollt, aber trotzdem zugestimmt zu haben, und nur drei von tausend sagten, sie seien gezwungen worden. Was die angegebenen Gründe betrifft, so zeigt Tabelle 4, daß die Hälfte der Männer vor allem aus Neugier ersten Vaginalverkehr hatten. Nur ein Viertel tat es aus Liebe zur Partnerin. Die meisten Männer gaben an, in ihre erste Partnerin nicht verliebt gewesen zu sein. Von denjenigen, die beim ersten Mal im Grunde keinen Geschlechtsverkehr haben wollten, erklärten 29 Prozent, sie seien von Gleichaltrigen dazu gedrängt worden.

Tabelle 4: Gründe für den ersten Geschlechtsverkehr

Angegebene Gründe	Gewollter erster Geschlechtsverkehr		Ungewollter, aber nicht erzwungener Geschlechtsverkehr	
	Männer (%)	Frauen (%)	Männer (%)	Frauen (%)
Liebe zum Partner	25	48	10	38
Druck der Gleichaltrigen	4	3	29	25
Neugier/körperliche Bereitschaft	51	24	50	25
Kinderwunsch	0	1	0	0
Lust auf körperliches Vergnügen	12	3	7	2
Unter Einfluß von Alkohol/Drogen	1	0	3	7
Hochzeitsnacht	7	21	1	3

Die Frauen dagegen gaben oft an, verliebt gewesen zu sein, und obwohl auch sie in der Regel den Geschlechtsverkehr wollten, erklärte ein großer Teil, lediglich einverstanden gewesen zu sein. Etwa 70 Prozent der Frauen wollten beim ersten Mal intim werden, 24 Prozent gaben an, nur mitgemacht zu haben, und 4 Prozent wurden gegen ihren Willen zum Geschlechtsverkehr gezwungen. Wieder zeigt Tabelle 4, daß ein Viertel beim ersten Mal aus Neugier handelte, fast die Hälfte tat es aus Liebe zum Partner, und bei einer von fünf Frauen passierte es in der Hochzeitsnacht. Die große Mehrheit gab an, beim ersten Mal in den Partner verliebt gewesen zu sein. Bei näherer Betrachtung kann man feststellen, daß, verglichen mit früher, der Druck von

Gleichaltrigen heute von ausschlaggebender Bedeutung ist. Wenn wir Frauen zwischen achtzehn und neunundzwanzig Jahren mit Frauen zwischen fünfzig und neunundfünfzig Jahren vergleichen und dabei nur die berücksichtigen, deren erster Geschlechtsverkehr ungewollt, aber nicht erzwungen war, stellen wir fest, daß 37 Prozent der Jüngeren als Grund den Druck von Gleichaltrigen angaben, während es bei den Älteren nur 13 Prozent waren. Etwa 35 Prozent der Jüngeren nannten als Grund Liebe zum Partner, bei den Älteren waren es 54 Prozent.

Die jüngeren Frauen, die mit ihrer Zustimmung das erste Mal Geschlechtsverkehr hatten, nannten als Hauptgründe Neugier und Liebe zum Partner. Bei den älteren Frauen waren es Liebe und die Tatsache, daß es sich um die Hochzeitsnacht handelte. Praktisch *keine* Frau gab an, aus körperlichem Vergnügen mit einem Partner den Geschlechtsverkehr gesucht zu haben.

Doch ein einmaliger Geschlechtsverkehr ist etwas anderes, als oft und mit vielen Partnern sexuelle Kontakte zu haben. Untergegangen in den Auseinandersetzungen über Jugendsexualität ist der Befund, daß Geschlechtsverkehr unter Jugendlichen recht episodenhaft ist und viele jüngere Teenager überhaupt keinen Intimverkehr haben. Diejenigen, die bereits sexuelle Erfahrungen gesammelt haben, kommen unter Umständen monatelang ohne Geschlechtsverkehr aus.

Eine 1988 landesweit durchgeführte Umfrage unter jungen Männern ergab, daß die »sexuell Aktiven« zwischen fünfzehn und neunzehn Jahren in den letzten zwölf Monaten mindestens sechs Monate keinen Geschlechtsverkehr hatten. Jüngste Untersuchungen deuten darauf hin, daß Jugendliche heute weniger Geschlechtsverkehr haben als in vorangegangenen Jahren. Eine Studie aus dem Jahr 1978 gelangt zum Beispiel zu dem Ergebnis, daß neunzehnjährige junge Männer (die Gruppe, die am meisten Geschlechtsverkehr hatte) in den vorangegangenen vier Wochen durchschnittlich vier Mal Intimverkehr gehabt hatten. Bei einer vergleichbaren Gruppe von Neunzehnjährigen im Jahr 1988 war es durchschnittlich nur noch drei Mal in den letzten vier Wochen.[1]

Viele Amerikaner haben gehofft, die ständigen Warnungen vor der Aids-Gefahr würden Jugendliche dazu veranlassen, verantwortungsvoller mit ihrer Sexualität umzugehen, das heißt weniger Partner zu haben, die ersten sexuellen Erfahrungen später zu machen oder generell mit dem Geschlechtsverkehr bis zur Hochzeit zu warten. Wir haben indes festgestellt, daß unter Jugendlichen keine deutliche Tendenz zu späteren sexuellen Erfahrungen oder zu weniger Partnern vorhanden ist.

Wenn Jugendliche wegen der Aids-Gefahr überhaupt ihr Verhalten geändert haben, dann nur zum kleinen Teil und nur in geringem Maß. Nach unseren Erkenntnissen übte ein kleiner Prozentsatz von jungen Männern Enthaltsamkeit, ohne daß wir sagen könnten, ob ihr Verhalten auf die Angst vor Ansteckung mit dem HIV-Virus oder auf andere Gründe zurückzuführen ist.

Allerdings können wir angeben, wie hoch der Anteil der Männer und Frauen ist, die mit zwanzig noch keinen Geschlechtsverkehr hatten. Was die Jahrgänge 1933 bis 1942, 1943 bis 1952, 1953 bis 1962 und 1963 bis 1972 betrifft, stieg der Prozentsatz derer, die mit zwanzig noch jungfräulich waren, von 1,0 Prozent auf 1,7, 6,0 und schließlich auf 8,3 Prozent. Bei den Frauen dieser vier Altersgruppen lag der Prozentsatz bei 4,6, 4,7, 3,6 und 5,8 Prozent. Aber der Anstieg bei der Zahl von Männern, die mit zwanzig noch keinen Geschlechtsverkehr hatten, begann bereits vor der Bedrohung durch Aids, daher können wir diese Tendenz nicht auf das Aids-Risiko zurückführen.

Immerhin darf die Vermutung geäußert werden, daß es heute von der Gesellschaft mehr anerkannt wird, wenn ein junger Mann enthaltsam lebt. Wir haben zum Beispiel festgestellt, daß der Anteil der Männer, die ihren ersten Geschlechtsverkehr mit einer Prostituierten hatten, von 7 Prozent in den fünfziger Jahren auf 1,5 Prozent Ende der achtziger und Anfang der neunziger Jahre zurückgegangen ist.

Der Anteil der Frauen, die mit zwanzig noch Jungfrau waren, lag traditionsgemäß etwas höher als der Anteil der Männer, aber dieser Unterschied zwischen den Geschlechtern ist im Schwinden begriffen. Nichts deutet darauf hin, daß der Anteil der jungen Frauen, die mit zwanzig noch Jungfrau sind, zunimmt.

Während der erste Geschlechtsverkehr heute früher stattfindet, ist das Heiratsalter gestiegen: Das ist das eigentliche Vermächtnis der späten sechziger und frühen siebziger Jahre. Entgegen landläufigen Ansichten brachte diese Ära keine sexuelle Revolution, die den Partnertausch gesellschaftsfähig gemacht hätte. Wohl aber markierte sie den Beginn eines tiefgreifenden Wandels des Sexualverhaltens. Das gestiegene Heiratsalter ist ein weiterer Grund, weshalb die Amerikaner heute mehr Partner haben als früher.

Seit den sechziger Jahren ist der Weg zum Traualtar nicht mehr so genau kalkulierbar wie früher. In der ersten Hälfte des 20. Jahrhunderts folgte fast jeder, der heiraten wollte, demselben Verhaltensmuster: Rendezvous, Verliebtsein, ein wenig sexuelles Experimentieren mit einem Partner, das manchmal Geschlechtsverkehr einschloß, danach Heirat und Kinder. Außerdem gab es damals eine allgemein anerkannte doppelte Moral: Männer hatten vor der Heirat eher mit mehreren Partnern Geschlechtsverkehr als Frauen.

Auch an der Schwelle des neuen Jahrtausends wird dieses idealtypische heterosexuelle Verhalten noch immer als Muster hingestellt, aber das tatsächliche Verhalten in den entscheidenden Jahren vor der Heirat hat sich verändert. Manche heiraten noch immer mit achtzehn, andere erst mit dreißig, wodurch die Anzahl der Sexualpartner vor der Ehe erheblich variieren kann. Die soziale Schicht spielt eine Rolle: Wenigergebildete heiraten früher als Höherqualifizierte. Schwarze heiraten meist viel später als Weiße, und viele Schwarze heiraten überhaupt nicht.

In der Zwischenzeit hat eine neue Form des sexuellen Zusammenlebens Einzug in den Alltag gehalten: Man verliebt sich in mehrere Partner und hat sexuellen Kontakt mit ihnen, oder man verliebt sich und zieht zusammen. Geht die Beziehung in die Brüche, sieht man sich nach einem neuen Partner um, geht sie gut, heiratet man. Schwangerschaften können in allen Phasen auftreten, oft aber passiert es, bevor man zusammenzieht oder bevor man heiratet. Der früher so geradlinige Weg in die Ehe hat Windungen und viele Seitenwege bekommen. Einer davon, die nicht-eheliche Lebensgemeinschaft, ist zu einem vielbegangenen Pfad geworden.

Andere neuere Untersuchungen zeigen einen deutlichen Trend unter Paaren, zuerst nur zusammenzuziehen, anstatt zu heiraten. Mit der Zunahme der nicht-ehelichen Lebensgemeinschaften hat sich der Unterschied zwischen einer Beziehung mit einem festen Sexualpartner, einem Lebensgefährten und einem Ehepartner verwischt. Dieser Wandel begann gleichzeitig mit der sogenannten sexuellen Revolution. Unsere Studie zeigt, daß Personen, die vor 1970 volljährig wurden, fast ausnahmslos heirateten, ohne vorher zusammengelebt zu haben, während dies bei den Jüngeren nur selten der Fall war. Das Durchschnittsalter, in dem Personen zum ersten Mal mit einem Partner zusammenziehen, sei es, weil sie geheiratet haben oder weil sie zusammenleben möchten, ist jedoch fast konstant geblieben: Bei Männern liegt es bei zweiundzwanzig, bei Frauen bei zwanzig Jahren. Der einzige Unterschied besteht darin, daß es sich bei diesen ersten Partnerschaften heute zunehmend um nicht-eheliche Lebensgemeinschaften handelt.

Bei unserer Untersuchung stellten wir fest, daß 93 Prozent der Frauen, die zwischen 1933 und 1942 geboren waren, heirateten, ohne vorher mit ihrem Partner zusammengelebt zu haben. Und 90 Prozent waren vor der Ehe entweder noch Jungfrau oder hatten nur mit ihrem künftigen Mann Geschlechtsverkehr gehabt. Anders die Frauen der Jahrgänge 1963 bis 1974: nur 36

Prozent hatten vor der Ehe nicht mit ihrem Partner zusammengelebt. Von der großen Mehrheit der Frauen, die mit einem Mann zusammenlebten, hatten 60 Prozent vorher keinen oder lediglich einen anderen Sexualpartner gehabt.

Mit der Zunahme der nicht-ehelichen Lebensgemeinschaften erhöht sich gleichzeitig das durchschnittliche Heiratsalter. Je länger jedoch mit der Heirat gewartet wird, desto wahrscheinlicher ist es, daß in der Zwischenzeit eine Lebensgemeinschaft mit einem Sexualpartner eingegangen wird. Da viele zusammenlebende Paare sich nach kurzer Zeit wieder trennen und erneut auf Partnersuche gehen, steigt im Durchschnitt die Anzahl der vorehelichen Partner.

Abbildung 8 veranschaulicht, wann Frauen unterschiedlicher Jahrgänge zum ersten Mal mit einem Partner zusammenzogen.

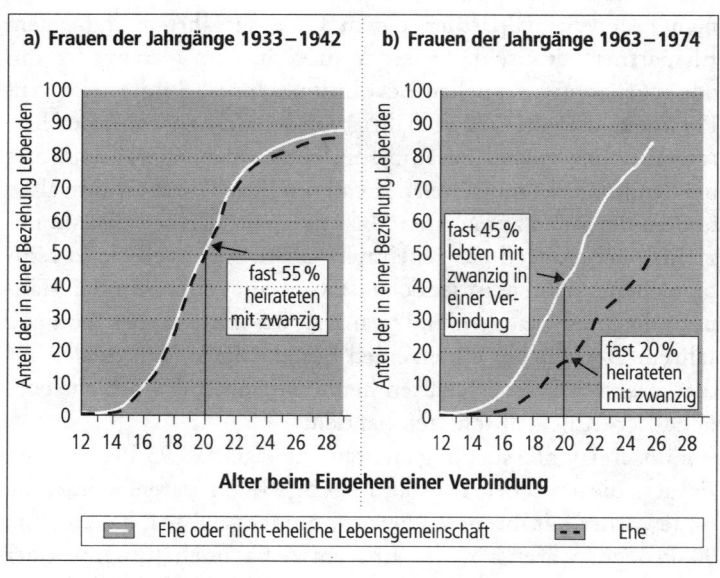

Abbildung 8: Alter beim ersten Zusammenziehen, Ehe oder eheähnliche Lebensgemeinschaft

Das linke Diagramm enthält die Daten der Frauen der Jahrgänge 1933 bis 1942, das rechte die der Frauen der Jahrgänge 1963 bis 1974.

Die Daten belegen, daß die große Mehrheit beider Gruppen eine Lebensgemeinschaft bildete; mit fünfundzwanzig Jahren lebten in beiden Gruppen rund 85 Prozent mit einem Partner zusammen. Die meisten Frauen der jüngeren Jahrgänge lebten allerdings in nicht-ehelicher Lebensgemeinschaft – eine Form des Zusammenlebens, die den älteren Jahrgängen weitgehend unbekannt war. Fast alle älteren Frauen heirateten ihren Partner.

Aus dem linken Diagramm ist zu entnehmen, daß rund 30 Prozent der älteren Frauen mit achtzehn verheiratet waren; mit zwanzig waren es bereits 55 Prozent.

Das rechte Diagramm zeigt, daß von den jüngeren Frauen rund 20 Prozent mit zwanzig verheiratet waren – nicht einmal halb so viele wie bei den Frauen der vorhergehenden Generation. Aber immerhin lebten 45 Prozent mit einem Mann zusammen. Das heißt, daß von den jüngeren Frauen mit zwanzig annähernd ebenso viele mit einem Mann zusammenlebten, wie von den älteren verheiratet waren.

Der vertikale Abstand zwischen den durchgezogenen und den gestrichelten Linien in Abbildung 8 gibt den Anteil der Frauen an, die mit ihrem Partner zuerst eine nicht-eheliche Lebensgemeinschaft bildeten, anstatt zu heiraten. Im linken Diagramm sind die durchgezogene und die gestrichelte Linie fast deckungsgleich, das heißt, daß praktisch keine der Frauen dieser Altersgruppe zuerst mit einem Sexualpartner zusammenlebte: Fast alle heirateten, bevor sie mit ihrem Partner zusammenzogen.

Die Abbildung läßt außerdem erkennen, daß von den älteren Frauen fast alle (90 Prozent) mit neunundzwanzig verheiratet waren. Bei den jüngeren lebten fast 90 Prozent mit fünfundzwanzig mit einem Partner zusammen. (Bei der jüngeren Gruppe konnte das Diagramm nicht bis zum neunundzwanzigsten Lebensjahr fortgeführt werden, weil die Befragten dieses Alter noch nicht erreicht hatten. Die durchgezogene Linie nähert sich aber der 90-Prozent-Marke.) Das beweist, daß die jüngeren Frauen ungefähr im selben Ausmaß und im selben Alter Partnerschaften eingingen wie die älteren, nur daß die jüngeren oft in einer nicht-ehelichen Lebensgemeinschaft statt in einer Ehe lebten.

Bei den Männern verlaufen die Diagramme fast genauso wie bei den Frauen, deshalb haben wir hier auf eine Wiedergabe verzichtet.

Auch Tabelle 5 veranschaulicht den obengenannten Trend.

Tabelle 5: Prozentsatz der ersten Partnerbeziehung in Form der Ehe

Jahrgänge	Männer	Frauen
1933–1942	84,5	93,8
1943–1952	66,7	75,7
1953–1962	46,6	57,3
1963–1974	33,9	35,3

Danach heirateten 84,5 Prozent der Männer, die zwischen 1933 und 1942 geboren wurden, und 93,8 Prozent der Frauen derselben Jahrgänge, ohne zuvor mit ihrem Partner zusammengelebt zu haben. Bei den Männern und Frauen der Jahrgänge 1963 bis 1974 waren es lediglich 33,9 beziehungsweise 35,3 Prozent. Ein Blick auf die Scheidungsraten belehrt uns über eine weitere wichtige soziale Veränderung, die in den sechziger Jahren ihren Anfang nahm und zu einem Anstieg der Zahl der Partner im Laufe eines Lebens führte. Unser Datenmaterial und das vieler anderer Erhebungen in den Vereinigten Staaten zeigt, wie hoch die Wahrscheinlichkeit ist, daß sich ein Paar nach zehnjähriger Ehe scheiden läßt. Bei den Jahrgängen 1932 bis 1942 lag die Wahrscheinlichkeit bei eins zu fünf, bei den Jahrgängen 1943 bis 1952 lag sie bei eins zu drei, und bei den Jahrgängen 1953 bis 1962 bei ungefähr 38 Prozent. Geschiedene haben mehr Sexualpartner als Verheiratete, und aller Wahrscheinlichkeit nach leben sie mit einem neuen Partner erst eine Weile ohne Trauschein zusammen, ehe sie wieder heiraten.

Diese drei sozialen Trends – früherer erster Geschlechtsverkehr, spätere Eheschließung und höhere Scheidungsrate – sind verantwortlich für die größere Anzahl der Sexualpartner im Laufe eines Lebens. Für unsere Erhebung baten wir die Probanden in ihrer Biographie zurückzuschauen und anzugeben, wie viele Partner sie seit dem achtzehnten Lebensjahr hatten. Es waren mehrere Möglichkeiten denkbar. Man fand einen Partner und heiratete. Oder man hatte vor der Ehe mehrere sexuelle Beziehungen. Oder man lebte zuerst mit dem Partner ohne Trauschein zusammen und heiratete dann. Oder man hatte zahlreiche oberflächliche Beziehungen und blieb ledig. Oder man heiratete und hatte nebenbei außerehelichen Verkehr.

Da das Alter der Befragten zwischen achtzehn und neunundfünfzig Jahren lag, waren die Älteren, die mit Anfang Zwanzig den Bund der Ehe geschlossen hatten, in den turbulenten sechziger und siebziger Jahren bereits verheiratet. Ihr voreheliches Sexualverhalten stammt aus einer historisch gewordenen Vergangenheit, ihre Angaben zeugen von einer Welt, als die Sexualität noch nicht ein die öffentliche Meinung beherrschendes Thema war. Die Antworten der jüngeren Leute in unserer Untersuchung können uns darüber Aufschluß geben, ob es zwischen dem Verhalten vor und nach der sogenannten sexuellen Revolution wirklich gravierende Unterschiede gibt.

Als erstes Ergebnis gilt es festzuhalten, daß die meisten jungen Leute heutzutage nicht über eine erheblich größere Anzahl von Sexualpartnern verfügen. Mehr als die Hälfte der achtzehn- bis vierundzwanzigjährigen Männer und Frauen in Amerika hatte 1992 im vorangegangenen Jahr nur einen Sexualpartner, und weitere 11 Prozent hatten gar keinen. Studien in Europa beweisen, daß sich das Sexualverhalten in Großbritannien, Frankreich und Finnland praktisch nicht von dem in Amerika unterscheidet. Somit spricht nichts für die weitverbreitete Annahme, die Menschen kennten heutzutage in ihrem Sexualverhalten keine Ordnung mehr.

Wie sich herausstellte, hatten fast alle Amerikaner eine recht bescheidene Anzahl von Partnern. Dabei machte es keinen Unterschied, ob sie nun die Partner im Verlauf ihres Lebens oder im vorangegangenen Jahr aufzählten. Im Hinblick auf den Bildungsgrad, die Rasse oder die Konfession variiert die Anzahl der Partner ein wenig. Bestimmt wird sie vom Familienstand und davon, ob ein Paar zusammenlebt. Verheiratete haben meist nur einen einzigen Partner, und diejenigen, die in nicht-ehelicher Lebensgemeinschaft leben, sind einander vermutlich fast ebenso treu. In Tabelle 6 auf den Seiten 134/135 sind unsere Daten für die Vereinigten Staaten aufgeführt.

Die rechte Hälfte von Tabelle 6 gibt Aufschluß über die Anzahl der Sexualpartner, die die Befragten seit ihrem achtzehnten Lebensjahr hatten. Nur 3 Prozent hatten keine Partner, und 9 Prozent hatten insgesamt mehr als zwanzig.

40 Prozent der Fünfundfünfzig- bis Neunundfünfzigjährigen gaben an, im Verlauf ihres Lebens nur einen Sexualpartner gehabt zu haben. Grund hierfür ist das frühere Heiratsalter bei vorangegangenen Generationen und die niedrige Scheidungsrate bei den älteren Paaren. Viele Männer waren bereits mit zweiundzwanzig verheiratet, die Frauen mit zwanzig.

Die linke Hälfte von Tabelle 6 gibt Aufschluß über die Anzahl der Sexualpartner, die die Befragten in den vorangegangenen zwölf Monaten hatten. Die Daten belegen, wie hoch die Wahrscheinlichkeit ist, daß Personen ihrem Sexualpartner treu bleiben, ganz gleich, ob sie verheiratet sind oder nicht. 94 Prozent der Verheirateten hatten im vorangegangenen Jahr einen Partner. Paare, die ohne Trauschein zusammenlebten, waren einander fast ebenso treu. 75 Prozent der unverheirateten Paare hatten im Jahr zuvor einen Partner. 80 Prozent der Befragten, die früher verheiratet waren und zum Zeitpunkt des Interviews eine nicht-eheliche Lebensgemeinschaft eingegangen waren, hatten im Jahr davor ebenfalls nur einen Partner. Zwei Drittel der Alleinstehenden ohne Lebenspartner hatten im vorangegangenen Jahr keinen oder nur einen Partner. Lediglich ein paar Prozent der Bevölkerung hatten im Jahr zuvor fünf Geschlechtspartner, darunter viele ledige und alleinstehende junge Männer.

Da die meisten Amerikaner weiß sind und der Mittelschicht angehören, basieren unsere Daten vorwiegend auf ihren Erfahrungen. Deshalb fragten wir uns, ob dieses Bild von einem im wesentlichen monogamen Amerika lediglich das Verhalten der weißen Mittelschicht widerspiegelt. Normalerweise heißt es, Menschen mit unterschiedlichem Bildungsniveau, unterschiedlicher Religionszugehörigkeit oder unterschiedlicher Abstammung hätten eine andere sexuelle Biographie. Im allgemeinen heißt es, Arme und Schwarze hätten viele Partner, und strenggläubige Christen hätten nur wenige.

Die Analyse der Antworten unserer Probanden ergab ein anderes Bild. Der Bildungsgrad stand zum Beispiel in keinerlei Zusammenhang mit der Anzahl der Partner im vorangegangenen Jahr. Der Prozentsatz der Befragten mit fünf oder mehr Partnern schwankte in Hinblick auf den Bildungsgrad lediglich zwischen 3 und 4 Prozent. Dies ist kein signifikanter Unterschied.

Es gab allerdings eine nennenswerte Ausnahme. Je gebildeter die Befragten waren, desto mehr Partner hatten sie im Laufe ihres Lebens. Wenn wir die letzten beiden Spalten addieren, sehen wir, daß mit zunehmender Bildung der Anteil derjenigen, die im Laufe ihres Lebens zehn oder mehr Partner hatten, von 15 Prozent auf 24 Prozent steigt. Ein entscheidender Grund hierfür ist, daß Personen mit höherer Bildung aufgrund der längeren Ausbildungszeit eine Heirat hinausschieben. Je länger sie warten, desto mehr Gelegenheit haben sie, mit einer Reihe von

Tabelle 6: Anzahl der Sexualpartner in den vergangenen zwölf Monaten und seit dem achtzehnten Lebensjahr in Prozent

	Sexualpartner in den letzten zwölf Monaten				Sexualpartner seit dem achtzehnten Lebensjahr					
	0	1	2–4	5+	0	1	2–4	5–10	10–20	21+
Gesamt	12	71	14	3	3	26	30	22	11	9
Geschlecht										
Männer	10	67	18	5	3	20	21	23	16	17
Frauen	14	75	10	2	3	31	36	20	6	3
Alter										
18–24	11	57	24	9	8	32	34	15	8	3
25–29	6	72	17	6	2	25	31	22	10	9
30–34	9	73	16	2	3	21	29	25	11	10
35–39	10	77	11	2	2	19	30	25	14	11
40–44	11	75	13	1	1	22	28	24	14	12
45–49	15	75	9	1	2	26	24	25	10	14
50–54	15	79	5	0	2	34	28	18	9	9
55–59	32	65	4	0	1	40	28	15	8	7
Familienstand										
ledig, alleinlebend	25	38	28	9	12	15	29	21	12	12
ledig, mit Lebenspartner	1	75	20	5	0	25	37	16	10	13
verheiratet	2	94	4	1	0	37	28	19	9	7
geschieden, getrennt lebend, verwitwet, ohne Lebenspartner	31	41	26	3	0	11	33	29	15	12
geschieden, getrennt lebend, verwitwet, mit Lebenspartner	1	80	15	3	0	0	32	44	12	12

Bildungsgrad										
weniger als High-School	16	67	15	3	27	4	36	19	9	6
High-School-Abschluß oder ähnl.	11	74	13	3	30	3	29	20	10	7
College, Berufsschule	11	71	14	4	24	2	29	23	12	9
Collegeabschluß	12	69	15	4	24	2	26	24	11	13
Magister/Promotion	13	74	10	3	25	4	26	23	10	13
Konfession										
konfessionslos	11	68	13	7	16	3	29	20	16	16
protestantisch	11	73	13	2	23	2	31	23	12	8
strenggläubig protestantisch	13	70	14	3	30	3	30	20	10	7
katholisch	12	71	13	3	27	4	29	23	8	9
jüdisch	3	75	18	3	24	0	13	30	17	17
andere Konfession	15	70	12	3	42	3	20	16	8	13
Rasse/ethnische Zugehörigkeit										
Weiße	12	73	12	3	26	3	29	22	11	9
Schwarze	13	60	21	6	18	2	34	24	11	11
Latinos	11	69	17	2	35	4	27	17	8	9
Asiaten	15	77	8	0	46	6	25	14	6	3
Indianer	12	76	10	2	28	5	35	23	5	5

Die einzelnen Prozentzahlen sind gerundet.

Partnern sexuelle Kontakte zu haben und mit ihnen zusammenzuleben. Nicht, daß sie einen gesteigerten Geschlechtstrieb hätten. Vielmehr haben sie mehr Möglichkeiten, mehr Sexualpartner kennenzulernen, bevor sie eine monogame oder fast monogame Ehe eingehen.

Obwohl bei Schwarzen die Wahrscheinlichkeit größer war als bei Weißen, daß sie im vorangegangenen Jahr viele Partner hatten, war die Zahl der Schwarzen und Weißen mit mehreren Partnern gering. Drei Prozent der Weißen und 6 Prozent der Schwarzen gaben an, im letzten Jahr mehr als fünf Partner gehabt zu haben. Dagegen hatten 73 Prozent der Weißen und 60 Prozent der Schwarzen in den vergangenen zwölf Monaten nur einen Partner, und 12 Prozent der Weißen und 13 Prozent der Schwarzen hatten überhaupt keinen. Betrachten wir die Anzahl der Sexualpartner im Laufe eines Lebens, stellen wir fest, daß Schwarze nicht mehr Partner haben als Weiße.

Zur Veranschaulichung dieser Zusammenhänge stelle man sich ein Diagramm vor, auf dem die vertikale Achse die Anzahl der Partner und die horizontale Achse das Alter der Befragten angibt. Die Darstellung würde einige steile Ausschläge aufweisen, die auf Zeiten der Partnersuche verweisen, während sonst horizontale Linien angeben, wann die Person keinen oder nur einen ständigen Partner hat. Heiratet die Person, flacht die Linie auf der Höhe von einem Partner ab. Geht die Ehe in die Brüche, zeigt das Diagramm wieder einen Ausschlag nach oben, bis die Person erneut heiratet und die Linie wieder abflacht.

Diese Erkenntnisse stützen keineswegs die Vorstellung von einer promiskuitiven Gesellschaft. Auch fehlen Anzeichen für eine sexuelle Revolution, die sich in einem großen Anteil von Personen mit mehreren rasch wechselnden Sexualpartnern widerspiegeln müßte. Unsere Daten sind allerdings auch kein Beleg dafür, daß die meisten tatsächlich eine Partnerschaft eingehen oder letztendlich heiraten. Zu diesem Ergebnis gelangten schon viele andere Studien. Es ist auch nichts Neues, daß heutige Ehen weniger beständig sind als Ehen, die vor dreißig Jahren geschlossen wurden. Das erkannten bereits andere vor uns. Trotzdem gelangten wir zu einer neuen, bemerkenswerten Erkenntnis.

Unabhängig davon, wie sexuell aktiv Personen vor der Ehe und zwischen zwei Ehen sind, ob sie vor der Ehe mit ihren Sexualpartnern zusammenlebten oder ob sie jungfräulich in die Ehe gingen, die Ehe ist eine so mächtige soziale Institution, daß im wesentlichen alle Verheirateten ihren Partnern die Treue halten, solange die Ehe intakt ist. Dabei spielt es keine Rolle, ob das Paar sich auf der High-School kennenlernte und nach der Abschlußprüfung heiratete oder ob es erst mit Anfang Dreißig den Bund fürs Leben schloß, nachdem jeder zuvor mit anderen Partnern zusammengelebt hatte. Die große Mehrheit hat nach der Heirat keine anderen Sexualpartner mehr; das Vergangene ist im Prinzip vergessen. Die Ehe macht in dieser Hinsicht alle gleich.

Die Antworten auf unsere Frage nach der ehelichen Treue sprechen für sich. Über 80 Prozent der Frauen und 65 bis 85 Prozent der Männer aller Altersstufen gaben an, während der Ehe keinen anderen als den Angetrauten zum Sexualpartner gehabt zu haben. Dieses Ergebnis wird durch die Daten des General Social Survey bestätigt, dessen Zahlen zum außerehelichen Geschlechtsverkehr praktisch mit unseren übereinstimmen.

Die Ehe ist ein solch mächtiges Regulativ, daß sie alle anderen Aspekte verdrängt. Die Feststellung, daß über 80 Prozent der erwachsenen Amerikaner zwischen achtzehn und neunundfünfzig im vorangegangenen Jahr keinen oder nur einen Sexualpartner hatten, mag manchen jungen Leuten, die pro Jahr mehrere Sexualpartner haben, ein Lächeln abnötigen. Aber der angegebene Prozentsatz spiegelt nur die Tatsache wider, daß die meisten Amerikaner dieses breiten Altersbereichs verheiratet und ihrem Partner treu sind. Von den anderen leben viele in nicht-ehelicher Lebensgemeinschaft und sind ebenfalls treu, oder sie leben ganz ohne Partner, eine Situation, die vor allem auf ältere Frauen zutrifft.

Da die meisten Erwachsenen in Amerika verheiratet sind, überwogen bei unserer Untersuchung die Antworten der Verheirateten. Nur 3 Prozent der Befragten hatten in den vergangenen zwölf Monaten fünf oder mehr Partner, und die Hälfte aller erwachsenen Amerikaner hatte im Laufe ihres Lebens drei oder weniger Partner.

In Europa sind die Zahlen ähnlich. Eine Studie in Großbritannien kam zu dem Ergebnis, daß 73 Prozent der Männer im vorangegangenen Jahr genau einen Partner hatten. In Frankreich und Finnland waren es jeweils 78 Prozent. Bei unserer Untersuchung waren es 67 Prozent der Männer.

In Großbritannien hatten 79 Prozent der Frauen in den vergangenen zwölf Monaten einen Partner, in Frankreich waren es 78 Prozent, und in Finnland ebenfalls 79 Prozent. Bei den amerikanischen Frauen lag der Prozentsatz bei 75 Prozent.

Der ausgeprägte Hang zu ehelicher Treue ist um so bemerkenswerter, wenn man die Zeitspanne betrachtet, die Personen vor der Ehe, in der Ehe und zwischen zwei Ehen verbringen. Im allgemeinen sind sie um soviel länger verheiratet, als sie ledig und ungebunden sind, daß man meinen sollte, sie müßten nach jahre- oder gar jahrzehntelanger Ehe Gefahr laufen, mit außerehelichen Partnern untreu zu werden. Im Durchschnitt dauert es vier Jahre, bis jemand eine neue Ehe eingeht. Eine durchschnittliche Ehedauer beträgt fünfundzwanzig Jahre. Dennoch gaben die meisten Befragten an, während ihrer Ehe keine weiteren Sexualpartner gehabt zu haben.

Indes fragen sich viele Männer und einige Frauen mittleren Alters, von den Gerüchten über sexuelle Freuden mit vielen Partnern verunsichert, ob sie in ihrem Leben nicht etwas versäumt hätten, weil sie zu früh geboren wurden, um an den Wohltaten der sexuellen Revolution zu partizipieren. Noch immer ist die Vorstellung weit verbreitet, wonach vor allem Männer sich im verflixten siebenten Jahr nach einer neuen Partnerin umsehen, um ihrem eintönigen Sexualleben neuen Schwung zu geben. Oder es wird behauptet, die Männer ließen ihre langweiligen Ehefrauen im Stich und suchten ein neues Leben in immer neuen Liebesabenteuern.

In Wirklichkeit sieht es aber so aus, daß die meisten sich einen Partner suchen, mit Anfang bis Mitte Zwanzig heiraten und bis zum Ende ihrer Ehe sexuell treu bleiben. Nach einer Scheidung findet der Mann in der Regel eine oder mehrere neue Partnerinnen; bei der Frau ist es weniger wahrscheinlich, daß sie neue Partner findet, vor allem, wenn sie schon älter ist. Bei unserer Befragung gab ungefähr die Hälfte der vierzig- bis neunundfünfzigjährigen verwitweten oder geschiedenen Männer an, nach der ersten Ehe zwei oder mehr Sexualpartner gehabt zu haben. Aber nur 40 Prozent der Frauen dieser Altersgruppe fanden nach dem Ende ihrer Ehe zwei oder mehr neue Partner. Nach einer kurzen Zeit der Suche heiraten viele wieder und bleiben ihrem Partner treu.

Hierfür gibt es zwei Gründe, die nichts mit den sexuellen Freuden der Ehe zu tun haben. Erstens lastet auf jedem Verheirateten ein großer gesellschaftlicher Druck, seinem Partner treu zu bleiben und die Ehe nicht zu gefährden. Das Familienleben und die berufliche Arbeit fordern, sobald sie mehr in den Vordergrund rücken, ihren Tribut und lassen immer weniger Zeit, an außerehelichen Sex zu denken, geschweige denn, sexuelle Abenteuer zu suchen.

Zweitens halten so viele an ihrer Ehe fest und bleiben treu, weil sie erkennen, daß es nicht so einfach ist, einen neuen Partner zu finden und ein zweites Mal zu heiraten. Denn je älter man wird, desto schwieriger wird es, einen Partner zu finden. Die Kolumnistin Ann Landers riet Frauen, die wissen wollten, ob sie sich scheiden lassen sollten, sich die Frage vorzulegen: Bin ich mit ihm oder ohne ihn besser dran? Die Frage trifft den Kern des Problems. Ist es einfacher und vorteilhafter, eine keineswegs vollkommene Ehe weiterzuführen, oder soll man es allein versuchen, um dann möglicherweise ohne einen anderen Partner zu bleiben?

Lance Compa, ein Anwalt aus Washington, berichtete im *New York Times Magazine,* eben diese komplizierte seelische Gemengelage ließe ihn an seiner Ehe festhalten. Gleichzeitig aber gestand er: »Ich bin nicht so sicher, ob meine Treue freiwillig ist. Berufstätigkeit, Kindererziehung und Haushalt machen das Eheleben zur langweiligen Routine. Schon bald bleibt morgens keine Zeit mehr für ausgedehnte Liebesspiele im Ehebett: Dafür sorgen das Geräusch trippelnder kleiner Füße, die hungrigen Mägen der Kleinen, singende Wasserhähne und wichtige geschäftliche Termine. Und die Abstände zwischen ehelichen Liebesnächten werden auch immer länger.

Mein Verstand sagt mir, daß ein normales und glückliches Familienleben so aussieht und daß ich verpflichtet bin, es aufrechtzuerhalten. Aber mein Gefühl ist bisweilen anderer Meinung. In einem turbulenten Haushalt, wo unablässig Dinge organisiert werden müssen, sehnt man sich manchmal nach einer unkomplizierten Beziehung. Das geht nicht nur den Männern so. Meine Frau spürt denselben Druck. Soll denn keiner von uns beiden noch einmal den Reiz einer neuen Liebe erleben? Das ist ein beunruhigender Gedanke, nachdem erst die Hälfte des Lebens vorbei ist.

Gott sei Dank geht es bei der Treue nicht um einen simplen Wettstreit zwischen der Standhaftigkeit des Geistes und der Schwäche des Herzens. Auch Liebesaffären sind nie unkompliziert. Wenn ich mich an meine Junggesellenzeit erinnere, muß ich außer an die erregenden Gefühle auch an die Lügen, Heimlichkeiten und Gewissensbisse denken, die mir meine Eskapaden einbrachten. Selbst wenn ich es mit einer festen Freundin nicht ernst meinte, konnte ich ihr kaum ins Gesicht sehen, wenn ich die Nacht mit einer anderen verbracht hatte.«

Wie wir gesehen haben, geht die große Mehrheit der Erwachsenen mit Anfang bis Ende Zwanzig eine Partnerschaft ein, sei es eine Ehe oder eine nicht-eheliche Lebensgemeinschaft, und während der Dauer dieser Partnerschaft haben nur sehr wenige mehrere Sexualpartner. Trotzdem gibt ein geringer Prozentsatz der Erwachsenen an, viele Sexualpartner zu haben (siehe Tabelle 6). Wir haben die Anteile der Personen mit fünf oder mehr Partnern in den vergangenen zwölf Monaten oder mit einundzwanzig oder mehr Partnern im Laufe eines Lebens noch einmal gewogen und die Daten auf die gesamte US-Bevölkerung hochgerechnet. Anhand von Tabelle 7 läßt sich einiges ablesen.

Tabelle 7: Geschätzte Anzahl der erwachsenen US-Bürger mit mehreren Sexualpartnern

	Erwachsene mit 5 oder mehr Sexualpartnern in den vergangenen zwölf Monaten		Erwachsene mit 21 oder mehr Sexualpartnern seit dem achtzehnten Lebensjahr	
	geschätzter Prozentsatz nach NHSLS	Anzahl in der US-Bevölkerung	geschätzter Prozentsatz nach NHSLS	Anzahl in der US-Bevölkerung
Geschlecht				
Männer	4,1	2 965 000	15,1	10 920 000
Frauen	1,6	1 166 000	2,7	1 968 000
Alter				
18–24	8,1	2 155 000	2,9	771 000
25–29	4,4	917 000	8,7	1 813 000
30–39	1,9	813 000	11,5	4 924 000
40–49	0,7	230 000	11,0	3 617 000
50–59	0,3	66 000	7,9	1 743 000
Rasse/ethnische Zugehörigkeit				
Weiße	2,5	2 862 000	9,0	10 305 000
Schwarze	5,5	927 000	10,2	1 720 000
Latinos	2,5	321 000	8,2	1 051 000

Anmerkung: Gewogene Daten aus NHSLS.

Erstens wird deutlich, daß viel mehr Männer eine große Anzahl von Partnern haben als Frauen. Zweitens haben Erwachsene zwischen zwanzig und dreißig offenbar die meisten Partner. Nicht einmal 1 Prozent der Personen zwischen vierzig und fünfzig Jahren hatten in den letzten zwölf Monaten mehr als fünf Partner. Und bei den Dreißig- bis Vierzigjährigen waren es 1,9 Prozent. Dagegen hatten 8,1 Prozent der Achtzehn- bis Vierundzwanzigjährigen im vorangegangenen Jahr fünf oder mehr Partner. Gleichzeitig ändert sich der Prozentsatz der Personen, die im Laufe ihres Lebens mehr als zwanzig Partner haben, nach dem dreißigsten Lebensjahr kaum noch. Diese Beobachtungen lassen den Schluß zu, daß vorwiegend die Jungen mehrere Partner haben.

Drittens scheint der sexuell sehr aktive Teil der Bevölkerung, der das höchste Aids-Risiko trägt, keine Angst vor Infektion mit dem Immunschwächevirus zu haben. Wie Tabelle 7 zeigt, hatten 8,7 Prozent der Fünfundzwanzig- bis Neunundzwanzigjährigen seit ihrem achtzehnten Lebensjahr einundzwanzig oder mehr Partner, und bei den Dreißig- bis Neununddreißigjährigen waren es 11,5 Prozent. Die Prozentanteile waren also in beiden Gruppen ungefähr gleich. Aber die jüngere Gruppe wurde volljährig, als die Aids-Gefahr bereits bekannt war, und die meisten in der älteren Gruppe waren schon fünfundzwanzig oder älter, bevor die Seuche ausbrach.

Viertens stellt der kleine Prozentsatz der Personen mit vielen Partnern bei einer Bevölkerungszahl von 250 Millionen doch eine beachtliche Menge dar. Für diese Personen macht es die hohe Anzahl der Partner wahrscheinlich, daß sie sich mit einer sexuell übertragbaren Krankheit anstecken. Dieses Thema wird in Kapitel 10 noch ausführlich behandelt.

Diese Ergebnisse wirken beruhigend. Wer sich nur an das Bild der Sexualität in der Öffentlichkeit hält, könnte meinen, in Amerika herrsche Zügellosigkeit, aber unsere Daten belegen, daß die meisten Amerikaner nicht sorglos den Partner wechseln.

Warum zeigen sich dann so viele über den scheinbaren Sittenwandel in der Gesellschaft bestürzt?

Sicherlich sind die Flut erotischer Bilder, die Angst vor Aids und der immer noch herrschende Sexmythos Gründe für die falsche Auffassung vom Sexualleben der meisten Amerikaner. Dagegen steht die hohe Wahrscheinlichkeit, daß Menschen heiraten und dann regelmäßige, gesellschaftlich gebilligte Sexualkontakte haben, solange sie dies wollen. Aber die Bilder von Woodstock mit ihrem Versprechen von freier Liebe spuken noch immer in unseren Köpfen.

Was die Zeit vor der Ehe und zwischen zwei Ehen betrifft, sind die alten Maßstäbe für angepaßtes Sexualverhalten nicht verschwunden, sondern nur diffuser geworden. Dennoch gibt es nach wie vor verbindliche Regeln. Wenn das Ziel der gesellschaftlichen Ordnung darin besteht, die Menschen zu veranlassen, zu heiraten, Kinder in die Welt zu setzen und aufzuziehen und ihren Partnern treu zu sein, dann haben sich diese Regeln bestens bewährt.

Das klingt fast ein bißchen langweilig. Wo bleibt die sexuelle Freizügigkeit, die dem Leben der Amerikaner und Europäer angeblich erst die Würze verleiht? Im nächsten Kapitel werden wir sehen, daß die Ehe einen beachtlichen Vorteil hat, der vielleicht zu den bestgehüteten Geheimnissen der Sexualität gehört.

6

Wie oft haben Amerikaner
Geschlechtsverkehr?

Denkt man an die sexuellen Botschaften, die uns täglich überfluten, könnte man meinen, die Amerikaner seien ein sexbesessenes Volk. Werbespots, in denen glutäugige junge Frauen einen Mann anschmachten, Plakate, auf denen Muskelmänner in Unterwäsche von Calvin Klein posieren, Frauenzeitschriften an der Supermarktkasse, von deren Titelblättern rassige Models lächeln – die Botschaft ist immer dieselbe: Junge und schöne Menschen mit makellosen Zähnen, seidigem Haar und durchtrainiertem Körper strahlen vor Dynamik und Sex-Appeal. So sehen die Gewinner aus. Andere wiederum stehen eindeutig auf der Verliererseite.

Selbst wenn wir uns gegen das Bombardement der Medien mit Zynismus wappnen, fällt es doch schwer, die Botschaften völlig zu ignorieren. Wir sehen und hören immer wieder, daß alle jungen gesunden Amerikaner häufig Geschlechtsverkehr haben und wenn nicht, werden sie dazu ermuntert, diesem Übelstand schnellstens abzuhelfen. Und obwohl alle attraktiven Amerikaner ziemlich oft Geschlechtsverkehr haben, sollen manche häufiger Geschlechtsverkehr haben als andere: Schwarze haben häufiger Verkehr als andere Rassen, strenggläubige Menschen haben sicherlich weniger Verkehr.

Am meisten Sex-Appeal haben natürlich die Jungen und Schönen – die Singles, die ständig die Partner wechseln, die jungen Geschiedenen und die Verheirateten, die sich außerhalb der Ehe noch Sex holen. Diese Personengruppen prägen unsere Vorstellung von einem aufregenden Sexualleben, bei dem Männer und Frauen häufigen und lustvollen Geschlechtsverkehr haben. Ihr Highlife steht im Gegensatz zum angeblich faden Sexualleben der Verheirateten, das nur noch aus der routinemäßigen Kopulation zweier Menschen besteht, die in einer Beziehung gefangen sind, in der die Flamme der Leidenschaft längst erloschen ist.

Zahllos sind die traurigen Geschichten derjenigen, denen sexuelle Freuden verwehrt sind. In Zeitschriften und Büchern, in Radiosendungen und Fernsehshows wird über sexuelle Probleme, über nicht erreichte Erektionen und Orgasmen, gehemmtes sexuelles Verlangen, Partnersuche und Partnerverlust geschrieben beziehungsweise gesprochen. Das Publikum, das hier anvisiert wird, ist hauptsächlich weiblich, aber zunehmend auch männlich. Dabei tritt eine Gesellschaft voller unerfüllter Wünsche zutage, in der Kummer und Frustration über das verschlossene sexuelle Paradies herrschen. Ganze Scharen von Unglücklichen stehen draußen und fragen sich, warum sie vom Fest der Erotik ausgeschlossen sind.

Nach landläufiger Ansicht haben beide Lager eines gemeinsam: die Vorstellung, daß häufiger Geschlechtsverkehr mit einem Partner außerordentlich wichtig und begehrenswert ist, auch wenn dies manchmal schwer zu realisieren ist.

Die Wirklichkeit ist weitaus komplexer. Wie wir feststellten, haben Amerikaner gar nicht so oft Partnersex, zumindest verglichen mit dem, was angeblich normal beziehungsweise optimal wäre. Unseren Erkenntnissen zufolge gibt es keine gesellschaftliche Gruppe, die herausragend viele Sexualkontakte hätte. Und nicht die Jungen und Ungebundenen haben den meisten Geschlechtsverkehr, sondern die Verheirateten. Weiterhin ist der Schluß erlaubt, daß alle rassischen und ethnischen Gruppen den Partnersex etwa gleich häufig praktizieren. Und schließlich stimmt es, was in den Anekdoten angedeutet wird, daß nämlich viele ältere Frauen in unserer Gesellschaft, die ihnen und ihrer

Sexualität nicht die gleiche Achtung entgegenbringt wie den Männern, überhaupt keinen Geschlechtsverkehr haben.

Aber es zählt nicht allein die Häufigkeit des Geschlechtsverkehrs. Wichtig ist auch, ob es Vergnügen bereitet. War der letzte Geschlechtsverkehr lustvoll oder eher langweilig? Waren die Partner zufrieden oder frustriert? Die beiden wesentlichen Fragen – Wie oft hatten Sie mit einem Partner Geschlechtsverkehr und wieviel Vergnügen hat es Ihnen bereitet? – geben einen erstaunlichen Einblick in das Sexualverhalten der Amerikaner. Obwohl die meisten nicht sehr oft Geschlechtsverkehr haben, geben viele an, mit ihrem Sexualleben vollkommen zufrieden zu sein.

Unsere Daten scheinen einer durchaus konventionellen Vorstellung von Liebe, Sexualität und Ehe Vorschub zu leisten. Man könnte meinen, die traditionelle Auffassung von Romantik, Liebeswerben und Sexualität – möglicherweise die Auffassung der Elterngeneration – sei der einzige Weg zum Glück und zu sexueller Befriedigung. Aber das ist nicht unsere Absicht. Wir sind vielmehr der Meinung, daß die amerikanische Gesellschaft so strukturiert ist, daß sie all diejenigen belohnt, die sich an die ehelichen Regeln halten. Wahrscheinlich wird man bei Freunden, bei der Familie und bei Arbeitskollegen Anerkennung finden, wenn man im angemessenen Alter glücklich verheiratet ist, und man wird sich mit anderen Ehepaaren anfreunden. Alle gesellschaftlichen Kräfte stärken die Zufriedenheit in der Ehe. Deshalb kann es nicht überraschen, wenn bei unserer Erhebung die Ehe als das probate Rezept für sexuelle Zufriedenheit erscheint. Und ist eine Ehe nicht glücklich, läßt man sich aller Wahrscheinlichkeit nach scheiden und erhöht damit die Chance, daß andere Ehepaare uns berichten, wie glücklich sie sind.

Die kollektiven Vorstellungen darüber, wer mit wem wie oft schläft, sind tief verwurzelt. Viele, deren Leben nicht nach den allgemeinen Glücksvorstellungen verläuft, meinen, sie seien die

146

große Ausnahme. Viele Alleinlebende haben das Gefühl, mit ihnen sei etwas nicht in Ordnung, wenn sie nicht häufig romantische und leidenschaftliche Liebesabenteuer erleben. Andere schimpfen über die Klischees, die uns blind machen.

Rachel Cline, eine Schriftstellerin aus Los Angeles, fühlte sich durch die Vorstellungen und Erwartungen, die andere über das Leben der Singles hegen, in ihrer Bewegungsfreiheit eingeengt. »Meine weitgehend monogam lebenden und meist verheirateten Altersgenossen meinen immer noch, bei uns Singles liefe im Leben alles wie im Kino ab: Wenn sich zwei ein paarmal zum Essen verabreden, dann sehen sie gleich das Tier mit den zwei Rücken aus dem Gebüsch lugen.«

Anhand unserer Daten konnten wir feststellen, wie oft Personen tatsächlich Geschlechtsverkehr hatten und ob manche Gruppen häufiger Verkehr hatten als andere.

Die erste Überraschung war, wie wenig Verkehr die meisten hatten: Nur ein Drittel der Amerikaner zwischen achtzehn und neunundfünfzig hat zweimal in der Woche Geschlechtsverkehr. Drei Gruppen lassen sich unterscheiden. Etwa ein Drittel der Amerikaner hat zwei oder mehrmals die Woche Geschlechtsverkehr, ein Drittel verkehrt einige Male im Monat mit einem Partner, und der Rest hat nur ein paarmal im Jahr Verkehr oder hat gar keinen Sexualpartner.

Uns fehlt die wissenschaftliche Grundlage, um beurteilen zu können, welche Häufigkeit beim Geschlechtsverkehr normal oder angemessen ist. Dennoch verwundern die von uns gesammelten Daten, bleiben sie doch weit hinter den gängigen Erwartungen zurück. Sie vermitteln den Eindruck, als sei den meisten Amerikanern häufiger Geschlechtsverkehr gar nicht so wichtig. Immerhin haben die meisten einen Partner: Entweder sind sie verheiratet oder leben mit jemandem zusammen. Ehelicher Geschlechtsverkehr ist vom moralischen Standpunkt aus legitim und anerkannt. Und er dauert nicht lange – die meisten gaben an, sie benötigten dafür weniger als eine Stunde (siehe

Kapitel 7). Wenn die Befragten mehr Sex wollten, würden sie vermutlich auch Zeit dafür finden.

Die zweite Überraschung war, daß für die Häufigkeit des Geschlechtsverkehrs eigentlich nur drei Dinge eine Rolle spielen: das Alter, ob die Personen verheiratet waren oder in nichtehelicher Lebensgemeinschaft lebten, und wie lange ein Paar schon zusammen war. Obwohl sich die Amerikaner, wie bereits erwähnt, in ihrem eigenen, fest eingegrenzten sozialen Umfeld bewegen und obwohl ihre Sexualpartner fast immer aus diesem Umfeld stammen, haben Angehörige unterschiedlicher Rassen und ethnischer Gruppen und Personen mit unterschiedlichem Bildungsgrad und unterschiedlicher Konfession im gleichen Ausmaß Geschlechtsverkehr. Und obwohl, wie wir in Kapitel 13 sehen werden, Personen aus unterschiedlichen Regionen des Landes unterschiedliche Auffassungen von Sexualität haben und sich dementsprechend anders verhalten, wird die Häufigkeit ihres Geschlechtsverkehrs von denselben Faktoren bestimmt, ganz gleich, wo sie leben. Ein Konservativer aus dem Süden, der seit zehn Jahren verheiratet ist, wird vermutlich ebensooft Geschlechtsverkehr haben wie ein hedonistischer Liberaler von der Westküste, der ebensolange verheiratet ist.

Tabelle 8 auf den Seiten 149 bis 151 gibt Aufschluß über die Häufigkeit des Geschlechtsverkehrs mit Rücksicht auf Geschlecht, Alter und andere soziale Merkmale.

Die obere Reihe von Tabelle A zeigt, daß 14 Prozent der Männer in den vergangenen zwölf Monaten keinen Geschlechtsverkehr und 16 Prozent ein paarmal Sexualkontakte hatten. Fast 40 Prozent hatten ein paarmal im Monat Verkehr, 26 Prozent zwei- oder dreimal in der Woche, und 8 Prozent viermal in der Woche oder öfter. Bei den Frauen sind die Zahlen mehr oder weniger die gleichen.

Der Tabelle zufolge hatten die jüngsten und die ältesten Personen bei unserer Befragung am wenigsten Geschlechtsverkehr.

Tabelle 8: Häufigkeit des Geschlechtsverkehrs in den vergangenen zwölf Monaten

Teil A: nach Alter, Familienstand und Geschlecht in Prozent

Soziale Merkmale	überhaupt nicht	ein paar-mal im Jahr	ein paar-mal im Monat	zwei- bis drei-mal in der Woche	viermal und mehr in der Woche
Geschlecht					
Männer	14	16	37	26	8
Frauen	10	18	36	30	7
Alter					
Männer					
18–24	15	21	24	28	12
25–29	7	15	31	36	11
30–39	8	15	37	33	6
40–49	9	18	40	27	6
50–59	11	22	43	20	3
Frauen					
18–24	11	16	32	29	12
25–29	5	10	38	37	10
30–39	9	16	36	33	6
40–49	15	16	44	20	5
50–59	30	22	35	12	2
Familienstand/ Wohnstatus					
Männer					
alleinlebend	23	25	26	19	7
nicht-eheliche Lebens-gemeinschaft	0	8	36	40	16
verheiratet	1	13	43	36	7
Frauen					
alleinlebend	32	23	24	15	5
nicht-eheliche Lebens-gemeinschaft	1	8	35	42	14
verheiratet	3	12	47	32	7

Anmerkung: Die einzelnen Prozentzahlen sind gerundet.

Tabelle 8: Häufigkeit des Geschlechtsverkehrs in den vergangenen zwölf Monaten

Teil B: nach Bildungsgrad, Konfession und Rasse/ethnischer Zugehörigkeit in Prozent

Soziale Merkmale	überhaupt nicht	ein paar- mal im Jahr	ein paar- mal im Monat	zwei- bis dreimal in der Woche	viermal und und mehr in der Woche
Bildungsgrad					
Männer					
weniger als High-School- Abschluß	15	20	28	30	7
High-School- Abschluß oder ähnliches	10	15	34	32	9
College- abschluß	9	18	38	28	7
Frauen					
weniger als High-School- Abschluß	19	15	36	23	8
High-School- Abschluß oder ähnliches	11	16	38	30	6
College- abschluß	14	17	37	26	7
Konfession					
Männer					
konfessionslos	13	25	25	27	11
normal protestantisch	8	19	38	27	8
strenggläubig protestantisch	11	15	36	32	7
katholisch	8	17	37	31	8
Frauen					
konfessionslos	10	19	37	26	9
normal protestantisch	13	17	40	25	5

Fortsetzung siehe folgende Seite

150

Tabelle 8: Fortsetzung von Teil B

Soziale Merkmale	überhaupt nicht	ein paarmal im Jahr	ein paarmal im Monat	zwei- bis dreimal in der Woche	viermal und und mehr in der Woche
strenggläubig protestantisch	15	14	36	26	9
katholisch	14	16	37	28	5
Rasse/ethnische Zugehörigkeit					
Männer					
Weiße	10	17	36	30	8
Schwarze	8	16	38	30	7
Latinos	9	15	34	29	14
Frauen					
Weiße	13	16	38	27	7
Schwarze	17	18	33	25	7
Latinos	11	10	35	33	10

Anmerkung: Die einzelnen Prozentzahlen sind gerundet.

Bei Personen zwischen zwanzig und dreißig war die Häufigkeit am größten.

Noch verblüffender ist das Verhältnis zwischen der Häufigkeit des Geschlechtsverkehrs und dem Familienstand. Wie aus Tabelle 8 zu ersehen ist, haben Ehepaare und nicht-eheliche Lebensgemeinschaften am häufigsten Geschlechtsverkehr.

Die Tabelle belegt außerdem, daß die Häufigkeit des Sexualkontakts nur wenig mit Rasse, Konfession oder Bildungsgrad zu tun hat. Im vorhergehenden Kapitel haben wir aufgezeigt, daß Personen mit höherer Bildung im Verlauf ihres Lebens mehr Partner haben, aber, wie diese Tabelle zeigt, bedeutet das nicht, daß sie gleichzeitig mehr Geschlechtsverkehr hatten, zumindest nicht in den vergangenen zwölf Monaten.

Schwarze hatten ebensohäufig Verkehr wie Weiße, nur bei den Latinos lag der Prozentsatz etwas höher. Frauen ohne High-School-Abschluß hatten ebensooft Verkehr wie Personen, die

die High-School abschlossen und ein Studium aufnahmen. Aber deutlich weniger gebildete Männer hatten nur wenig oder gar keinen Geschlechtsverkehr. Protestanten, Katholiken und Konfessionslose hatten ungefähr gleich häufig Verkehr. Bei den farbigen Männern hatte etwa ein Drittel zwei- oder dreimal in der Woche Verkehr, ebenso wie bei den Weißen und Latinos. Rund ein Drittel der weißen und der farbigen Frauen hatte nur ein paarmal im Jahr mit einem Partner Verkehr oder hatte gar keine Sexualkontakte. Ungefähr ein Drittel der katholischen Frauen hatte zweimal oder mehr in der Woche Verkehr, ebenso wie ein Drittel der konfessionslosen und der protestantischen Frauen. Die Daten wiederholen sich mit erstaunlicher Gleichförmigkeit. Amerikaner derselben Altersgruppe und desselben Familienstands sind sich, was die Häufigkeit des Geschlechtsverkehrs betrifft, signifikant ähnlich.

Warum gibt es zwischen diesen Gruppen keine Unterschiede? Die Antwort muß lauten, daß Unterschiede in der sexuellen Aktivität nur in unserer Phantasie existieren. Vorurteile und Neid mögen uns vielleicht zu der Behauptung verleiten, Schwarze und Juden hätten ein ausgeprägteres Sexualleben als strenggläubige Protestanten. Aber diese Behauptung ist falsch, weil nichts dafür spricht, daß diese Gruppen ein gesteigertes sexuelles Verlangen oder häufiger Gelegenheit zum Geschlechtsverkehr haben.

Alter und Familienstand sind offenbar entscheidende Faktoren. Wie der Tabelle zu entnehmen ist, hatten 36 Prozent der Männer zwischen achtzehn und vierundzwanzig Jahren in den vergangenen zwölf Monaten gar keinen oder nur ein paarmal Geschlechtsverkehr. Bei den Frauen dieser Altersgruppe waren es 27 Prozent. Bei den älteren Jahrgängen verhält es sich ähnlich. Ein Drittel der Männer zwischen fünfzig und neunundfünfzig Jahren und mehr als die Hälfte der Frauen dieser Altersgruppe hatten im vorangegangenen Jahr ein paarmal oder gar keinen Sexualkontakt.

Obwohl die jüngsten und die ältesten Jahrgänge am wenigsten Verkehr haben, ist zu vermuten, daß dies unterschiedliche Gründe hat.

Warum zum Beispiel sollte die sexuelle Aktivität ausgerechnet zwischen Mitte und Ende Zwanzig stärker werden? Wir glauben nicht, daß es am Alter liegt oder daß aus irgendwelchen biologischen Gründen das sexuelle Verlangen zunimmt. Wahrscheinlicher ist, daß die meisten aus dieser Altersgruppe entweder verheiratet sind oder mit einem Partner zusammenleben. Junge Leute, die nur selten sexuell aktiv sind, haben in der Regel keine feste sexuelle Beziehung, obwohl die meisten eine mehr oder minder dauerhafte Partnerschaft anstreben. Haben sie erst einmal einen festen Partner, steigt auch ihre sexuelle Aktivität.

Ob Ehe oder nicht-eheliche Lebensgemeinschaft, eine Paarbeziehung fördert eindeutig die sexuelle Aktivität. Auch wenn das Eheleben nicht gerade als sehr erotisch gilt, ist es im Grunde gerade die soziale Institution Ehe, die die höchste Rate sexueller Aktivität unter Heterosexuellen hervorbringt. Der Partner steht praktisch immer zur Verfügung.

Natürlich kommt noch ein weiterer Faktor hinzu. Ehelicher Geschlechtsverkehr gilt vom moralischen Standpunkt aus als legitim, es ist die einzige Form der Sexualität, die allgemein anerkannt wird.

Unseren Erkenntnissen zufolge haben Personen mit mehreren Partnern nicht unbedingt häufiger Geschlechtsverkehr. Verheiratete mit außerehelichen Partnern oder Ledige mit mehreren Partnern im Jahr haben am Ende oft weniger Geschlechtsverkehr als Personen mit nur einem Partner. Die einzige Ausnahme bildeten die 5 Prozent der Männer, die im Jahr fünf oder mehr Partner hatten; sie hatten etwas häufiger Geschlechtsverkehr als Personen mit nur einem Partner. Den häufigsten Geschlechtsverkehr haben Ehepaare, Paare in nicht-ehelichen Lebensgemeinschaften und Personen mit nur einem Partner. Anscheinend gelingt es nur wenigen, mehr als einen Partner und gleichzeitig häufig Geschlechtsverkehr zu haben.

Tabelle 8 zeigt, daß zwischen dem Sexualleben von Ehepaaren und Personen ohne festen Partner ein eindeutiger Unterschied besteht. Rund 40 Prozent der Verheirateten haben zwei- oder mehrmals in der Woche mit ihrem Partner Geschlechtsverkehr; bei den Personen, die mit einem Partner zusammenleben, ist es über die Hälfte, und bei Alleinlebenden weniger als ein Viertel. Etwa die Hälfte aller Ehepaare verkehrt ein paarmal im Monat miteinander; bei den Alleinlebenden ist es nur ein Viertel. Ein Viertel der Alleinlebenden hat nur ein paarmal im Jahr Partnersex; bei den Verheirateten ist dies nur etwa bei einem von zehn Paaren der Fall.

Die Daten über Ehen und nicht-eheliche Lebensgemeinschaften zeigen am deutlichsten, wie stark soziale Institutionen den Partnersex und dessen Häufigkeit beeinflussen. Nach landläufiger Meinung haben Jugendliche, Alleinlebende und Personen mit mehreren Partnern am häufigsten Geschlechtsverkehr. Aber diese Vorstellung basiert auf der Annahme, daß diese Gruppen aufgrund des größeren Interesses an Partnersex mehr Sexualkontakte haben. Unsere Daten beweisen das Gegenteil. Sexuelles Verhalten wird von sozialen Strukturen geregelt, die bestimmen, ob bei Bedarf Partner vorhanden sind.

Eine eher gesellschaftlich bedingte Erklärung stimmt besser mit den Tatsachen überein als sämtliche Mutmaßungen darüber, wer wohl sexuell am aktivsten ist. In den Vereinigten Staaten haben feste Sexualpartner, die einen gemeinsamen Haushalt führen, das Problem der Verfügbarkeit und Gelegenheit dadurch gelöst, daß sie geheiratet haben oder eine nicht-eheliche Lebensgemeinschaft bilden. Bei allen anderen, die entweder auf Partnersuche sind oder deren Partner nicht ständig zur Verfügung stehen oder deren Beziehungen nicht beständig sind, ist ein hohes Maß an heterosexueller Aktivität weniger wahrscheinlich. Sie haben vielleicht mehr Partner, aber dafür weniger Geschlechtsverkehr.

Es braucht viel Zeit und Energie, einen Partner zu finden. Hat man dann einen gefunden, der Sympathie erweckt, ist nicht gesagt, daß man überhaupt mit ihm oder der andere mit einem selbst Sexualkontakte wünscht. Je mehr Versuche man unternimmt, desto schwieriger kann es werden. Selbst für die Jungen, Dynamischen und Schönen ist es recht zeitraubend, mehr als einen Sexualpartner zu haben. Man muß sich mit ihnen treffen, ihre Aufmerksamkeit gewinnen und mit ihnen ausgehen, und wenn man zu mehreren Personen gleichzeitig eine sexuelle Beziehung unterhält, muß man seine Termine so legen, daß die Partner sich nicht zufällig begegnen. Je mehr Partner man hat, desto mehr Zeit kostet es, sie zu umwerben – Zeit, die ein verheiratetes Paar mit ehelichen Wonnen verbringt.

Die Erkenntnis, daß es schwierig sein kann, ohne festen Partner häufig Geschlechtsverkehr zu haben, dürfte Ledige auf Partnersuche eigentlich kaum überraschen. Johanna Farrand, eine einunddreißigjährige alleinlebende Frau aus New York, klagte zum Beispiel über die Angst, ihr Sexualleben könne nicht den gängigen Vorstellungen und Erwartungen genügen. Ihre Geschichte erschien im *Esquire* als Teil eines Artikels, in dem sie als Traum eines jeden Mannes vorgestellt wurde: schön, mit einem guten Job, aber nicht karrieresüchtig, sondern häuslich. Eine Frau, die gerne schneidert. Aber selbst Johanna Farrand war erstaunt darüber, was man von ihr erwartete. »Sex, alles dreht sich nur um Sex. In Anzeigen, im Kino, im Fernsehen. Wer nicht dauernd aufregenden Sex erlebt, glaubt am Ende, nicht ganz normal zu sein.«

Mit dreißig ändert sich das Sexualverhalten. In diesem Alter sind drei Viertel der Amerikaner entweder verheiratet oder leben in nicht-ehelicher Lebensgemeinschaft, so daß immer ein Partner verfügbar ist. Aus der Tabelle ist jedoch zu ersehen, daß sie immer seltener Geschlechtsverkehr haben als Paare zwischen zwanzig und dreißig. Ein Großteil verkehrt nur noch ein paarmal im Monat mit dem Partner, und nur wenige kommen auf mehrmaligen Verkehr in der Woche.

Welche Gründe gibt es für die stetig abnehmende Häufigkeit des Geschlechtsverkehrs, wenn die Partner älter werden? Selbst Ehepaare verkehren im Alter immer seltener miteinander.

Die biologische Erklärung lautet, daß der Geschlechtstrieb im Alter nachläßt. Die Ursache hierfür liegt vermutlich in der Evolution: Je älter die Menschen werden, desto unwahrscheinlicher wird es, daß sie sich fortpflanzen, was biologisch gesehen der Zweck des Geschlechtsverkehrs ist.

Wir sind jedoch der Meinung, daß auch soziale Faktoren eine wichtige Rolle spielen. Wir wollen das biologische Argument zwar nicht außer acht lassen, meinen aber, daß die Folgen des Alterns durch soziale Umstände verstärkt werden.

Wenn Sexualität nur eine Frage der Hormone wäre, hätten unsere Daten wenig Sinn. Im Durchschnitt verändert sich der Hormonspiegel bis zum fünfzigsten Lebensjahr kaum, auch wenn Dreißigjährige bereits seltener Geschlechtsverkehr haben. Aber auch die sozialen Faktoren, die die stete Abnahme der sexuellen Aktivität fördern, sind nicht ganz eindeutig. Auf den ersten Blick scheint es, als begünstige das soziale Umfeld häufigen Geschlechtsverkehr, wenn die Partner älter werden. Die meisten sind verheiratet, und der Partner ist immer verfügbar. Und natürlich wird praktisch jeder durch das Fernsehen, durch Filme, durch Musik und durch Werbung ständig mit erotischen Botschaften berieselt, die angeblich sexuelles Verlangen wecken sollen. Etwas muß also diesen Faktoren entgegenwirken.

Zum Teil liegt es sicherlich an den Sorgen und Nöten des Alltags, an den beruflichen Anforderungen, dem Hin- und Herpendeln zwischen Wohnung und Arbeitsplatz, der Kindererziehung und ganz allgemein der Last, sein Leben in unserer modernen Welt stets im Griff zu haben. Es ist schwer, neben diesen Anforderungen noch Zeit für ein erfülltes Sexualleben zu finden. In dieser Hinsicht haben die Frauenzeitschriften recht. Aber ist aufregender Sex nicht sowieso den jungen und schönen Singles vorbehalten? Diese Welt aus Glamour und Exotik, die pausenlos über Leinwand und Bildschirm flimmert, wirkt auf viele wohl eher einschüchternd als ermutigend für die sexuelle Betätigung mit dem eigenen Partner. Ältere meinen wohl, es sei unschicklich für sie, ihre Zeit mit häufigem und ausgedehntem Geschlechtsverkehr zu verbringen. Sie fühlen sich unattraktiv, wenn sie sich mit den makellosen, jugendlichen Körpern der Darsteller im Film vergleichen.

Neben einer allgemeinen Abnahme der sexuellen Aktivität im Alter ist noch ein anderer Trend zu beobachten. Was die Häufigkeit des Geschlechtsverkehrs betrifft, zeichnet sich bereits ab dem dreißigsten Lebensjahr ein deutlicher Unterschied zwischen Männern und Frauen ab. Während die meisten Männer offenbar bis ins hohe Alter Sexualkontakte haben, führen die Frauen mit zunehmendem Alter überhaupt kein Sexualleben mehr.

Etwa 7 Prozent der Männer zwischen dreißig und fünfundvierzig gaben an, in den letzten zwölf Monaten überhaupt keinen Geschlechtsverkehr gehabt zu haben – derselbe Prozentsatz wie bei den Männern zwischen Mitte und Ende Zwanzig. Bei Männern Ende Vierzig liegt der Prozentsatz etwas höher, und mit zunehmendem Alter steigt er weiter an. Aber die meisten Männer haben praktisch in jedem Alter zumindest gelegentlich Geschlechtsverkehr. Beim Vergleich unserer Daten, die nur Männer bis zum neunundfünfzigsten Lebensjahr berücksichtigen, und der Daten des General Social Survey, stellten wir fest, daß selbst die Mehrheit der Siebzigjährigen noch Sexualkontakte hatte. Lediglich ein Drittel der Männer dieser Altersgruppe gab an, keinen Verkehr mehr zu haben.

Der Unterschied zu den Frauen ist kraß. Ab dem dreißigsten Lebensjahr nimmt die Zahl der Frauen ohne Sexualpartner stetig zu, bis es schließlich mehr Frauen ohne als mit Sexualkontakten gibt. Eine von fünf Frauen zwischen fünfzig und vierundfünfzig Jahren gab an, im vorangegangenen Jahr keinen Geschlechtsverkehr gehabt zu haben. Von den Fünfundfünfzig-

bis Neunundfünfzigjährigen hatten mehr als vier von zehn keinen Sexualpartner. 70 Prozent der Frauen über siebzig hatten laut GSS keinerlei Sexualkontakt mehr, doppelt so viele wie bei den Männern derselben Altersgruppe. Über 90 Prozent der Frauen, die achtzig und älter waren, hatten keinen Geschlechtsverkehr mehr, während es bei den Männern weniger als 60 Prozent waren.

Wie können sich die Aussichten der Frauen auf erfüllte Sexualität mit zunehmendem Alter so verschlechtern? Wir sind nicht der Meinung, daß Frauen in unverhältnismäßig großem Umfang das Interesse an der Sexualität verlieren. Vielmehr ist der mangelnde Sexualkontakt bei älteren alleinstehenden Frauen Ausdruck der Gesetze des Marktes für Sexualpartner (siehe Kapitel 4). Dabei spielt die höhere Sterberate bei Männern und die Bedeutung eine Rolle, die Frauen der Zuneigung und Kontinuität in einer sexuellen Beziehung beimessen. Nicht sexuelles Verlangen, sondern Gelegenheit und Einstellung machen den Unterschied zwischen Männern und Frauen aus.

Die Amerikaner haben also kein geheimes umfangreiches Liebesleben. Die erstaunlich geringe Zahl an Sexualkontakten offenbart, wie sehr das Bild der Sexualität in der Öffentlichkeit das tatsächliche Sexualverhalten verschleiern kann. Wir machen uns vor, wir wüßten genau, wie ein normales Sexualleben auszusehen hat. Unter anderen sozialen Bedingungen kann die Häufigkeit des Geschlechtsverkehrs möglicherweise viel größer oder viel geringer sein, aber in unserer Gesellschaft mit ihren sozialen Zwängen, die unser Sexualleben beherrschen, haben sich die Menschen an diese Frequenz gewöhnt. In Europa sind die Zahlen in etwa dieselben, was vermutlich durch ähnliche Strukturen in bezug auf Ehe und Partnerwahl bedingt ist.

Aber wenden wir uns nun der nächsten Frage zu: Sind die Amerikaner mit ihrem Sexualleben unzufrieden, oder finden sie in ihrer Beziehung Erfüllung und Liebe, auch wenn sie nur ein paarmal im Monat Geschlechtsverkehr haben? Wenn ihnen häufiger Verkehr mit einem Partner wirklich wichtig wäre, müßten sie sich eigentlich über ihr Sexualleben beklagen. Auf unsere Frage, wie sie ihr Sexualleben einschätzen, erwarteten wir nur unzufriedene Äußerungen.

Statt dessen sagten uns viele, daß sie glücklich seien und ihr Sexualleben für durchaus befriedigend hielten. Demnach bedeutet die geringe Häufigkeit des Geschlechtsverkehrs und die Abnahme der sexuellen Aktivität im Alter nicht unbedingt, daß Amerika eine Nation von sexuell frustrierten, verklemmten Erwachsenen ist. Viele erklärten, der sexuelle Kontakt mit ihrem Partner gebe ihnen das Gefühl, begehrt, befriedigt, geliebt und umsorgt zu werden. Das deutet darauf hin, daß viele Paare Vergnügen am Sex haben, auch wenn sie nicht so oft wie vermutet miteinander verkehren. Und obwohl die meisten Frauen angeben, nicht immer zum Orgasmus zu gelangen, scheinen sie doch mit ihrem Sexualleben zufrieden zu sein.

Abbildung 9 veranschaulicht einige unserer Erkenntnisse.

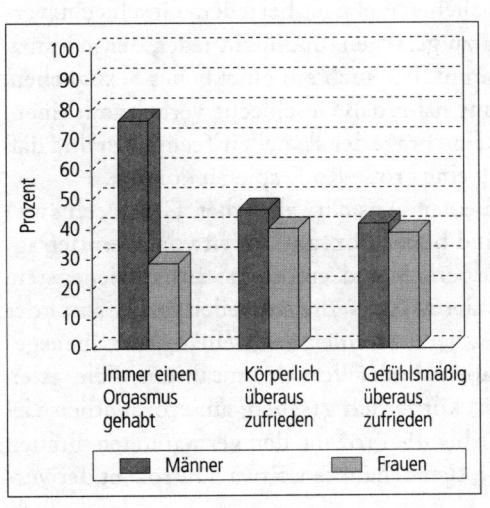

Abbildung 9: Drei Maßstäbe für sexuelle Befriedigung mit dem Hauptsexualpartner.

In Anbetracht der enormen Bedeutung, die in den Medien dem Orgasmus beigemessen wurde – insbesondere der Frage, wie man zum Orgasmus gelangt und wie wichtig er für die körperliche Befriedigung ist –, kamen wir zu unerwarteten Ergebnissen. Trotz der Faszination, die dem Orgasmus anhaftet, und trotz der allgemeinen Auffassung, häufige Orgasmen seien die Voraussetzung für ein glückliches Sexualleben, bestand kein eindeutiger Zusammenhang zwischen dem Orgasmus und einem erfüllten Sexualleben.

Nur 29 Prozent der Frauen erklärten, jedesmal zum Orgasmus zu gelangen, während es bei den Männern 75 Prozent waren, wie der Abbildung zu entnehmen ist. Dafür lag der Prozentsatz der Frauen und Männer, die mit ihrem Sexualleben körperlich und emotional außerordentlich zufrieden waren, bei jeweils 40 Prozent. Wenn häufige Orgasmen eine Voraussetzung für sexuelle Befriedigung wären, hätten wir einen engeren Zusammenhang zwischen Orgasmus und Befriedigung bei Männern und Frauen feststellen müssen. Wir hatten erwartet, daß viel mehr Männer als Frauen mit ihrem Sexualleben zufrieden wären. Offenbar ist aber ein angenehmes Sexualleben mehr, als bei jedem Geschlechtsverkehr zum Orgasmus zu gelangen, und nicht jeder, der jedesmal zum Höhepunkt kommt, hat auch ein glückliches Sexualleben. Das legt die Vermutung nahe, daß Geschlechtsverkehr mit einem Partner mehr als nur eine Frage der sexuellen Technik ist und daß Liebe und Zuneigung eine große Rolle spielen können.

Entgegen der allgemeinen Ansicht, ehelicher Geschlechtsverkehr sei langweilig und bloße Routine, waren von allen Befragten die Ehepaare körperlich und emotional am zufriedensten. Mehr als 50 Prozent der Männer, die entweder verheiratet oder geschieden waren und jetzt in einer nicht-ehelichen Lebensgemeinschaft lebten, gaben an, der Verkehr mit ihrem wichtigsten Partner bereite ihnen, körperlich gesehen, außerordentlich viel Vergnügen. Etwa 40 bis 45 Prozent der verheirateten Frauen konnten Gleiches von sich behaupten. Etwa 50 Prozent der verheirateten oder geschiedenen und jetzt in nicht-ehelicher Gemeinschaft lebenden Männer waren emotional gesehen überaus zufrieden. Bei den verheirateten oder in nicht-ehelicher Lebensgemeinschaft lebenden Frauen waren es 40 Prozent. Am unzufriedensten waren die Männer und Frauen, die weder verheiratet waren noch mit einem Partner zusammenlebten, genau die Gruppe, die angeblich das aufregendste Sexualleben hatte.

Wenn wir die Personen hinzunehmen, die mit ihrem Sexualleben entweder »sehr« oder »außerordentlich« zufrieden waren, steigen die Zahlen sprunghaft an. Die Daten belegen, daß rund 88 Prozent der Ehepaare beim Geschlechtsverkehr großes körperliches Vergnügen empfinden, und etwa 85 Prozent fühlen sich emotional befriedigt. Personen, die sich nur ab und zu trafen und miteinander sexuell verkehrten, waren ebenfalls körperlich und emotional außerordentlich zufrieden, aber wiederum nicht in dem Maße wie Paare, die zusammenlebten.

Die körperliche und emotionale Befriedigung nahm ab, sobald die Befragten mehr als einen Sexualpartner hatten. Etwa 59 Prozent der Verheirateten, die neben dem Ehepartner noch einen zweiten Sexualpartner hatten, gaben an, körperlich befriedigt zu sein, und 55 Prozent erklärten, das Sexualleben mit ihrem wichtigsten Sexualpartner (Ehepartner, Lebensgefährten oder festen Partner) stelle sie emotional zufrieden. Natürlich war es möglich, daß sie sich bei mangelnder körperlicher oder emotionaler Befriedigung einen anderen Hauptsexualpartner suchten, deshalb können wir nicht sagen, was an erster Stelle stand, Unzufriedenheit oder Untreue. Aber wir fanden heraus, daß die meisten ihrem Sexualpartner treu sind und daß sie ihr Sexualleben als außerordentlich befriedigend empfinden.

Am wenigsten zufrieden waren diejenigen, die nicht verheiratet waren, mit keinem Partner zusammenlebten und mindestens zwei Sexualpartner hatten. Nur 54 Prozent von ihnen erklärten, körperlich außerordentlich oder sehr zufrieden zu sein, und nur ein Drittel war emotional außerordentlich oder sehr zufrieden.

Unsere Daten beweisen auch, daß verheiratete oder in nichtehelicher Lebensgemeinschaft lebende Paare, die noch einen zweiten Partner haben, wie zum Beispiel der Ehemann, der regelmäßig seine Geliebte sieht, oder die Freundin, die sich immer noch mit ihrem Verflossenen trifft, mit ihrem Sexualleben weniger zufrieden sind. Und diesen Personen macht der Geschlechtsverkehr mit ihrem wichtigsten Sexualpartner offenbar mehr Spaß als mit ihrem zweiten Partner. Nur von den Verheirateten waren ein paar mehr der Meinung, der Geschlechtsverkehr mit ihrem zweiten Partner sei körperlich reizvoller.

Wir können natürlich auch die Kehrseite der Medaille betrachten und fragen, wie viele Personen sexuelle Probleme haben und wie diese Probleme aussehen. In Abbildung 10 sind einige davon aufgeführt.

Aus Abbildung 10 auf der folgenden Seite wird ersichtlich, daß nur ein kleiner Teil der Amerikaner sexuelle Probleme hat, wobei jedoch Frauen mehr betroffen sind als Männer. Lediglich bei zwei Items – Angst, beim Geschlechtsakt zu versagen, und vorzeitiger Orgasmus – lag der Prozentsatz der Männer höher als der der Frauen. Eine von drei Frauen erklärte, nicht an Sex interessiert zu sein, während bei den Männern nur einer von sechs mangelndes Interesse angab. Jeder fünften Frau, aber nur jedem zehnten Mann machte Sex keinen Spaß. Dafür hatten mehr Männer Angst, beim Geschlechtsakt zu versagen. Jeder sechste Mann hatte mit diesem Problem zu kämpfen, bei den Frauen war es nur jede zehnte. 10 Prozent der Männer waren nicht zu anhaltender Erektion fähig, und fast 20 Prozent der Frauen hatten Probleme bei der Lubrikation.

Da der Orgasmus besonders bei Frauen ein Hauptproblem war, versuchten wir herauszufinden, wer am ehesten zum Orgasmus fähig ist. Tabelle 9 auf den Seiten 164/165 gibt darüber Aufschluß.

Nur 29 Prozent der Frauen, aber 75 Prozent der Männer gelangen beim Geschlechtsverkehr mit ihrem wichtigsten Sexual-

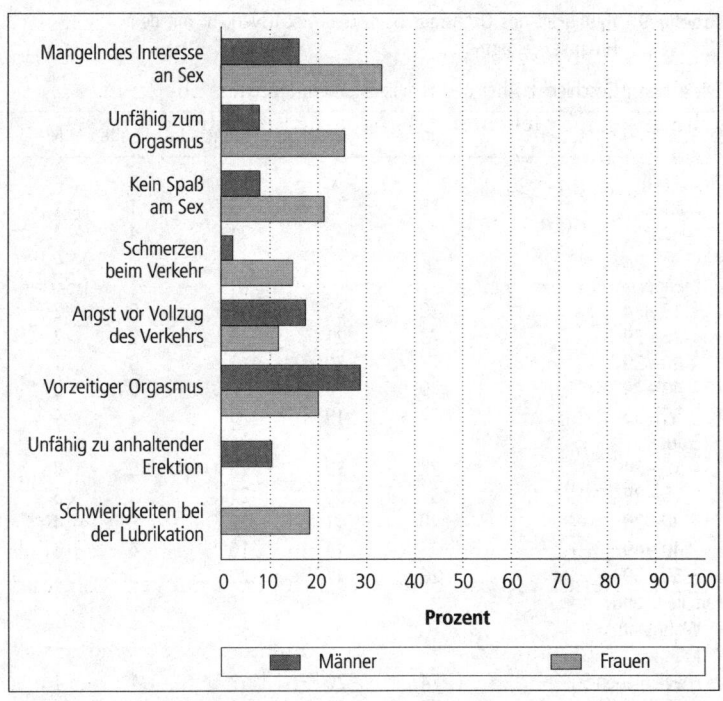

Abbildung 10: Sexuelle Probleme in mindestens einem der letzten zwölf Monate.

partner immer zum Höhepunkt. Demgegenüber haben rund 30 Prozent der Frauen und nur 5 Prozent der Männer »manchmal« oder nur selten einen Orgasmus.

Obwohl das Alter bei der Häufigkeit des Geschlechtsverkehrs eine Rolle spielte, hat es mit dem Orgasmus, wie Tabelle 9 zeigt, kaum etwas zu tun.

Die Tabelle zeigt, daß es im Hinblick auf Bildungsgrad, Konfession, Rasse und ethnische Zugehörigkeit kaum Unterschiede gab. Bei den Frauen mit höherer Bildung gelangten 25 Prozent jedes Mal zum Höhepunkt, bei den High-School-Absolventin-

163

Tabelle 9: Häufigkeit des Orgasmus beim Geschlechtsverkehr mit dem Hauptsexualpartner

Teil A: nach Geschlecht, Alter und Familienstand in Prozent

Soziale Merkmale	Immer	Meistens	Manchmal	Selten	Nie
Geschlecht					
Männer	75	20	3	1	1
Frauen	29	42	21	4	4
Alter					
Männer					
18–24	70	22	6	0	2
25–29	73	21	3	2	2
30–39	77	20	2	0	1
40–49	79	18	2	0	0
50–59	72	19	3	2	4
Frauen					
18–24	22	39	26	5	8
25–29	31	40	21	3	5
30–39	29	41	22	5	4
40–49	34	44	16	4	2
50–59	26	47	20	5	2
Familienstand/ Wohnstatus					
Männer					
alleinlebend	74	20	3	1	1
nicht-eheliche Lebensgemeinschaft	74	21	1	2	1
verheiratet	75	20	3	0	1
Frauen					
alleinlebend	30	32	24	6	8
nicht-eheliche Lebensgemeinschaft	24	44	28	2	2
verheiratet	29	46	18	4	2

Anmerkung: Es wurden nur heterosexuelle Partnerschaften berücksichtigt.

Tabelle 9: Häufigkeit des Orgasmus beim Geschlechtsverkehr mit dem Hauptsexualpartner

Teil B: nach Bildungsgrad, Konfession und Rasse/ethnische Zugehörigkeit in Prozent

Soziale Merkmale	Immer	Meistens	Manchmal	Selten	Nie
Bildungsgrad					
Männer					
weniger als High-School-Abschluß	77	14	6	1	3
High-School-Abschluß oder ähnliches	76	20	3	0	1
Collegeabschluß	73	21	3	1	1
Frauen					
weniger als High-School-Abschluß	30	35	27	6	2
High-School-Abschluß oder ähnliches	35	38	18	5	4
Collegeabschluß	25	45	21	4	5
Konfession					
Männer					
konfessionslos	75	21	1	1	2
normal protestantisch	73	21	4	1	1
strenggläubig protestantisch	75	20	3	1	1
katholisch	79	16	3	1	2
Frauen					
konfessionslos	22	48	22	4	5
normal protestantisch	27	44	20	4	5
strenggläubig protestantisch	32	37	23	5	3
katholisch	26	43	20	6	4
Rasse/ethnische Zugehörigkeit					
Männer					
Weiße	75	21	2	1	1
Schwarze	75	15	7	1	2
Latinos	84	12	2	0	3
Frauen					
Weiße	26	44	21	5	4
Schwarze	38	34	21	4	3
Latinos	34	34	23	5	4

Anmerkung: Es wurden nur heterosexuelle Partnerschaften berücksichtigt.

165

nen waren es 35 Prozent und bei den Frauen ohne High-School-Abschluß 30 Prozent. Konfessionslose Frauen hatten seltener einen Orgasmus als strenggläubige Protestantinnen. Außerdem gelangten lediglich 26 Prozent der weißen Frauen immer zum Orgasmus, während es bei den farbigen Frauen 38 Prozent und bei den weiblichen Latinos 34 Prozent waren. Bei den Männern dagegen erklärten drei von vier, unabhängig von Rasse, ethnischer Zugehörigkeit, Bildungsgrad oder Konfession, jedesmal zum Höhepunkt zu gelangen.

Der Zusammenhang zwischen Religionszugehörigkeit und Orgasmus-Häufigkeit bei Frauen mag überraschen, weil strengreligiöse Frauen oft als sexuell gehemmt dargestellt werden. Vielleicht glauben strenggläubige Protestantinnen ja fest an die Heiligkeit der Ehe und betrachten die Sexualität als Ausdruck der Liebe zu ihrem Ehemann. In dieser Hinsicht decken sich die Angaben mit den übrigen Erkenntnissen über sexuelle Befriedigung.

Entgegen dem gängigen Klischee von den prüden Puritanern gibt es Hinweise dafür, daß diese Vorstellung zumindest im Hinblick auf den Geschlechtsverkehr falsch ist. Marabel Morgan, eine konservative Protestantin, schrieb ein Buch, in dem sie den Beweis antrat, daß sich die christliche Lehre auch mit erfüllter Sexualität verträgt. So forderte sie die Frauen auf, ihrer Ehe mit erotischen Strategien und Tricks neuen Schwung zu geben, die nach Ansicht einiger Kritiker an Pornographie grenzten. Ihr Buch *The Total Woman* wurde ein Bestseller.

Im Hinblick auf den weiblichen Orgasmus war außerdem bemerkenswert, daß die Männer nicht wußten, ob ihre Partnerinnen beim Geschlechtsverkehr zum Höhepunkt gelangt waren oder nicht. Während nur 29 Prozent der Frauen angaben, jedesmal einen Orgasmus gehabt zu haben, behaupteten 44 Prozent der Männer, ihre Partnerinnen wären immer zum Höhepunkt gelangt. Dagegen schätzten Frauen ihre Partner korrekt ein. Im allgemeinen weiß eine Frau, wann ein Mann einen Orgasmus hat, obwohl auch Männer ihn nur vortäuschen können. Da ein Viertel der Männer nicht bei jedem Geschlechtsverkehr einen Orgasmus hat, hätte eine beträchtliche Anzahl von ihnen Gelegenheit, einen Orgasmus vorzutäuschen. Aber danach haben wir bei unserer Studie nicht gefragt.

Es ist kein Wunder, daß für ein befriedigendes Sexualleben nicht nur der Familienstand oder die Verfügbarkeit eines Partners entscheidend sind. Ein erfülltes Sexualleben und Zufriedenheit mit dem Leben überhaupt hängen eng zusammen. Dabei läßt sich nicht sagen, was an erster Stelle kommt – allgemeine Zufriedenheit oder ein erfülltes Sexualleben, aber der Zusammenhang ist eindeutig. Und Zufriedenheit hängt auch damit zusammen, daß man nur einen Partner hat – was nicht überrascht, weil diese Situation von der Gesellschaft anerkannt wird.

Praktisch alle Befragten, die im allgemeinen mit ihrem Leben zufrieden waren, sagten dies auch im Hinblick auf ihr Sexualleben. Und fast alle zufriedenen Menschen hatten nur einen Partner: Die meisten waren verheiratet und ihrem Ehepartner treu. Sie fanden in ihrem Sexualleben körperliche und emotionale Erfüllung, und je häufiger sie Geschlechtsverkehr hatten, desto zufriedener waren sie. 72 Prozent der Befragten, die mindestens einmal in der Woche Verkehr hatten, gaben an, daß ihre Beziehung außerordentlich befriedigend sei, 58 Prozent hielten sie für sehr befriedigend, 48 Prozent nannten sie einigermaßen befriedigend, 35 Prozent wenig befriedigend, und nur 27 Prozent fanden sie nicht befriedigend.

Unzufriedene Personen geben meistens an, nicht an Sex interessiert zu sein, Schwierigkeiten beim Orgasmus zu haben, Sexualkontakt nicht als angenehm zu empfinden, Schmerzen beim Verkehr zu haben und sich vor Versagen beim Geschlechtsakt zu fürchten.

Nur 20 Prozent der Frauen, die im allgemeinen zufrieden waren, erklärten, kein Interesse am Geschlechtsverkehr zu haben, während es bei den Frauen, die die meiste Zeit unzufrieden waren, 75 Prozent waren. Lediglich 3 Prozent der Männer, die im allgemeinen überaus zufrieden waren, hatten beim Geschlechtsverkehr keinen Spaß, gegenüber 35 Prozent bei denen, die im allgemeinen unzufrieden waren.

Daraus ergibt sich ein Bild, das keiner der landläufigen Ansichten entspricht. Verglichen mit unseren Erwartungen, haben Amerikaner relativ wenig Geschlechtsverkehr. Aber viele geben an, sie hätten Spaß dabei, auch wenn sie nicht jedesmal zum Orgasmus gelangen. Ehepaare haben am häufigsten Verkehr und empfinden das meiste Vergnügen dabei. Die jungen Singles, die ständig den Partner wechseln und angeblich das aufregendste Sexualleben haben, sind überwiegend eine Erfindung der Medien. In Wirklichkeit ist die keine Schlagzeilen machende eheliche Partnerschaft diejenige Form des Sexuallebens, in der die Menschen noch am meisten Befriedigung finden.

Alles in allem ergibt dies kein aufregendes Bild von der Sexualität in Amerika, aber wenn wir die sozialen Kräfte betrachten, die zur Ehe drängen, wird dieses Bild verständlich und sollte uns nicht überraschen.

7

Sexuelle Praktiken und Vorlieben

Von allen Fragen, die wir zur Sexualität haben, beansprucht eine besondere Aufmerksamkeit: Was tun Menschen, wenn sie miteinander sexuell verkehren?

Amerikaner überkommt ein gewisses Unbehagen, wenn es um konkrete sexuelle Praktiken geht. Das ist Teil der ambivalenten Haltung, die in der amerikanischen Gesellschaft gegenüber Sexualität herrscht. Die meisten Erwachsenen wissen, wie die einzelnen Phasen eines konventionellen Geschlechtsverkehrs ablaufen: Es beginnt mit Umarmen und Küssen, geht weiter mit Liebkosungen und manueller Stimulation der Genitalien und schließt mit vaginalem Verkehr. Aber diese Beschreibung umfaßt längst nicht alle Handlungen, von denen die Menschen jemals geträumt oder die sie mit Genuß erprobt haben.

Viele sind sich immer noch unsicher, welche Sexualpraktiken angemessen oder legitim sind. Sie haben das Bedürfnis, ihr Verhalten mit dem der anderen zu vergleichen. Ist es normal, von seinem Partner oralen Sex zu verlangen? Wollen auch andere Heterosexuelle Analverkehr? Machen einen Phantasien über Gruppensex zum Außenseiter? Was kann man tatsächlich vom Partner verlangen? Die meisten von uns haben sich sicher schon gefragt, ob das, was einem selbst gefällt, auch anderen gefällt oder ob das, was man selbst will oder gerne einmal ausprobieren würde, abartig oder schon wieder brav und konventionell ist.

Sobald wir einmal von den herkömmlichen Sexualpraktiken abweichen, bewegen wir uns auf unsicherem Terrain, wo wir auf Bestätigung durch andere angewiesen sind.

So ging es auch der Autorin Daphne Merkin. Auf einer Dinner-party hörte sie, wie die Gastgeberin erzählte, daß zwei Personen, die den Gästen bekannt waren, mittlerweile ein »abartiges« Sexualleben führten. »Natürlich verstand ich, im buchstäblichen Sinn, was gemeint war, und ich nahm an, daß auch die anderen Gäste es verstanden«, schrieb Daphne Merkin im *New Yorker*. »Aber dann wanderten meine Gedanken in Bereiche ab, die mir bisher fremd geblieben waren, und ich fühlte mich plötzlich ausgegrenzt. Was, so fragte ich mich, verbanden die anderen Gäste wohl mit dem Ausdruck ›abartig‹? Drängten sich ihnen dieselben Vorstellungen auf wie mir?«

Schließlich kommt die Autorin zu dem Schluß, daß »das einzige, was bei dem Thema Sex immer noch für Verwirrung sorgt, wohl die Tatsache ist, daß es im Grunde keine übereinstimmende Meinung darüber gibt, was erotisches Vergnügen ausmacht«.

In einem Land, in dem so viele widersprüchliche Ansichten über Sexualität zu hören sind, muß sich die Frage: »Bin ich wie die anderen?« einfach aufdrängen. »Ich brauchte keine Informationen über Sex«, schrieb die Publizistin Sallie Tisdale, »sondern über das, was sexuell noch im Rahmen bleibt, über die Grenzen des Normalen. Ich suchte Bestätigung und Zustimmung.«

Eine statistische Erhebung kann keinen Aufschluß darüber geben, was sexuell normal ist, sondern nur feststellen, wie verbreitet bestimmte Praktiken sind. Sie verrät uns nicht, was erotisch ist, sonden nur, welche Praktiken den Befragten Vergnügen bereiten und ob sie sie tatsächlich anwenden. Aber auch solche Informationen können aufschlußreich und, was die Sexualpraktiken angeht, auch erstaunlich sein.

Erstaunlich war zum Beispiel, daß das, was Personen tun – und was sie gern tun würden –, von ihrer Rasse und ihrer sozialen Schicht abhängt. Anders als bei der Partnerwahl, die, wie wir gesehen haben, bei allen Befragten nach gleichen Regeln abläuft, und im Gegensatz zur Häufigkeit des Geschlechtsverkehrs, die vom sozialen Umfeld und von sozialen Unterschieden abhängt, besteht zwischen sexuellen Praktiken und Vorlieben einerseits und dem Einkommen, der Konfession und der Rasse andererseits ein deutlicher Zusammenhang. Es gibt sogar geographische Unterschiede. Personen in verschiedenen Landesteilen bevorzugen häufig unterschiedliche Sexualpraktiken.

Erstaunlich war auch, wie wenige sexuelle Handlungen bei den Befragten Anklang fanden. Ein Gerücht besagt, daß die meisten gerne ein wenig vom Vaginalverkehr wegkommen würden, ganz gleich, ob sie nun verschiedene Sexualpraktiken betreiben oder nicht. Aber wie unsere Daten beweisen, werden die meisten anderen Praktiken von der großen Mehrheit der Amerikaner als nicht besonders reizvoll empfunden. Wir sind kein Volk, das sexuelle Abwechslung sucht. Statt dessen, so scheint es, bleiben wir lieber beim Bewährten.

Wie schon bei anderen Analysen unserer Daten, unterscheiden wir auch bei der Untersuchung der Sexualpraktiken nicht zwischen Homosexuellen und Heterosexuellen, weil die Anzahl der Homosexuellen in unserer Erhebung zu gering war.

Vor der Befragung stellten wir keine Hypothesen auf, was den Probanden wohl sexuell gefallen könnte. Die Amerikaner werden tagtäglich mit Ansichten und Meinungen zu sexuellem Verhalten überschüttet, aber es fehlen zuverlässige Daten in diesem sensiblen Bereich. So geben Bürger prononcierte Meinungen über die Vorzüge oder den moralischen Wert bestimmter Sexualpraktiken ab. Dagegen gibt es kaum zuverlässige Daten darüber, ob die öffentlich geäußerten Ansichten auch durch die Praxis im Privatbereich gedeckt sind oder ob die Betreffenden ganz anders handeln, als sie reden.

So behaupten viele traditionell orientierte Amerikaner, Vaginalverkehr sei in der Ehe die einzige moralisch vertretbare Sexualpraktik. Sie bezeichnen Oral- und Analverkehr als unmoralisch oder widernatürlich und sehen auch in anderen Sexualpraktiken Zeichen für moralischen Verfall. Diese Ansicht wird durch die Tatsache bestärkt, daß die Gesetze über Unzucht in einigen

Bundesstaaten Oral- und Analverkehr auch in der Ehe unter Strafe stellen. Andere argumentieren, eine Vielzahl von sexuellen Praktiken sei wichtig, um einem Partner mit dessen Zustimmung Vergnügen zu bereiten. Es dürfe nicht sein, daß der Staat sich per Gesetz in das private Sexualverhalten von Erwachsenen einmische.

Mit unserer Untersuchung wollten wir präzise Informationen über Sexualpraktiken in der amerikanischen Gesellschaft einholen. Erkenntnisse über sexuelle Handlungen, die Paare besonders schätzen oder die sie ablehnen, sind in mehrfacher Hinsicht aufschlußreich: Sie erhellen, was die Menschen unter sexuellem Vergnügen verstehen, und sie können erklären, wie Mißverständnisse über sexuelles Verhalten zustande kommen. Solche Erkenntnisse ermöglichen auch ein besseres Verständnis für die sexuell übertragenen Krankheiten wie zum Beispiel Aids.

Wir wollten zwei Dinge wissen: Was tun die Befragten tatsächlich mit ihrem Partner? Und was würden sie gerne tun?

Um zu erfahren, was die Betreffenden tun, mußten wir Fragen stellen, die bestimmte Sexualpraktiken und bestimmte Sexualpartner in Zusammenhang brachten. Anstatt die Probanden zu fragen, wie viele Partner sie hatten und welche Sexualpraktiken sie wie oft anwandten, erkundigten wir uns, was sie mit dem jeweiligen Sexualpartner machten. Das heißt, anstatt zu fragen: »Wenn Sie an alle Sexualpartner denken, die Sie im vergangenen Jahr hatten, wie oft hatten Sie im Durchschnitt Oralverkehr? Nie, manchmal, meistens oder immer«, stellten wir die Frage stets in Zusammenhang mit einem bestimmten Partner und im Hinblick auf das vorangegangene Jahr: »Wenn Sie mit Ihrem Partner/Ihrer Partnerin sexuellen Verkehr hatten, wie oft hat er/sie dann oral stimuliert?« Der springende Punkt ist, daß eine Person mit dem einen Partner vielleicht überhaupt keinen und mit dem anderen immer Oralverkehr hatte oder daß der Betreffende oft den Partner oral befriedigte, während er selbst nur selten vom Partner oral stimuliert wurde. Dahinter verbergen sich die sozialen Merkmale einer Beziehung, die im einen Fall zum Oralverkehr führen können und im anderen nicht.

Zu unserer Überraschung stellten wir fest, daß, obwohl die Liste der Sexualpraktiken lang und mannigfaltig ist, nur eine Praktik – der Vaginalverkehr – sich unter allen anderen heraushob. Natürlich ist es die einzige sexuelle Handlung, bei der ein Kind gezeugt werden kann und die allgemein und von allen Konfessionen gebilligt wird. Deshalb spiegelt die Vorliebe für diese Praktik mehr als nur das Vergnügen wider, das Paare dabei empfinden. Die meisten denken bei Sex an Vaginalverkehr. Es ist die sexuelle Handlung, die den Verlust der Jungfernschaft bewirkt, die einzige Handlung, von der Teenager träumen, wenn sie daran denken, »es« zu tun.

In unserer Untersuchung tritt der Vorrang des Vaginalverkehrs deutlich hervor. Keine andere sexuelle Handlung kommt ihm an Bedeutung gleich, obwohl die Daten sich auch auf Homosexuelle beziehen. 95 Prozent der Befragten gaben an, beim letzten Mal Vaginalverkehr gehabt zu haben, 80 Prozent erklärten, im vorangegangenen Jahr mit ihrer Partnerin ausschließlich und weitere 15 Prozent, vorwiegend vaginal verkehrt zu haben.

Aber was ist mit anderen Praktiken? In diesem Zusammenhang stellten wir fest, daß das konkrete Verhalten beim Geschlechtsverkehr stark von sozialen Merkmalen beeinflußt wird. Einige der Daten sind in den Tabellen 10 und 11 aufgeführt.

Die linke Spalte in Tabelle 10 auf den Seiten 174 bis 176 gibt Aufschluß über die durchschnittliche Häufigkeit des Geschlechtsverkehrs pro Monat. Frauen haben im Durchschnitt sechs Mal im Monat Verkehr und Männer sieben Mal. In der zweiten, dritten und vierten Spalte ist der Prozentsatz der Personen angegeben, deren letzter Geschlechtsverkehr entweder nicht länger als eine Viertelstunde oder zwischen einer Viertel- und einer ganzen Stunde oder eine Stunde und länger gedauert hatte. Werfen wir zum Beispiel in Tabelle 10 A einen Blick auf die achte Reihe von oben. Wir stellen fest, daß bei 7 Prozent

Tabelle 10: Häufigkeit und Dauer des Geschlechtsverkehrs

Teil A: nach Geschlecht, Alter und Familienstand in Prozent

Soziale Merkmale	Durchschnittliche Häufigkeit des Geschlechts- verkehrs pro Monat	Dauer des letzten Sexalverkehrs		
		15 Minu- ten oder weniger	15 Minu- ten bis zu einer Stunde	eine Stunde oder länger
Geschlecht				
Männer	7	11	69	20
Frauen	6	15	71	15
Alter				
Männer				
18–24	7	5	65	31
25–29	8	7	67	26
30–39	7	9	69	22
40–49	6	14	73	13
50–59	5	22	73	5
Frauen				
18–24	7	7	70	23
25–29	8	10	71	19
30–39	6	15	72	13
40–49	6	15	72	13
50–59	4	30	63	6
Familienstand/ Wohnstatus				
Männer				
alleinlebend	6	3	60	36
nicht-eheliche Lebens- gemeinschaft	8	10	68	23
verheiratet	7	16	75	9
Frauen				
alleinlebend	5	11	59	30
nicht-eheliche Lebens- gemeinschaft	8	16	71	13
verheiratet	7	16	76	8

Anmerkung: Beide Durchschnittswerte von Häufigkeit und Dauer des Geschlechtsverkehrs beim letzten Mal gelten für alle Befragten, die im vorangegangenen Jahr Partnersex hatten. In der Tabelle sind nur heterosexuelle Beziehungen berücksichtigt. Die einzelnen Prozentzahlen sind gerundet.

Tabelle 10: Häufigkeit und Dauer des Geschlechtsverkehrs

Teil B: nach Bildungsgrad, Konfession und Rasse/ethnische Zugehörigkeit in Prozent

Soziale Merkmale	Durchschnittliche Häufigkeit des Geschlechtsverkehrs pro Monat	Dauer des letzten Sexualverkehrs		
		15 Minuten oder weniger	15 Minuten bis zu einer Stunde	eine Stunde oder länger
Bildungsgrad				
Männer				
weniger als High-School-Abschluß	7	19	61	20
High-School-Abschluß oder ähnliches	7	12	69	19
Collegeabschluß	6	8	72	20
Frauen				
weniger als High-School-Abschluß	6	26	60	14
High-School-Abschluß oder ähnliches	6	17	69	14
Collegeabschluß	6	11	74	15
Konfession				
Männer				
konfessionslos	7	9	65	26
normal protestantisch	6	10	72	18
strenggläubig protestantisch	7	14	67	19
katholisch	7	10	71	19
Frauen				
konfessionslos	6	13	67	20
normal protestantisch	6	14	74	12

Fortsetzung siehe folgende Seite

Tabelle 10: Fortsetzung von Teil B

Soziale Merkmale	Durchschnittliche Häufigkeit des Geschlechtsverkehrs pro Monat	Dauer des letzten Sexualverkehrs		
		15 Minuten oder weniger	15 Minuten bis zu einer Stunde	eine Stunde oder länger
strenggläubig protestantisch	7	17	69	14
katholisch	6	14	71	16
Rasse/ethnische Zugehörigkeit				
Männer				
Weiße	7	10	71	19
Schwarze	6	15	60	25
Latinos	8	13	71	16
Frauen				
Weiße	6	14	72	14
Schwarze	6	18	61	22
Latinos	8	18	66	16

Anmerkung: Beide Durchschnittswerte von Häufigkeit und Dauer des Geschlechtsverkehrs beim letzten Mal gelten für alle Befragten, die im vorangegangenen Jahr Partnersex hatten. In der Tabelle sind nur heterosexuelle Beziehungen berücksichtigt. Die einzelnen Prozentzahlen sind gerundet.

der achtzehn- bis vierundzwanzigjährigen Frauen der letzte Geschlechtsverkehr nicht länger als eine Viertelstunde dauerte; bei 70 Prozent waren es zwischen einer Viertel- und einer ganzen Stunde, und bei 23 Prozent dauerte er eine Stunde und länger. Was die Dauer des Geschlechtsverkehrs angeht, gibt es zwischen den einzelnen sozialen Gruppen deutliche Unterschiede. Ältere Personen, die weniger Geschlechtsverkehr haben als jüngere, gaben an, sich weniger Zeit dafür zu nehmen. Fünfmal mehr verheiratete als alleinstehende Männer nehmen sich beim Geschlechtsverkehr nur höchstens eine Viertelstunde Zeit. Diese Zeitangaben sind wahrscheinlich nicht ganz exakt, sondern geben nur die ungefähre Dauer an. Wir ließen unseren Probanden die Wahl: Dauerte ihr letzter Geschlechtsverkehr nicht länger als eine Viertelstunde, zwischen einer Viertel- und einer halben Stunde, zwischen einer halben und einer ganzen Stunde, zwischen einer und zwei Stunden oder länger als zwei Stunden? Psychologische Tests weisen darauf hin, daß die Zeitdauer oft überschätzt wird, deshalb ist es wahrscheinlich, daß unsere Probanden die Zeit, die sie beim Geschlechtsverkehr verbrachten, zu großzügig bemaßen.[1] Die Schätzungen sind daher eher Indikatoren dafür, wer beim Geschlechtsverkehr mehr oder weniger Zeit verbrachte, als exakte Maßstäbe.

Unsere Ergebnisse, wonach junge Leute und Alleinlebende dem Geschlechtsverkehr mehr Zeit widmen als ältere und Verheiratete, hängen möglicherweise auch von der Art und Weise ab, wie Personen Anfang und Ende ihres sexuellen Zusammenseins festlegen. Ledige rechnen wahrscheinlich die Zeit hinzu, in der sie und ihr Partner noch bekleidet sind und sich umarmen, küssen und liebkosen. 30 Prozent dieser Personengruppe gaben an, ihr letzter Sexualkontakt habe eine Stunde oder länger gedauert. Verheiratete rechnen erst ab dem Zeitpunkt, wo sie und ihr Partner ausgezogen sind und zusammen im Bett liegen. Nur 9 Prozent von ihnen erklärten, ihr letzter Geschlechtsverkehr habe eine Stunde oder länger gedauert. Auch sprechen Gründe dafür, daß Personen, die jahrelang Sexualpartner waren, kein langes Vorspiel brauchen oder wollen.

Aber diese Erklärung reicht für unsere Daten nicht aus. Sie sagt beispielsweise nichts darüber aus, warum ein Viertel der Schwarzen beim letzten Geschlechtsverkehr mindestens eine Stunde mit dem Partner zusammen war, während dies bei den Latinos nur bei einem von sechs der Fall war.

Unserer Ansicht nach verbringen manche Ehepartner nur wenig Zeit miteinander im Bett, weil sie sich oft durch Arbeit und Familie unter Druck gesetzt fühlen. Karen Karbo, eine verheiratete Frau, die für das Magazin *Redbook* Videos mit Anleitungen zur Sexualtherapie rezensierte, schrieb, daß genau das ihr Problem sei. Ein Video habe mit Paaren begonnen, die sich darüber beklagten, daß ihnen keine Zeit mehr für Sex bleibe, und eine Frau habe erklärt: »Manchmal habe ich das Gefühl, wir schlafen nur miteinander, damit wir nachher um so besessener mit unserer Arbeit weitermachen können.« Karen Karbo und ihr Mann hatten im weiteren Verlauf des Videos den Eindruck: »Die Situationen waren wie aus dem Leben gegriffen.«

Tabelle 11 auf den Seiten 180 bis 183 zeigt, welche Sexualpraktiken die Befragten angaben. Es handelt sich um passiven Oralverkehr (die Person wird von ihrem Partner oral stimuliert), aktiven Oralverkehr (die Person stimuliert oral ihren Partner) und Analverkehr (Einführen des Penis in den Anus des Partners).

Die Prozentangaben für Oral- und Analverkehr beziehen sich sowohl auf die Lebenszeit als auch auf die jüngste sexuelle Begegnung. Für Analverkehr geben wir auch die Anteile für die letzten zwölf Monate wieder. So lesen wir in Teil A, zweite Reihe, daß 68 Prozent aller weiblichen Befragten irgendwann in ihrem Leben aktiven Oralverkehr praktiziert haben, 19 Prozent hatten aktiven Oralverkehr bei ihrer jüngsten sexuellen Begegnung, 73 Prozent hatten irgendwann in ihrem Leben passiven Oralverkehr und 20 Prozent hatten passiven Oralverkehr bei ihrer jüngsten sexuellen Begegnung. Schließlich erfahren wir, daß 20 Prozent der Frauen irgendwann in ihrem Leben Analverkehr hatten, 9 Prozent im letzten Jahr und 1 Prozent bei ihrer jüngsten sexuellen Begegnung.

Was in Tabelle 11 auffällt, ist der Zusammenhang von Bildungsgrad und Rasse bei der Vorliebe für Oralverkehr. Diese Praktik erfreut sich vor allem bei jungen gebildeten Weißen großer Beliebtheit. Sie ist weit weniger häufig unter Personen mit geringerer Bildung und unter Schwarzen.

Doppelt soviel Frauen mit College-Bildung waren aktive oder passive Partner beim Oralverkehr, verglichen mit Frauen ohne High-School-Abschluß, und doppelt soviel dieser gebildeten Frauen hatten aktiven oder passiven Oralverkehr bei ihrer jüngsten sexuellen Begegnung.

Ein sehr viel größerer Prozentsatz der Frauen unter fünfzig Jahren hat im Vergleich mit Frauen über fünfzig Jahren irgendwann im Leben aktiven oder passiven Oralverkehr kennengelernt. In der Gruppe der ältesten Befragten war die Wahrscheinlichkeit weniger als halb so groß, daß sie Oralverkehr bei ihrer jüngsten sexuellen Begegnung hatten. Alles deutet darauf hin, daß Oralverkehr in den sechziger Jahren in Mode kam. Schwarze scheinen sehr viel weniger Oralverkehr zu haben als Weiße. Zum Beispiel hatten sich 80 Prozent der weißen Männer oral stimulieren lassen, aber nur 60 Prozent der Schwarzen gaben Gleiches von sich an. 75 Prozent der weißen Frauen hatten einen Partner oral stimuliert, aber nur 34 Prozent der schwarzen Frauen hatten aktiven Oralverkehr praktiziert. Weiße Frauen praktizierten doppelt so oft aktiven Oralverkehr wie schwarze Frauen und hatten ebenfalls fast doppelt so oft passiven Oralverkehr bei ihrer jüngsten sexuellen Begegnung.

Strenggläubige Protestanten neigten weniger zu jeder Art von Oralverkehr, verglichen mit Angehörigen anderer Konfessionen. Das gilt für Männer und Frauen in gleicher Weise.

Warum ist das so? Daß eine sexuelle Praktik in bestimmten Bevölkerungsgruppen beliebt, in anderen aber gemieden wird, ist erstaunlich und scheint kaum glaubhaft. Schließlich weiß so gut wie jeder Erwachsene, daß es Oralverkehr gibt. Könnte folglich nicht jeder es einmal ausprobiert und bei Gefallen in sein Repertoire sexueller Praktiken aufgenommen haben?

Die Antwort liegt vermutlich in der Geschichte des Oralverkehrs. Bereits in den zwanziger Jahren wurde Eheleuten Oralverkehr in Ehebüchern besonders empfohlen. In einem bekannten Ehebuch[2] wurde diese Praktik als »Genitalkuß« bezeichnet. Sie wurde als Möglichkeit gepriesen, dem Partner mit einem körperlichen Zeichen besondere Verbundenheit und Zuneigung zu bekunden. Es war eine herausgehobene Geste, kein Bestandteil der üblichen Liebkosungen beim Geschlechtsverkehr.

Tabelle 11: Anteil der Befragten, die Oral- oder Analverkehr in ihrem bisherigen Leben bzw. bei ihrer letzten sexuellen Begegnung hatten (in Prozent)

Teil A: nach Geschlecht, Alter und Familienstand/Wohnstatus

Soziale Merkmale	aktiver Oralverkehr		passiver Oralverkehr		Analverkehr		
	im bisherigen Leben	bei der letzten Begegnung	im bisherigen Leben	bei der letzten Begegnung	im bisherigen Leben	in den letzten 12 Monaten	bei der jüngsten Begegnung
Geschlecht							
Männer	77	27	79	28	26	10	2
Frauen	68	19	73	20	20	9	1
Alter							
Männer							
18–24	72	28	74	29	16	7	2
25–29	85	32	85	34	22	11	1
30–39	81	30	83	31	31	11	2
40–49	79	27	82	26	33	12	3
50–59	59	13	62	14	16	4	3
Frauen							
18–24	69	19	75	24	16	10	1
25–29	76	24	80	24	20	12	2
30–39	74	20	79	23	24	9	1
40–49	70	19	75	15	24	9	2
50–59	44	9	52	10	12	2	1

180

Familienstand/ Wohnstatus							
Männer							
alleinlebend	71	29	75	33	23	9	3
nicht-eheliche Lebensgemeinschaft	84	30	86	35	29	10	2
verheiratet	80	25	80	23	27	10	2
Frauen							
alleinlebend	62	23	70	26	20	11	1
nicht-eheliche Lebensgemeinschaft	75	19	80	22	20	10	2
verheiratet	71	17	74	17	21	7	1

Anmerkung: 1) Die Prozentangaben für Personen, die im letzten Jahr oder bei der jüngsten sexuellen Begegnung Anal- oder Oralverkehr hatten, schließen nur all diejenigen Befragten ein, die heterosexuellen Partnersex im letzten Jahr praktizierten. Prozentangaben zu Anal- und Oralverkehr im Laufe des Lebens schließen alle Befragten ein. 2) Die Prozentangabe zu Analverkehr im letzten Jahr betrifft die »Haupt- und Nebenpartner« in der sexuellen Beziehung, wie sie für die Erhebung definiert wurden. Diejenigen Befragten, die mehr als zwei Sexualpartner während dieser Periode hatten und Analverkehr mit einem anderen als dem Haupt- oder Nebenpartner praktizierten, sind nicht berücksichtigt.

Tabelle 11: Anteil der Befragten, die Oral- oder Analverkehr in ihrem bisherigen Leben bzw. bei ihrer letzten sexuellen Begegnung hatten (in Prozent)

Teil B: nach Bildungsgrad, Konfession und Rasse/ethnische Zugehörigkeit

Soziale Merkmale	aktiver Oralverkehr im bisherigen Leben	bei der letzten Begegnung	passiver Oralverkehr im bisherigen Leben	bei der letzten Begegnung	Analverkehr im bisherigen Leben	in den letzten 12 Monaten	bei der jüngsten Begegnung
Bildungsgrad							
Männer							
weniger als High-School-Abschluß	59	16	61	16	21	9	1
High-School-Abschluß oder ähnliches	75	30	77	25	23	8	3
Collegeabschluß	81	27	84	31	28	11	2
Frauen							
weniger als High-School-Abschluß	41	10	50	13	13	9	1
High-School-Abschluß oder ähnliches	60	16	67	19	17	7	2
Collegeabschluß	78	22	82	22	24	9	1
Konfession							
Männer							
konfessionslos	79	34	83	35	34	9	1
normal protestantisch	82	27	83	24	22	7	2

strenggläubig protestantisch	67	22	70	24	21	7	2
katholisch	82	27	82	29	28	13	4
Frauen							
konfessionslos	78	29	83	31	36	17	3
normal protestantisch	74	20	77	19	20	8	1
strenggläubig protestantisch	56	13	65	16	17	6	1
katholisch	74	22	77	22	20	10	1
Rasse/ethnische Zugehörigkeit							
Männer							
Weiße	81	28	81	29	26	8	2
Schwarze	51	17	66	18	23	8	3
Latinos	66	25	67	15	38	15	2
Frauen							
Weiße	75	21	78	22	23	8	1
Schwarze	34	10	49	13	10	6	2
Latinos	56	11	62	15	19	3	1

Anmerkung: 1) Die Prozentangaben für Personen, die im letzten Jahr oder bei der jüngsten sexuellen Begegnung Anal- oder Oralverkehr hatten, schließen nur all diejenigen Befragten ein, die heterosexuellen Partnersex im letzten Jahr praktizierten. Prozentangaben zu Anal- und Oralverkehr im Laufe des Lebens schließen alle Befragten ein. 2) Die Prozentangabe zu Analverkehr im letzten Jahr betrifft die »Haupt- und Nebenpartner« in der sexuellen Beziehung, wie sie für die Erhebung definiert wurden. Diejenigen Befragten, die mehr als zwei Sexualpartner während dieser Periode hatten und Analverkehr mit einem anderen als dem Haupt- oder Nebenpartner praktizierten, sind nicht berücksichtigt.

Diese Auffassung, Oralverkehr für besondere Augenblicke in der Entwicklung einer sexuellen Beziehung aufzusparen, änderte sich in den fünfziger Jahren. Die Kinsey-Reporte vermerken Oralverkehr als gängige Praktik; die sexuelle Ratgeberliteratur will wissen, daß sie besonders von Frauen geschätzt wird.

In den siebziger Jahren behaupteten die Sexexperten schließlich, Oralverkehr könne allen sexuellen Partnern empfohlen werden, gleichgültig ob es sich um Ehepaare oder andere feste Partnerbeziehungen handele. Aus der besonderen Geste wurde eine erwartete sexuelle Routine. Heute wird in sexologischen Lehrbüchern Oralverkehr als Stimulationstechnik diskutiert. Der Unterschied zur einst bedeutungsschweren Geste im Intimleben von Ehepaaren könnte größer nicht sein.

Wir können also davon ausgehen, daß die Gruppe der älteren Personen in unserer Erhebung deutlich weniger Erfahrung mit Oralverkehr hatte. Was die Unterschiede zwischen Schwarzen und Weißen und zwischen Gebildeten und weniger Gebildeten betrifft, so liegt die Erklärung in den sozialen Beziehungsgeflechten. Wie wir gesehen haben, sind Amerikaner in solche Beziehungsgeflechte eingebunden, die ihnen als fast ausschließliche Quelle für Sexualpartner dienen. Wenn andere Mitglieder eines solchen Geflechts Oralverkehr ausprobieren, ist es wahrscheinlich, daß auch der Partner oder der Betreffende selbst damit experimentiert. Sobald Mitglieder Oralverkehr praktizieren, ist die Tendenz zur Nachahmung für alle übrigen groß. Umgekehrt, wenn alle anderen Mitglieder des Beziehungsgeflechts diese Praktik meiden, wird der Betreffende wenig Neigung verspüren, es auszuprobieren. Tut er es doch, ist es eher unwahrscheinlich, daß es ihm Vergnügen bereitet.

Oralverkehr soll in den sechziger Jahren in Studentenkreisen Mode geworden sein. College-Studenten, die in Korporationen und anderen Gruppen zusammenlebten, in denen Oralverkehr zum Repertoire der sexuell Versierten gehörte, neigten dazu, es selbst auszuprobieren und Gefallen daran zu finden. Auf diese Weise ist es bis heute unter Akademikern beliebt geblieben.

Andererseits hat es Oralverkehr unter weniger Gebildeten nie zu dieser Beliebtheit gebracht, und unter Schwarzen sowieso nicht. Da weder zwischen den Rassen noch zwischen höher und niedriger Gebildeten nennenswerter sexueller Austausch stattfindet, bleibt Oralverkehr die Vorliebe einer bestimmten Bevölkerungsgruppe.

Sozialwissenschaftler haben das Phänomen des Analverkehrs wenig erforscht. Teils waren sie zu schüchtern, teils hielten sie diese Praktik für marginal. Als dann die Aids-Epidemie ausbrach, fragten sich Forscher, ob diese Annahme richtig war. Das Immunschwächevirus kann ungleich leichter durch Analverkehr als durch Vaginalverkehr übertragen werden, damit aber bekam die Frage, wie verbreitet diese sexuelle Praktik ist, mit einem Mal größte Bedeutung. Sollten viele Heterosexuelle auch Analverkehr haben und über viele Partner verfügen, dann könnte sich das Virus rascher ausbreiten.

Unsere Daten belegen, daß Analverkehr viel üblicher ist als ursprünglich angenommen. Obwohl wir bei den Zahlen in Tabelle 11 nicht zwischen Homosexuellen und Heterosexuellen unterscheiden, ist diese Praktik viel zu verbreitet, als daß sie nur auf die Homosexuellen beschränkt werden könnte. Fast ebenso viele Frauen wie Männer haben nach eigenen Angaben Erfahrungen damit. Rund ein Viertel aller Amerikaner und Amerikanerinnen haben irgendwann in ihrem Leben Analverkehr gehabt, und 10 Prozent hatten Analverkehr im letzten Jahr. Allerdings haben nur 2 Prozent mit ihrem Partner bei der jüngsten sexuellen Begegnung anal verkehrt.

Personen mit höherem Bildungsgrad und solche ohne konfessionelle Bindung haben eher Tendenz, Analverkehr auszuprobieren. Erheblich weniger schwarze als weiße Frauen haben dieser Praktik Interesse entgegengebracht; hispanische Frauen halten sich ungefähr in der Mitte zwischen den beiden eben genannten Rassen.

Zu unserer Überraschung gaben nur sehr wenige Befragte an, Drogen vor dem Geschlechtsverkehr zu nehmen, und nur ein kleiner Prozentsatz trinkt immer oder oft Alkohol vor oder während des Sexualkontakts. Einer gängigen Vorstellung nach können viele nur dann sexuell aktiv werden, wenn sie die Kontrolle über sich verloren haben, also nach Alkoholgenuß oder nach Verabreichung von Drogen wie z.B. Kokain. Aber selbst alleinlebende Männer und Frauen, die einem Klischee zufolge für Alkohol und Drogen besonders anfällig sein sollen, trinken und nehmen Drogen nur selten.

Nur 9 Prozent der Männer und 6 Prozent der Frauen gaben an, immer oder oft vor oder während des Sexualkontakts zu trinken. Von diesen waren es vor allem Männer und Frauen in den Vierzigern, die diese Neigung besaßen.

Rund 30 Prozent der Männer, die vor dem Sexualkontakt tranken, taten dies allein. Je älter sie waren, desto eher handelte es sich um einsame Trinker. Von den Männern zwischen achtzehn und vierundzwanzig Jahren gaben 27 Prozent an, sie würden allein vor dem Sexualkontakt trinken, bei den Männern zwischen fünfzig und vierundfünfzig waren es die Hälfte. Verheiratete Männer neigen weniger dazu, Alkohol und Sex zu verbinden; Männer, die regelmäßig vor dem Geschlechtsverkehr trinken, tun dies typischerweise allein.

Drogenkonsum vor oder während des Sexualkontakts war so selten, daß wir keine Aussagen darüber machen können. Nur jeder hundertste Mann und jede zweihundertste Frau gaben an, im letzten Jahr Drogen vor dem Geschlechtsverkehr mit ihrem Partner genommen zu haben.

Wir wollten aber nicht nur wissen, was die Menschen tatsächlich sexuell miteinander tun. Wer ein vollständiges Bild des Phänomens haben will, muß auch wissen, welche sexuellen Praktiken die Befragten reizvoll fanden. Das sexuelle Repertoire ist umfangreich. Dazu gehören nicht nur Vaginal-, Anal- und Oralverkehr, sondern auch Dinge wie Gruppensex, anale Stimulation durch den Partner, den Partner zu sexuellen Handlungen zwingen bzw. vom Partner zu sexuellen Handlungen gezwungen werden, Gebrauch eines künstlichen Penis oder eines Massagestabs, Sex mit einem Fremden. Ob solche Praktiken tatsächlich angewandt wurden oder ob sie nur einen Reiz auf die Phantasie des Befragten ausübten, blieb dabei dahingestellt. Wir wollten lediglich wissen, ob Personen verschiedener Altersgruppen oder verschiedener Religionen sich in ihren sexuellen Wünschen unterscheiden. Wünschen sich verheiratete Personen anderen Sex als zum Beispiel Singles?

Wir stellten fest, daß das sexuelle Repertoire zwar groß, die Vorlieben der Befragten aber auf eine schmale Auswahl begrenzt waren. Auf die meisten Personen übten nur drei Praktiken einen starken Reiz aus, und selbst von diesen dreien wurden zwei von einem großen Teil abgelehnt.

Tabelle 12 auf den Seiten 188 bis 191 zeigt, daß von allen aufgeführten Sexualpraktiken nur vom Vaginalverkehr ein fast universeller Reiz ausgeht. Fast 80 Prozent der Frauen im Alter von achtzehn bis vierundvierzig Jahren nannten Vaginalverkehr sehr reizvoll und weitere 18 Prozent stuften ihn als einigermaßen reizvoll ein. Von den älteren Frauen bezeichneten ihn etwas weniger als sehr reizvoll und etwas mehr fanden ihn ganz und gar nicht reizvoll. Aber selbst in dieser Altersgruppe der fünfundvierzig bis neunundfünfzigjährigen nannten 19 Prozent Vaginalverkehr einigermaßen reizvoll.

Männer waren sogar noch mehr für Vaginalverkehr eingenommen. Ein noch größerer Anteil – rund 85 Prozent – in beiden Altersgruppen stufte ihn als sehr reizvoll ein. Nur 4 Prozent nannten ihn ganz und gar nicht reizvoll.

Erst mit einigem Abstand folgte die Praktik, dem Partner beim Ausziehen zuzusehen. Jüngere Männer und Frauen fanden

Tabelle 12: Reiz von bestimmten Sexualpraktiken (Angaben in Prozent)

Teil A: Frauen

bestimmte Sexual-Praktiken	18–44 Jahre				45–59 Jahre			
	sehr reizvoll	einigermaßen reizvoll	nicht reizvoll	überhaupt nicht reizvoll	sehr reizvoll	einigermaßen reizvoll	nicht reizvoll	überhaupt nicht reizvoll
Vaginalverkehr	78	18	1	3	74	19	2	6
Partner/in beim Ausziehen zusehen	30	51	11	9	18	49	16	17
oral stimuliert werden	33	35	11	21	16	24	14	45
oral stimulieren	19	38	15	28	11	20	17	52
Gruppensex	1	8	14	78	1	4	9	87
Partner(in) stimuliert Ihren Anus mit der Hand	4	14	18	65	6	12	14	68
Sie stimulieren den Anus Ihres Partners / Ihrer Partnerin mit der Hand	2	11	16	70	4	12	12	73
einen künstlichen Penis oder Massagestab benutzen	3	13	23	61	4	14	17	65

anderen Personen bei sexuellen Handlungen zusehen	2	18	15	66	2	11	13	74
gleichgeschlechtlichen Partnersex	3	3	9	85	2	2	6	90
Verkehr mit einer unbekannten Person	1	9	11	80	1	4	6	89
passiver Analverkehr	1	4	9	87	1	3	8	88
jemanden zu einer sexuellen Handlung zwingen	0	2	7	91	0	0	5	95
zu einer sexuellen Handlung gezwungen werden	0	2	6	92	0	1	5	95

Anmerkung: Die einzelnen Prozentzahlen sind gerundet.

189

Tabelle 12: Reiz von bestimmten Sexualpraktiken (Angaben in Prozent)

Teil B: Männer

bestimmte Sexual-Praktiken	18–44 Jahre				45–59 Jahre			
	sehr reizvoll	einigermaßen reizvoll	nicht reizvoll	überhaupt nicht reizvoll	sehr reizvoll	einigermaßen reizvoll	nicht reizvoll	überhaupt nicht reizvoll
Vaginalverkehr	83	12	1	4	85	10	1	4
Partner/in beim Ausziehen zusehen	50	43	3	4	40	47	7	5
oral stimuliert werden	50	33	5	12	29	32	11	28
oral stimulieren	37	39	9	15	22	33	13	32
Gruppensex	14	32	20	33	10	18	22	50
Partner(in) stimuliert Ihren Anus mit der Hand	6	16	24	54	4	12	23	60
Sie stimulieren den Anus Ihres Partner/Ihrer Partnerin mit der Hand	7	19	22	52	4	16	20	60
aktiver Analverkehr	5	9	13	73	1	7	9	83
einen künstlichen Penis oder Massagestab benutzen	5	18	27	50	3	17	24	57

anderen Personen bei sexuellen Handlungen zusehen	6	34	21	39	4	25	21	50
gleichgeschlechtlichen Partnersex	4	2	5	89	2	1	5	92
Verkehr mit einer unbekannten Person	5	29	25	42	2	23	23	52
passiver Analverkehr	3	8	15	75	2	5	10	84
jemanden zu einer sexuellen Handlung zwingen	0	2	14	84	1	2	12	86
zu einer sexuellen Handlung gezwungen werden	0	3	13	84	0	2	10	89

Anmerkung: Die einzelnen Prozentzahlen sind gerundet.

mehr Gefallen daran als ältere Menschen. Das erstaunt nicht, denn in unserer Gesellschaft wird Sex-Appeal mit einem jugendlichen Körper gleichgesetzt. Außerdem mögen es mehr Männer als Frauen, dem anderen beim Ausziehen zuzusehen. Höchstwahrscheinlich sind kulturelle und soziale Einflüsse die Gründe dafür. In unserer Kultur ist der weibliche Körper das sexuelle Objekt schlechthin. Der Striptease avancierte zum erotischen Ritus, weibliche Nacktheit wirkt auf die meisten Männer wie ein Schlüsselreiz. Dagegen behaupten Frauen immer wieder in Zeitschriftenartikeln und anderswo in der Öffentlichkeit, daß sie nackte Männer unerotisch und nicht sonderlich reizvoll finden.

Molly Haskell gab in einem Artikel in der Zeitschrift *Lear's* der Ansicht vieler Frauen über männliche Nacktheit Ausdruck, als sie schrieb, daß der Anblick nackter Männer auf der Kinoleinwand die meisten Frauen kaltläßt: »In Wirklichkeit sind die meisten Frauen gar nicht erpicht darauf, die männlichen Stars so zu sehen, wie Gott sie schuf. Baldwins Bruder Alec zeigt zuviel von seinem Adamskostüm in *Prelude to a Kiss*, und wenn Richard Gere in *Summersby* mit nacktem Oberkörper drischt und prügelt, ist das genauso erotisch wie sein selbstbewußtes Lächeln.«

Eine ähnliche Ansicht vertritt die Journalistin Holly Brubach, die über die Kataloge von Modehäusern im *New York Times Magazine* schrieb. Ein Katalog zeigte auch Dressmen in knapper Unterwäsche und in lasziven Posen. »Für mich und viele der Frauen aus meinem Bekanntenkreis enthält der Katalog nichts Aufregendes. Beim Durchblättern sieht man hier einen Burschen mit einem Nacken wie ein Stier, dort einen mit sportlichen Beinen, aber was soll's?« Brubach meint, daß Männer offensichtlich ganz anders reagieren, wenn sie Fotos von spärlich bekleideten Frauen sehen. Bei einem Dessous-Katalog sei der Reiz für die männlichen Leser wohlkalkulierbar. Aber auch Frauen hätten Vergnügen daran. »Tatsächlich schauen sich viele

Frauen Fotos von posierenden Frauen gern an, weil diese ihre Phantasie anregen. Nicht daß sie diese Frauen kennenlernen wollten. Vielmehr möchten sie sich mit ihnen identifizieren und eben die Gefühle bei Männern erwecken, die die Frauen auf den Fotos bei Männern angeblich hervorrufen.«

Die einzige weitere Sexualpraktik aus unserem Repertoire, die für eine größere Zahl der Befragten einen Reiz darstellte, war Oralverkehr. Im Gegensatz zum Vergnügen, dem Partner beim Ausziehen zuzusehen, was fast kein Befragter in jedem Fall als anstößig bezeichnete, erweckte Oralverkehr sehr unterschiedliche Reaktionen, die von Begeisterung bis Abscheu reichten. Männer wie Frauen gaben an, eher von passivem als von aktivem Oralverkehr angezogen zu werden. Jüngere mögen es mehr als Ältere, Männer mehr als Frauen. Während ein Drittel der jüngeren Frauen die Vorstellung, passiven Oralverkehr zu erleben, ausgesprochen reizvoll findet und ein weiteres Drittel es immer noch reizvoll nennt, hielt jede fünfte der Frauen zwischen achtzehn und vierundvierzig diese Vorstellung für nicht reizvoll. Die Hälfte der älteren Frauen mochte keine der beiden Spielarten des Oralverkehrs. Die Hälfte der Gruppe der jüngeren Männer gaben an, von der Partnerin oral stimuliert zu werden sei sehr reizvoll. Nur jeder sechste sagte, davon nicht angezogen zu sein.

Alle übrigen Sexualpraktiken aus unserem Repertoire fanden nur bei kleinen Minderheiten der Befragten Interesse und wurden von der großen Mehrheit als nicht reizvoll abgelehnt. Frauen schienen in allen Fällen weniger begeistert als Männer, obwohl auch die meisten Männer kein Vergnügen darin erkennen konnten. Zum Beispiel fanden 10 Prozent der jüngeren Frauen die Vorstellung, Geschlechtsverkehr mit einem Unbekannten zu haben, reizvoll oder sehr reizvoll. Rund ein Drittel der jüngeren Männer hielt es für reizvoll oder sehr reizvoll. Aber acht von zehn Frauen und fast jeder zweite Mann stuften Geschlechtsverkehr mit einer unbekannten Person als »ganz und gar nicht reizvoll« ein.

Ganz unten auf der Skala der Reize rangierte die Vorstellung, jemanden zu einer sexuellen Handlung zu zwingen oder selbst dazu gezwungen zu werden. Über 90 Prozent der Frauen gaben an, keine der beiden Praktiken habe irgendeinen Reiz für sie. Rund 85 Prozent der Männer urteilten in gleicher Weise.

Eine der Fragen, die wir uns bei der Analyse der Daten stellten, war, ob Frauen andere sexuelle Vorlieben haben als Männer. Es mangelt in dieser Hinsicht nicht an Anekdoten, und auch die Flut populärer erotischer Bilder scheint dies nahezulegen. So schrieb die Publizistin Sallie Tisdale in *Harper's Magazine* über eine Erfahrung, die sie in den siebziger Jahren gemacht hatte, als sie, zwanzigjährig und hochschwanger, in einem Sozialamt arbeitete. In ihrer Abteilung wurde ein Seminar über Sexualität veranstaltet. »Wir hatten alle liberale Ansichten über dieses Thema. Es sollte wohl darum gehen, uns zu einem vorurteilslosen Umgang mit Klienten unterschiedlicher sexueller Orientierung zu befähigen. Am ersten Tag bekamen wir als Hausaufgabe, eine Collage über unsere Vorstellungen von Sexualität anzufertigen.« Die Verfasserin machte gewissenhaft ihre Hausaufgabe. Doch als sie am folgenden Tag ihre Collage mit denen ihrer Kollegen und Kolleginnen verglich, wäre sie am liebsten im Boden versunken. »Alle hatten romantische Bilder mit Kerzenschein oder Sonnenuntergang ausgewählt. Ich war bei weitem die Jüngste, schwanger bis unter die Nase und hatte als einzige eine wilde Version gewagt mit maskierten Männern und Frauen, entblößten Oberkörpern, viel nackter Haut, Hitze und dunklen Schatten.« Die Verfasserin merkte, daß sie gegen eine Konvention verstoßen hatte, als sie explizit erotische Bilder zu ihrer Collage verarbeitete. »Ich erinnere mich noch, wie ich mit einem tiefen Gefühl der Scham kämpfte.«

Sallie Tisdales Bilder wichen von der herrschenden Norm ab, die festlegt, was sie über Sexualität zu denken habe, genauer gesagt, was Frauen über Sexualität zu denken haben. In zahlreichen Studien ist in den letzten Jahren herausgearbeitet worden, welche beträchtlichen Unterschiede zwischen den sexuellen Phantasien von Männern und Frauen bestehen.

Fast alle Frauen berichten von Phantasien, die in zarten, romantischen Dunst getaucht sind und kruden Sex vermeiden. Jeder Schriftsteller von Liebesromanen weiß das und schreibt von verlorener und wiedergefundener Liebe, von tragischen Konflikten und ihrer Auflösung. Die meisten Liebesromane bringen sexuelle Szenen nur gedämpft und stilisiert.

Die meisten Männer, aber wiederum nicht alle, heften ihr Interesse an Körperteile und sexuelle Handlungen – eben die üblichen Requisiten der Pornographie. Nicht, daß Männer keinen Sinn für Romantik hätten, aber, so sagen sie oft, Romantik sei ein Mittel, das sie dem Ziel näherbringe, und dieses Ziel sei in ihren Augen der Geschlechtsakt. Frauen sagen dagegen, was sie vor allem bei sexuellen Dingen errege, sei der romantische Beginn. Männer und Frauen mögen sich den gleichen sexuellen Aktivitäten hingeben, aber die Bedeutung, die sie den einzelnen Elementen verleihen, ist nicht immer dieselbe.

Wir haben keine Veranlassung, in diesen Unterschieden eine genetische Ursache zu vermuten. Vielmehr spricht auch hier vieles für eine kulturelle Prägung. Jungen und Mädchen wird erzählt, was einen echten Mann, was eine attraktive Frau ausmache, Männer und Frauen werden unablässig mit den gesellschaftlich akzeptierten Bildern von männlichem bzw. weiblichem Sex-Appeal berieselt. Ob wir diese Bilder nun mögen oder nicht, sie halten sich und sind ein Teil unserer Kultur.

Das traditionelle Bild, das sich Frauen von der Sexualität machen, ist für Daphne Merkin Grund dafür, daß gewisse Bücher Frauen sofort ansprechen: »Tatsächlich mögen viele von uns paradoxerweise die vorwegnehmende Phantasie lieber als den eigentlichen Akt. Oder wir wünschen uns im Gegenteil, daß die Erinnerung an den Liebesakt möglichst lange anhält, und hängen uns dazu begierig an physische Zeichen wie Düfte und zerwühlte Bettwäsche. Eine ganze erotische Literatur der weiblichen Sehnsucht in all ihren Wonnen und Leiden ist aus dieser weiblichen Vorliebe entstanden. Diese Bücher sind von Frauen für Frauen geschrieben – und für Männer, die auf das Innenleben der Frauen neugierig sind.«

Nun unterliegt es keinem Zweifel, daß die öffentliche Seite der Sexualität, wie sie in Büchern und Filmen Ausdruck findet, zunehmend jene Formen sexueller Aktivität in den Vordergrund rückt, die nach unseren Erkenntnissen vor allem Männer ansprechen. Die Zensur wird lockerer und antiromantische, krude Sexszenen ohne Weichzeichner machen sich auf der Leinwand breit. Da solche Filme mit Blick auf einen Erfolg an den Kinokassen produziert werden, stellt sich die Frage: Finden Frauen kruden Sex wirklich so abstoßend, wie sie immer sagen? Zwei Antworten sind denkbar: Entweder haben sich viele Frauen dazu entschieden, solche Sexszenen doch zu mögen, oder sie können ihnen etwas abgewinnen, sofern sie richtig »verpackt« sind.

Schauen wir uns hierzu die unterschiedliche Bewertung bei Männern und Frauen an, wie sie an den Extremen der Skala der Reize erscheinen.

Wie viele Personen fanden eine Sexualpraktik »sehr reizvoll« oder lediglich »reizvoll«. Obwohl die meisten Frauen außer Vaginalverkehr keine andere Praktik »sehr reizvoll« fanden, näherten sich ihre sexuellen Vorlieben denen der Männer an, wenn wir fragten, was sie lediglich als »reizvoll« betrachteten. Frauen, die zwar nicht der Ausübung, aber der Vorstellung einer Praktik wie Oralverkehr oder Gruppensex einen Reiz abgewinnen können, scheinen nicht geneigt zu sein, die Antwort »sehr reizvoll« zu geben. Es ist auch möglich, daß sich Männer durch die Gesellschaft ermuntert fühlen, sich gerade von solchen Praktiken ansprechen zu lassen, während Frauen für solche Gefühle keine gesellschaftliche Rückendeckung erhalten.

Andererseits kann man auch so verfahren, daß man feststellt, wie viele Frauen, verglichen mit Männern, verschiedene Praktiken »ganz und gar nicht reizvoll« fanden. Frauen bekunden sehr viel eher Abscheu für sexuelle Praktiken, den Vaginalverkehr ausgenommen. Zum Beispiel gaben mehr als drei Viertel der Frauen im Alter von achtzehn bis vierundvierzig Jahren an, die Vorstellung von Gruppensex sei ihnen ganz und gar nicht reizvoll. Dagegen stufte nur ein Drittel der Männer der gleichen Altersgruppe diese Praktik unten auf der Skala ein. Fast 80 Prozent der Frauen dieser Altersgruppe fanden Sex mit einem Unbekannten ganz und gar nicht reizvoll. Aber nur die Hälfte der Männer zwischen achtzehn und vierundvierzig fühlte sich von dieser Vorstellung abgestoßen. Da Männer in unserer Gesellschaft gern als sexuelle Abenteurer hingestellt werden, können unsere männlichen Probanden möglicherweise ebenso gehemmt sein, geradeheraus zu sagen, daß eine Sexualpraktik überhaupt keinen Reiz für sie hat, wie unsere weiblichen Probanden gehemmt sind, eine ungewöhnliche Sexualpraktik als für sie »sehr reizvoll« zu bezeichnen.

Mit diesen möglichen Erklärungen wollen wir jedoch nicht die Aufrichtigkeit unserer Probanden in Zweifel ziehen. Wenn wir nach Tatsachen fragten, z.B. »Wie viele Sexualpartner haben Sie?« »Was taten Sie mit Ihrem Partner bei Ihrer jüngsten sexuellen Begegnung?«, sind die Antworten eindeutig und verläßlich. Wenn wir dagegen nach einer Meinung oder Einstellung fragen, z.B. »Finden Sie Oralverkehr sehr reizvoll, einigermaßen reizvoll, nicht sehr reizvoll oder ganz und gar nicht reizvoll?«, ist der Bedeutungsspielraum der Antwort größer, da gesellschaftliche Konventionen mitschwingen, die die Erwartbarkeit bestimmter Werturteile bei Männern und Frauen regeln. Das aber kann den Angaben leicht eine Tendenz in die eine oder andere Richtung geben.

Doch schon die Unterschiede in den Vorlieben, wie sie Männer und Frauen in unserer Befragung angaben, bergen hinreichend Konfliktstoff. Was geschieht, wenn er auf Oralverkehr besteht und sie einen Abscheu davor hat? Wenn sie sich Analverkehr wünscht und er mit Entsetzen reagiert? Oder wenn er zusehen will, wie sie sich auszieht, und sie spürt, daß sie dadurch zum Sexobjekt gemacht wird?

In den meisten sexuellen Partnerbeziehungen können solche Konflikte nicht so leicht gelöst werden, denn oft tauchen sie zu einem späten Zeitpunkt auf. Fast alle Befragten gaben an, ihren gegenwärtigen Sexualpartner mindestens seit einem Monat gekannt zu haben, ehe es zum Geschlechtsverkehr kam. Doch in dieser Zeitspanne, in der das Paar gefühlsmäßig und sozial immer enger zusammenwächst, findet fast keiner heraus, welche Vorlieben der künftige Partner im Bett entwickeln wird. Die Menschen mögen zwar an bestimmte Sexualpraktiken denken, aber sie reden nicht darüber. Solange sich die Partner streicheln und küssen, herrscht eitel Sonnenschein. Doch sobald es um bestimmte Sexualpraktiken geht, Vaginal-, Oral- und Analverkehr, und darum, was den Partner erregt und ihn zum Orgasmus bringt und was nicht, tauchen Probleme auf. Dann geht die Diskussion los.

Wenn Probleme auftreten, hoffen die Partner anfangs noch, alles werde besser werden oder doch kontrollierbarer. Wird es dann nicht besser, sind sie einander bereits so verpflichtet, daß keiner glaubt, zurücktreten zu können. Keiner mag dann noch sagen: »Wenn es beim Sex nicht klappt, heirate ich dich nicht.«

Das Unvermögen, über Sexualität zu sprechen, ehe man sexuell mit dem Partner verkehrt, hat Folgen, die weit über die Enttäuschung über den lang ersehnten Höhepunkt des Liebeswerbens hinausgehen. Zum einen wagen wir nicht, unseren Partner zu fragen, was er am liebsten beim Sexualakt tun möchte, zum anderen bringen wir es nicht über uns, den anderen nach seiner sexuellen Vergangenheit zu fragen. Deswegen ist es für viele so heikel, Verhütungsmittel und Kondome zu benutzen, und deswegen bleibt die Vorsorge gegen Aids und sexuell übertragbare Krankheiten alles in allem unsicher. Die meisten Menschen möchten eine neue sexuelle Beziehung ohne die Gespenster der Vergangenheit beginnen. Leider können solche Gespenster im

Gewand von stillen Infektionen mit Bakterien oder Viren daherkommen, die Geschlechtskrankheiten oder Aids verursachen. Und es können psychische Lasten sein, Vorlieben oder Verhaltensmuster, die mit einem früheren Partner eingespielt wurden und die sich nun als Belastung für die neue Beziehung erweisen. Die von uns analysierten Angaben zu Sexualpraktiken belegen die Erfahrung, wie schwer es ist, einen Partner zu finden, der die gleichen sexuellen Vorlieben hat. Wer nur Vaginalverkehr oder nur Oralverkehr wünscht, wird kaum so leicht einen Partner treffen, der genau dieselben Vorlieben teilt. Eventuell wird der Betreffende doch ans Ziel seiner Wünsche kommen, wenn er einen willigen Partner findet. Dafür aber muß er gewiß etwas im Gegenzug bieten.

Bei der Diskussion um die Erfüllung sexueller Vorlieben haben Frauen und Männer nicht immer die gleiche Position. Das kann eine Erklärung dafür sein, warum drei Viertel der Frauen im Alter von achtzehn bis vierundvierzig Jahren angaben, sie hätten einen Mann oral stimuliert, obwohl weniger als ein Fünftel der Frauen dieser Altersgruppe aktiven Oralverkehr als »sehr reizvoll« bezeichnete. Beruht eine Partnerbeziehung auf Ungleichheit, wenn zum Beispiel der Mann einen sozial höheren Rang einnimmt oder wenn die Frau einen höheren Bildungsgrad besitzt, dürfen wir davon ausgehen, daß der Partner mit mehr Einfluß oder höherem Ansehen eher zur Erfüllung seiner Wünsche kommt.

Andererseits können Menschen auch dem anderen bei bestimmten Praktiken zu Willen sein im Tausch gegen die Erfüllung eigener Vorlieben oder als Beweis für ihre Liebe. Ein Drittel der Frauen im Alter von achtzehn bis vierundvierzig Jahren fanden aktiven Oralverkehr »einigermaßen reizvoll«. Nimmt man den Anteil der Frauen hinzu, die diese Praktik »sehr reizvoll« fanden, bedeutet das, daß die Hälfte der Frauen dieser Altersgruppe immerhin keinen Abscheu davor hatte. Manche Frauen mögen vielleicht ihren Partner oral stimulieren, damit im Gegenzug der Partner sie in gleicher Weise stimuliert.

Zum Thema Oralverkehr schrieb Vanessa Feltz im Magazin *Redbook* einen Artikel mit der launigen Überschrift »Eine Orgasmus-Etikette«: »Bei dieser Praktik können auch ganz unverklemmte Menschen dazu neigen, einen Trennungsstrich zu ziehen. Man mag es abstreiten, aber Oralverkehr ist problembehaftet. Offen gesagt, ich bin nicht erpicht darauf, meinen Partner oral zu stimulieren. Mir schmerzen danach immer die Kiefer. Aber ich habe es gern, wenn man mich oral stimuliert, deshalb halte ich mich an das Motto ›wie ich dir, so du mir.‹«

Viele Menschen passen sich in ihrem Verhalten an oder gehen Kompromisse ein, und die meisten sind, das zeigt unsere Untersuchung, am Ende in physischer und emotionaler Hinsicht mit ihrem Sexualleben zufrieden. Unsere Ergebnisse zum Thema sexuelle Praktiken und Vorlieben lassen aber erkennen, warum ein Mann eine vage Unzufriedenheit spüren kann, wenn er die Glamour-Erotik von Romanen und Filmen mit seinem eher faden Eheleben vergleicht. Sie geben auch eine Erklärung dafür, warum Menschen aus ganz unterschiedlichen Milieus über der schönsten Sache der Welt in Streit geraten.

Ein weiterer Ursprung für unterschiedliches Sexualverhalten ist die regionale Herkunft, wenn also Partner an ganz verschiedenen Orten aufgewachsen sind. Um ein Beispiel zu geben: Bekanntlich haben Leute aus den Südstaaten bei politischen und sozialen Themen konservativere Ansichten als die New Yorker oder die Bewohner von Massachusetts, ebenso haben Menschen aus verschiedenen Landesteilen auch verschiedene sexuelle Praktiken und Vorlieben. Wir gehen auf diesen Aspekt in Kapitel 13 näher ein.

Aber Partnersex ist nur eine Form von Sexualität. Daneben gibt es die Spielarten autoerotischer Betätigung. Im nächsten Kapitel widmen wir uns diesen Praktiken und fragen uns, was Menschen dazu bringt, Masturbation und Pornographie zu einem Teil ihrer Sexualität zu machen.

8

Masturbation und Erotika

Sex mit einem Partner ist gewissermaßen die öffentliche Seite der Sexualität. Eine Partnerbeziehung muß sich mit Außenstehenden auseinandersetzen, sie muß gesellschaftlichen Erwartungen genügen oder in bestimmten Fällen sich in konflikthafter Weise überhaupt erst gegenüber den anderen zu erkennen geben. Was jemand dabei tut, hat, wie in allen Bereichen gesellschaftlichen Handelns, Folgen. Es gibt jedoch noch eine heimliche Seite der Sexualität, die von der öffentlichen Welt teilweise unabhängig ist: Es ist die Welt der sexuellen Phantasien, der Pornographie und erotischen Hilfsmittel und der Selbstbefriedigung.

In diesem heimlichen Bereich spielen andere Menschen eine geringere Rolle; statt dessen rückt die eigene Lust ins Zentrum. Hier muß man sich nicht mit anderen auseinandersetzen oder sich Gedanken darüber machen, ob der Partner zufrieden ist. Hier gibt es so gut wie keine sozialen Zwänge, obwohl die gesellschaftlich bereitgestellten erotischen Muster sogar auf die Welt der Phantasie übergreifen können. Um über Julia Roberts und Richard Gere phantasieren zu können, müssen die beiden auf der Leinwand und in der Wirklichkeit auch existieren. Und es besteht immer die Angst, daß die individuelle heimliche Welt exponiert werden könnte, wie beispielsweise Jungen fürchten, daß ihre Mutter sie beim Masturbieren erwischt.

Wir beschäftigen uns aus zwei Gründen mit dieser Sphäre. Erstens ist sie ein wichtiger Bereich sexuellen Verhaltens. Aus bisherigen Untersuchungen geht hervor, daß Masturbation unter

Jugendlichen sehr verbreitet ist und daß viele auch als Erwachsene weiterhin masturbieren. Wir wollten die Häufigkeit der Masturbation dokumentieren, um festzustellen, ob diese Aussage richtig ist.

Ein zweiter Grund, nach der heimlichen Seite der Sexualität zu fragen, war der Wunsch, das sexuelle Verhalten der Amerikaner umfassend zu untersuchen. Dient die heimliche autoerotische Betätigung als Ergänzung zum Partnersex, ist sie ein Ersatz während der Abwesenheit des Partners? Ist sie unabhängig vom Partnersex, oder wurde sie erst durch diesen hervorgerufen? Wir hatten den Eindruck, daß diese Fragen noch nicht beantwortet waren.

Wie wir feststellten, sind die landläufigen Annahmen tatsächlich falsch. Die Personen, die sich gedanklich am meisten mit Sex beschäftigen und am ehesten zu Erotika greifen, haben nicht wenig Partnersex, sondern vergleichsweise viel. Am häufigsten masturbierten also die Menschen, von denen man gemeinhin das Gegenteil annimmt. Wir glauben zu wissen, warum.

Wir fragten zunächst danach, wie oft die jeweilige Person an Sex dachte. Die Befragten konnten darauf natürlich keine genaue Antwort geben, aber sie konnten sich zumindest auf einer Skala von selten bis oft einordnen.

Tabelle 13: Antworten auf die Frage: »Wie oft denken Sie an Sex?« (Angaben in Prozent)

	»täglich« oder »mehrmals täglich«	»einige Male im Monat« oder »einige Male in der Woche«	»weniger als einmal im Monat« oder »nie«
Männer	54	43	4
Frauen	19	67	14

Anmerkung: Die einzelnen Prozentzahlen sind gerundet.

Wie oft jemand an Sex denkt, hängt laut Tabelle 13 entscheidend vom Geschlecht ab.

Männer denken nach eigenen Angaben oft an Sex – über die Hälfte der männlichen Befragten sagte, sie hätten täglich oder sogar mehrmals am Tag erotische Gedanken, und nur 4 Prozent antworteten, sie würden weniger als einmal pro Monat daran denken. Frauen dagegen gaben überwiegend an, einige Male pro Woche oder Monat an Sex zu denken.

Tabelle 14: Prozent der Befragten, die in den vergangenen 12 Monaten autoerotische Artikel gekauft haben

Artikel	Männer	Frauen
Sexfilme oder Videos	23	11
Besuch eines Striptease-Clubs	22	4
Pornozeitschriften oder -bücher	16	4
Massagestab oder künstlicher Penis (Dildo)	2	2
andere sexuelle Hilfsmittel	1	2
Telefonsex	1	–
eines der oben genannten Dinge	41	16

Anmerkung: Die Prozentzahlen wurden für jede Zeile einzeln ermittelt.

Ähnlich zeigt Tabelle 14, daß der Prozentsatz der Männer, die Sexfilme ansehen, einen Oben-ohne-Club besuchen oder Pornomagazine lesen, um ein Vielfaches über dem der Frauen liegt. Nur ein geringer Prozentsatz beider Geschlechter gab an, einen Vibrator oder ein anderes sexuelles Spielzeug zu benutzen, und solche Dinge können natürlich auch zusammen mit einem Partner benutzt worden sein. Die unterste Spalte der Tabelle macht noch einmal deutlich, daß Männer laut eigener Angabe deutlich mehr Gebrauch von Erotika machen: 41 Prozent der Männer, aber nur 16 Prozent der Frauen sagten, sie hätten in den vergangenen zwölf Monaten eines oder mehrere der sechs aufgeführten autoerotischen Hilfsmittel benutzt.

Wer sind diese Männer und Frauen, die über Sex phantasieren

und sich Erotika beschaffen? Der landläufigen Meinung nach handelt es sich um Menschen, die selten Partnersex und nur wenige Partner haben und sexuell unerfahren sind. Wir dagegen stellten fest, daß die betreffenden Personen allem Anschein nach besonders viel Partnersex und ein besonders ausgeprägtes Interesse für die Vielfalt sexuellen Erlebens haben. Man könnte geradezu sagen, daß es sich um die am stärksten am Sex interessierten und sexuell aktivsten Personen handelt, nicht um sexuelle Einzelgänger, wie man sie sich gemeinhin vorstellt. Sie fühlen sich von den verschiedensten sexuellen Praktiken angezogen, betreiben häufiger oralen Geschlechtsverkehr als andere und haben öfter eine große Anzahl von Sexualpartnern. Autoerotische Erlebnisse gehen unserer Feststellung nach parallel mit anderen sexuellen Aktivitäten.

Wir haben auch nach Masturbation gefragt. Diese gängige sexuelle Praxis ist nach wie vor besonders problembehaftet und am schlechtesten untersucht. Man spricht über Masturbation anders als über Orgasmus oder Oralverkehr, und auch die Ratgeberliteratur zum Thema Sexualität zeigt sich hier meist sehr zurückhaltend. So bleibt Masturbation eine wenig diskutierte, schattenhafte Praxis.

Allerdings haben wir festgestellt, daß viele oder sogar die meisten Menschen masturbieren. Unsere Daten in Abbildung 11 auf der folgenden Seite zeigen, daß von den Amerikanern im Alter von achtzehn bis neunundfünfzig Jahren laut eigener Angabe 60 Prozent der Männer und 40 Prozent der Frauen im vergangenen Jahr masturbiert haben. Etwa einer von vier Männern und eine von zehn Frauen gaben an, mindestens einmal pro Woche zu masturbieren. Dabei handelt es sich nicht um Jugendliche, sondern um Erwachsene, die meistens feste Sexualpartner haben.

Daß so viele Erwachsene masturbieren, erstaunt doch angesichts der weitverbreiteten Ansicht, Masturbation sei eine Ersatzbefriedigung. Wenn Masturbation ein Ersatz für Partnersex ist, durch den sexuelle Bedürfnisse befriedigt werden, dann dürften

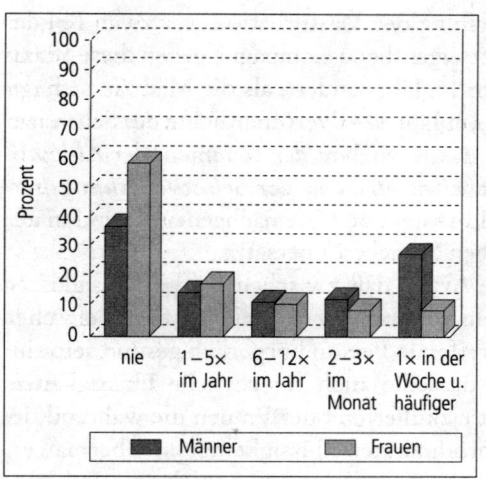

Chart axis label: Prozent

Categories: nie | 1–5× im Jahr | 6–12× im Jahr | 2–3× im Monat | 1× in der Woche u. häufiger

Legend: Männer | Frauen

Personen mit festem Partner nur sehr selten oder überhaupt nicht masturbieren. Doch diese Annahme stellt sich als falsch heraus, und wir sehen sogar, daß das genaue Gegenteil der Fall ist. Die Personen, die gemäß der Theorie von der Ersatzbefriedigung eigentlich am häufigsten masturbieren müßten, masturbieren in Wirklichkeit am seltensten, und die, die nur sehr selten masturbieren müßten, am häufigsten. Für die Masturbation gilt demnach dasselbe wie für die Anwendung von Erotika und für häufige sexuelle Phantasien – sie ist weniger Ersatzbefriedigung als Bestandteil eines sexuell aktiven Lebens.

Doch wenn Masturbation so häufig ist, warum sprechen viele Menschen dann so ungern darüber? Ein Grund ist wohl, daß der Begriff durch die Tradition negativ belastet ist. Masturbation wird vom Judentum und Christentum verurteilt; obwohl es bei der biblischen Sünde des Onan, der seinen Samen absichtlich auf den Boden vergießt, wahrscheinlich nicht nur um Masturbation geht, ist im Verlauf der Jahrhunderte beides miteinander verschmolzen.

Die biblische Verurteilung der Masturbation war zwar Teil des christlichen Erbes, die eigentliche Kampagne gegen diese Praxis begann jedoch erst im 18. Jahrhundert, als die Medizin sich der Sexualität zuwandte. Im Jahr 1741 veröffentlichte der Schweizer Arzt S. A. D. Tissot das Buch *Von der Onanie, oder Abhandlung über die Krankheiten, die von der Selbstbefleckung herrühren*. Es wurde bald Dutzende Male nachgedruckt und in alle wichtigen europäischen Sprachen übersetzt.

Damals glaubten die Ärzte, daß zwischen Körperflüssigkeiten wie Blut und Galle ein vollkommenes Gleichgewicht herrschen müsse, wenn die betreffende Person körperlich gesund sein solle. Laut Tissot galt dasselbe auch für sexuelle Flüssigkeiten: Wenn Männer zu oft ejakulierten oder Frauen die während der sexuellen Erregung produzierten Flüssigkeiten im Übermaß erzeugten, würden ihre Körper dieser lebenswichtigen Substanzen beraubt und deshalb krank. Tissot glaubte, daß Menschen mit Tuberkulose oder anderen den Körper schwächenden oder zerstörenden Krankheiten in Wirklichkeit an den Folgen der Masturbation litten. Er warnte auch vor »Krankheiten der Nerven«, von denen wir heute viele als Neurosen bezeichnen würden; sie seien durch übergroße sexuelle Erregung, insbesondere aber durch Masturbation verursacht. Die »convulsivischen« Begleiterscheinungen des Orgasmus könnten das Nervensystem schädigen, und besonders Frauen seien hierfür anfällig.

Mit Tissots Theorien begannen anderthalb Jahrhunderte voll düsterer Warnungen vor den Folgen der Masturbation. Gegen Ende des 18. Jahrhunderts etwa schrieb Benjamin Rush, einer der Unterzeichner der Unabhängigkeitserklärung, Masturbation könne zu Schwächung des Augenlichts, Epilepsie, Gedächtnisverlust und Lungentuberkulose führen. Frauen, die masturbierten, seien »schwach und hinfällig angesichts der Belastung durch physische und moralische Übel, welche dieses einsame Laster Körper und Geist auferlegt«.[1]

Viktorianische Ärzte schilderten das traurige Schicksal, das

Menschen erwartete, die masturbierten. Ein Mediziner, William Acton, beschrieb einen Knaben mit »blasser, fahler« Hautfarbe und einem mit Akne überzogenen Gesicht: »Der Knabe meidet die Gesellschaft anderer; er hält sich abseits und nimmt an den Spielen seiner Schulkameraden nur widerwillig teil. Er kann niemandem ins Gesicht sehen und vernachlässigt Kleidung und Reinlichkeit des Körpers. Sein Geist wird träge und schwach.« In einem nächsten Schritt machten sich Ärzte und selbsternannte Spezialisten Gedanken darüber, wie man Jugendliche am Masturbieren hindern oder »vor sich selbst schützen« könnte, wie sie es nannten. Ihre Ratschläge wurden von vielen Amerikanern begierig aufgegriffen, die um die Mitte des 19. Jahrhunderts von der Vorstellung besessen waren, Masturbation sei sündhaft und gefährlich und müsse ausgemerzt werden.

Eine Antwort auf die vermuteten Gefahren der Masturbation war die Überlegung, daß bestimmte Nahrungsmittel den Drang zu masturbieren beseitigen könnten. J. H. Kellogg hielt Cornflakes für das Heilmittel. Sylvester Graham, nach dem das Grahambrot benannt ist, wartete mit einer kompletten Diät auf. Männer sollten Getreide essen und Fleisch meiden. Sie sollten sich viel körperlich betätigen und auf harten Holzbetten schlafen. Kellogg und Graham wurden zu gefragten Ratgebern in Sachen Sex und verfaßten Bestseller über die fatalen Folgen der Masturbation.

In seinem 1834 erschienenen Buch *A Lecture to a Young Man* (dt. *Eine Vorlesung für junge Männer über Keuschheit*) schrieb Graham, Masturbation schwäche den Knaben, bis aus ihm »ein vollendeter entwürdigter Idiot wird, dessen tief gesunkenes glanzloses Auge, dessen schwarzgelbes gerunzeltes Gesicht, dessen geschwürige zahnlose Kinnladen und stinkender Athem, dessen schwache gebrochene Stimme, dessen ausgemergelter, dünner und gekrümmter Körper, dessen fast haarloses Haupt – vielleicht mit eiternden Blattern und laufenden Geschwüren bedeckt – ein frühzeitiges Alter, einen verdorbenen Körper und eine ruinirte Seele bezeichnet!« Kellogg widmete in seinem 1888 erschienenen Bestseller *Plain Facts for Old and Young Embracing the Natural History and Hygiene of Organic Life* demselben Phänomen eine ähnlich abschreckende Beschreibung. Es gebe neununddreißig Anzeichen der Masturbation, die Eltern alarmieren müßten, schrieb er, darunter hängende Schultern, Rundrücken, Blässe, Akne, Herzklopfen und Epilepsie. Masturbierende Jugendliche seien zuweilen auch schüchtern, frech, scheinheilig oder verwirrt. Als weitere mögliche Anzeichen nannte er Tabakkonsum, Nägelbeißen oder Bettnässen.

Um der Masturbation Einhalt zu gebieten, schlug Kellogg vor, die Eltern sollten die Genitalien des Kindes bandagieren oder sie mit einer Art Käfig umgeben oder dem Kind die Hände festbinden. Eine andere Abhilfe sei die Beschneidung »ohne die Verabreichung eines Betäubungsmittels, da der kurze, die Operation begleitende Schmerz sich heilsam auf den Geist auswirkt, zumal wenn die Vorstellung einer Bestrafung damit einhergeht«. Älteren Jungen sollte die Vorhaut mit einer Naht über der Eichel verschlossen werden, um eine Erektion zu verhindern. Den Eltern von Mädchen empfahl Kellogg, die Klitoris mit reiner Karbolsäure zu behandeln.

Findige Unternehmer entwickelten Vorrichtungen, die die Masturbation verhinderten, und einige ließen sich diese Erfindungen sogar patentieren. Darunter waren ein Genitalienkäfig, der Penis und Hoden des Knaben mit Hilfe von Federn fixierte, und eine Vorrichtung, die im Fall einer Erektion eine Alarmglocke auslöste.

Wir wissen nicht, wie viele Eltern diese furchterregenden Apparaturen ausprobierten und mit welchem Erfolg sie damit verhinderten, daß ihre Kinder masturbierten. Unbestreitbar ist jedoch, daß dadurch ein Klima der Angst und des Schreckens geschaffen wurde, das sich noch in den Berichten junger Männer widerspiegelte, die für die in den dreißiger und vierziger Jahren durchgeführten Untersuchungen Kinseys gesammelt wurden.

Die sexuellen Reformer des 20. Jahrhunderts, Sigmund Freud und Henry Havelock Ellis, zogen zwar entschieden gegen solche extremen Maßnahmen zu Felde, sie glaubten aber immer noch, Masturbation könne sexuelle Funktionsstörungen wie Impotenz, vorzeitige Ejakulation und eine generelle Abneigung gegen den Geschlechtsverkehr hervorrufen. In der Medizin erkannte man allmählich, daß Masturbation keine körperlichen Krankheiten verursacht, doch vertraten Ärzte, Psychiater, Psychologen und andere Ratgeber weiterhin die Ansicht, sie führe zu Geistesstörungen.

In unserer heutigen Einstellung zur Masturbation ist dieses Erbe immer noch spürbar. Auf der einen Seite stehen Mitglieder verschiedener religiöser Gruppierungen, welche die Masturbation weiterhin mit den alten Worten und Gründen verurteilen. Sie beeinflussen andere Menschen, die glauben, Masturbation sei irgendwie schlecht für sie oder ihre Kinder, und Menschen, für die es ein Zeichen der Willensstärke und des Triumphes über einen bedrohlich starken Trieb bedeutet, nicht zu masturbieren. Auf der anderen Seite stehen die, für die Masturbation weder Verbrechen noch Laster ist. Aber selbst in den Augen sehr liberaler Menschen ist Masturbation nur etwas für Jugendliche oder Menschen ohne Partner. Unter Erwachsenen haftet ihr der Makel sexuellen Versagens an; sie wird von denen ausgeübt, die nicht kontaktfreudig oder attraktiv genug sind, einen Partner zu finden.

Aufgrund dieses Erbes und dieser Einschätzung wird selten über Masturbation geredet. Erwachsene, die sich dazu geäußert haben, sagen, sie hätten als Jugendliche so wenig darüber gewußt, daß sie Masturbieren nicht einmal mit dem Geschlechtsverkehr in Zusammenhang gebracht hätten. Felicia, eine wohlhabende New Yorker Geschäftsfrau, sagt über ihre Zeit als Teenager: »Ich wußte, daß es diese angenehme Sache gab, die man allein im Badezimmer tut, also die Masturbation, aber ich habe sie nie mit Geschlechtsverkehr im Bett mit einem Mann in Zusammenhang gebracht.«

Andere machen darüber Witze. Der Komiker Jerry Seinfeld nennt Männer, die das Verlangen zu masturbieren unterdrücken, »Tyrannen der Privatsphäre«. Zugleich behauptet er, daß sowieso alle Männer masturbieren: »Wir *müssen* das tun. Es gehört für uns zum Leben wie das Rasieren.«

Masturbation ist nur selten Thema öffentlicher Diskussionen, und wenn von ihr die Rede ist, reagieren viele Menschen mit nervösem Gekicher oder Entsetzen und Abscheu. Zwei berüchtigte Onanisten, der fiktive Charakter Alexander Portnoy und der Schauspieler Pee-wee Herman, verdeutlichen, was viele Amerikaner von Masturbation halten.

Portnoy ist der Protagonist des Romans *Portnoys Beschwerden* von Philip Roth. Er beschreibt sich als eingefleischten und zwanghaften Onanisten. In seiner Darstellung erscheint der unwiderstehliche Trieb, dem der unersättliche Alexander Portnoy in den ungelegensten Momenten erliegt, als geradezu komisch. Doch während viele Leser lachten, waren andere durch Portnoys Geschichten voller ungezügelter und anrüchiger Lust irritiert.

James Atlas von der Redaktion des *New York Times Magazine* stellte fest, daß zwar Hunderttausende von Amerikanern das Buch lasen, die Nation aber zugleich schockiert und entrüstet war. »Fünfundzwanzig Jahre später vergißt man leicht, welches Erstaunen, welche Ungläubigkeit, welches Entsetzen ›das Buch‹ – wie in ihren Gefühlen verletzte Leser *Portnoys Beschwerden* vorsichtig nannten – hervorrief.«

Die Geschichte von Pee-wee Herman ist weniger lustig. Herman war ein erfolgreicher Komiker in Fernsehen und Film, den besonders die Kinder mochten. 1991 wurde er im Alter von neununddreißig Jahren wegen Masturbierens in einem Sexkino verhaftet. Während des Prozesses stellte sich heraus, daß die drei Polizisten, die Herman verhaftet hatten, regelmäßig Sexkinos kontrollierten und nach Leuten suchten, die »ihre Geschlechtsorgane in der Öffentlichkeit zur Schau stellten«.

Der anschließende Skandal kostete Pee-wee Herman seine Fernsehsendung und wahrscheinlich seine Karriere. Er wurde zur Zahlung einer Strafe verurteilt und mußte auf eigene Kosten einen Anti-Drogen-Film drehen. Warum, könnte man fragen, wurde er nicht in einer zu seinem Vergehen passenderen Weise bestraft – mit einem Film gegen öffentliche Masturbation?

Angesichts dieses Klimas der Ignoranz, Angst und öffentlichen Verurteilung wäre eigentlich zu erwarten, daß Masturbation selten ist, vor allem bei sexuell aktiven Menschen. Warum schließlich sollte jemand masturbieren, der viel Partnersex hat, wenn Masturbation nur eine Ersatzbefriedigung ist? Und wenn man bedenkt, wie heftig diese Praxis verurteilt wird, müßten eigentlich auch Menschen ohne Partner davor zurückschrecken. Doch wie unsere Daten zeigen, sind diese Annahmen falsch.

Zunächst einmal ist Masturbation nicht selten. Zwar masturbieren Männer häufiger als Frauen, aber Masturbation ist, wie Abbildung 12 zeigt, bei beiden Geschlechtern verbreitet.

Noch mehr überrascht freilich der Zusammenhang zwischen Masturbation und Alter, der aus Abbildung 12 auf der folgenden Seite hervorgeht.

Wenn wir uns die verschiedenen Altersgruppen ansehen, stellen wir fest, daß die jüngste Gruppe unserer Studie insgesamt weniger masturbiert als die anderen Gruppen, von der Gruppe der über Fünfzigjährigen abgesehen. Bisherige Studien haben festgestellt, daß die meisten heranwachsenden Knaben masturbieren. Portnoy ist zwar eine Karikatur, repräsentiert aber doch einen wahren Sachverhalt. Relativ viele junge Erwachsene dagegen masturbieren laut unserer Studie nicht. Nur sechs von zehn Männern zwischen achtzehn und vierundzwanzig gaben an, im vergangenen Jahr masturbiert zu haben. Bei den Männern über vierundfünfzig waren es weniger als die Hälfte. Dagegen masturbierten sieben von zehn Männern, die Mitte bis Ende Zwanzig waren.

Bei den Frauen ist, wie Abbildung 12 zeigt, das Verhältnis ähn-

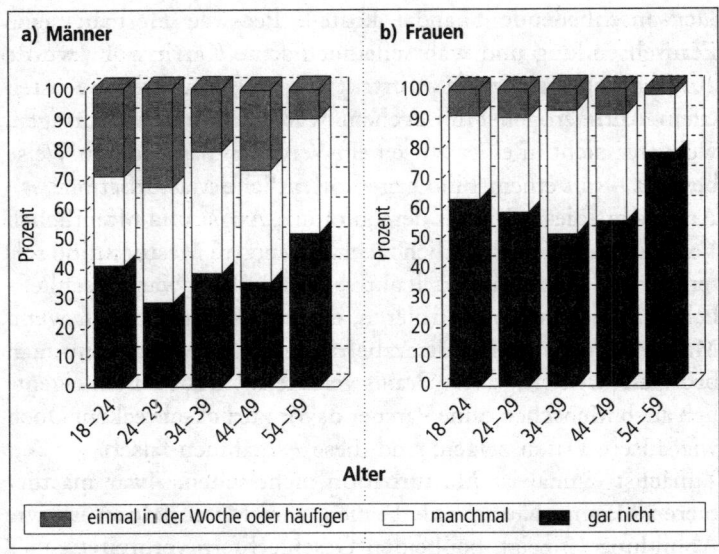

a) Männer

b) Frauen

Alter

einmal in der Woche oder häufiger   manchmal   gar nicht

Abbildung 12: Häufigkeit der Masturbation nach Alter und Geschlecht

lich. In der Altersgruppe achtzehn bis vierundzwanzig Jahre masturbierten weniger als vier von zehn, in der Altersgruppe über vierundfünfzig Jahre weniger als drei von zehn. Dagegen masturbierte fast die Hälfte der dreißigjährigen Frauen.

Warum ist das so?

Wir vermuten, daß es für die Masturbation bei Männern und Frauen und bei jüngeren und älteren Menschen jeweils verschiedene Erklärungen gibt.

Die geringere Häufigkeit bei Männern zwischen achtzehn und vierundzwanzig geht wahrscheinlich darauf zurück, daß Masturbation für sie etwas ist, das Kinder tun, etwas, aus dem sie herausgewachsen sind. Junge Männer beginnen Beziehungen mit Frauen, ob nun mit Geschlechtsverkehr oder ohne, und distanzieren sich von der Masturbation. Sie masturbieren weniger, auch wenn sie keine andere sexuelle Befriedigung haben. Die Häufigkeit der Masturbation hängt demnach mehr von sozialen Faktoren ab, von ihrer Diskreditierung als eine Verhaltensweise kleiner Jungen, als von dem Wunsch nach Erfüllung sexueller Bedürfnisse.

Bei Frauen verläuft die Entwicklung anders. Unsere Studie zeigt, daß sie später zu masturbieren beginnen als Männer und daß Masturbation bei ihnen weniger stark mit dem Jugendalter verbunden ist. Viele Frauen beginnen wahrscheinlich erst zu masturbieren, nachdem sie Geschlechtsverkehr gehabt haben.

Die geringere Häufigkeit der Masturbation bei über Fünfzigjährigen basiert unserer Meinung nach auf ganz anderen sozialen Zusammenhängen. Ältere Menschen haben in der Regel weniger Partnersex. Das kann auf biologischen Ursachen wie dem Rückgang der Sexualhormone beruhen, daneben spielen freilich soziale Faktoren eine wichtige Rolle. Viele ältere Menschen, vor allem Frauen, haben keinen Partner mehr, andere reagieren auf gesellschaftliche Konventionen, denen zufolge sich Sex in ihrem Alter nicht mehr schickt. Unsere Gesellschaft sagt älteren Menschen, sie seien körperlich nicht mehr attraktiv und Arbeit und Familie sollten ihnen wichtiger sein als sexuelles Vergnügen. Daß weniger ältere Menschen masturbieren, ist unserer Meinung nach Teil eines allgemeinen Rückgangs sexuellen Verhaltens im Alter. Masturbation ist auch bei ihnen keine Kompensation für mangelnden Partnersex, wie die Theorie von der Ersatzbefriedigung glauben machen will.

Und die mittleren Altersgruppen? Sie sind in den USA sexuell am aktivsten; sie haben am häufigsten feste Partner und betätigen sich sexuell am vielfältigsten. Sie masturbieren auch am häufigsten: Fast 85 Prozent der Männer und 45 Prozent der Frauen mit einem festen Sexualpartner gaben an, im vergangenen Jahr masturbiert zu haben. Verheiratete Personen masturbierten deutlich mehr als alleinstehende.

Wir stellten sogar fest, daß dieselben Gruppen, die am häufigsten oralen Geschlechtsverkehr haben – weiße, liberale Bildungsbürger –, auch am häufigsten masturbieren. Doppelt so viele Schwarze wie Weiße sowie über die Hälfte der Männer und über drei Viertel der Frauen ohne High-School-Abschluß haben im vergangenen Jahr nicht masturbiert. In dem Personenkreis mit höherem Bildungsgrad dagegen haben nur einer von fünf Männern und sechs von zehn Frauen nicht masturbiert.

Wir schließen daraus, daß Masturbation kein Ersatz für die Menschen ist, die keine andere sexuelle Befriedigung finden, sondern eine Tätigkeit, die anregt und durch andere sexuelle Praktiken angeregt wird. Wir wissen nicht, ob vor allem an Tagen masturbiert wird, an denen der Partner nicht da ist, oder an Tagen, an denen er da ist, aber wir wissen, daß Menschen, die mehr Partnersex haben, auch häufiger masturbieren. Dies ist die soziologische Erklärung für unseren Befund: Sexuell aktive Menschen denken mehr an Sex und masturbieren häufiger. Diese Erklärung fügt sich in unsere allgemeine These ein, daß soziale Faktoren unser Sexualleben beeinflussen.

Wir haben nicht nur untersucht, ob masturbiert wurde, sondern auch, wie oft. Wir konnten jedoch keine offenkundige Beziehung zwischen der Häufigkeit der Masturbation und der Häufigkeit des Partnersex feststellen. Häufiger Partnersex legt nahe, daß die betreffende Person im vergangenen Jahr sehr wahrscheinlich auch masturbiert hat, aber wir können daraus nicht schließen, daß dies relativ häufig der Fall war.

Personen, die angaben, sie hätten masturbiert, antworteten auf unsere Frage nach dem Grund meist, sie hätten sexuelle Bedürfnisse befriedigen wollen. Fast zwei Drittel aller masturbierenden Frauen und über sieben von zehn masturbierenden Männern nannten diesen Grund. Ungefähr ein Drittel der Männer und Frauen sagten außerdem, sie hätten masturbiert, weil kein Sexualpartner verfügbar gewesen sei, und ein Drittel der Frauen und ungefähr ein Viertel der Männer sagten, sie hätten sich damit entspannt. (Die Befragten gaben mehr als eine Antwort, deshalb ergeben die prozentualen Anteile ingesamt mehr als 100 Prozent.) Nur 5 Prozent der Frauen und 7 Prozent der Männer sagten, sie hätten aus Angst vor Aids oder anderen sexuell übertragbaren Krankheiten masturbiert.

Wir glauben, daß hinter der in den Antworten genannten »Befriedigung sexueller Bedürfnisse« in Wirklichkeit soziale Faktoren stehen: Das empfundene sexuelle Verlangen war Ergebnis einer sexuell stimulierenden Umgebung. Da die Befragten wahrscheinlich den in unserer Kultur verankerten Glauben teilen, der Sexualtrieb sei von sozialen Einflüssen unabhängig, meinen sie, ihr sexuelles Verlangen entspringe ihren inneren Bedürfnissen.

Wenn wir in diesem Fall die Antworten der von uns befragten Personen in Zweifel ziehen, heißt das nicht, daß wir auch Antworten auf objektivere Fragen anzweifeln, Fragen wie »Wie viele Sexualpartner haben Sie gehabt?« oder »Wie oft haben Sie masturbiert?« Aber diesmal fragen wir nicht, was jemand getan hat, sondern warum, und Antworten auf solche Fragen sind wahrscheinlich weniger objektiv als andere.

Wer masturbierte, hatte häufig auch Schuldgefühle – ein Beweis, daß die Verurteilung der Masturbation durch die Gesellschaft auch die beeinflußt, die masturbieren. Ungefähr die Hälfte der Männer und Frauen, die masturbierten, bekannten sich zu Schuldgefühlen.

Tabelle 15 auf der folgenden Seite zeigt, aufgegliedert nach dem Kriterium ›Schuldgefühle‹ oder ›keine Schuldgefühle‹, die Häufigkeit der Masturbation bei Männern und Frauen, die angaben, in den vergangenen zwölf Monaten masturbiert zu haben. Bei Männern mit Schuldgefühlen und Männern ohne Schuldgefühle ist die Verteilung sehr ähnlich. Die Schuldgefühle hatten offensichtlich keinen Einfluß auf das Verhalten. Natürlich hätten Männer mit Schuldgefühlen ohne sie vielleicht öfter masturbiert, aber ein Zusammenhang zwischen Häufigkeit der

Tabelle 15: Häufigkeit der Masturbation und Schuldgefühle (Angaben in Prozent)

Schuldgefühle	Häufigkeit der Masturbation			
	ein- bis fünfmal im Jahr	sechs- bis zwölfmal im Jahr	zwei- oder dreimal im Monat	einmal pro Woche oder häufiger
Männer				
Schuldgefühle*	25	16	18	41
keine Schuldgefühle	18	18	22	43
Frauen				
Schuldgefühle	47	24	14	14
keine Schuldgefühle	32	25	22	21

* Anmerkung: Unter »Schuldgefühle« sind die Befragten zusammengefaßt, die im vergangenen Jahr mindestens e nmal masturbiert haben und angaben, dabei »immer«, »gewöhnlich«, »manchmal« oder »selten« Schuldgefühle zu haben. Die Prozentzahlen sind gerundet.

Masturbation und Schuldgefühlen geht aus unseren Daten nicht hervor. Bei den Frauen dagegen läßt die Tabelle die Tendenz erkennen, daß Frauen mit Schuldgefühlen weniger masturbierten. Da wir Personen, die nicht masturbierten, nicht gefragt haben, ob sie Schuldgefühle hätten, wenn sie masturbieren würden, können wir auch nicht feststellen, ob bei diesem Unterschied Schuldgefühle eine Rolle spielen.

Wir haben auch gefragt, ob Personen, die masturbieren, allgemein an vielfältigeren sexuellen Betätigungen interessiert sind, und stellen fest, daß dies der Fall ist. So besteht etwa eine enge Verbindung zwischen dem Interesse für verschiedene sexuelle Handlungen und Masturbation. Zu solchen sexuellen Handlungen gehören etwa vaginaler, oraler und analer Geschlechtsverkehr, das Sich-Ausziehen eines Partners vor den Augen des anderen, Gruppensex und die Stimulierung des Anus des Partners. Personen, die selten oder nie masturbierten, fanden im Schnitt 1,2 der Praktiken auf unserer Liste interessant. Personen, die häufig masturbierten, interessierten sich im Schnitt für 2,9 der Praktiken, für mehr als das Doppelte.

Solche Daten erklären, warum Weiße mit College-Bildung, die

mit einem Partner zusammenleben, am häufigsten masturbieren. Sie gehören einer Gruppe an, in der gern mit Sex experimentiert wird und die sich trotz möglicher religiöser Interessen durch religiöse Vorschriften weniger gebunden fühlt.

Dagegen sind junge Frauen, die nicht masturbieren, sexuell weniger erfahren; viele sind noch Jungfrauen, und sie experimentieren nicht aktiv mit sexuellen Techniken. Ältere Menschen, die allgemein weniger sexuell aktiv sind, masturbieren ebenfalls seltener.

Schwarze gehören einer konservativen sozialen Gruppe mit konventionellem Sexualverhalten an, deshalb masturbieren auch sie weniger häufig.

Obwohl selten offen über Masturbation gesprochen wird und ihr immer noch ein Stigma anhaftet, stellen wir fest, daß sie stark durch soziale Einstellungen beeinflußt wird und deshalb eher ein Spiegel religiöser Überzeugungen und der sozialen Schicht der betreffenden Person ist als eine heimliche Ersatzbefriedigung.

9

Homosexuelle Beziehungen

Es ist noch nicht lange her, da sagten viele Amerikaner bei Umfragen, sie würden keine homosexuellen Männer oder Frauen kennen und wüßten nichts über Homosexualität.

Das war vor den großen Demonstrationen der Homosexuellen-Bewegung in den siebziger und dem Ausbruch der Aids-Epidemie in den achtziger Jahren. Die Homosexuellen sind heute ein unübersehbarer Teil der amerikanischen Gesellschaft. Viele Amerikaner, die früher nie einen homosexuellen Mann oder eine homosexuelle Frau bemerkt hatten, sehen sie heute an allen möglichen Orten: im Fernsehen, auf den Titelseiten der Illustrierten, in Zeitungen und vielleicht sogar in der Nachbarschaft oder am Arbeitsplatz. Homosexuelle stehen landesweit im Mittelpunkt der Aufmerksamkeit.

Die Aids-Epidemie hat der Homosexuellen-Bewegung der siebziger Jahre einen neuen Anstoß gegeben. Unter der Bedrohung durch Aids mußten die Homosexuellen aktiv werden und Wege suchen, mit den katastrophalen Auswirkungen der Epidemie in ihren Reihen fertig zu werden. Die Bemühungen um Schutz vor Ansteckung mit dem Immunschwächevirus, der Kampf für Behandlungsmöglichkeiten und gegen die Diskriminierung HIV-Infizierter und an Aids Erkrankter führten dazu, daß die Diskussion über die Bürgerrechte der Homosexuellen wieder auflebte.

Einige Homosexuelle fochten für neue Gesetze, um Benachteiligungen bei der Arbeitsplatz- und Wohnungssuche zu verhindern. Manche kämpften für das Recht auf Eheschließung, andere verlangten, daß homosexuellen Paaren die gleichen Vorteile eingeräumt würden wie Verheirateten. Zeitungen und Illustrierte berichteten über lesbische Mütter und schwule Väter. Präsident Bill Clinton mußte den ersten langwierigen politischen Kampf nach der Amtsübernahme wegen seines Wahlversprechens führen, Homosexuelle zur Armee zuzulassen.

Manche Amerikaner bekannten, allein der Gedanke an Homosexuelle empöre sie, ganz besonders aber die Vorstellung, daß es so viele seien und daß sie kein Hehl aus ihren sexuellen Neigungen machten. Andere, die zum ersten Mal mit Homosexuellen konfrontiert wurden, äußerten Mitgefühl angesichts der furchtbaren Epidemie, die unter ihnen wütete und Familienangehörige, Freunde und Liebhaber in tiefe Trauer stürzte.

Mit dem zunehmenden Interesse der Öffentlichkeit für das Thema Homosexualität tauchten neue Fragen auf, und alte wurden neu gestellt. Wie viele homosexuelle Männer und Frauen gibt es in Amerika? Können die homosexuellen Männer ihr Sexualverhalten verändern? (Für homosexuelle Frauen und heterosexuelle Männer und Frauen ist diese Frage genauso von Bedeutung.) Sind homosexuelle Väter und Mütter gute Eltern, und wie entwickeln sich ihre Kinder? Und schließlich: Ist Homosexualität das Ergebnis einer freien Entscheidung, ist sie angeboren, oder haben wir es mit einer Mischung von angeborenen und anerzogenen Faktoren zu tun?

Einige Fragen sind im Hinblick auf die Aids-Epidemie von besonderer Bedeutung: Wie viele Homosexuelle sind davon tatsächlich betroffen? Wie wird sich Aids weiter ausbreiten, und welches sind die Risikogruppen? Andere Fragen hängen mit grundlegenden Aspekten der menschlichen Sexualität zusammen: Wie festgefügt oder wie formbar sind unsere sexuellen Vorlieben und Verhaltensweisen?

Unsere Erkenntnisse erlauben keine eindeutige Antwort auf die Frage, ob Homosexualität angeboren oder anerzogen ist. Aber wir können immerhin sagen, daß der Einfluß der sozialen Umgebung eine große Rolle spielt. Und wir können ferner feststellen, daß es bei Homosexuellen genau wie bei Heterosexuellen eine soziale Kontrolle bei der Partnerwahl gibt. Für homosexuelle Beziehungen gelten in vielerlei Hinsicht die gleichen Regeln wie für heterosexuelle Partnerschaften.

Unsere Datenbasis war zu schmal, und so mußten viele Fragen über Homosexuelle unbeantwortet bleiben. Wir können zum Beispiel keine Aussage darüber machen, wie viele Partner(innen) homosexuelle Männer und Frauen im Durchschnitt haben und wo sie ihre Partner(innen) kennenlernen. Ebensowenig können wir etwas über sexuelle Vorlieben und Praktiken sagen. Aber wir konnten fragen, wie viele Amerikaner gerne Geschlechtsverkehr mit einer Person ihres Geschlechts hätten, wie viele schon einmal Geschlechtsverkehr mit einer Person desselben Geschlechts hatten, wo Homosexuelle bevorzugt leben und welche sozialen Merkmale sie auszeichnen.

Mit Rücksicht auf das Stigma, das Homosexuellen in Amerika anhaftet, erforschten wir Homosexualität durch eine Reihe indirekter Fragen. Wir wollten erreichen, daß die Befragten uns ehrliche Antworten gaben und nicht das Gefühl hatten, wir würden pauschal über sie urteilen.

Das Wort »homosexuell« taucht in unserer Umfrage nur einmal auf: Wir fragen, ob jemand sich selbst als homosexuell, bisexuell oder heterosexuell bezeichnet. Aber wir fragen auf verschiedenen indirekten Wegen nach homosexuellem Verhalten. In einer frühen Phase unseres Forschungsprogramms legten wir den Befragten einen Fragebogen vor, in dem sie angeben sollten, wie viele Partner sie in den letzten Jahren gehabt hatten, ob die Partner gleichgeschlechtlich gewesen waren, ob die Partner dem anderen Geschlecht angehört hatten oder ob sie Partner beiderlei Geschlechts gehabt hatten. In dem Abschnitt, in dem wir uns im Detail nach den sozialen Merkmalen der Partner erkundigten, die der Befragte im letzten Jahr hatte, fand sich auch die Rubrik »männlich« oder »weiblich«. Am Schluß fragten wir nach speziellen sexuellen Praktiken und nach dem Geschlecht des Partners bei einer bestimmten Praktik. Männer fragten wir beispielsweise danach, ob sie jemals oralen Geschlechtsverkehr mit einem Mann gehabt hatten.

Wenn wir die Ergebnisse unserer Umfrage und anderer Umfragen zusammennehmen, dann können wir daraus schlußfolgern, daß Homosexuelle eine Minderheit in der Bevölkerung darstellen, die einem besonders starken sozialen Druck ausgesetzt ist, und daß sie in ihrem Verhalten auf die Stigmatisierung reagieren. Und aus unseren Ergebnissen wird deutlich, warum Aussagen über die Zahl der Homosexuellen so umstritten sind.

Eine der wichtigsten und im Zusammenhang mit Aids politisch brisantesten Fragen lautet: Wie viele Homosexuelle gibt es in Amerika? Diese Frage hat eine regelrechte Eigendynamik entwickelt und berührt mittlerweile Bereiche, die gar nichts mit Aids zu tun haben. Einigen streng gläubigen Konservativen ist beispielsweise an einer niedrigen Zahl gelegen, denn dann können sie argumentieren, daß Homosexualität eine Perversion ist, die nicht geduldet werden darf, und daß die überwältigende Mehrheit der Amerikaner nicht einmal im Traum daran denke, homosexuelle Praktiken zu dulden. Viele Schwulengruppen sind dagegen an einer möglichst hohen Zahl interessiert, denn dann können sie argumentieren, daß die Homosexuellen eine gesellschaftliche Kraft darstellen, mit der man rechnen muß, und daß es sich kein Politiker erlauben darf, die homosexuellen Wähler zu ignorieren oder vor den Kopf zu stoßen. Die Homosexuellen haben das Motto »einer von zehn« ausgegeben: Eine oder einer von zehn Amerikanerinnen und Amerikanern sei, so behaupten sie, homosexuell.

Wir würden auf die Frage nach der Zahl der Homosexuellen gern eine klare, eindeutige Antwort geben, doch bei genauem Hinsehen stellt sich heraus, daß die Frage schwierig und facettenreich ist und daß alles davon abhängt, wie man »homosexuell« definiert.

Das mag nichtssagend klingen, als wollten wir der Frage ausweichen. Doch aus drei Gründen meinen wir, daß es nicht so einfach ist, zu sagen, ob jemand homosexuell ist oder nicht.

Erstens ändern viele Menschen ihr sexuelles Verhalten im Laufe ihres Lebens, und darum erlaubt ein bestimmtes Verhalten zu einem bestimmten Zeitpunkt noch nicht die Aussage, daß der oder die Betreffende homosexuell ist. Wenn beispielsweise ein Mann heute sexuelle Beziehungen zu Männern hat, heißt das nicht, daß er auch vor zehn Jahren sexuelle Beziehungen zu Männern hatte. Sollen wir einen Mann, der im Gefängnis sexuelle Kontakte mit Männern hat, zu den Homosexuellen zählen oder nicht? Ist ein Mann, der nach zwanzig Jahren Ehe seine Frau verläßt und zu seinem Liebhaber zieht, homosexuell oder heterosexuell? Soll man gegeneinander aufrechnen, wie viele Jahre er mit seiner Frau gelebt hat und wie viele Jahre mit seinem Freund? Ist eine heute verheiratete Frau, die als Collegestudentin mit ihrer Zimmergenossin sexuellen Verkehr hatte, lesbisch oder nicht? Macht eine einzige homosexuelle Begegnung einen Menschen für den Rest seines Lebens zum Homosexuellen? In einer Wendung wie dem Motto »einer von zehn« schwingt die Vorstellung mit, daß die sexuelle Orientierung wie die Augenfarbe ein fester, unveränderlicher Bestandteil der Identität ist.

Zweitens gilt es zu berücksichtigen, daß es kein bestimmtes Muster sexueller Vorlieben oder keine bestimmte Selbstbeschreibung gibt, die Homosexualität eindeutig definiert. Ist ein Mann homosexuell, wenn er sich sexuell von Männern angezogen fühlt, wenn er sich selbst als homosexuell empfindet, oder ist eine beliebige Kombination beider Möglichkeiten ausschlaggebend? Ist eine Frau lesbisch, wenn sie andere Frauen sexuell anziehend findet, aber nur heterosexuelle Beziehungen hat? Spielt es eine Rolle, ob sie sich selbst als heterosexuell empfindet?

Und drittens ist homosexuelles Verhalten nicht ohne weiteres meßbar. Jahrhundertelang waren Homosexuelle stigmatisiert und wurden verfolgt. In Meinungsumfragen ist diese Ablehnung immer noch zu spüren. Umfragen aus dem Zeitraum zwischen 1972 und 1991 zeigten, daß mehr als 70 Prozent der Amerikaner Homosexualität nach wie vor für moralisch verwerflich hielten. Unbestritten hat der Kampf der homosexuellen Männer und Frauen um Anerkennung in den letzten Jahren einen Wandel der Einstellungen eingeleitet, doch die lange Geschichte der Verfolgung hat immer noch Auswirkungen auf das Verhalten und darauf, was die Menschen über ihre sexuellen Neigungen zu sagen bereit sind.

Dennoch glauben viele, daß die so oft gehörte Aussage stimmt, 10 Prozent der Amerikaner seien homosexuell. Diese Zahl stammt angeblich von Alfred Kinsey. Doch auch Kinsey hat betont, daß es kein eindeutiges Maß für Homosexualität gibt und daß man die Menschen nicht einfach in zwei Gruppen teilen kann – dort die Homosexuellen, hier die Heterosexuellen. Kinsey war wie wir der Auffassung, daß man, wenn man über Homosexualität spricht, unterschiedliche Zahlen berücksichtigen muß.

Im Jahr 1948 berichtete Kinsey beispielsweise, 37 Prozent einer nicht nach dem Zufallsprinzip ausgewählten Stichprobe weißer Männer, die er befragt hatte, hätten mindestens einmal in ihrem Leben Geschlechtsverkehr mit einem Mann gehabt. Dabei waren alle gleichgeschlechtlichen Kontakte erfaßt, auch solche, die in der Adoleszenz stattgefunden hatten. Kinsey teilte weiter mit, 10 Prozent der Männer dieser Gruppe hätten zwischen ihrem sechzehnten und fünfundfünfzigsten Lebensjahr über drei Jahre hinweg ausschließlich homosexuellen Verkehr gehabt. (Auf diese Aussage geht vermutlich die weitverbreitete Einschätzung »einer von zehn« zurück.) Eingeschlossen waren dabei die Männer, die nur wenige Male im Jahr sexuellen Verkehr mit anderen Männern und im selben Zeitraum keinen Verkehr mit Frauen hatten. Kinsey schrieb weiter, 4 Prozent dieser Gruppe hätten seit der Adoleszenz ausschließlich sexuellen Verkehr mit Männern gehabt.

Kinsey veröffentlichte keine vergleichbaren Zahlen für Frauen. Er schätzte, etwa 13 Prozent der Frauen hätten zumindest einmal gleichgeschlechtlichen Verkehr gehabt und seien dabei bis zum Orgasmus gekommen (dem entsprechen die 37 Prozent der Männer mit mindestens einer homosexuellen Erfahrung).

Seit Kinseys Untersuchungen veröffentlicht wurden, taucht die magische Zahl 10 Prozent in jeder Diskussion auf. Wie andere brisante Daten – die Zahl der Obdachlosen, die Zahl unterernährter Kinder in Amerika, die Zahl der Konsumenten harter Drogen – wurde auch diese Zahl öfter zitiert als verifiziert.

Lassen wir die Frage auf sich beruhen, wer die 10 Prozent als erster ins Gespräch gebracht hat. Jedenfalls liegt diese Zahl über den Ergebnissen aller neueren Untersuchungen. Wenn man annimmt, jeder zehnte erwachsene Mann in den Vereinigten Staaten habe ausschließlich homosexuelle Beziehungen, geht man noch über Kinseys Zahl – 4 Prozent – hinaus. Eine erneute Analyse der Daten, die Kinsey bei Collegestudenten erhoben hatte, zeigte, daß 3 Prozent berichtet hatten, sie hätten seit ihrem achtzehnten Lebensjahr ausschließlich homosexuellen Verkehr gehabt. Weitere 3 Prozent gaben an, sie hätten seit ihrem achtzehnten Lebensjahr in nennenswertem Umfang sowohl homosexuellen wie heterosexuellen Verkehr gehabt.[1]

Kinsey interviewte Freiwillige und Personen, die von Befragten aus früheren Untersuchungen benannt worden waren. Als Folge davon hatte er es sehr wahrscheinlich mit einer Auswahl von Personen zu tun, die überdurchschnittlich sexuell aktiv und in überdurchschnittlichem Maß bereit waren, über ihr Sexualleben zu sprechen. Die Zahl der Homosexuellen unter Kinseys Befragten erhöhte sich auch dadurch, daß er Interviews in Gefängnissen und Erziehungsanstalten durchführte und Homosexuelle, die in den unterschiedlichen Gruppen und Initiativen in den großen Städten mitarbeiteten, bat, Freunde und Bekannte für seine Untersuchungen zu werben.

In unserer landesweiten Befragung erwachsener Amerikaner im

Alter zwischen achtzehn und neunundfünfzig Jahren richteten wir das Augenmerk auf drei Erscheinungsformen von Homosexualität: Angezogensein von einer Person desselben Geschlechts, Geschlechtsverkehr mit Personen desselben Geschlechts und die Selbstdefinition als homosexuell. Das sind drei unterschiedliche Kategorien, und je nach der zugrundeliegenden Kategorie erhält man unterschiedliche Antworten auf die Frage, wie viele Homosexuelle in Amerika leben.

Um herauszufinden, wie viele Menschen sich von Personen ihres Geschlechts sexuell angezogen fühlen, legten wir den Befragten eine Skala vor, auf der sie angeben sollten, ob sie homosexuellen Verkehr »sehr reizvoll« fanden, »einigermaßen reizvoll«, »nicht sehr reizvoll« oder »ganz und gar nicht reizvoll«. Homosexuellen Verkehr definierten wir für Männer als analen oder oralen Verkehr mit einem anderen Mann oder Masturbation eines anderen Mannes. Bei Frauen definierten wir homosexuellen Verkehr als oralen Verkehr mit einer Frau, Stimulierung mit einem künstlichen Penis oder einem Massagestab oder Masturbation.

Ergänzend dazu zogen wir die Antworten auf eine Frage heran, die wir später in dem Gespräch stellten. Frauen fragten wir, ob sie sich sexuell »nur zu Männern, überwiegend zu Männern, zu Männern und Frauen, überwiegend zu Frauen, nur zu Frauen« hingezogen fühlten, Männer fragten wir entsprechend, ob sie sich sexuell »nur zu Frauen, überwiegend zu Frauen, zu Männern und Frauen, überwiegend zu Männern, nur zu Männern« hingezogen fühlten.

Einige Ergebnisse sind in Abbildung 13 auf der folgenden Seite festgehalten:

Das Säulendiagramm zeigt, daß Aussagen über die Häufigkeit von Homosexualität sehr stark von der Fragestellung abhängen und davon, wie Homosexualität definiert wird.

Nach unserer Untersuchung fühlen sich mehr Menschen von Personen desselben Geschlechts sexuell angezogen als tatsäch-

225

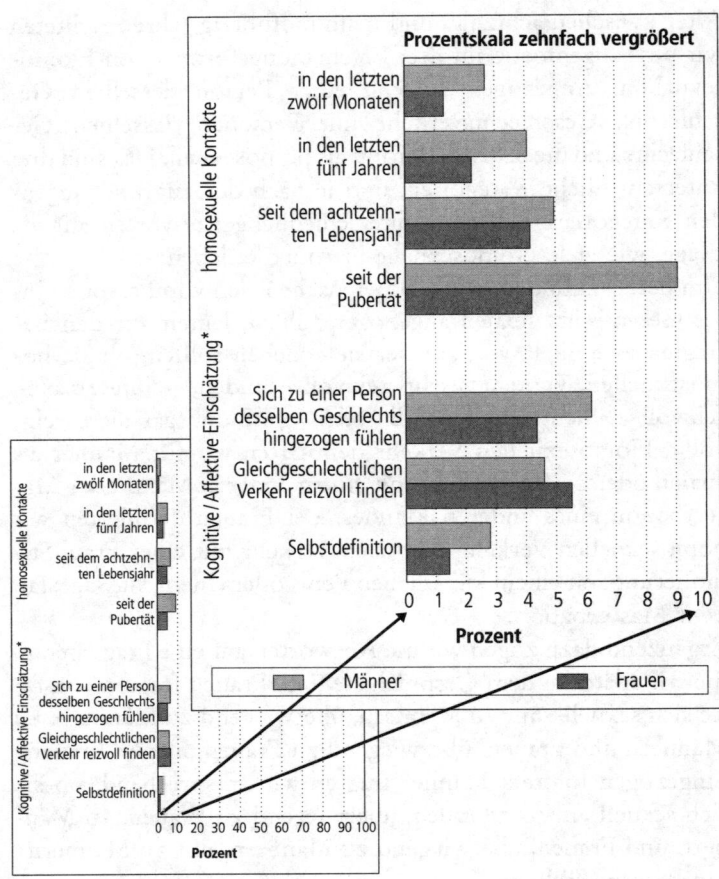

Abbildung 13: Gleichgeschlechtliche Sexualität

lich homosexuellen Verkehr haben. Rund 5,5 Prozent der befragten Frauen sagten, sie fänden die Vorstellung, Geschlechtsverkehr mit einer Frau zu haben, reizvoll oder sehr reizvoll. Rund 4 Prozent der Frauen sagten, sie fühlten sich sexuell zu Frauen hingezogen.

Weniger als 2 Prozent der von uns befragten Frauen gaben an, sie hätten im letzten Jahr sexuellen Verkehr mit einer anderen Frau gehabt. Rund 4 Prozent sagten, sie hätten seit ihrem achtzehnten Lebensjahr mindestens einmal Geschlechtsverkehr mit einer Frau gehabt, und etwas mehr als 4 Prozent sagten, sie hätten irgendwann in ihrem Leben einmal Geschlechtsverkehr mit einer Frau gehabt.

Rund 6 Prozent der Männer gaben an, sich zu Männern hingezogen zu fühlen. Etwa 2 Prozent hatten im letzten Jahr sexuellen Verkehr mit einem Mann gehabt, etwas mehr als 5 Prozent mindestens einmal seit dem achtzehnten Lebensjahr. 9 Prozent sagten, sie hätten seit der Pubertät mindestens einmal sexuellen Verkehr mit einem Mann gehabt.

Daraus geht hervor, daß bei 40 Prozent der Männer, die sagen, sie hätten irgendwann in ihrem Leben Geschlechtsverkehr mit einem Mann gehabt, das homosexuelle Erlebnis in die Zeit vor Vollendung des achtzehnten Lebensjahres fällt. Seither haben sie keinen gleichgeschlechtlichen Verkehr mehr gehabt. Bei Frauen ist das anders. Frauen machen seltener homosexuelle Erfahrungen in der Adoleszenz. In der Regel sind sie älter als achtzehn, wenn sie zum ersten Mal Geschlechtsverkehr mit einer Frau haben.

Schließlich wollten wir von den Befragten wissen, ob sie sich selbst als heterosexuell, homosexuell, bisexuell oder mit einem anderen Ausdruck bezeichnen würden. Bei dieser Form der Fragestellung war die Zahl der Homosexuellen am geringsten. Rund 1,4 Prozent der Frauen und 2,8 Prozent der Männer bezeichneten sich als homosexuell oder bisexuell.

In Abbildung 13 ist aufgeschlüsselt, wieviel Prozent der Bevölkerung nach unserer Untersuchung als homosexuell zu bezeichnen sind, aufgeteilt in die drei Kategorien manifestes Verhalten, Wunsch und Selbstdefinition. Wir können weiter fragen, inwieweit sich die drei Kategorien überschneiden. Das ist in Abbildung 14 dargestellt.

Aus dem Kreisdiagramm geht beispielsweise hervor, wie viele Frauen in ihrer College-Zeit ein lesbisches Erlebnis mit einer anderen Frau hatten (manifestes Verhalten), sich aber zum Zeitpunkt unserer Untersuchung nicht zu Frauen hingezogen fühlten (die Kategorie Wunsch) und sich auch nicht als homosexuell bezeichneten (die Kategorie Selbstdefinition). Nach dem Kreisdiagramm traf dies für 13 Prozent der 150 befragten Frauen zu.

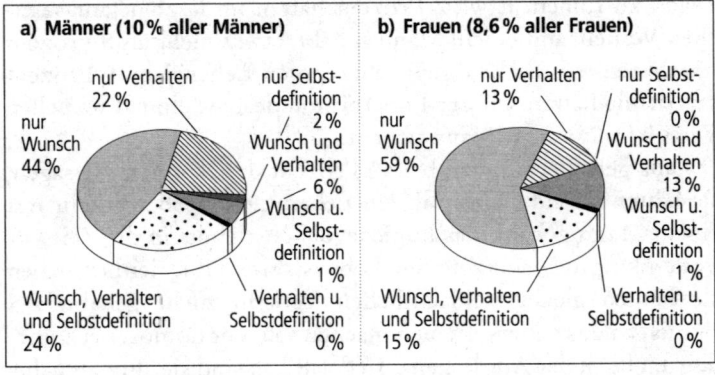

Abbildung 14: Zusammenwirken von drei Aspekten gleichgeschlechtlicher Sexualität: Wunsch, Verhalten und Selbstdefinition.

Aus dem Kreisdiagramm geht außerdem hervor, daß die Zahl der Frauen, die lesbischen Sex als Vorstellung reizvoll finden, aber niemals lesbischen Verkehr hatten (6 Prozent), größer ist als die Zahl derjenigen, die den Wunsch in die Realität umsetzen. Wir sehen weiterhin, daß viele Frauen dieser Gruppe (13 Prozent) sich nicht als lesbisch bezeichnen, obwohl sie sich von Frauen angezogen fühlen und sexuellen Verkehr mit Frauen hatten. Aus all diesen Einzelheiten fügt sich das Bild der 8,6 Prozent Frauen zusammen, die nach einem der genannten drei Kriterien als lesbisch definiert werden.

Das Kreisdiagramm zeigt weiter, daß Männer, die sich von Männern angezogen fühlen, ihre Wünsche häufiger ausleben. Männer, die sich zu Männern hingezogen fühlen und schon einmal sexuellen Verkehr mit einem Mann hatten, bezeichnen sich häufiger als homosexuell als Frauen, für die das Entsprechende zutrifft.

Solche Zahlen lassen erkennen, wie schwierig es zu entscheiden ist, ob jemand homosexuell ist oder nicht. Und es wird deutlich, daß die Schätzungen zur Zahl der Homosexuellen je nach der zugrundegelegten Definition von homosexuellem Verhalten sehr unterschiedlich ausfallen können.

Wie auch immer wir Homosexualität definieren, wir kommen zu dem Ergebnis, daß nur ein sehr geringer Prozentsatz der Bevölkerung homosexuell ist. Es wird möglicherweise überraschen, wie niedrig die Zahlen tatsächlich sind, und vor allem die Einwohner von Städten wie New York oder San Francisco, wo es große homosexuelle Gemeinden gibt, dürften erstaunt sein. Wir haben herausgefunden, daß der Prozentsatz der homosexuellen Männer und Frauen nicht im ganzen Land gleich ist. Wie aus Abbildung 15 auf der folgenden Seite hervorgeht, leben Homosexuelle bevorzugt in großen Städten, selten in kleinen Städten oder auf dem Land.

In den zwölf größten Städten des Landes sagen mehr als 9 Prozent der Männer, sie seien homosexuell. In den Vororten dieser zwölf Städte und in den meisten größeren Städten des Landes bezeichnen sich jedoch nur 3 bis 4 Prozent als homosexuell.

Auch Lesbierinnen leben bevorzugt in Großstädten, allerdings ist hier das Gefälle zwischen großen und kleinen Städten nicht so ausgeprägt wie bei homosexuellen Männern. Das kann mehrere Gründe haben. Viele Frauen, die gerne sexuellen Verkehr mit einer anderen Frau hätten, leben ihre Wünsche nicht aus, und darum ist in vielen Städten die Zahl der Lesbierinnen nicht groß genug, daß eine eigene lesbische Gemeinschaft entstehen könnte. Und selbst in den größeren Städten mit etablierten lesbischen Gemeinden halten sich viele Frauen davon fern und

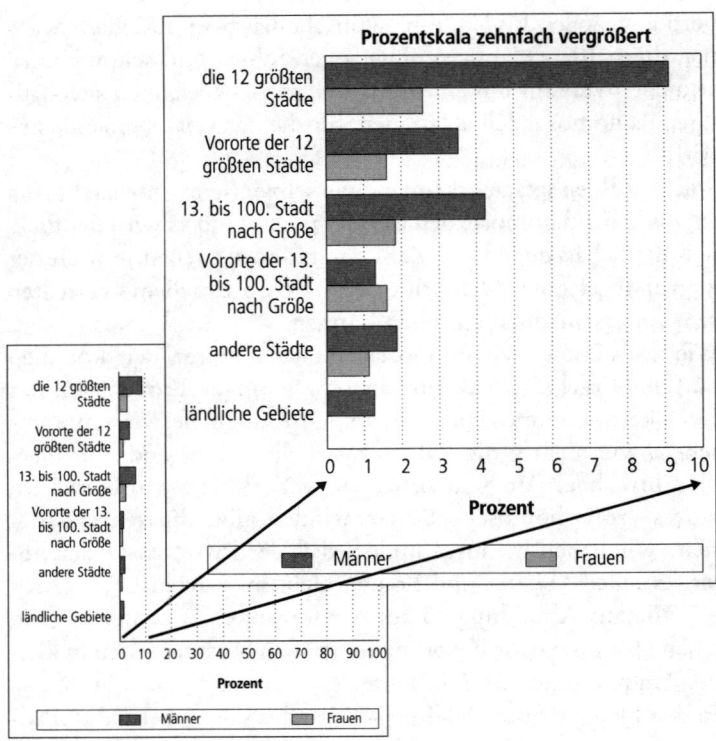

Abbildung 15: Gegenwärtiger Wohnort der Befragten, die sich als homosexuell oder bisexuell bezeichnen, in Prozent.

bewegen sich lieber in kleineren Gruppen enger Freundinnen und Bekannter. Da die meisten homosexuellen Frauen offenbar weitgehend monogam leben, gibt es keine Einrichtungen, die die Suche nach Sexualpartnerinnen erleichtern. Schließlich können zwei Frauen unauffälliger zusammenleben als zwei Männer, und darum dürfte bei ihnen der Druck geringer sein, sich aus Kleinstädten und Vorstädten zurückzuziehen.

Da die Zahl der lesbischen Frauen so gering war, führten wir zwei zusätzliche Untersuchungen durch, um zu überprüfen, ob der Befund, daß sie bevorzugt in Großstädten leben, ein statistisches Artefakt war oder nicht. Zunächst prüften wir, ob der General Social Survey (GSS) – eine weitere große, aber von unserer Umfrage unabhängige Befragung – das gleiche Ergebnis erbracht hatte. Wir fanden unsere Ergebnisse bestätigt. Dann fügten wir unsere Daten und die des GSS zusammen, um eine möglichst große Stichprobe zu erhalten. Wir definierten Frauen dann als lesbisch, wenn sie seit ihrem achtzehnten Lebensjahr eine Beziehung zu einer Frau gehabt hatten – die denkbar breiteste Definition. Auf dieser Basis trat der Zusammenhang klar und deutlich hervor: In den größten Städten lag der Anteil lesbischer Frauen bei 6,2 Prozent, in ländlichen Gebieten bei 2,8 Prozent.

Daß Homosexuelle bevorzugt in großen Städten leben, ist aus wirtschaftlichen und sozialen Gründen einleuchtend. Vor diesem Hintergrund werden die Beobachtungen eines homosexuellen Journalisten namens Neil Miller verständlich, der auszog, das – wie er es nannte – »schwule Amerika« zu entdecken.

Jeder, der schon einmal in New York oder San Francisco war oder Bilder von den großen Demonstrationen und Paraden am Gay Pride Day gesehen hat, wird über Millers Reise verwundert den Kopf schütteln. Warum muß man eine Reise unternehmen, wenn man Homosexuelle treffen will? Wer schon einmal gehört hat, wie Queer Nation, eine Gruppe militanter Homosexueller, skandierte: »Wir sind hier! Wir sind schwul! Gewöhnt euch dran!«, wird Millers Suche überflüssig finden. Warum soll man eigens nach homosexuellen Männern und Frauen fahnden, wenn sie doch, wie einige laut verkünden, überall gegenwärtig sind, wenn sie ein Zehntel der Bevölkerung ausmachen?

Neil Miller hatte den Verdacht, daß sich hinter dem neuerwachten homosexuellen Aktivismus der achtziger Jahre womöglich ein anderes Bild homosexuellen Lebens verbarg, als man gemeinhin dachte. In seinem Buch *In Search of Gay America. Men and Women in a Time of Change* erklärt er das so: »Ich wußte eine Menge darüber, wie Schwule in den großen Städten leben und was für Menschen dort leben, aber ich wußte so gut wie nichts über Städte wie Louisville und Knoxville, über Kleinstädte und ländliche Gebiete. Zwanzig Jahre nach den Straßenschlachten vor dem Stonewall Inn [einer Homosexuellenbar im New Yorker Stadtteil Greenwich Village; der Aufstand 1969 gilt als Ursprung der Homosexuellen-Bewegung; A. d. Ü.] wollte ich wissen, ob der Stolz und das Selbstbewußtsein der Schwulen allmählich bis zu den Graswurzeln durchgesickert waren, ob unser Kampf für selbstbestimmtes Leben und Arbeiten, den wir in Städten wie San Francisco, New York oder Boston gewonnen hatten, sich langsam auf das übrige Land ausweitete und endlich auch die Städte erfaßte, in denen so viele von uns aufgewachsen waren, Klein- und Mittelstädte.« Am Ende seiner Reise schrieb Miller: »Für einen Schwulen, der glaubte, ihm bliebe nichts anderes übrig, als in den engen Grenzen eines Schwulenghettos in der Stadt zu leben, mag es ein kühner Entschluß oder sogar eine Herausforderung sein, wenn er in eine Vorstadt zieht, in der die amerikanischen Werte noch intakt sind.«

Es wurde eine faszinierende Reise. Wir haben beschrieben, daß wir unsere Sexualpartner in dem Geflecht unserer sozialen Beziehungen finden und daß es genaue Regeln dafür gibt, wer wen auswählen kann. Wie ergeht es in Anbetracht dieser Voraussetzungen homosexuellen Männern und Frauen, die verstreut über das ganze Land leben, bei der Suche nach Sexualpartnern? Wenn es für Frauen mittleren Alters schwierig ist, einen Partner zu finden, um wieviel schwieriger muß es für eine Lesbierin in einer Kleinstadt sein? Und wie mag es einem homosexuellen Mann mittleren Alters in einer abgelegenen ländlichen Region ergehen?

Miller suchte nach Beispielen für geglückte soziale Integration. Er suchte das monogame homosexuelle Paar, das in einer Vorstadt lebt, jedes Wochenende gewissenhaft den Rasen mäht und Grillpartys mit den Nachbarn feiert. Er suchte die lesbischen Mütter, die in einer Kleinstadt leben, aus ihrer sexuellen Orientierung kein Hehl machen, sich dennoch mit anderen Müttern treffen und im Elternbeirat mitmachen. Er suchte nach homosexuellen Männern und Frauen, die an ihren Wohnorten in das allgemeine soziale Beziehungsgeflecht eingebunden waren.

Miller stieß auf einige Fälle, in denen das gelungen war. Er fand beispielsweise Gerald L. Ulrich, den Bürgermeister von Bunceton, Missouri, 418 Einwohner, der im ganzen Ort beliebt war. Er begegnete Al Philipi und John Ritter, die offen als homosexuelles Paar in Olgivie, Minnesota, 374 Einwohner, lebten, eine Farm bewirtschafteten und von ihren Nachbarn akzeptiert wurden. Aber sehr viel zahlreicher waren die Gegenbeispiele, war das Fehlen jeglicher sozialer Einbindung.

In Fargo, North Dakota, einer mittelgroßen Stadt mit etwas mehr als 66 000 Einwohnern, gab es für Homosexuelle nur einen Ort in der Öffentlichkeit, an dem sie sich treffen konnten: eine Bar namens »Mein Platz«. Miller schreibt darüber: »›Mein Platz‹ erschien mir ziemlich trübselig. Montag- und Dienstagabend saß eine Handvoll Leute herum, es war dunkel, die Musik dröhnte laut.« Einige homosexuelle Männer und Frauen berichteten ihm, daß sie am Wochenende etliche Stunden unterwegs waren, um in eine Kneipe oder zu einer Party in der nächstgrößeren Stadt zu kommen – die einzige Gelegenheit, Gleichgesinnte zu treffen. Er hörte viele traurige Geschichten über die vergebliche Suche nach einem Partner.

Neil Miller traf zum Beispiel Larry, der in Tennessee wegen eines »Verbrechens gegen die Natur« verurteilt worden war, weil er Oralverkehr mit einem Mann praktizierte. Als Miller ihn interviewte, lebte Larry mit einem anderen Mann, Andy, in einer kleinen Stadt in Virginia. Miller schreibt: »Larry und Andy hatten nur Kontakt zu Larrys Familie, ansonsten lebten sie vollkommen isoliert.« Der Alltag der beiden bestand aus »Fernsehen (sie besitzen einen Videorecorder, aber sie hatten, wie sie sagten, alle in der Stadt erhältlichen Filme bereits gesehen), gelegentlichen Besuchen bei Larrys Mutter (die Andy als Familienmitglied aufgenommen hatte), Fahrten nach Bluefield in West Virginia, wo sie den Priester von Larrys Kirche besuchten, und dann und wann einem Wochenendausflug nach Charleston.« Ein anderes Beispiel ist Betsy, eine lesbische Frau mittleren Alters in Rapid City, South Dakota. »Betsy sagte mir«, schreibt Miller, »in Rapid City sei für Lesben nicht viel los.«

Viele homosexuelle Männer und Frauen sahen sich in kleinen Städten und Gemeinden einem nicht zu lösenden Problem gegenüber: Es war ihnen nicht möglich, ein Beziehungsgeflecht aufzubauen, das die Suche nach Freunden und Sexualpartnern erleichtert hätte. Schon die Tatsache, daß Homosexuelle eine Minderheit in der Bevölkerung sind, stellt eine Schwierigkeit dar. Hinzu kommt, daß sie oft auf Ablehnung stoßen, wenn sie ihre sexuelle Orientierung offen kundtun. Das kann so weit gehen, daß viele Schwule und Lesbierinnen ihre Homosexualität vor Nachbarn und Kollegen zu verbergen suchen. In der Folge, so hat Miller herausgefunden, sind homosexuelle Männer und Frauen, die nicht in Großstädten leben, häufig sozial isoliert und einsam.

In einem früheren Kapitel haben wir erwähnt, daß Heterosexuelle ihre Sexualpartner oft durch Familienmitglieder oder Arbeitskollegen kennenlernen. Dieser Weg steht Homosexuellen nur selten offen. Viele haben nicht einmal ihren Angehörigen erzählt, daß sie homosexuell sind. Es gibt viele wie Jill, eine Lesbierin, die allein in Selma, Alabama, lebt. Sie sagte Miller, sie könne ihrer Mutter niemals offenbaren, daß sie lesbisch sei. »Ich sehe sie tot vor mir auf dem Boden liegen, wenn ich mir vorstelle, daß ich zu ihr sagen würde: ›Denk dir, Mama, du hast eine Lesbe großgezogen.‹«

Wenn ein Mann der einzige Homosexuelle in einer Kleinstadt auf dem Lande ist, wird es schwierig für ihn sein, Sexualpartner zu finden, und wenn er aus seinen sexuellen Neigungen kein Hehl macht, wird er auf Vorurteile und Ablehnung stoßen. Zieht er aber nach New York und lebt dort in einer großen homosexuellen Gemeinde, wird er sehr viel mehr potentielle Sexualpartner treffen und die Erfahrung machen, daß Homosexualität akzeptiert ist und möglicherweise sogar propagiert wird.

In den Großstädten können Homosexuelle ihr eigenes soziales Beziehungsgeflecht aufbauen, innerhalb dessen sie Partner finden. Sie haben Freundeskreise, über die sie neue Partner kennenlernen können und in denen über Partner gesprochen wird. In gewisser Weise sind die homosexuellen Gemeinden in den Großstädten eigene soziale Welten, in denen sich die gleichen engmaschigen Strukturen wie unter Heterosexuellen entwickelt haben.

Allerdings kann man nicht sagen, daß Homosexuelle generell häufig aus Kleinstädten oder vom Land, wo sie aufgewachsen sind, in Großstädte umziehen. Wir haben bei unserer Untersuchung gefragt, wo der jeweilige Gesprächspartner im Alter von vierzehn Jahren gelebt hat, und auf der Grundlage dieser Daten haben wir festgestellt, daß Personen, die in Großstädten aufgewachsen sind, häufiger homosexuell sind als Personen, die in Vorstädten, Kleinstädten oder auf dem Land groß geworden sind. Dieser Zusammenhang geht auch aus dem General Social Survey (GSS) hervor. Wir können nur Vermutungen über diesen Zusammenhang anstellen. Möglicherweise ist es für die Betreffenden leichter, homosexuell zu sein oder zu werden oder den homosexuellen Lebensstil zu erkunden, wenn sie in einer größeren Gemeinschaft leben, in der es noch weitere Homosexuelle gibt.

Aus unserer Untersuchung geht weiter hervor, daß Befragte, die sich selbst als homosexuell bezeichnen, nicht nur überdurchschnittlich häufig in Städten leben, sondern auch überdurchschnittlich qualifiziert sind. Diese Beobachtung entspricht dem seit dem öffentlichen Hervortreten der Homosexuellen-Bewegung verbreiteten Bild des klugen, gutsituierten Homosexuellen. Viele führende Köpfe und bekannte Persönlichkeiten der Aids-Bewegung verkörpern dieses Bild perfekt und haben zur Entstehung eines Stereotyps des Homosexuellen schlechthin beigetragen.

In unserer Untersuchung bezeichneten sich doppelt so viele Männer mit Collegeabschluß wie mit High-School-Abschluß als homosexuell: 3 Prozent der College-Absolventen sagten, sie seien homosexuell, aber nur 1,5 Prozent der High-School-Absolventen. Bei den Frauen ist der Zusammenhang noch ausgeprägter. Frauen mit Collegeabschluß bezeichnen sich im Vergleich zu Frauen mit High-School-Abschluß achtmal häufiger als lesbisch: 4 Prozent gegenüber knapp 0,5 Prozent.

Es könnte allerdings auch sein, daß Homosexuelle aus der Mittelschicht und mit Collegeabschluß bereitwilliger über ihre sexuelle Orientierung sprechen als Homosexuelle aus anderen Schichten.

Viele Frauen und Männer haben homosexuelle Erfahrungen gemacht, bezeichnen sich aber nicht als homosexuell. Offensichtlich haben sie einmal Sex mit einem gleichgeschlechtlichen Partner ausprobiert und sind dann wieder zur Heterosexualität zurückgekehrt. Sie fühlen sich nicht durch Menschen des gleichen Geschlechts angezogen und finden auch den Gedanken an homosexuellen Verkehr nicht reizvoll. Bei dieser Entscheidung spielen möglicherweise auch Konformitätsdruck und die Angst vor Ausgrenzung eine Rolle.

Am Anfang des Kapitels haben wir eine Reihe von Fragen aufgeworfen, die angesichts der Aids-Epidemie besondere Brisanz gewonnen haben. Unsere Erkenntnisse über die Zahl von homosexuellen Männern und Frauen stimmen eher mit den Ergebnissen der Aids-Statistiken in den USA und mit englischen und französischen Untersuchungen über Sexualverhalten überein als mit Kinseys Forschungen aus den vierziger Jahren. Da frühere Untersuchungen weniger detailliert angelegt waren, können wir keine Aussage darüber machen, ob sich das Sexualverhalten verändert hat oder ob die Zahl der Homosexuellen in früheren Untersuchungen überschätzt wurde. Wir vermuten, daß eine Mischung von beidem zutrifft. Wenn unsere Zahlen korrekt sind, dürften weniger Männer mit dem Immunschwächevirus infiziert sein, als es der Fall wäre, wenn tatsächlich 10 Prozent der Bevölkerung homosexuell wären. Nach unserer Untersuchung können wir keine Angaben über Verhaltensänderungen machen, aber aus anderen Studien geht hervor, daß die Homosexuellen ihre Sexualpraktiken drastisch geändert haben und dadurch die Rate der Neuinfektionen mit dem Immunschwächevirus gesenkt wurde.

Die Frage, ob Homosexualität angeboren oder erworben ist, können wir nicht mit dem Hinweis auf statistische Ergebnisse beantworten. Soweit Vertreter der Theorie, daß Homosexualität angeboren ist, damit argumentieren, es gebe einen gleichbleibenden Prozentsatz »Homosexueller« – wie auch immer definiert – in der Bevölkerung, können wir darauf hinweisen, daß dieser Prozentsatz in unserer Untersuchung geringer ist als in den meisten anderen Studien und daß sich die sexuelle Orientierung durchaus im Laufe des Lebens verändern kann. In beiden Fällen, bei der Theorie von der angeborenen wie bei der Theorie von der erworbenen Homosexualität, ist es freilich von zentraler Bedeutung, daß zunächst einmal definiert wird, was man unter Homosexualität versteht. Werden Aussagen über Neigung, Verhalten oder Selbstbild oder über eine Mischung dieser drei Faktoren gemacht? Und ist die Mischung gegebenenfalls bei Männern und Frauen die gleiche? Diese Fragen enthalten so viel politische Brisanz, daß sie gewiß nicht mit einer einzigen Studie ein für allemal geklärt sein werden.

Festhalten können wir, daß es entscheidend darauf ankommt, wie groß die homosexuelle Gemeinde und wie umfangreich das soziale Beziehungsgeflecht ist, innerhalb dessen Homosexuelle wie Heterosexuelle Sexualpartner kennenlernen können und das zugleich unabhängig von der sexuellen Orientierung bestimmte Schranken setzt. Die Größe ist sehr wichtig; wenn es nur wenige Gleichgesinnte gibt, leben sie in der Regel verstreut über das ganze Land. Weder Dichter noch Homosexuelle sind gleichmäßig auf die Städte und Vorstädte verteilt. Eine Dichterkolonie entsteht ebenso wie eine Homosexuellengemeinschaft erst dann, wenn mehrere Dichter beieinander leben, und das ist bevorzugt in Städten der Fall. Die Tatsache, daß der Journalist Neil Miller nicht in jedem Häuserblock ein homosexuelles Paar gefunden hat, hat etwas mit der Stigmatisierung der Homosexuellen, aber auch mit der Sozialstruktur zu tun.

10

Sexuell übertragbare Krankheiten

Die Krankheiten, die durch Geschlechtsverkehr übertragen werden, sind zahlreich und zum Teil seit Jahrhunderten bekannt: Gonorrhö (Tripper), Syphilis, Feigwarzen, Herpes genitalis und Hepatitis B, um nur einige zu nennen. Die Liste ließe sich fortsetzen, und über manche von ihnen wurde bereits zu biblischen Zeiten berichtet.

Unser Wissen über diese Krankheiten, ihre Verbreitung in der Bevölkerung und das Risiko, sich mit ihnen zu infizieren, ist erstaunlich spärlich. Sind es Krankheiten der armen Leute, oder ist das Risiko für alle gleich groß? Kann man abschätzen, wie hoch die Wahrscheinlichkeit ist, daß der Sexualpartner an einer sexuell übertragbaren Krankheit leidet? Gibt es eine Möglichkeit, Risikogruppen zu identifizieren und sich dementsprechend von bestimmten Sexualpartnern fernzuhalten?

Auf all diese Fragen können wir eine Antwort geben. Die erste überraschende Feststellung lautet, daß die Gruppe der Personen, die das höchste Risiko haben, sich mit einer Geschlechtskrankheit zu infizieren, nicht identisch mit der Gruppe derjenigen ist, die das höchste Risiko einer HIV-Infektion haben. Die erstgenannte Gruppe ist sehr viel größer als die zweite. Weiter können wir eine Aussage darüber machen, welche Personen besonders gefährdet sind und welche Gruppen in der Bevölkerung besonders häufig von welchen Krankheiten betroffen sind. Aus den einzelnen Erkenntnissen kann man eine Art Landkarte zusammensetzen, die deutlich zeigt, daß aufgrund bestimmter Verhaltensweisen und Sexualpraktiken für bestimmte Personen ein höheres Infektionsrisiko besteht, während für andere Personen aus dem gleichen Grund das Risiko, an einer Geschlechtskrankheit zu erkranken, eher gering ist. Zwar haben wir herausgefunden, daß viele Amerikaner zumindest einmal in ihrem Leben eine sexuell übertragbare Krankheit hatten, aber wir können auch sagen, daß es ganz und gar kein Zufall ist, wen eine solche Krankheit trifft.

In diesem Kapitel geht es um verschiedene Geschlechtskrankheiten mit Ausnahme von Aids. Mit Aids befassen wir uns in einem eigenen Kapitel. Diese Unterteilung ist angebracht, weil die Aids-Epidemie sich grundlegend von allen anderen sexuell übertragbaren Krankheiten unterscheidet.

Obwohl sexuell übertragbare Krankheiten allgegenwärtig sind, gibt es nur wenig verläßliche Angaben darüber, wie viele Personen betroffen sind. Mit dieser Unsicherheit schlagen sich die Ärzte bereits seit einem Jahrhundert herum. Bisweilen wurden vollkommen überhöhte Zahlen verbreitet. Andererseits wurde die Existenz solcher Krankheiten oft vertuscht, weil Infektionen der Geschlechtsorgane im Gegensatz zu sonstigen Infektionen als schmutzig galten, weil man meinte, man könne nicht darüber sprechen, und weil man vor allem annahm, daß ehrbare Menschen mit moralischen Grundsätzen davon sowieso nicht betroffen sein dürften. Wir haben erlebt, daß Beschäftigte im Gesundheitswesen die Ansicht vertraten, die Ausrottung von Geschlechtskrankheiten sei gar nicht wünschenswert, weil ihr Vorhandensein die Menschen davon abhalte, sexuell verbotene Wege zu gehen. In unserer Generation hätte man mit Hilfe von Antibiotika Gonorrhö und Syphilis endgültig ausrotten können, wenn man die Medikamente aggressiv eingesetzt hätte. Doch leider haben wir diese Chance verspielt. Es gibt nach wie vor Geschlechtskrankheiten, und sogar gefährlichere als früher. In die Erforschung sexuell übertragbarer Krankheiten mischt sich stets rasch die Debatte über Schuld und Unschuld, über Seitensprünge, Untreue, über Prostituierte als Infektionsherd. Seit

Ende des 19. Jahrhunderts die breite Diskussion über venerische Erkrankungen begann, beherrscht dieser Gesichtspunkt die öffentliche Diskussion. Noch in jüngster Zeit, in den achtziger Jahren, betrachtete man eine epidemische Ausbreitung von Herpes genitalis als Strafe für die sexuelle Revolution. Herpes war »der neue scharlachrote Buchstabe« (Anspielung auf den scharlachroten Buchstaben A [= adulteress], den Ehebrecherinnen bei den Puritanern tragen mußten; A.d.Ü.), galt als unauslöschliches Mal, das auf sexuelle Fehltritte hindeutete. In einem Artikel des *Time Magazine* über Herpes war 1982 zu lesen, die »Herpes-Gegenrevolution könnte dazu führen, daß unfreiwillig und notgedrungen Keuschheit wieder in Mode kommt«.

Heute ist nicht mehr Herpes die Strafe für sexuellen Leichtsinn, sondern vielmehr HIV/Aids, und im Zusammenhang mit dieser neuen Infektionsgefahr wird die alte Diskussion über Schuld und Unschuld wieder geführt. Auch das Kondom ist dadurch erneut in Mode gekommen. In der Auseinandersetzung über Sexualerziehung und Einweisung in den Gebrauch von Kondomen geht es wieder mehr um sexuelle Treue und Mäßigung als um den Schutz vor einer Infektion.

Doch die sexuell übertragbaren Viruserkrankungen sind nur ein kleiner Teil der zahlreichen, nach Angaben von Vertretern des öffentlichen Gesundheitswesens weitverbreiteten Geschlechtskrankheiten. Da es gegen Virusinfektionen keine Seren gibt und die Bakterien zunehmend gegen Antibiotika resistente Stämme entwickeln, sieht die Zukunft düster aus.

Unsere Studie ist die erste landesweite Untersuchung zu der Frage, wie viele Amerikaner schon einmal eine sexuell übertragbare Krankheit gehabt haben. Wir gehen davon aus, daß unsere Zahlen zu niedrig liegen, weil vermutlich nicht alle Betroffenen von ihrer Erkrankung wissen. Doch wenn wir wissen, bei wie vielen Befragten schon einmal eine Geschlechtskrankheit diagnostiziert wurde, können wir einen unteren Wert für die Zahl tatsächlicher Erkrankungen abschätzen.

Auf Anraten und Ersuchen der Centers for Disease Control and Prevention (Gesundheitsämter) haben wir uns auf neun Geschlechtskrankheiten konzentriert: Gonorrhö, Syphilis, Herpes genitalis, Chlamydien, Warzen im Genitalbereich, Hepatitis, Aids sowie nicht durch Gonokokken verursachte Urethritis (Harnröhrenentzündung) bei Männern und Vulvovaginitis (Unterleibsentzündung) bei Frauen. Fünf Krankheiten – Gonorrhö, Syphilis, Chlamydien, Urethritis und Vulvovaginitis – werden durch Bakterien verursacht und können in der Regel im frühen Stadium durch Antibiotika geheilt werden. Die anderen werden durch Viren verursacht und können nicht geheilt, aber wenigstens in manchen Fällen symptomatisch behandelt werden.

In unserer Untersuchung fragten wir, ob einmal eine der auf unserer Liste genannten Geschlechtskrankheiten diagnostiziert worden sei. Weiter fragten wir, wie oft der oder die Betroffene an einer solchen Krankheit gelitten hatte und er/sie sich im zurückliegenden Jahr infiziert hatte. Aus verschiedenen Gründen, auf die wir noch näher eingehen werden, nehmen wir an, daß die Befragten im allgemeinen ehrlich geantwortet haben.

Die erste Überraschung war, daß ein erheblicher Prozentsatz der Befragten – einer von sechs – angab, sie hätten einmal eine sexuell übertragbare Krankheit gehabt. Ein nennenswerter Prozentsatz – etwa 1,5 Prozent – war im zurückliegenden Jahr erkrankt; 1 Prozent hatte eine bakterielle Infektion gehabt, 0,5 Prozent eine Virusinfektion. Um es durch einen Vergleich zu verdeutlichen: Die Zahl der Frauen, die im zurückliegenden Jahr eine Geschlechtskrankheit gehabt hatten, war etwa genauso groß wie die Zahl derjenigen, die schwanger geworden waren. Schaubild A von Abbildung 16 auf der folgenden Seite zeigt, wieviel Prozent der Amerikaner bei unserer Befragung angaben,

Abbildung 16: Infektionen und sexuell übertragbare Krankheiten bei erwachsenen Amerikanern zwischen 18 und 59 Jahren. →

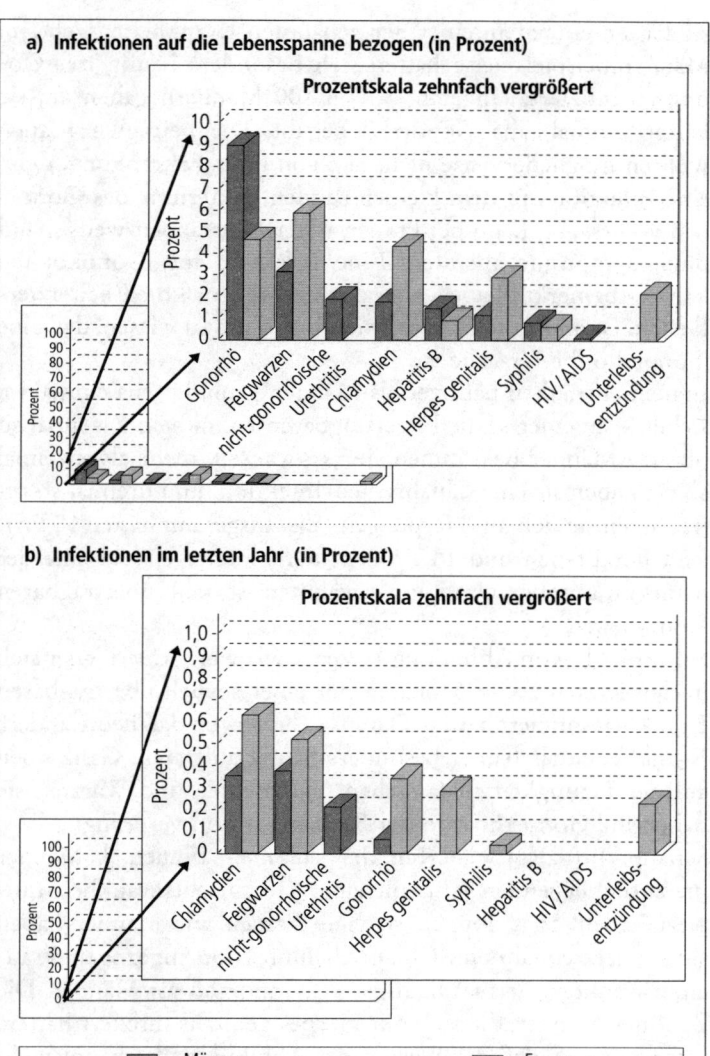

a) **Infektionen auf die Lebensspanne bezogen (in Prozent)**

Prozentskala zehnfach vergrößert

Prozent

Gonorrhö · Feigwarzen · nicht-gonorrhoische Urethritis · Chlamydien · Hepatitis B · Herpes genitalis · Syphilis · HIV/AIDS · Unterleibs-entzündung

b) **Infektionen im letzten Jahr (in Prozent)**

Prozentskala zehnfach vergrößert

Prozent

Chlamydien · Feigwarzen · nicht-gonorrhoische Urethritis · Gonorrhö · Herpes genitalis · Syphilis · Hepatitis B · HIV/AIDS · Unterleibs-entzündung

Männer   Frauen

243

sie hätten einmal an einer der genannten Krankheiten gelitten. Männer beispielsweise hatten sich besonders häufig mit Gonorrhö infiziert: Ungefähr 9 von 100 Männern gaben an, sie hätten einmal eine Gonorrhö gehabt. Die befragten Frauen wußten möglicherweise nicht alle von ihrer Erkrankung, denn eine Infektion mit dem kleinen runden Bakterium, das Gonorrhö verursacht, kann bei Frauen unter Umständen weitgehend ohne Symptome ablaufen. Eine Infektion mit Gonokokken kann unbemerkt bleiben, aber dazu führen, daß die Eileiter verkleben. Dann ist die Frau unfruchtbar, ohne zu wissen, daß eine Gonorrhö die Ursache ist.

Frauen erkranken häufiger als Männer – mindestens einmal im Leben – an einer sexuell übertragbaren Krankheit. Zweimal so oft wie Männer bekommen sie Feigwarzen, mehr als zweimal so oft haben sie eine Chlamydien-Infektion, und dreimal so oft infizieren sie sich mit Herpes genitalis. Insgesamt hatten 18 Prozent der Frauen und 16 Prozent der Männer einmal eine der neun in unserer Umfrage erwähnten sexuell übertragbaren Krankheiten.

Schaubild b) von Abbildung 16 zeigt, wie viele Amerikaner sich in den letzten zwölf Monaten mit einer sexuell übertragbaren Krankheit infiziert hatten. Daraus geht hervor, daß heute andere Krankheiten als früher besonders häufig auftreten. Ganz oben auf der Häufigkeitsskala stehen Chlamydien und Warzen, sie haben die Gonorrhö von der Spitzenposition verdrängt.

Schaubild b) zeigt weiterhin, daß sich mehr Frauen als Männer im zurückliegenden Jahr mit einer Geschlechtskrankheit infiziert haben. Fast doppelt so viele Frauen wie Männer haben sich im letzten Jahr eine Chlamydieninfektion zugezogen. Frauen erkrankten viermal häufiger an Gonorrhö als Männer. Die Zahl der Männer, die sich mit Herpes genitalis infiziert hatten, war so gering, daß der Wert in der Abbildung überhaupt nicht auftaucht. Aber fast drei von hundert Frauen hatten sich diese Virusinfektion zugezogen.

Wir deuten diese Zahlen keineswegs so, daß wir sagen, Frauen seien promiskuitiv und Männer nicht. Vielmehr spiegelt sich darin die medizinische Erkenntnis wider, wonach die Wahrscheinlichkeit, daß ein Mann eine Frau mit einer beliebigen Geschlechtskrankheit, einschließlich Aids, ansteckt, mindestens doppelt so groß ist wie die Wahrscheinlichkeit, daß eine Frau einen Mann ansteckt.

Unsere Ergebnisse sind um so aufschlußreicher, wenn man bedenkt, daß wenig darüber bekannt ist, wie viele Amerikaner sich mit einer Geschlechtskrankheit infiziert haben und welche Bevölkerungsgruppen besonders betroffen sind. Die Unwissenheit hängt mit der Prüderie der Amerikaner zusammen, mit ihrem Widerwillen, über sexuelle Gepflogenheiten zu sprechen. Selbst heute werden zwar alle möglichen Horrormärchen verbreitet, aber harte Fakten fehlen weitgehend.

Da diese Krankheiten durch sexuellen Verkehr übertragen werden, tauchen im Zusammenhang mit ihnen alle Ängste, moralischen Prinzipien und abwehrenden Reaktionen auf, die sexuelle Themen so oft provozieren. Dieses Problem reicht weit in die Zeit vor Aids zurück, und es hat sich auch angesichts von Aids nicht verändert. Wie die Geschichte der Versuche, die Ausbreitung sexuell übertragbarer Krankheiten zu kontrollieren, zeigt, werden im Zusammenhang mit Aids genau die gleichen Fragen diskutiert wie früher. Die Krankheit als Strafe Gottes, Sexualerziehung, die Verteilung von Kondomen, die Durchleuchtung sexueller Kontakte, Zwangstests, Mitleid für die »unschuldigen Opfer« – all das hat es genauso im Kampf gegen Syphilis und Gonorrhö gegeben. Es tauchen keine neuen Aspekte in der Diskussion auf, vielleicht weil wir immer noch keine neuen Ansätze für unser Denken in bezug auf das Sexualverhalten erarbeitet haben.

Der Historiker Allan M. Brandt von der Harvard University bringt das Problem in seinem Buch *No Magic Bullet. A Social History of Venereal Diseases in the United States Since 1880,*

Oxford 1987, auf folgenden Nenner: »Seit dem ausgehenden 19. Jahrhundert gelten Geschlechtskrankheiten als Symbol für eine durch eine verdorbene Sexualität gekennzeichnete Gesellschaft. Geschlechtskrankheiten wurden zum Symbol für Verschmutzung und Verseuchung, sie galten als Zeichen einer tiefverwurzelten sexuellen Unordnung, einer Form der Freizügigkeit, die man als Zerfall der sozialen Ordnung begriff. In der Einstellung gegenüber Geschlechtskrankheiten spiegelt sich die alte Gleichsetzung von Krankheit mit Schmutz und Unsauberkeit wider, es drücken sich in ihr weitverbreitete Einstellungen und Werte aus. Seit dem Ende des 19. Jahrhunderts wissen wir, daß Geschlechtskrankheiten durch Mikroorganismen verursacht werden, doch nach wie vor gilt die Gleichsetzung von Schmutz und Krankheit.«

Weil man diese Krankheiten als eine Strafe für Sittenlosigkeit ansah und als Bedrohung für Menschen, die ihren Ehepartnern nicht treu waren, nahmen manche Vertreter des öffentlichen Gesundheitswesens die Entdeckung des Penicillin im Jahr 1943, das endlich die Behandlung venerischer Erkrankungen ermöglichte, mit gemischten Gefühlen zur Kenntnis. Syphilis und Gonorrhö hatte man nun allem Anschein nach unter Kontrolle. Gesellschaftskritische Stimmen gaben zu bedenken, daß ohne das Damoklesschwert der Geschlechtskrankheiten die sexuellen Ausschweifungen überhandnehmen würden.

William Snow, der in vorderster Front gegen die Geschlechtskrankheiten gekämpft hatte, schrieb: »Es ist eine berechtigte Frage, ob wir, wenn wir die Geschlechtskrankheiten ausrotten, ohne parallel dazu der Entwicklung von moralischen Werten, von Selbstkontrolle und Verantwortungsgefühl im Sexualleben entsprechende Aufmerksamkeit zu schenken, die Menschheit nicht womöglich ins Unglück stürzen, anstatt daß wir ihre Vollendung befördern.« Dr. John Stokes, ein führender Kopf auf dem Gebiet der Erforschung sexuell übertragbarer Krankheiten, sagte, er befürchte, die Antibiotika könnten »in eine Welt führen, in der Promiskuität erlaubt, verbreitet und geschützt ist«. Philip Mather von der American Social Hygiene Association meinte dazu: »Wenn man sich mit Geschlechtskrankheiten befaßt, befaßt man sich mit Sex, und wenn man sich mit Sex befaßt, befaßt man sich mit der für die Menschheit wichtigsten Sache. Wir können das nicht *heilen.*« Brandt merkt dazu ironisch an: »Mit dieser Formulierung hat Mather die Sexualität selbst zu einer Krankheit gemacht.«

Die Geschlechtskrankheiten sind natürlich nicht verschwunden, vielmehr hat ihre Häufigkeit seit den sechziger Jahren zugenommen. Ärzte und Vertreter des Gesundheitswesens machten die sogenannten »drei P« dafür verantwortlich: Permissivität, Promiskuität und die Pille. Brandt sieht das anders: Seiner Ansicht nach spielt eine viel größere Rolle, daß die öffentlichen Mittel für Diagnose und Behandlung von Geschlechtskrankheiten stark beschnitten wurden, daß man Gruppen mit einem hohen Erkrankungsrisiko wie Homosexuellen nicht besondere Aufmerksamkeit schenkte, daß der Verkauf von Kondomen oft durch gesetzliche Bestimmungen behindert wurde und daß die Nation in eine moralische Vorwurfshaltung zurückgefallen ist.

Seit den sechziger Jahren hat die medizinische Forschung immer mehr Krankheiten als sexuell übertragbar eingestuft. Heute umfaßt die Liste ungefähr zwanzig Krankheiten, darunter Herpes genitalis, Chlamydien, Papillomaviren, die Feigwarzen verursachen, Hepatitis B und natürlich Aids. Heute sehen wir uns einer Fülle sexuell übertragbarer Krankheiten gegenüber und einem nicht enden wollenden Strom von Artikeln in Zeitungen und Zeitschriften, die uns vor den damit verbundenen Gefahren warnen. Durch alle diese Berichte zieht sich als roter Faden ein moralisches Urteil: Sexuell übertragbare Krankheiten sind ein Symptom des zügellosen Lebens, das eigentliche Problem ist die Promiskuität.

Aber wie groß ist das Problem tatsächlich? Neuere Untersuchungen enthalten sehr unterschiedliche Angaben über Infektionsraten. So schätzt beispielsweise eine angesehene gemeinnützige Einrichtung, das Alan Guttmacher Institute, daß sich jedes Jahr 200 000 bis 500 000 Menschen neu mit Herpes genitalis infizieren. Im Gegensatz dazu veranschlagte Joseph D. Lossick, Epidemiologe an den Centers for Disease Control and Prevention, die Zahl der jährlichen Neuinfektionen mit 150 000 bis 200 000. Nach Angaben des Alan Guttmacher Institute infizieren sich pro Jahr eine Million Amerikaner mit Gonorrhö, Lossick zufolge liegt die Zahl eher bei 150 000 bis 200 000. Lossick, ein führender Wissenschaftler in einem Zentrum, das sich mit der Erforschung von Krankheiten und ihrer Ausbreitung befaßt, ist keineswegs bestrebt, das Problem herunterzuspielen. Er schreibt, die sexuell übertragbaren Krankheiten »waren und sind auf einem Niveau, daß man von einer Epidemie sprechen muß«.[1]

Die enormen Unterschiede bei den Angaben über Infektionsraten spiegeln erhebliche Defizite bei der Datensammlung wider. Es ist das Dilemma des Gesundheitswesens, daß wir keine Aussagen über Risiko und risikoreiches Verhalten machen können, wenn wir nicht wissen, wie verbreitet die Krankheiten sind und welche Personengruppen vorrangig betroffen sind. Es ist beispielsweise durchaus plausibel, daß Geschlechtskrankheiten in Vierteln, in denen sozial Schwache leben, und in Randgruppen besonders häufig vorkommen könnten. Ebenso plausibel aber ist es, daß sie die gesamte Bevölkerung unabhängig von Rasse, Einkommen und geographischer Herkunft treffen können. Doch es wurde noch keine systematische landesweite Untersuchung zur Epidemiologie der Geschlechtskrankheiten durchgeführt.

Die Gesundheitsämter bitten die Ärzte, ihnen sexuell übertragbare Krankheiten zu melden, aber nur wenige niedergelassene Ärzte tun das auch. Staatliche Krankenhäuser melden ihre Zahlen, aber sie melden die Fälle, nicht die Patienten. Wenn ein Patient einmal wegen Gonorrhö ins Krankenhaus kommt, behandelt wird und einen Monat später mit einer anderen Geschlechtskrankheit wiederkommt, meldet das Krankenhaus zwei scheinbar unabhängige Fälle. Wenn er und seine Partnerin oder sein Partner sich immer wieder gegenseitig anstecken, werden die Erkrankungen der beiden als eine Abfolge einzelner Fälle registriert, und statistisch sieht es so aus, als seien mehr Personen betroffen als die tatsächlichen zwei. Will man eine Aussage über die Infektionshäufigkeit machen, so wird die Zahl zu hoch sein, wenn man sich auf die Statistiken staatlicher Kliniken stützt, und zu niedrig, wenn man die Angaben niedergelassener Ärzte zugrunde legt.

Jede sexuell übertragbare Krankheit stellt die Epidemiologen vor eigene Probleme, wenn sie versuchen herauszufinden, wie viele und welche Personen sich infizieren. Bei Herpes sind die Verhältnisse anders als bei Chlamydien, wieder anders sind sie bei Gonorrhö – die Vielfalt statistischer Befunde macht das Problem für die Forscher unlösbar.

Bei Herpes wird die Erhebung von Daten über Neuinfektionen dadurch erschwert, daß diese Virusinfektion nicht meldepflichtig ist, das heißt, die Ärzte müssen ihre Fallzahlen nicht an die Gesundheitsämter melden, und es werden landesweit keine Daten gesammelt, wie viele Menschen sich infiziert haben. Es kommt hinzu, daß Herpes-Infektionen immer wieder auftreten können, denn manchmal bleibt das Virus im Körper, ohne Symptome zu verursachen, bis die Krankheit nach Jahren wieder ausbricht. Ein bestimmter Teil der Herpes-Fälle, die heute registriert werden, sind somit Erkrankungen, die bei denselben Personen bereits früher diagnostiziert wurden.

Chlamydien-Infektionen sind ebenfalls nicht meldepflichtig, auch hier sind Aussagen über die Zahl der Infizierten also schwierig. Hinzu kommt bei Chlamydien noch ein zusätzliches Problem: Die Infektion ist schwer zu diagnostizieren. Zuverlässige Labortests sind teuer und werden in den Kliniken oftmals nicht durchgeführt.

Selbst bei einer meldepflichtigen Krankheit wie Gonorrhö können die Epidemiologen nicht ohne weiteres sagen, wie häufig sie ist. Rund 75 Prozent der Fälle werden von Einrichtungen des öffentlichen Gesundheitswesens gemeldet, zum Beispiel von Kliniken, die auf die Behandlung von Geschlechtskrankheiten spezialisiert sind. Über die Zahl der Patienten, die zu niedergelassenen Ärzten gehen und dort behandelt werden, wissen wir nur wenig.

Aus diesen Gründen sind alle landesweiten Statistiken über die Verbreitung sexuell übertragbarer Krankheiten hoffnungslos unzulänglich. Deshalb war es überraschend festzustellen, daß zumindest jeder sechste Amerikaner einmal eine solche Infektion gehabt hat.

Wenn wir wissen, wie viele Menschen infiziert sind, haben wir freilich nur einen Teil des Problems gelöst. Eine andere Frage lautet, welche Personen mit welchen sozialen Merkmalen besonders häufig durch sexuell übertragbare Krankheiten betroffen sind. Bei der Beantwortung dieser Frage konnten wir Antworten aus anderen Teilen unseres Fragebogens mit heranziehen: Wie viele Sexualpartner hatten die mit einer Geschlechtskrankheit infizierten Befragten gehabt? Wie war ihre Einstellung zum Sex? Betrachteten sie sexuellen Verkehr als einen Ausdruck der Liebe zwischen zwei Menschen oder als Freizeitvergnügen von Erwachsenen ohne weitergehende Verpflichtung? Waren die Betroffenen Alkoholiker? Hatten sie in der Schule Sexualkundeunterricht gehabt? All diese Angaben fügten wir zusammen, um ein Risikoprofil zu erstellen, das Aussagen darüber erlaubt, welche Personen sich mit größerer Wahrscheinlichkeit eine sexuell übertragbare Krankheit zuziehen und welche vergleichsweise sicher davor sind.

Die Personen mit dem höchsten Infektionsrisiko haben ein Merkmal gemeinsam: die große Anzahl von Sexualpartnern. Personen mit vielen Sexualpartnern, besonders wenn sie nur selten Kondome benutzen, haben ein zehnmal größeres Erkrankungsrisiko als Personen mit nur einem oder wenigen Sexualpartnern. Das Erkrankungsrisiko korreliert mit bestimmten Verhaltensweisen und Einstellungen, die mit häufigem Partnerwechsel einhergehen. Demgegenüber ist es von untergeordneter Bedeutung, ob die Betroffenen schwarz oder weiß sind, Latinos, Asiaten oder gebürtige Amerikaner. Es spielt auch keine große Rolle, ob sie in der Schule Sexualkundeunterricht hatten oder nicht. Es ist egal, ob sie reich sind oder arm, ob sie einen Collegeabschluß haben oder vorzeitig von der High-School abgegangen sind. Die ausschlaggebende Variable, das entscheidende Merkmal für risikoreiches Verhalten ist die Angabe, daß ein Befragter ungeschützten Geschlechtsverkehr mit einer Vielzahl von Partnern hat.

Abbildung 17 auf der folgenden Seite zeigt, daß bei einem Mann, der in seinem Leben zwei bis vier Sexualpartner(innen) hat, das Risiko, sich mit einer bakteriell verursachten, sexuell übertragbaren Krankheit zu infizieren, bei etwa 3 Prozent liegt. Wenn die Zahl der Sexualpartner(innen) größer wird, steigt das Infektionsrisiko entsprechend, bei mehr als zwanzig Partnern liegt es schließlich bei 28 Prozent, das heißt, es hat sich um das Zehnfache erhöht. Das gleiche Muster gilt auch für Frauen. Für eine Frau mit zwei bis vier Sexualpartnern im Laufe ihres Lebens liegt das Infektionsrisiko für bakterielle Geschlechtskrankheiten bei 5 Prozent. Hatte sie im Laufe ihres Lebens mehr als zwanzig Partner, steigt das Risiko auf bis zu 35 Prozent.

Schaubild b) von Abbildung 17 zeigt, daß für Männer und Frauen mit vielen Sexualpartnern auch das Risiko, an einer virusbedingten Geschlechtskrankheit zu erkranken, relativ groß ist. Durch Viren verursachte Geschlechtskrankheiten sind im Gegensatz zu bakteriell verursachten nicht heilbar. Der Zusammenhang zwischen Erkrankungsrisiko und Zahl der Geschlechtspartner springt ins Auge: Eine Frau, die zwei bis vier Partner im Laufe ihres Lebens hat, erkrankt mit einer Wahrscheinlichkeit von 4 Prozent, bei über zwanzig Sexualpartnern liegt die Wahrscheinlichkeit bei 32 Prozent.

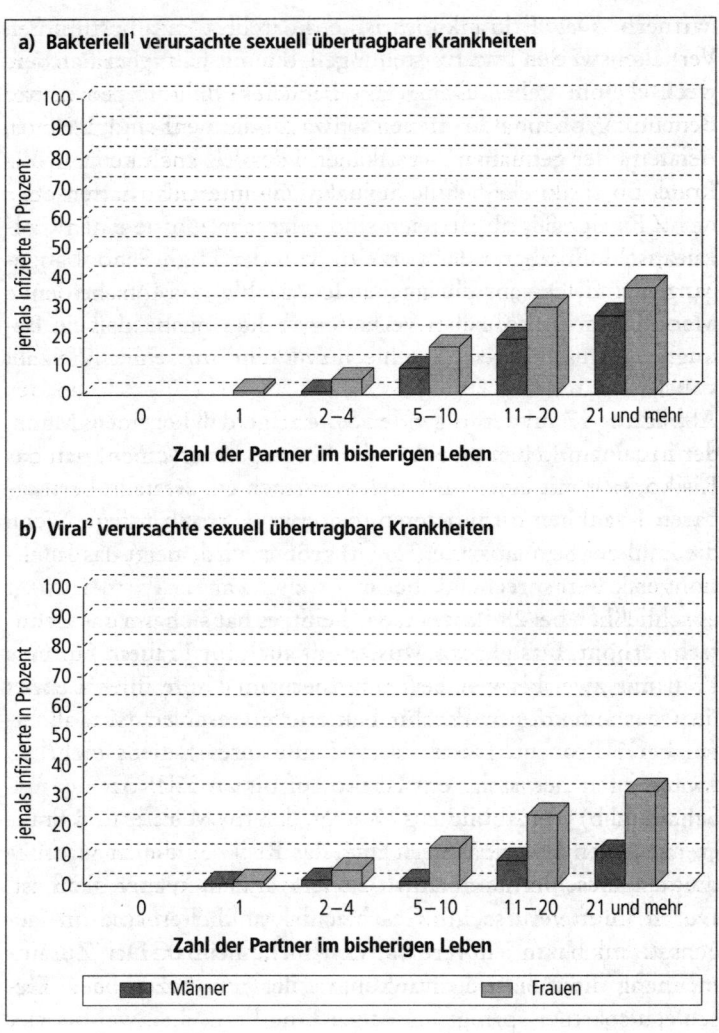

a) Bakteriell¹ verursachte sexuell übertragbare Krankheiten

jemals Infizierte in Prozent

Zahl der Partner im bisherigen Leben

b) Viral² verursachte sexuell übertragbare Krankheiten

jemals Infizierte in Prozent

Zahl der Partner im bisherigen Leben

Männer　　Frauen

¹ Darunter fallen Gonorrhö, Chlamydien, Syphilis, Harnröhrenentzündung durch Mykoplasmen und Unterleibsentzündung.

² Darunter fallen Feigwarzen, Herpes genitalis, Hepatitis B und HIV / Aids.

252

Wir haben auch untersucht, ob ein Zusammenhang zwischen der Zahl der Sexualpartner in den letzten zwölf Monaten und der Diagnose einer Geschlechtskrankheit besteht. Entsprechend dem in Abbildung 17 erkennbaren Zusammenhang zwischen der Zahl der Sexualpartner im Laufe des Lebens und dem Erkrankungsrisiko läßt sich auch ein Zusammenhang zwischen der Zahl der Sexualpartner im letzten Jahr und dem Erkrankungsrisiko nachweisen.

Von den Befragten, die in den letzten zwölf Monaten einen Sexualpartner gehabt hatten, hatte sich 1 Prozent mit einer sexuell übertragbaren Krankheit infiziert, einschließlich der durch Viren verursachten Krankheiten wie Herpes. Von den Befragten mit zwei bis vier Sexualpartnern waren es 4,5 Prozent und von den Befragten mit fünf oder mehr Partnern bereits 5,9 Prozent. Je mehr Sexualpartner ein Befragter gehabt hatte, mit desto mehr Krankheiten hatte er sich infiziert, und zwar sowohl im letzten Jahr wie auch in seinem gesamten bisherigen Leben.

Einige Krankheiten traten bei bestimmten Bevölkerungsgruppen besonders häufig auf. Schwarze Amerikaner litten zweimal so häufig wie weiße oder Latinos an Gonorrhö, aber seltener an virusbedingten Erkrankungen, vor allem Warzen. Daß bei schwarzen Amerikanern seltener virusbedingte Geschlechtskrankheiten diagnostiziert werden, könnte mit der Art der medizinischen Versorgung zusammenhängen, die sie erhalten. Sie werden öfter in Kliniken behandelt, die zwar die finanziellen Mittel haben, um Gonorrhö zu diagnostizieren, aber nicht immer ausreichend Geld, um aufwendigere Untersuchungen auf Viruskrankheiten durchzuführen. Ein anderer Grund könnte sein, daß die Durchseuchungsquote der Schwarzen bei Virus-

← **Abbildung 17:** Prozentsatz der Infektionen mit eventuell übertragbaren Krankheiten, auf die Lebensspanne bezogen, nach Zahl der Partner und Geschlecht.

krankheiten geringer ist und die Infektionsrate niedrig bleibt, weil Schwarze selten nicht-schwarze Sexualpartner haben.

Bei Gonorrhö geben uns die Infektionsraten ein Rätsel auf. Möglicherweise spiegelt sich in den Daten auch die Tatsache wider, daß die meisten Amerikaner ihre Sexualpartner in einem eng begrenzten Kreis finden. So könnte sich beispielsweise eine Gonorrhö-Epidemie unter den Schwarzen ausbreiten und auf diese Gruppe beschränkt bleiben.

Kann man Genaueres über die Personen sagen, die viele Sexualpartner haben? Wer sind ihre Sexualpartner? Wenn wir aus unserem Fragebogen die verschiedenen Antworten zu Fragen nach Sexualverhalten und Partnerwahl zusammentragen, erhalten wir ein typisches Profil. Die Homosexuellen können wir nicht als eigene Gruppe betrachten, weil die Fallzahlen zu gering waren. Aber für homosexuelle Männer gelten die gleichen Risikofaktoren wie für heterosexuelle, unsere Ergebnisse treffen für sie in gleicher Weise zu. Lesbische Frauen können ebenso gefährdet sein, weil bei oralen oder genitalen Kontakten Krankheiten übertragen werden können.

Wir fragten zum Beispiel, ob Personen mit zahlreichen Sexualpartnern mehrere monogame Beziehungen hintereinander hatten oder eher mehrere nicht-monogame Beziehungen gleichzeitig. Aus den Daten geht hervor, daß mit der Zahl der Sexualpartner die Wahrscheinlichkeit nicht-monogamer Beziehungen steigt. Weiter haben wir herausgefunden, daß die Sexualpartner der Befragten mit zahlreichen sexuellen Kontakten ebenfalls nicht monogam lebten. Mit anderen Worten: Wer sexuellen Verkehr mit zahlreichen Partnern hat, hat es mit großer Wahrscheinlichkeit mit Partnern zu tun, die ihrerseits viele Sexualpartner und darum ein überdurchschnittliches Risiko haben, sich mit einer Geschlechtskrankheit zu infizieren.

In der Regel wissen die Menschen ziemlich genau, ob ihr Partner oder ihre Partnerin treu ist. Personen, die nur einen Partner haben, wollen und erwarten Treue, während Personen mit mehreren Partnern seltener damit rechnen, daß ihre Partner monogam leben.

So gaben beispielsweise 98 Prozent der Frauen und Männer, die im letzten Jahr nur einen Sexualpartner beziehungsweise nur eine Sexualpartnerin hatten, an, soweit sie wüßten, sei ihr(e) Partner(in) ihnen treu gewesen, und ebenso viele sagten, sie erwarteten auch Treue von ihrem Partner beziehungsweise ihrer Partnerin. Von den Befragten mit drei Partnern im letzten Jahr berichteten nur 78 Prozent, ihr Hauptpartner sei ihnen treu gewesen, und nur 87 Prozent erwarteten Treue. Das heißt, die Befragten, die mehrere Partner(innen) hatten, rechneten damit, daß ihr(e) Hauptpartner(in) noch mehrere andere Partner(innen) hatte. Und die weiteren Partner neben dem Hauptpartner waren, das liegt auf der Hand, noch seltener treu als der Hauptpartner. Die weiteren Partner waren seltener treu, Treue wurde seltener von ihnen erwartet, und sie hatten mit größerer Wahrscheinlichkeit noch andere Sexualkontakte im Laufe des zurückliegenden Jahres.

Je mehr Sexualpartner jemand hat, desto größer ist die Wahrscheinlichkeit, daß er Geschlechtsverkehr mit Partnern hat, die er nicht gut kennt. Wir fragten beispielsweise die Personen, die zwei Partner im letzten Jahr gehabt hatten, ob sie einen der beiden vor dem ersten Geschlechtsverkehr weniger als zwei Tage gekannt hätten, und einer unter sechs bejahte die Frage. Bei Personen mit drei oder mehr Partnern im letzten Jahr bejahte bereits einer unter drei. Etwa ein Viertel der Befragten mit zwei Partnern im letzten Jahr sagten, sie hätten nur eine Nacht mit dem anderen Sexualpartner verbracht – sie hatten einmal mit jemandem geschlafen, den sie gerade erst kennengelernt hatten und den sie danach nie wiedersahen. Bei den Befragten mit drei oder mehr Partnern im letzten Jahr hatten fast zwei Drittel einen solchen »One-Night-Stand« erlebt.

Die Befragten mit zahlreichen Sexualpartnern neigten zu risikoreichem Sexualverhalten, das heißt zu ungeschütztem Geschlechtsverkehr. Abbildung 18 auf der folgenden Seite zeigt, daß die Befragten mit mehreren Sexualpartnern insgesamt zwar häufiger Kondome benutzten. Aber fast die Hälfte der Befragten mit einem hohen Risiko gaben an, sie benutzten bei vaginalem Verkehr mit ihrem wichtigsten oder zweitwichtigsten Partner kein Kondom. Diese Befragten waren bei ihrem Hauptpartner vorsichtiger als Befragte mit weniger Partnern insgesamt, möglicherweise wollten sie die Ehefrau oder den Liebhaber vor einer Infektion schützen. Doch der seltene Gebrauch von Kondomen läßt vermuten, daß sie sich und ihre Partner trotz allem einem hohen Infektionsrisiko aussetzen. Personen mit vielen Sexualkontakten benutzen Kondome häufiger mit anderen Partnern als mit ihrem Hauptpartner. Offensichtlich wollen sie sich in Situationen, die sie als relativ risikoreich einschätzen, besser schützen.

Weiter fanden wir heraus, daß diejenigen Befragten die meisten Sexualpartner hatten, die für Sex bezahlten. Rund 3 Prozent derjenigen, die im letzten Jahr drei oder mehr Partner gehabt hatten, gaben an, sie hätten für Sex bezahlt. Pauschal gesagt hatte kein Befragter mit weniger als drei Partnern im letzten Jahr für Sex bezahlt. Die Befragten mit den meisten Sexualpartnern hatten auch am ehesten Erfahrungen mit Gruppensex und Analverkehr.

Die Befragten mit vielen Sexualpartnern gaben besonders häufig an, sie seien bei ihrem letzten Verkehr durch Alkohol oder Drogen »stark angeregt« gewesen. Möglicherweise trug der Einfluß von Alkohol oder Drogen dazu bei, daß sie mit einer nahezu unbekannten Person Geschlechtsverkehr hatten und deutlich seltener ein Kondom benutzten.

All diese Einzelheiten fügen sich zu einem sehr klaren Bild. Je mehr Sexualpartner jemand hat, desto höher ist die Wahrscheinlichkeit, daß er mit Partnern verkehrt, die ihrerseits zahlreiche Partner haben, daß er mit fast Fremden verkehrt und daß er beim Geschlechtsverkehr unter dem Einfluß von Alkohol oder

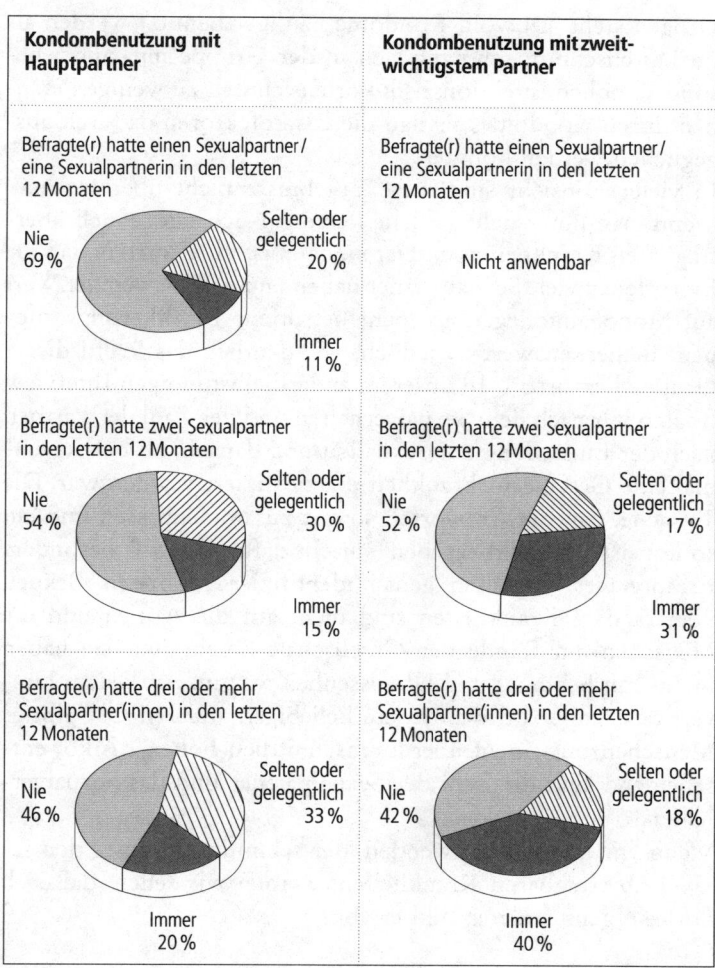

Kondombenutzung mit Hauptpartner	Kondombenutzung mit zweitwichtigstem Partner

Befragte(r) hatte einen Sexualpartner / eine Sexualpartnerin in den letzten 12 Monaten

Nie 69%
Selten oder gelegentlich 20%
Immer 11%

Befragte(r) hatte einen Sexualpartner / eine Sexualpartnerin in den letzten 12 Monaten

Nicht anwendbar

Befragte(r) hatte zwei Sexualpartner in den letzten 12 Monaten

Nie 54%
Selten oder gelegentlich 30%
Immer 15%

Befragte(r) hatte zwei Sexualpartner in den letzten 12 Monaten

Nie 52%
Selten oder gelegentlich 17%
Immer 31%

Befragte(r) hatte drei oder mehr Sexualpartner(innen) in den letzten 12 Monaten

Nie 46%
Selten oder gelegentlich 33%
Immer 20%

Befragte(r) hatte drei oder mehr Sexualpartner(innen) in den letzten 12 Monaten

Nie 42%
Selten oder gelegentlich 18%
Immer 40%

Abbildung 18: Häufigkeit der Kondombenutzung in den letzten zwölf Monaten mit Hauptpartner/in und zweitwichtigstem Partner/zweitwichtigster Partnerin.

Drogen steht. Obwohl Kondome häufiger benutzt werden als im Durchschnitt, schützen sich in der Gruppe mit einem besonders hohen Infektionsrisiko offensichtlich zu wenige Personen durch Kondome, als daß die Risikofaktoren dadurch ausgeglichen werden könnten.

In vieler Hinsicht sind diese Ergebnisse nicht überraschend. Wenn man untersucht, welche Personen sich mit sexuell übertragbaren Krankheiten infizieren, dann ist zu erwarten, daß die Betroffenen viele Sexualpartner haben und daß sie weniger Wert auf Monogamie legen als nicht betroffene Bevölkerungsgruppen. Bemerkenswert ist jedoch, wie deutlich das Profil dieser Gruppe hervortritt. In unserem anderthalbstündigen Interview fragten wir nach dem Sexualverhalten und der Zahl der Partner, nach der Einstellung zur Sexualität und danach, ob bereits einmal eine Geschlechtskrankheit diagnostiziert worden war. Die Tatsache, daß die Antworten so gut zusammenpassen und ein so konsistentes Bild ergeben, spricht dafür, daß wir besonders risikoreiches Verhalten genau identifizieren können. Sexuell übertragbare Krankheiten sind nicht auf die Armen und die Menschen am Rande der Gesellschaft beschränkt, sie haben nichts mit Schmutz und Unwissenheit zu tun. Auf jedem Universitätscampus oder an jedem beliebigen anderen Ort gibt es Menschen mit einem überdurchschnittlich hohen Risiko; entscheidend sind die Zahl der Sexualpartner und das Sexualverhalten.

Wenn wir uns Aids zuwenden, der schlimmsten unter den sexuell übertragbaren Krankheiten, werden wir sehen, daß sich dort ein ganz anderes Bild ergibt.

11

Aids

In der zweiten Dekade des Aids-Zeitalters in Amerika scheinen die verheerenden Folgen der Krankheit unüberschaubarer und beunruhigender denn je. Unaufhaltsam schlägt Aids eine Schneise des Todes durch das Land. Die Prognosen von Wissenschaftlern und Politikern über den künftigen Verlauf der Krankheit klingen höchst besorgniserregend, und manchmal sieht es so aus, als sei das Land völlig machtlos gegen die erwartete gnadenlose Ausbreitung des Virus. Dazu kommt, daß die wenigen harten Fakten, die wir haben, mit vielen Spekulationen vermischt sind.

Wir können keine definitiven Antworten auf die drängendsten Fragen zu Aids geben, wohl aber eine Einschätzung, die auf unserem Wissen darüber basiert, wie Menschen ihre Partner wählen, wie viele Partner sie haben und mit welcher Häufigkeit das Immunschwächevirus durch Geschlechtsverkehr verbreitet wird. Aus den Antworten der von uns Befragten können wir ein Bild vom gegenwärtigen Stand und von der Zielrichtung der Epidemie gewinnen. Wir können realistisch einschätzen, für wen das Risiko einer Infektion am größten ist und warum, und wir können sagen, für wen es geringer ist. Unser Bild der Epidemie widerspricht vielen öffentlichen Verlautbarungen, es stimmt aber mit der Meinung vieler Experten und den landesweiten Daten zu HIV-Infektionen überein.

Spekulationen über den Verlauf der Epidemie begannen bereits kurz nachdem die neue Krankheit, die wir heute Aids nennen, bekannt geworden war. Damals war unklar, in welchem Maße sie sich ausbreiten würde und wer dem Risiko einer Infektion ausgesetzt war, doch stellte sich bald heraus, daß die wichtigsten Risikogruppen erstens Männer waren, die mit anderen Männern geschlechtlich verkehrten, zweitens Drogenabhängige, die sich die Droge intravenös spritzten, sowie deren Partner und Kinder und drittens Bluter und andere Empfänger verseuchter Blutprodukte. Die letzte Gruppe ist bei entsprechender Kontrolle der Blutkonserven nicht mehr gefährdet. Die drängendsten Fragen betreffen heute die anderen beiden Gruppen.

Als die Epidemie sich ausbreitete, sagten einige Wissenschaftler, Vertreter der Öffentlichkeit und Aids-Aktivisten, sie werde die ganze Bevölkerung erfassen oder aber zumindest bestimmte, angeblich besonders gefährdete Gruppen wie High-School-Schüler und College-Studenten. Andere bestritten dies mit dem Hinweis, daß die meisten der mit dem Immunschwächevirus infizierten jungen Menschen denselben Gruppen angehörten, die in der ersten Phase der Epidemie vornehmlich betroffen gewesen seien: Männern, die mit anderen Männern geschlechtlich verkehrten, Drogenabhängigen und deren Sexualpartnern.

Da es in der Frage, wer in welchem Maße gefährdet sei, keine einheitliche Meinung gab, waren viele Menschen nicht in der Lage, das Risiko für sich selbst einzuschätzen. Auch landesweit konnte keine befriedigende Marschroute festgelegt werden. Welches Risiko geht eine ledige Frau in einer Stadt mit wenigen Aids-Fällen wie Des Moines in Iowa ein, wenn sie ungeschützt mit einem Mann sexuell verkehrt, den sie regelmäßig sieht? Welches Risiko geht im Vergleich dazu ein Mann ein, der gelegentlich ungeschützt mit einer Frau verkehrt, die er in einer Bar einer Stadt wie New York trifft, wo das Virus seit langem stark verbreitet ist? Wird sich das Aids-Virus weiterhin unter homosexuellen Männern und Drogenabhängigen ausbreiten, oder wird seine Verbreitung langsam zurückgehen, je mehr Menschen sich gegen eine Ansteckung schützen?

Die Fragen haben politische Implikationen. Wird Amerika etwas gegen Aids tun, wenn Aids eine Krankheit vor allem der homosexuellen Männer und Drogenabhängigen bleibt, die überwiegend Schwarze oder Latinos und sehr arm sind? Oder werden wir Aids erst bekämpfen, wenn wir fürchten müssen, daß wir selbst oder unsere Kinder gefährdet sind?

Wenn Aids dagegen eine Krankheit ist, die schnell auf heterosexuelle Angehörige der Mittelschicht übergreift, was können wir dann tun, um die zu schützen, die Aids weiter für eine Krankheit der Homosexuellen und Drogenabhängigen halten? Eine Antwort darauf geben die National Commission on Aids und viele Hilfsgruppen für Menschen mit Aids. Sie sagen, jeder sei gefährdet, denn Aids mache keine Unterschiede.

Mary Fisher, ein früheres Kommissionsmitglied, führt ihre eigene Situation als Beispiel dafür an, daß jeder Aids bekommen kann. Mary Fisher ist HIV-positiv. Obwohl eine Aids-Infektion in ihrem Fall höchst unwahrscheinlich war, wurde sie, eine Frau aus dem wohlhabenden Bürgertum, laut eigener Aussage durch ihren früheren Mann angesteckt, der sich Drogen spritzte. Heute spricht sie überall im Land über die Bedrohung, welche die Seuche für uns alle darstellt.

Auch David Rogers, stellvertretender Vorsitzender der National Commission on Aids, sagt: »Wir haben nach Kräften versucht, deutlich zu machen, daß Aids eine Krankheit ist, die alle angeht.« Eine andere landesweite Kommission jedoch, ein hochkarätiger, vom Nationalen Forschungsrat zusammengestellter Ausschuß, kommt zu einem anderen Ergebnis. In seinem Bericht *The Social Impact of AIDS in the United States* heißt es, Aids breite sich nicht auf die allgemeine Bevölkerung aus.[1] Die Krankheit konzentriere sich statt dessen auf die schmalen Randgruppen der Armen und Rechtlosen und der Schwarzen und Latinos, die bereits unter einer »Synergie« von Seuchen litten, wie der Ausschuß es ausdrückte. Die durch eine Aids-Infektion bedrohten Menschen seien bereits eine Gruppe, in der »Armut, schlechte Gesundheit und mangelnde Gesundheitsfürsorge, unzureichende Ausbildung, Arbeitslosigkeit, Hoffnungslosigkeit und soziale Desintegration das persönliche und gesellschaftliche Leben zerstören«. Weiter heißt es in dem Bericht: »Viele Landesteile und Bevölkerungsschichten sind von der Seuche nahezu unberührt, und daran wird sich wahrscheinlich auch nichts ändern; andere abgegrenzte Gebiete und Bevölkerungsgruppen dagegen leiden verheerend unter ihren Auswirkungen, und auch daran wird sich wohl nichts ändern.«

Mit welchen Strategien Aids am besten bekämpft werden kann, hängt davon ab, wer recht hat: Ist Aids eine »Krankheit, die alle angeht«, wie David Rogers sagt, oder ist es eine Krankheit der Armen, also überwiegend der Schwarzen und Latinos in einigen innerstädtischen Ghettos, und der homosexuellen Männer einiger Städte? Oder anders ausgedrückt: Wer infiziert sich, und wie leicht breitet sich die Krankheit aus? Um diese Fragen zu beantworten, müssen wir uns mit den sozialen Gruppen beschäftigen, in denen HIV-Infektionen auftreten, und mit der Wahrscheinlichkeit, daß sich das Virus von diesen Gruppen auf andere ausbreitet, die bis jetzt weitgehend verschont geblieben sind.

Eine Erörterung dieser Problematik berührt auch die Frage nach dem Wesen einer Epidemie. Im wissenschaftlichen Sinn ist eine Epidemie eine Krankheit, die sich rasch ausbreitet, im Gegensatz zu einer Krankheit, die zwar nie ganz verschwindet, aber auch nicht jedes Jahr eine große Zahl von Menschen erfaßt. In den Vereinigten Staaten etwa gibt es jeden Winter eine Grippe-Epidemie. Das Grippevirus des jeweiligen Jahres breitet sich rasch über das ganze Land aus und befällt ein Opfer nach dem anderen, bis es zuletzt abstirbt. Im Gegensatz dazu gibt es keine Epidemie von Herzkrankheiten. Zwar gehören Herzkrankheiten nach wie vor zu den häufigsten Todesursachen, doch die Zahl der herzkranken Amerikaner geht seit Jahrzehnten zurück. Wenn Aids eine Epidemie ist, welche die ganze Bevölkerung erfassen und sich auch unter Heterosexuellen ausbreiten wird, die weder Drogenabhängige noch deren Sexualpartner sind, dann müssen wir damit rechnen, daß die Zahl der infizierten Heterosexuellen in die Höhe schnellen und sich jedes Jahr vervielfachen wird.

Wir wissen, daß Aids durch Geschlechtsverkehr übertragen wird, und zwar, wie es scheint, mit größerer Wahrscheinlichkeit durch Analverkehr als durch Vaginalverkehr. Wir wissen weiter, daß die Wahrscheinlichkeit einer Übertragung auch dann groß ist, wenn ein infizierter Drogenabhängiger die Injektionsnadel mit nichtinfizierten Abhängigen teilt.

Aber wir wissen auch etwas anderes, das der Gefahr einer Epidemie entgegensteht: Verglichen mit anderen Krankheiten, darunter auch sexuell übertragbaren Krankheiten, ist es für das HIV-Virus sehr schwer, sich auszubreiten.

Wissenschaftler der Centers for Disease Control and Prevention haben die Möglichkeit einer Übertragung des HIV-Virus durch vaginalen, analen oder oralen Geschlechtsverkehr untersucht. Ihre Studie basiert auf den Daten von Blutern sowie Männern und Frauen, die sich durch Bluttransfusionen zu Beginn der Epidemie infiziert haben. Da viele dieser Personen verheiratet waren oder regelmäßigen Geschlechtsverkehr mit nur einem Partner hatten, konnte man ermitteln, wie oft eine infizierte Person im Durchschnitt ungeschützten Verkehr hatte, bevor sie oder ihr Partner sich infizierte.

Aufgrund dieser Daten schätzte man die Wahrscheinlichkeit, daß ein Aids-Infizierter Mann eine Frau beim einmaligen ungeschützten Geschlechtsverkehr ansteckt, auf eins zu fünfhundert.[2] Die Übertragung von einer Frau auf einen Mann ist noch weniger wahrscheinlich – genaue Zahlen sind unbekannt. Analverkehr erhöht das Risiko einer Übertragung, doch auch hier ist das genaue Risiko nicht bekannt. Insgesamt jedoch dürfte die Möglichkeit, daß ein infizierter Mann oder eine infizierte Frau das Virus beim einmaligen vaginalen oder analen Geschlechtsverkehr überträgt, bei ungefähr eins zu fünfhundert liegen. Die Möglichkeit verringert sich auf fast null, wenn der Mann ein Kondom verwendet (vorausgesetzt, er benutzt es richtig). Solchen Schätzungen haftet natürlich ein großer Unsicherheitsfaktor an, aber allgemein herrscht Übereinstimmung in dem wichtigen Punkt, daß die Wahrscheinlichkeit einer Übertragung des Virus beim einmaligen oralen, analen oder vaginalen Geschlechtsverkehr gering ist. Andererseits erhöht sich diese Wahrscheinlichkeit bei häufigem ungeschützten Geschlechtsverkehr mit einem infizierten Partner natürlich. Nach fünf Jahren regelmäßigen ungeschützten Verkehrs mit einem solchen Partner beträgt die Wahrscheinlichkeit einer Infektion zwei zu drei.

Andere sexuell übertragbare Krankheiten breiten sich vergleichsweise leicht aus. Die Wahrscheinlichkeit, daß ein mit Gonorrhö infizierter Mann eine Frau beim einmaligen Geschlechtsverkehr ansteckt, liegt bei eins zu zwei. Eine infizierte Frau dagegen steckt einen Mann nur mit einer Wahrscheinlichkeit von eins zu fünf an. Die Ansteckungsgefahr bei Syphilis ist fast genauso groß.

Wir wissen nicht nur, daß das Immunschwächevirus nur schwer übertragen wird, wir wissen auch, daß vergleichsweise wenig Menschen infiziert sind. In unserer Untersuchung fragten wir, ob eine HIV-Infektion diagnostiziert wurde. Bei genügend vielen Infizierten unter den Befragten mußten unsere Daten uns dann theoretisch Aufschluß darüber geben, wer Aids bekommt und auf welchem Weg es übertragen worden ist. Allerdings stießen wir hier sofort auf ein Problem. Zwar wissen viele von Aids und haben Angst davor, doch nur ein geringer Prozentsatz der Bevölkerung hat die Krankheit. Unter den bei den Gesundheitsämtern 1991 gemeldeten 12 Millionen Ansteckungen durch sexuell übertragbare Krankheiten waren nur 50 000 Aids-Infektionen. Anders ausgedrückt, Aids-Infektionen machen weniger als ein halbes Prozent aller Infektionen mit sexuell übertragbaren Krankheiten aus.

Die Gesamtzahl der amerikanischen Erwachsenen und Kinder, bei denen Aids diagnostiziert wurde, betrug Berichten zufolge Ende September 1993 rund 340 000. Davon sind etwa 205 000 gestorben. Das heißt, daß es gegenwärtig 135 000 an Aids erkrankte Amerikaner gibt.

Doch damit ist die Größenordnung des Problems nicht erschöpfend beschrieben. Der Anteil der Bevölkerung, bei dem Aids diagnostiziert wurde, gilt seit Jahren als Spitze des Eisbergs, dessen unter Wasser liegender Teil die mit dem Immunschwächevirus infizierten Personen sind, bei denen die Krankheit noch nicht diagnostiziert wurde. Die Gesundheitsämter berichteten 1989, zwischen 800 000 und 1 200 000 Amerikaner seien mit dem Virus infiziert, eine Schätzung mit einem Mittelwert von einer Million. Die Zahl der Neuinfektionen für die Jahre 1990, 1991, 1992 und 1993 wurde auf 40 000 bis 80 000 geschätzt. Ausgehend von einem Mittelwert würde das bedeuten, daß es seit 1989 240 000 Neuinfektionen gegeben hat. Stimmt die Schätzung von einer Million infizierter Amerikaner (einschließlich derer, bei denen die Krankheit ausgebrochen ist), hieße das, daß in den Vereinigten Staaten von 250 Menschen einer das Virus in sich trägt.

Verschiedene Fachleute hielten diese Zahlen für möglicherweise zu hoch, aber es gab nur sehr wenige auf direkter Beobachtung beruhende Daten, mit denen man die Frage hätte entscheiden können. Der Streit drehte sich um die mathematischen Modelle, mit denen aus der Zahl der erfaßten Aids-Fälle Schätzungen abgeleitet wurden.

Das National Center for Health Statistics versuchte in einer Studie herauszufinden, wie viele Amerikaner mit dem Virus infiziert sind. Dabei wurden 7992 willkürlich herausgegriffene amerikanische Haushalte zu Ernährung und Gesundheit befragt, und alle Befragten wurden gebeten, eine Blutprobe für einen Aids-Test zur Verfügung zu stellen. Weder Interviewer noch Befragte sollten das Ergebnis des Tests erfahren, aber anhand der Tests konnte man eine Hochrechnung erstellen, welcher Prozentsatz der in den Haushalten lebenden Amerikaner infiziert war.

Geraldine McQuillan, Epidemiologin beim National Center for Health Statistics, berichtete im Dezember 1993 auf einer medizinischen Tagung, der National Conference on Human Retroviruses and Related Infections, aufgrund der erhobenen Daten seien zwischen 300 000 und 1,02 Millionen Amerikaner infiziert; am wahrscheinlichsten sei eine Zahl um 550 000. Davon waren nach McQuillans Schätzung ungefähr die Hälfte weiße Männer, die anderen fast ausschließlich Schwarze; Frauen machten etwa ein Viertel der Infizierten aus. Laut McQuillan waren die Zahlen womöglich zu niedrig geschätzt, weil die Umfrage vermutlich viele Drogenabhängige unberücksichtigt gelassen hatte.

Immer mehr Wissenschaftler stimmen darin überein, daß die vielzitierte Zahl von einer Million HIV-positiver Amerikaner zu hoch sei. Viele halten eine Größenordnung von 600 000 bis 800 000 für wahrscheinlicher.

In unserer Befragung von 3159 Erwachsenen rechneten wir mit einer an Aids erkrankten Person und einem oder zwei HIV-Infizierten. Tatsächlich waren es dann fünf Aids-Kranke bzw. HIV-Infizierte, was jedoch im Rahmen des Erwarteten liegt, zumal wir Personen über sechzig und unter achtzehn aus unserer Befragung ausgeschlossen hatten und Aids unter jungen Erwachsenen besonders häufig ist.

Eine Umfrage unserer Größenordnung erlaubt keine Schätzung der Zahl der an Aids erkrankten oder mit dem Virus infizierten Personen. In unserer Umfrage hätten genausogut zehn Fälle oder keiner auftreten können. Dazu kommt ein weiteres Problem: Selbst wenn eine Umfrage über Sex von Interviewern durchgeführt wird, die keine Vorurteile haben, besteht immer die Möglichkeit, daß Aids-infizierte Personen ihre Ansteckung verschweigen.

Wir wollten auch wissen, ob die Befragten sich je einem Aids-

Test unterzogen oder ihr sexuelles Verhalten aufgrund des Aids-Risikos geändert hätten. Bemerkenswerterweise gaben 27 Prozent der Befragten an, sie hätten sich testen lassen. Sie waren meist jünger, relativ gebildet und lebten in größeren Städten; 30 Prozent von ihnen waren Schwarze, 26 Prozent Weiße und 25 Prozent Latinos. Von den Verheirateten hatten sich 23 Prozent testen lassen, von den ohne Trauschein zusammenlebenden Personen 37 Prozent, von den übrigen 30 Prozent. Dabei gab es keinen Unterschied zwischen Personen der unteren, mittleren und oberen Einkommensklasse.

Wichtiger ist vielleicht noch, daß unter den Personen, die sich einem Aids-Test unterzogen, besonders viele seit ihrem achtzehnten Lebensjahr viele Sexualpartner oder innerhalb der letzten zwölf Monate mehrere Partner hatten. Abbildung 19 auf der folgenden Seite zeigt, daß sich von den Befragten ohne Sexualpartner im vergangenen Jahr 19 Prozent einem Test unterzogen, von denen mit einem Partner 25 Prozent und von denen mit zwei oder mehr Partnern 35 Prozent.

Unsere Frage danach, ob sie ihr sexuelles Verhalten aufgrund von Aids verändert hätten, bejahten 30 Prozent der Befragten. Auch sie waren überwiegend jünger und lebten in Großstädten. Eine Einteilung nach Bildung oder Einkommensklasse war hier zwar nicht möglich, aber 46 Prozent derer, die diese Frage bejahten, waren Schwarze, 37 Prozent Latinos und 26 Prozent Weiße. Während nur 12 Prozent der Verheirateten angaben, sie hätten ihr Verhalten geändert, waren es bei den unverheirateten Paaren 40 Prozent und bei den übrigen Befragten 32 Prozent. Wie Abbildung 19 zeigt, gehen die Unterschiede zwischen den Befragten auch hier vor allem auf die Anzahl der Partner zurück. Von den Personen mit keinem oder einem Sexualpartner seit ihrem achtzehnten Lebensjahr sagten nur 10 Prozent, sie hätten ihr Verhalten geändert, doch je höher die Zahl der Partner steigt, desto höher steigt auch dieser Prozentsatz. Über 63 Prozent der Befragten mit über 20 Partnern im Verlauf ihres

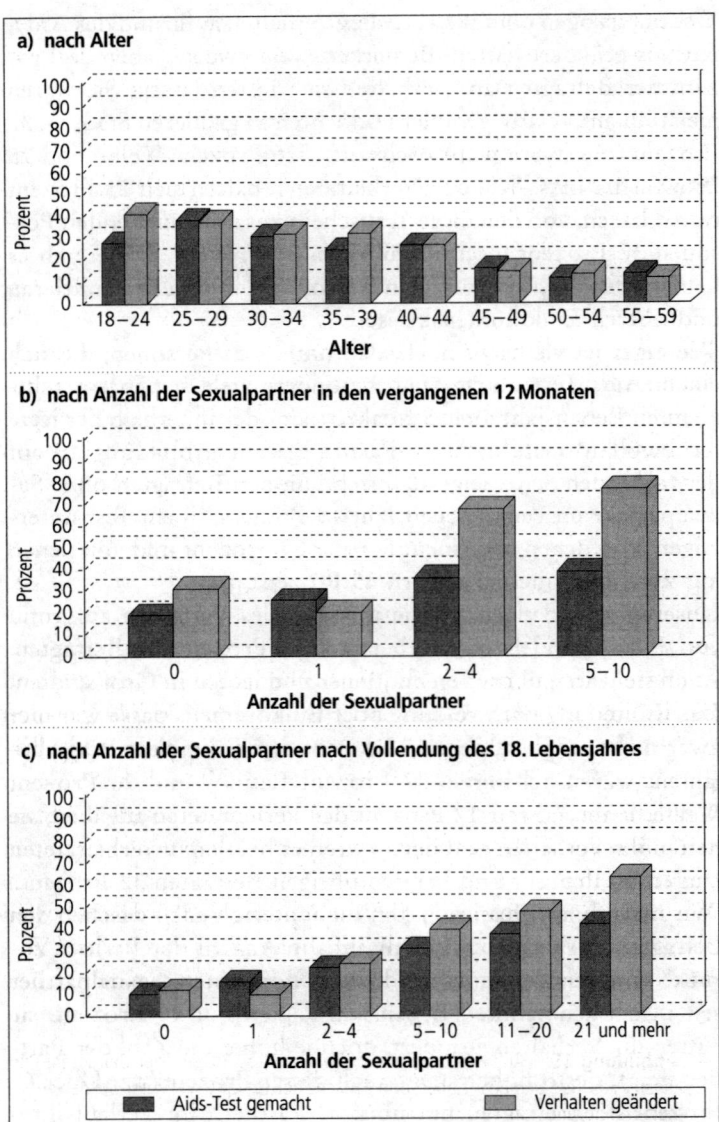

a) nach Alter

b) nach Anzahl der Sexualpartner in den vergangenen 12 Monaten

c) nach Anzahl der Sexualpartner nach Vollendung des 18. Lebensjahres

Aids-Test gemacht   Verhalten geändert

Lebens gaben an, ihr Verhalten geändert zu haben. Von denen mit einem Partner im vergangenen Jahr waren es 20 Prozent, von denen mit zwei bis vier Partnern 68 Prozent und von denen mit fünf und mehr Partnern über 76 Prozent.

Aus den Antworten auf die beiden Fragen zum Aids-Test und zur Verhaltensänderung geht klar hervor, daß die Befragten bewußt handelten. Der Personenkreis, der die Fragen bejahte, ist am stärksten gefährdet. Von den monogam lebenden Verheirateten gaben dagegen nur 10 Prozent an, ihr Verhalten geändert zu haben; sie sind nicht besonders gefährdet und hatten wohl keine Veranlassung dazu. Die besonders gefährdeten Personen haben einen Aids-Test machen lassen und Schritte unternommen, ihr Sexualverhalten zu ändern. Das ist ein weiteres Beispiel für bewußte Entscheidung und Strategie im Sexualverhalten von Erwachsenen. Wie wir auch in anderen Bereichen festgestellt haben, spielen wahrscheinlich auch hier das Milieu und das soziale Beziehungsgeflecht eine entscheidende Rolle. Wer einer der Risikogruppen angehört, wird ermutigt, sich testen zu lassen und sein Verhalten zu ändern.

Zwar besagen unsere Daten, daß zumindest Mitglieder bestimmter Risikogruppen die Ansteckungsgefahr kennen, und das ist ein hoffnungsvolles Zeichen. Um jedoch die Dimension der Epidemie einschätzen zu können, müssen wir auf die Ergebnisse anderer Forschungen über die Übertragung von Krankheiten, über das Sexualverhalten in den Vereinigten Staaten und sexuelle Beziehungen zwischen verschiedenen Gruppen zurückgreifen.

Wir meinen, daß man sich die Ausbreitung von Aids am besten als soziales Verhalten vorstellt, das man wie jedes andere Verhalten untersuchen kann. Wohin das Virus wandert, hängt bei-

← **Abbildung 19:** Antworten auf die Fragen zu Aids: Prozent der Befragten, die einen Aids-Test gemacht haben und Prozent der Befragten, die ihr Sexualverhalten aufgrund von Aids geändert haben.

spielsweise zum großen Teil davon ab, wie viele Amerikaner Geschlechtsverkehr haben, wann in ihrem Leben sie ihn haben, mit wie vielen Partnern sie verkehren und wer diese Partner sind. Um einschätzen zu können, ob sich das Immunschwächevirus in einem bestimmten Kreis junger homosexueller Männer ausbreiten wird, müssen wir wissen, wie viele Sexualpartner diese Männer haben, wie alt diese Partner sind, ob sie sich beim Verkehr schützen und wie viele Männer der jeweiligen Homosexuellengruppe bereits infiziert sind. Um die Ausbreitung des Virus von infizierten homosexuellen Männern auf Männer zu untersuchen, die mit Männern und Frauen sexuell verkehren, müssen wir wissen, mit wem diese bisexuellen Männer verkehren und wo und in welchem gesellschaftlichen Umfeld sie leben. Wie wahrscheinlich ist es, daß ein verheirateter Mann in Boise in Idaho, wo es kaum Aids gibt, sich bei einem Strichjungen infiziert und zu Hause dann seine Frau ansteckt? Wie wahrscheinlich ist es, daß ein männlicher Teenager aus San Francisco sich bei einem infizierten Homosexuellen ansteckt und das Virus dann auf seine Freundin überträgt?

Um ein vollständiges Bild der Seuche zu erhalten, muß auch die zweite stark betroffene Gruppe berücksichtigt werden, die der Drogenkonsumenten, die sich die Drogen intravenös spritzen. Während die Zahl der Neuinfektionen unter homosexuellen Männern gegenüber den frühen achtziger Jahren deutlich zurückgegangen ist, scheint dies bei Konsumenten von Drogen und deren Sexualpartnern nicht der Fall zu sein. Die Frage nach der Ausbreitung von Aids beinhaltet die Frage nach Drogen- und sexuellen Kontakten zwischen den Drogenabhängigen der städtischen Ghettos und denen außerhalb der Kernstädte. Wie wahrscheinlich ist es, daß sich HIV-Infektionen unter Drogenabhängigen auf Bewohner anderer Stadtteile oder Personen anderer Hautfarbe desselben Stadtteils ausbreiten? Haben Menschen aus armen Stadtteilen regelmäßig sexuellen Kontakt mit anderswo lebenden Menschen? Wie viele Sexualpartner haben

Drogenabhängige, und wer sind sie? Wie wahrscheinlich ist es, daß Drogenabhängige das Virus verbreiten, indem sie ihre Nadeln mit Menschen anderer Gruppen teilen? Kommen Amerikaner der Mittelschicht je in arme städtische Bezirke und teilen sich die Nadel mit dort lebenden Drogenabhängigen?

Unsere Studie kann einige dieser Fragen beantworten. Die Antworten auf andere Fragen können aus den von zahlreichen Wissenschaftlern durchgeführten Forschungen abgeleitet werden.

Die Antwort auf eine Frage kennen wir bereits. Wie in Kapitel 9 ausgeführt, verstehen sich 3 Prozent der erwachsenen Männer als Homosexuelle; rund 2,5 Prozent gaben an, im Vorjahr mit einem anderen Mann sexuell verkehrt zu haben, rund 5 Prozent sagten, sie hätten nach ihrem achtzehnten Lebensjahr mit einem Mann Geschlechtsverkehr gehabt.

Wir haben außerdem festgestellt, daß Männer, die mit Männern sexuell verkehren, überwiegend in großen Städten leben und kleine Städte und ländliche Gebiete meiden. Unserer Studie zufolge geben 9 Prozent der Männer in den 12 größten Städten des Landes an, sie würden mit Männern sexuell verkehren, während es in Kleinstädten nur 2 Prozent sind und in ländlichen Gebieten nur 1 Prozent.

Dieser Befund ist für das Verständnis der Ausbreitung des Aids-Virus von großer Bedeutung. Da Männer, die mit Männern sexuell verkehren, überwiegend in Großstädten wohnen, wird eine auf sexuellem Weg übertragene Aids-Epidemie nur in solchen Großstädten ausbrechen, wo eine genügende Anzahl homosexueller Männer lebt und wo die Homosexuellen bestimmter sozialer Gruppen wie in den späten siebziger und den frühen achtziger Jahren so viele Sexualpartner haben, daß das nur schwer übertragbare Immunschwächevirus Fuß fassen kann.

Ende der siebziger und Anfang der achtziger Jahre nistete sich das Virus unauffällig in den homosexuellen Gemeinden von Städten wie New York und San Francisco ein. Dort besuchten einige homosexuelle Männer damals Saunaklubs, in denen sie

271

anonym Sex mit Fremden hatten und ihre neugefundene sexuelle Freiheit auskosteten. Als die Gesundheitsämter 1982 begannen, infizierte homosexuelle Männer zu befragen, stellte sich heraus, daß diese doppelt so viele sexuelle Kontakte hatten wie nichtinfizierte Männer, daß sie doppelt so oft diese Saunaklubs aufsuchten und daß ihre Partner ihrerseits mehr Partner hatten als die Partner nichtinfizierter Männer. Einige Männer hatten extrem viele Sexualpartner. Anfang der achtziger Jahre hatte der typische homosexuelle Mann mit Aids in seinem bisherigen Leben 1100 Partner, und einige hatten sogar bis zu 2000 Partner.[3] Diese Zahlen mögen unwahrscheinlich klingen, aber beim anonymen Sex in solchen Klubs konnte der passive Partner beim Analverkehr an einem Wochenende mit Dutzenden von Partnern verkehren.

Außerdem bekannten sich die meisten Männer mit Aids zu häufigem Analverkehr, und Wissenschaftler haben seitdem herausgefunden, daß Analverkehr der leichteste Weg ist, das Aids-Virus sexuell zu übertragen. Es mag unwahrscheinlich sein, daß das Virus beim einmaligen Analverkehr übertragen wird, doch die große Partnerzahl und die Häufigkeit des Analverkehrs machen eine Übertragung wahrscheinlich. Außerdem reisten viele dieser sexuell besonders aktiven Männer zwischen großen Städten wie Los Angeles, New York und San Francisco hin und her und besuchten dort jeweils Saunen und Sexklubs. Auf diese Weise wurde das Virus auf andere homosexuelle Gemeinden übertragen.

Doch nicht alle homosexuellen Männer verkehrten in dieser Szene. Die meisten, die sich infizierten, haben Saunaklubs frequentiert und am dort praktizierten anonymen Sex teilgenommen. Andere führten ein ruhiges Leben mit nur einem oder wenigen Partnern und entgingen so einer Ansteckung. Wieder andere lebten außerhalb der großen homosexuellen Gemeinden und entgingen gleichfalls einer Ansteckung, auch wenn sie mit vielen Partnern verkehrten. Der Bericht des Nationalen Forschungsrates nennt als Beispiel 57 schwarze Männer, die in Harlem lebten und Sex miteinander hatten. Obwohl sie keine Kondome verwendeten, infizierte sich keiner mit dem Virus, weil sie keine Sexualpartner außerhalb der Gruppe hatten. Auch wenn Aids also in den homosexuellen Gemeinden der großen Städte verheerend gewütet hat, waren nicht alle homosexuellen Männer und nicht alle Homosexuellengemeinden betroffen. Ob ein Mann gefährdet war, hing zum großen Teil von seinem sozialen Umfeld ab.

Und die Drogenabhängigen? In den achtziger Jahren, als die Angst vor dem Drogenmißbrauch das ganze Land erfaßte und zuerst Kokain, dann Crack auf den Markt kam, erschien in der Presse ein Artikel nach dem anderen über die wachsende Drogengefahr. Allmählich sah es so aus, als sei jeder durch Drogen, einschließlich gespritzter Drogen wie Heroin, bedroht. Drogen seien nicht länger ein Problem der Armen, hieß es, sondern ein Problem aller. Zeitungen und Fernsehen berichteten über berufstätige Drogenabhängige aus der Mittelschicht. In der *New York Times* erschien auf der ersten Seite ein Bericht über einen anonymen berufstätigen Mann, der weiterhin seiner Arbeit nachging, während er insgeheim schon heroinsüchtig war.

Wissenschaftler, die sich mit dem Drogenproblem beschäftigen, zeichnen ein anderes Bild. Nach dem Ende des Zweiten Weltkrieges konzentrierte sich der Konsum gespritzter Drogen, darunter vor allem Heroin, auf die Armen der Kernstädte, überwiegend auf männliche Schwarze und Latinos. Sie waren bald in einem Teufelskreis der Abhängigkeit gefangen: Sie verloren ihre Arbeit, blieben arbeitslos, waren beständig auf der Suche nach Drogen, wurden verhaftet, überführt und eingesperrt; nach der Freilassung begann der Kreislauf von neuem. Solche Drogenabhängige waren oft verheiratet und hatten Kinder, trennten sich infolge ihrer Sucht aber von ihren Familien. In der Stadt lebten sie isoliert; mit Menschen, die nicht drogenabhängig waren, kamen sie meist nur in Kontakt, wenn sie einen Diebstahl begingen oder verhaftet wurden und mit der Polizei oder Gerichten zu tun hatten.

Welche Rolle spielen sie angesichts ihrer relativ isolierten Lebensführung bei der Ausbreitung der Epidemie auf andere soziale Gruppen?

John Gagnon und die Anthropologin Shirley Lindenbaum von der City University von New York, die beide als Mitglieder des Nationalen Forschungsrates die Aids-Epidemie in New York City untersuchten, halten die Bedeutung der Drogenabhängigen bei der Übertragung von Aids auf andere soziale Gruppen für gering. In dem Bericht *The Social Impact of AIDS in the United States* schreiben sie: »Drogenkonsumenten, die sich Drogen intravenös spritzen, erscheinen als vergleichsweise statische Gruppe, angewiesen auf ein starkes Netz nachbarschaftlicher und sozialer Beziehungen, über die der Kontakt mit Dealern und Kleinhändlern erfolgt. Für die Sexualpartner dieser Gruppe gilt dasselbe; sie wohnen oft mit ihren Kindern im selben Haushalt wie die Drogenkonsumenten.«

Wenn Drogenkonsumenten in bestimmten Bereichen der Stadt bleiben und die Nadeln miteinander teilen, kann sich das Aids-Virus dort zwar ausbreiten, es bleibt aber auf die entsprechende Gruppe beschränkt. Sobald ein Mitglied der Gruppe sich infiziert, sind bald auch die meisten anderen infiziert. Die Wahrscheinlichkeit dafür ist bei einem Drogenabhängigen, der täglich die Injektionsnadel mit infizierten Drogenabhängigen teilt, sehr hoch. In vielen innerstädtischen Ghettos von Städten wie New York sind 50 bis 75 Prozent der Heroinsüchtigen infiziert. Das Virus breitet sich mit großer Wahrscheinlichkeit auch auf die Sexualpartner der Drogenabhängigen aus, denn auch wenn eine Übertragung beim einmaligen Geschlechtsverkehr unwahrscheinlich ist, steigt die Wahrscheinlichkeit bei wiederholtem ungeschütztem Verkehr. Eine Frau beispielsweise, die regelmäßig Sexualverkehr mit einem infizierten Drogenabhängigen hat, der kein Kondom verwendet, infiziert sich mit einer Wahrscheinlichkeit von eins zu fünfhundert, wenn sie nur einmal mit ihm schläft. Verkehrt sie zehnmal mit ihm, steigt ihr Risiko auf eins zu fünfzig, bei hundertmal auf etwas über eins zu sechs. Hat sie sich angesteckt, infiziert sie ihre Kinder mit einer Wahrscheinlichkeit von 20 Prozent während der Schwangerschaft.

Wenn das Immunschwächevirus andererseits nicht in die abgeschlossene Welt der Drogenabhängigen eindringt, besteht für diese keine Aids-Gefahr, auch wenn sie die Nadeln teilen.

Damit Aids sich auf die ganze Bevölkerung ausbreitet, braucht es allerdings mehr als nur viele infizierte Menschen in den großen Städten, in denen sich homosexuelle Männer konzentrieren und in deren ärmsten Bezirken Drogenabhängige leben. Zwei andere Bedingungen müssen erfüllt sein. Erstens wäre dazu eine ständige Brücke notwendig, über die der Rest der Bevölkerung fortgesetzt und häufig sexuellen Kontakt mit diesen Gruppen hat oder Nadeln mit ihnen teilt. Zweitens müßten auch die Mitglieder der übrigen Bevölkerung untereinander häufig sexuellen Kontakt haben oder gebrauchte Injektionsnadeln austauschen, um die Epidemie weiter zu verbreiten.

Unsere Daten legen nahe, daß keine dieser Bedingungen erfüllt ist oder in Zukunft erfüllt sein wird. Das soll nicht heißen, daß nicht einige Menschen, die weder homosexuell noch drogenabhängig, noch Partner von Drogenabhängigen in den Innenstädten sind, sich infizieren. Natürlich wird es weiterhin Menschen wie Mary Fisher geben, die sich durch ihren drogensüchtigen Mann infiziert hat. Und natürlich wird es Menschen wie jenen bisexuellen Mann aus Long Island geben, der heimlich nach New York City fuhr, dort mit Männern sexuell verkehrte, sich mit dem Virus infizierte und dann seine Frau ansteckte. Aber daraus kann man noch nicht auf eine Epidemie in der breiten Bevölkerung schließen, die weder drogenabhängig noch homosexuell ist. Bei Mary Fisher und der Frau des Mannes aus Long Island war die Übertragungskette zu Ende. Das Virus brach zwar aus seinem gewohnten Umfeld aus, wurde dann aber nicht mehr weitergegeben. Die beiden Frauen wären nur dann eine Brücke zur heterosexuellen Bevölkerung gewesen, wenn sie das Virus an eine oder mehrere Personen übertragen und diese es dann ihrerseits weitergegeben hätten. Doch dies geschah nicht. Alle unsere Daten über sexuelle Beziehungen und Sexualverhalten besagen eindeutig, daß vereinzelte Aids-Infektionen in der breiten Bevölkerung die Ausnahme sind, nicht die Regel.

Die erste notwendige Bedingung für die Ausbreitung des Virus ist regelmäßiger und häufiger sexueller Kontakt zwischen infizierten und nichtinfizierten Gruppen. Die größte infizierte Gruppe sind die homosexuellen Männer. Wenn sich das Virus auf die heterosexuelle Bevölkerung ausbreiten soll, müßten diese Männer entweder häufig Geschlechtsverkehr mit bisexuellen Männern haben, die dann ihrerseits häufig mit einer großen Anzahl von Frauen verkehren müßten, oder die homosexuellen Männer müßten selbst häufigen Geschlechtsverkehr mit einer großen Anzahl von Frauen haben. Damit sich die Epidemie dann weiter in der übrigen Bevölkerung ausbreitet, müßten die infizierten Frauen wiederum häufig mit einer großen Anzahl anderer Männer verkehren.

Doch aus unseren Daten läßt sich keineswegs schließen, daß es eine große Zahl solcher Männer gibt oder daß viele infizierte Frauen mit einer ausreichenden Zahl von Männern verkehren, so daß sich die Epidemie in den Vereinigten Staaten weiter ausbreiten könnte.

Bei Drogenabhängigen ist die Wahrscheinlichkeit, daß Sexualpartner angesteckt werden, eindeutig auf Frauen oder Männer derselben sozialen Schicht und Umgebung beschränkt. Wie wir aus anderen Bereichen unserer Untersuchung wissen, haben Menschen sexuellen Kontakt mit Menschen, die ihnen gleichen. Männer und Frauen, die sich Drogen spritzen, infizieren höchstwahrscheinlich Personen aus ihrer nächsten Umgebung, da eine heterosexuelle Übertragung im allgemeinen wiederholten Kontakt voraussetzt. Da ihre Sexualpartner ihrerseits Partner aus demselben sozialen Umfeld haben, breitet sich die Infektion, wenn überhaupt, nur in diesem Umfeld aus, und selbst dort unterschiedlich stark: Für Frauen ist die Wahrscheinlichkeit, von Männern angesteckt zu werden, höher als umgekehrt. Da bei Schwarzen und Latinos die meisten Frauen nur wenige Sexualpartner haben, werden sie die Krankheit innerhalb ihrer Gruppen kaum besonders weit verbreiten und noch viel seltener an Menschen weitergeben, die aus einem anderen Milieu kommen. Es ist unwahrscheinlich, daß eine Frau aus der keine Drogen konsumierenden Mittelschicht mit einem Drogenabhängigen aus dem innerstädtischen Ghetto geschlechtlich verkehrt, der mit HIV-positiven Freunden die Nadel teilt. Da es in der breiten Bevölkerung nur wenige Männer gibt, die sich Drogen spritzen, wird eine Frau auch kaum Gelegenheit haben, mit einem drogenabhängigen Mann aus der Mittelschicht sexuell zu verkehren, der mit HIV-positiven Freunden die Nadel teilt. Es kann passieren, aber es ist sehr ungewöhnlich. Weitaus weniger Frauen als Männer spritzen sich Drogen, und eine Frau kann sich doppelt so leicht beim Sex mit einem Mann infizieren wie ein Mann beim Sex mit einer Frau. Wenn die Geschlechter in diesen Szenarien also vertauscht sind, wird eine Übertragung noch unwahrscheinlicher.

Eine andere Möglichkeit besteht darin, daß Männer sich beim Besuch einer Prostituierten infizieren und die Infektion dann in ihre heterosexuelle Umgebung tragen. Aber wir haben festgestellt, daß nur sehr wenige Männer – nur sechs von tausend jedes Jahr – Prostituierte aufsuchen. Und die Gesundheitsämter schätzen die Möglichkeit, daß ein einmaliger Geschlechtsverkehr mit einer Prostituierten zu einer HIV-Infektion führt, auf eins zu zehntausend, wenn der Mann kein Kondom verwendet, und auf eins zu hunderttausend, wenn er eines verwendet.

Doch obwohl solche seltenen Fälle einer Übertragung von Mitgliedern einer sehr gefährdeten Gruppe auf Mitglieder einer weniger gefährdeten Gruppe vorkommen, ist es so gut wie ausgeschlossen, daß infizierte Mitglieder der amerikanischen Mittelschicht eine Epidemie auslösen, die die gesamte Bevölkerung erfaßt. Dafür müßte auch die zweite Bedingung erfüllt sein: häufiger Geschlechtsverkehr mit vielen verschiedenen Partnern oder das Teilen der Nadel mit vielen Amerikanern der Mittelschicht. Unsere Studie zeigt sehr deutlich, daß die überwältigende Mehrheit der Amerikaner nur sehr wenige Partner hat, und dies erschwert es dem Aids-Virus, in der Bevölkerung Fuß zu fassen. Eine Krankheit wie Gonorrhö, die schon durch wenige sexuelle Kontakte übertragen werden kann, wird sich wahrscheinlich über die Gruppe hinaus ausbreiten, in der sie ausgebrochen ist. Doch selbst Tripper ist auf eine Minderheit von Amerikanern beschränkt, die in einem begrenzten Zeitraum viele verschiedene Sexualpartner haben und deren Partner gleichfalls viele Partner haben. Die Ansteckung mit Aids ist jedoch viel schwerer als die mit Gonorrhö, da dazu im Durchschnitt viel mehr Kontakte zwischen Infizierten und Nichtinfizierten notwendig sind. Aus unserer Umfrage geht hervor, daß die meisten Menschen relativ selten und mit nur wenigen Partnern sexuell verkehren und daß sie für die meiste Zeit ihres Erwachsenenlebens nur einen oder überhaupt keinen Partner haben. Wie in Kapitel 5 berichtet, haben wir festgestellt, daß 83 Prozent der erwachsenen Amerikaner und Amerikanerinnen im vergangenen Jahr entweder keinen Sexualpartner oder nur einen hatten und diesem treu waren. Eine heterosexuelle Person, die nicht in der Prostitution arbeitet, hat nur äußerst selten 1100 Sexualpartner in ihrem Leben wie der durchschnittliche HIV-positive Homosexuelle zu Beginn der Epidemie. Selbst wenn für eine Epidemie eine weit geringere Zahl an Sexualpartnern notwendig ist – durchschnittlich vielleicht 100 oder auch nur 50 pro Person –, wird das Virus sich nicht in der heterosexuellen Bevölkerung Amerikas einnisten: Die zweite für eine Aids-Epidemie notwendige Bedingung – viele Partner, die ihrerseits viele Partner haben – ist nicht erfüllt.

Um dies zu veranschaulichen, haben wir ein Geflecht von Partnerbeziehungen aufgezeichnet, das die Kontakte einer Gruppe von Menschen im vergangenen Jahr abbildet. Die Darstellung basiert auf den Daten unserer Umfrage und zeigt, wie wenige sexuelle Kontakte die Befragten hatten.

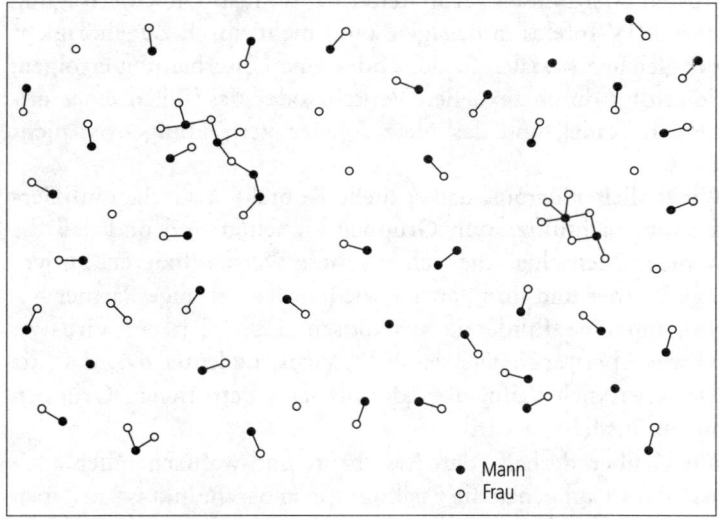

Abbildung 20: Geflecht von Partnerbeziehungen. Jeder Punkt steht für eine Person, jede Linie für eine sexuelle Beziehung im vergangenen Jahr.

Jedes durch eine Linie verbundene Punktepaar steht für zwei Individuen, die Geschlechtsverkehr miteinander haben. Da im Ergebnis 71 Prozent der Amerikaner nur einen Sexualpartner hatten, zeigt die Abbildung überwiegend isolierte Punktepaare. Einzelne Punkte stehen für die 12 Prozent, die überhaupt keinen Partner besaßen. Alle übrigen haben mehr als einen Partner, und diese wiederum haben ihrerseits meist auch mehrere Partner. Im Unterschied dazu wäre in einem dichten sozialen Geflecht

279

jede Person durch viele Linien mit mehreren anderen Personen verbunden, die ihrerseits mit weiteren Personen verbunden wären. In einem solchen Geflecht von Beziehungen ist die Übertragung von einer Person zur anderen leicht und wahrscheinlich, ob die übertragene Sache nun ein Gerücht, ein Gedanke, eine Meinung zu einem politischen Kandidaten oder eine durch Husten oder Niesen verbreitete Infektion ist. Die Übertragung einer HIV-Infektion dagegen kann nicht durch Zugehörigkeit zur gleichen sozialen Schicht oder eine Unterhaltung erfolgen; sie erfolgt durch sexuellen Verkehr oder das Teilen einer unsterilen Nadel, und das Netz solcher Verbindungen ist nicht dicht.

Wir schließen daraus, daß sexuelle Kontakte zwischen infizierten und nichtinfizierten Gruppen zu selten sind und daß die wenigen Menschen, die sich auf diese Weise infizieren, zu wenige Partner und ihre Partner wiederum zu wenige Partner haben, um eine Epidemie auszulösen. Läßt sich ein Virus so schwer übertragen wie das HIV-Virus, bedeutet das, daß die Krankheit sich kaum über die bis jetzt betroffenen Gruppen hinaus ausdehnen wird.

Wir glauben deshalb, daß Aids heute und wahrscheinlich auch in Zukunft auf genau die Risikogruppen beschränkt ist, in denen die Krankheit begann: homosexuelle Männer und Drogenabhängige und deren Sexualpartner. Wir sind überzeugt, daß es in den Vereinigten Staaten keine Aids-Epidemie in der heterosexuellen Bevölkerung gibt oder in Zukunft geben wird.

Dies stimmt mit der bisherigen Entwicklung überein. Trotz düsterer Warnungen in den letzten zehn Jahren, daß alle gefährdet seien, hat sich die Epidemie nicht weiter ausgebreitet, sondern unverändert dort gehalten, wo sie begann. Wie unsere Umfrage zeigt, hat nur ein relativ geringer Prozentsatz der Befragten sein Verhalten geändert, um sich vor einer HIV-Infektion zu schützen. Laut dem Bericht des Nationalen Forschungsrates bleibt Aids in höchstem Maße konzentriert auf die geographisch isolierten Gruppen der Drogenkonsumenten und ihrer Sexualpartner einerseits und der homosexuellen Männer andererseits. Sogar in New York, einem der am härtesten betroffenen Staaten, ist Aids auf New York City konzentriert. Rund 87 Prozent der Aids-infizierten Menschen des Staates leben dort. Und innerhalb von New York City setzt sich dasselbe Muster fort: Aids ist auf sechs bis zehn Stadtviertel konzentriert, auf Viertel, in denen homosexuelle Männer leben, und auf ganz andere Viertel, in denen Drogenkonsumenten leben.

Und was ist von der Behauptung von Aids-Aktivisten und sogar von Präsident Bill Clinton zu halten, Aids habe sich so sehr und so schnell ausgebreitet, daß heute jeder Amerikaner jemanden kennt, der Aids hat? Diese Behauptung ist, so stellt sich heraus, falsch, obwohl jeder Amerikaner sehr viele andere Menschen kennt. Wissenschaftler, die das soziale Netz untersuchen, schätzen, daß jeder Amerikaner 2000 bis 6000 andere Amerikaner kennt, eine Zahl, die zunächst lächerlich hoch erscheint, die aber gar nicht so unwahrscheinlich ist, wenn man an all die Menschen denkt, die man im Lauf seines Lebens kennenlernt. Da sind die Nachbarn, die man als Kind hat, die Schullehrer und Klassenkameraden, die Menschen, die man bei Ferienjobs kennenlernt, die Verkäufer der Läden, in denen man einkauft, Familienangehörige und Verwandte im weiteren Sinn. Die Zahl wächst schnell. Als wir andererseits von den Befragten wissen wollten, ob sie Personen mit Aids kennen, bejahten nur 25 Prozent die Frage.

Da homosexuelle Männer, wie wir gezeigt haben, im allgemeinen relativ gebildet sind und gebildete Menschen meist in denselben sozialen Kreisen verkehren, stellte sich erwartungsgemäß heraus, daß Menschen mit höherer Bildung auch eher Menschen mit Aids kannten. In unserer Umfrage kannten Befragte mit Collegeabschluß dreieinhalbmal häufiger jemanden mit Aids als Befragte mit High-School-Abschluß.

Doch auch wenn die Epidemie sich nicht ausbreitet, verändert sie sich. Sie konzentriert sich nach und nach noch mehr auf arme Stadtviertel und weniger auf homosexuelle Männer. Der Grund dafür ist, daß viele homosexuelle Männer in Kenntnis der Folgen häufigen ungeschützten Geschlechtsverkehrs ihr Verhalten geändert haben. Die alte Zeit des Risikosex ist vorbei. Saunaklubs sind nicht mehr annähernd so beliebt wie vorher, und auch wenn sich HIV-Infektionen in einigen homosexuellen Vierteln weiter ausbreiten, ist aus den meisten Städten zu hören, daß die Zahl der Neuinfektionen unter homosexuellen Männern gleichbleibt oder sinkt. Die Epidemie scheint im Abnehmen begriffen. Zur gleichen Zeit nistet sie sich jedoch in armen Vierteln bei Drogenkonsumenten und ihren Sexualpartnern ein, deren Verhalten sich kaum geändert und von deren vielfältigen Problemen die Gesellschaft sich abgewendet hat.

In dem Bericht des Nationalen Forschungsrates heißt es: »Ein durchgehendes Thema dieses Berichtes und der Aids-Literatur sind Stigmatisierung, Diskriminierung und Ungleichheit, die mit der Aids-Epidemie einhergehen. Die Krankheit ist von Anfang an bei sozial benachteiligten Gruppen aufgetreten und wurde in ihrem Fortgang zunehmend zur Geißel von Menschen, die nur wenig wirtschaftlichen, politischen oder sozialen Einfluß haben.« Weiter heißt es, in dem Maße, wie dieser Trend sich fortsetze und HIV-Infektionen unter gebildeten homosexuellen Männern abnehmen, in den armen innerstädtischen Vierteln dagegen zunehmen, könne in der Gesellschaft der Eindruck entstehen, daß man Aids ignorieren kann. »Wenn die gegenwärtige Entwicklung der Epidemie anhält, kann die US-Gesellschaft das Ende der akuten Phase abwarten, auch wenn diese sich über 15 Jahre erstreckt. Aids wird ›verschwinden‹, aber nicht, weil es wie die Pocken ausgerottet wurde, sondern weil die weiterhin davon Betroffenen sozial unsichtbar sind, weil Augenmerk und Aufmerksamkeit der Bevölkerungsmehrheit nicht auf sie gerichtet sind.« Die Ausschußmitglieder fordern die Nation im Namen des Mitleids und des Anstands auf, dies nicht zuzulassen. Dem schließen wir uns mit Überzeugung und Anteilnahme an.

Die Daten, die zeigen, daß Aids sich gegenwärtig nicht in der ganzen Bevölkerung verbreitet und daß es sich auch kaum weiter ausbreiten wird, sind für unsere Bemühungen, die weitere Verbreitung von Aids in Amerika zu verhindern, von größter Bedeutung. Zum einen folgt daraus, daß die an die breite Bevölkerung gerichtete Aufklärungskampagne mit ihren Warnungen, »alle seien gefährdet«, kaum wirksam sein dürfte. Wir dürfen das Geld nicht weiter mit der Gießkanne verteilen, sondern müssen unsere Anstrengungen gezielt auf die Menschen richten, die an der Krankheit leiden und an ihr sterben, und auf die, die am meisten gefährdet sind.

Zum anderen ist es unrealistisch zu erwarten, daß die Angst vor Aids Jugendliche vom Sex abhält. Es wird uns sicher nicht gelingen, sie davon zu überzeugen, daß Sex in einem so frühen Alter noch nicht das richtige ist, indem wir ihnen sagen, daß Sex sie umbringen kann. Obwohl Argumente dieser Art seit zehn Jahren immer wieder vorgebracht werden, weist nichts darauf hin, daß Teenager oder junge Erwachsene deshalb keine sexuellen Kontakte mehr haben.

Das bedeutet freilich auch nicht, daß man unserer Meinung nach Aids ignorieren könnte oder sollte. Es ist, glauben wir, ein Gebot des Mitleids, die Krankheit genauso engagiert zu bekämpfen, wenn sie bei den Ärmsten der Armen auftritt, wie wenn sie sich unter den Reichen und Mächtigen ausbreiten würde. Wir sind uns durchaus bewußt, daß es schwieriger sein kann, Geld für die Bekämpfung einer Krankheit zusammenzubekommen, die für die meisten Amerikaner keine Bedrohung darstellt. Aber wir sind der festen Überzeugung, daß es besser ist, die Wahrheit zu sagen, als sich als Panikmacher zu betätigen und der Nation unter Mißachtung jeglichen Datenmaterials zu verkünden, die Katastrophe werde uns bald alle ereilen.

12

Sexuelle Nötigung

Wenn es ein Thema gibt, daß die Veränderungen in der Beziehung zwischen Männern und Frauen anzeigt, dann ist es das Thema sexuelle Nötigung. Früher war der Begriff sehr eng definiert: gewaltsamer Geschlechtsverkehr, Vergewaltigung, zumeist durch einen Fremden. Kam ein solches Verbrechen vor Gericht, wurde der Urteilsspruch oft von der Einschätzung der Moral sowohl des Täters als auch des Opfers bestimmt. Um die Richter davon zu überzeugen, daß sie vergewaltigt wurde, mußte eine Frau beweisen, daß sie unbescholten war und den Täter in keiner Weise zu einer sexuellen Handlung mit ihr ermuntert hatte. Die offizielle Statistik führte deshalb vorrangig Vergewaltigungen durch Fremde an. Und für eine Frau, die ihre Unbescholtenheit nicht eindeutig beweisen konnte, hatte es keinen Sinn, den Tatbestand überhaupt anzuzeigen.

In den letzten zwanzig Jahren hat sich die Vorstellung davon, welche Übergriffe als sexuelle Nötigung zu werten sind, jedoch vollständig gewandelt. Heute gehören auch andere Formen des Zwangs dazu: die nachprüfbar vollzogene gewaltsame Penetration ebenso wie ungewollte sexuelle Annäherungen, Übergriffe von Fremden ebenso wie Vergewaltigung in der Ehe, erzwungener Verkehr mit Liebhabern und Bekannten, die abnorme Triebtat und das Gefügigmachen zu einem normalen sexuellen Kontakt. Obwohl die Zeit der Schuldzuweisungen an die Frauen noch nicht vorüber ist, wird zumindest nicht länger fraglos vorausgesetzt, daß viele Frauen sich die sexuelle Nötigung selbst zuzuschreiben hätten.

Zwei Stellungnahmen über verschiedene sexuelle Codes machen deutlich, wie Konflikte entstehen und fortdauern. Die erste stammt von einem jungen Arbeiter, der die Unterschiede zwischen »good girls« und »bad girls« benennt: »Es gibt Mädchen, also, vor denen hat man Respekt und in die ist man verliebt, klar, mit denen geht man aus, und es ist richtig romantisch ... Und dann gibt's die anderen Mädchen, also, mit denen fährt man wohin, und man weiß schon, was abgehen wird, da ist nichts romantisch, es ist einfach nur – wumm. Na halt so, dreimal rein und raus, fertig.«

Anders die Regeln des Antioch-College. Dort wird jedem jungen Mann bei der Aufnahme deutlich gemacht, was er bei jeder sexuellen Annäherung zu beachten hat:

»Bei allem, was du tun willst, mußt du deine Partnerin um ihr Einverständnis fragen ... Wenn du ihr die Bluse öffnen willst, mußt du fragen. Wenn du ihre Brüste berühren willst, mußt du fragen. Wenn du deine Hand tiefer nach unten wandern lassen willst, mußt du fragen. Wenn du deinen Finger in sie reinstecken willst, mußt du fragen.«

Im ersten Fall ist der junge Mann in das »good girl« verliebt und versucht, soweit wie möglich zu kommen, bis sie eindeutig nein sagt. Beim »bad girl« geht er ganz selbstverständlich davon aus, zu seinem Ziel zu kommen und ihrem Nein keine Beachtung schenken zu brauchen. Wenn es darauf ankäme, würde es dem Mädchen bei ihrem schlechten Ruf wohl kaum gelingen, eine Nötigung zu beweisen.

Im anderen Beispiel wird ein Nein als Antwort immer für denkbar gehalten. Der Anschein von Leidenschaft oder stiller Zustimmung ist für den Mann kein ausreichendes Zeichen, weitermachen zu dürfen. Hier hat die Frau die Macht, und der Mann muß fragen. Obwohl ein solches Verhalten das Spielerische und Spontane an sexuellen Begegnungen einschränkt, ist damit ein Stück gleichberechtigter und gemeinsamer Verantwortung für die Sexualität gewonnen. Unter solchen Voraussetzungen kann keine Frau behaupten, sie sei »überrumpelt« worden. Und kein Mann kann sich damit herausreden, er habe ihre Signale falsch gedeutet, ein Nein für ein Vielleicht oder sogar für ein Ja gehalten.

Sind diese Regeln eine übertriebene Antwort auf eigentlich weniger wichtige Verständigungsprobleme? Ist das Thema wirklich so brisant, oder ist sexuelle Nötigung ein Phänomen, dessen Häufigkeit maßlos übersteigert dargestellt wird?
Was wir zu dieser Debatte beisteuern können, ist zuverlässiges Datenmaterial. Wie so häufig bei Fragen zur Sexualität, basierte die amerikanische Diskussion über Vergewaltigung und sexuelle Nötigung bisher auf einer beschränkten Zahl glaubhafter Schätzungen. Viele oft zitierte Studien hatten die Mängel früherer Erhebungen zum Thema Sexualität, wie sie in Kapitel 2 ausgeführt wurden. Die Rücklaufquote war schlecht, so daß man sich fragen mußte, wie repräsentativ die Befragung war. Auch die Fragen waren mißverständlich und verwirrend gestellt. Der National Crime Survey zum Beispiel, eine amtliche Verbrechensstatistik, deren Zahlen zu sexuellen Übergriffen oft zitiert werden, formulierte die Frage nach Vergewaltigung noch vor kurzem folgendermaßen: »Hat jemand versucht, Sie auf irgendeine andere Weise anzugreifen?«
Aufgrund der vagen Definitionen von Vergewaltigung und sexueller Nötigung und der manchmal unzuverlässigen Methoden vorangegangener Studien schwanken die Schätzungen über die Zahl vergewaltigter Frauen zwischen 5 und 25 Prozent.
Bei unserer Befragung haben wir den Begriff *Vergewaltigung* absichtlich ausgespart, weil es einen fundamentalen Unterschied gibt zwischen dem, was die meisten Menschen mit dem Wort verbinden, und dem, was Polizei, Ankläger und Gerichte als den Tatbestand der Vergewaltigung gelten lassen. Außerdem ist der Begriff stark emotional besetzt, so daß manche Frauen ihn für die Situation, in der sie sich befanden, vielleicht vermeiden,

obwohl sie nach ihrem Gefühl zum sexuellen Kontakt gezwungen wurden.

Unsere Daten zeigen, daß die Verhaltensregeln am Antioch-College, wie sehr sie auch von Experten und in Comics lächerlich gemacht wurden, aus guten Gründen entstanden sind. Sexuelle Interaktionen zwischen Männern und Frauen sind selbstverständlich immer mit Vieldeutigkeiten und potentiellen Konflikten befrachtet, es geht jedoch um mehr als nur ein paar Mißverständnisse. Wenn man danach fragt, ab wann sexueller Kontakt als erzwungen empfunden wird, klafft offensichtlich ein Abgrund zwischen den Geschlechtern.

Viele Frauen in unserer Studie sagen, sie seien von Männern zu sexuellen Handlungen, die sie selbst nicht wollten, gezwungen worden. Umgekehrt berichten jedoch nur wenige Männer, daß sie Frauen zu etwas gezwungen hätten. Die Unterschiede in der Bewertung der sexuellen Situationen und in den sexuellen Erfahrungen selbst legen es nahe, geradezu von zwei getrennten sexuellen Welten zu sprechen, der Welt der Frau und der des Mannes.

Zwar spiegeln diese Zahlen auf beiden Seiten sicherlich nicht die ganze Realität wider. Einige Frauen, denen klar ist, daß sie zum Verkehr gezwungen wurden, wollen vielleicht nicht darüber berichten, und andere, von denen wir glauben, daß sie gezwungen wurden, würden dies nicht so bezeichnen wollen. Und Männer, die eine Frau unter Druck gesetzt haben, verspüren keinen Anreiz, davon zu berichten. Aber die Befunde sind so eindeutig, daß sie geradezu nach einer nationalen öffentlichen Debatte schreien. Wie können Männer und Frauen Sexualität so grundverschieden wahrnehmen?

Wir haben einen ganzen Fragenkatalog zum Thema sexuelle Nötigung aufgestellt und den Befragten deutlich gemacht, daß wir etwas über die Situationen wissen wollten, in denen sie etwas gegen ihren Willen taten, entweder weil sie bedroht wurden oder weil sie nach ihrer Ansicht keine andere Wahl hatten. Wir fragten auch, ob sie jemals jemand anderen zu einer sexuellen Handlung gebracht hatten, die der- oder diejenige nicht wollte. Zu Beginn stellten wir Fragen nach frühen sexuellen Erfahrungen, ob sich den Befragten jemand während ihrer Kindheit, d. h. vor der Pubertät, sexuell genähert habe. Wenn ja, wer hatte sie berührt? Geschah es mehr als einmal? Wußte jemand davon, wenn ja, wer?

Nach detaillierten Fragen zur Kindheit gingen wir über zum Thema Sexualverhalten in der Pubertät. Wann fand der erste vaginale Geschlechtsverkehr statt? Wurde er oder sie gegen den eigenen Willen dazu gezwungen? Wenn ja, auf welche Art und Weise? Hat die Person mit körperlicher Gewalt gedroht, mit einer Waffe oder mit einschüchternden und drohenden Worten? Nach Fragen über den ersten Geschlechtsverkehr fragten wir schließlich allgemeiner nach ungewollten sexuellen Handlungen: Hat Sie nach der Pubertät eine Person des anderen Geschlechts zu sexuellen Handlungen gezwungen, die Sie nicht wollten? Den Personen, die zu ihrem ersten sexuellen Kontakt gezwungen wurden, stellten wir eine besondere Frage: Hat Sie nach diesem ersten Mal noch einmal eine Person des anderen Geschlechts zu sexuellen Handlungen gezwungen, die Sie nicht wollten?

Personen, die dies bejahten, wurden weiter gefragt, wie oft dies vorkam, wie ihre Beziehung zu der betreffenden Person zur Zeit der Nötigung war und was genau passierte. Wir fragten auch, wie viele verschiedene Personen den Befragten oder die Befragte zu etwas gezwungen hatten.

In unserer Studie hatten wir den Vorteil, eine nach dem Zufallsprinzip ausgewählte repräsentative Gruppe von Amerikanern befragen und einen hohen Prozentsatz an Antworten vorweisen zu können. Und die Antworten zu anderen sensiblen Themen geben uns das Vertrauen, daß unsere Befragten ehrlich geantwortet haben.

Das überraschendste Ergebnis war, wie viele Frauen berichteten, daß sie irgendwann nach ihrem dreizehnten Lebensjahr zu sexuellen Handlungen gezwungen wurden. Fast immer waren die Frauen von Männern genötigt worden, fast nie von anderen Frauen. Dagegen waren nur sehr wenige Männer zu etwas genötigt worden, entweder von Frauen oder Männern.

Nach unseren Zahlen wurden 22 Prozent der Frauen in ihrem Leben schon einmal sexuell genötigt, aber nur 2 Prozent der Männer. Ein Drittel dieser Männer berichtete, von einem anderen Mann genötigt worden zu sein, und nahezu alle genötigten Frauen wurden von Männern zu sexuellen Handlungen gezwungen. Nur sechs von tausend Frauen sagten aus, sie seien von einer anderen Frau zu einer sexuellen Handlung gezwungen worden. Tabelle 16 auf der folgenden Seite zeigt die Ergebnisse. Die Tabelle zeigt große Differenzen bis zu über 10 Prozentpunkten innerhalb der einzelnen sozialen Merkmale: Alter, Bildungsgrad etc. Diese Schwankungen gehorchen jedoch keinem leicht entschlüsselbaren Muster und sind schwer zu deuten. Hinsichtlich des Alters lassen sich Vermutungen anstellen, warum ältere Frauen seltener berichten, genötigt worden zu sein. Wir wissen, daß die Frauen früher jung heirateten und in ihrem Leben weniger Sexualpartner hatten, was ein geringeres Risiko bedeutet. Allerdings sind ältere Frauen der Gefahr eines sexuellen Übergriffs schon länger als junge Frauen ausgesetzt. Es mag auch Vorfälle geben, deren Einschätzung als Nötigung sich im Laufe der Jahre gewandelt hat. Eine 25jährige Frau hat es vielleicht 1962 noch nicht als Nötigung aufgefaßt, wenn sie mit einem Mann sexuellen Verkehr hatte, der sie zuvor betrunken gemacht hat. Eine ältere Frau versteht es vielleicht nicht als Zwang, wenn ihr Ehemann sie festhält und sexuell mit ihr verkehrt, auch wenn sie deutlich gemacht hat, daß sie nicht will. Heute sagt eine junge Frau wohl in beiden Fällen, sie sei zum Verkehr gezwungen worden. Die Altersunterschiede der Frauen, die von solchen Ereignissen berichten, das individuelle Erleben und die Epoche, in der die Erfahrungen gemacht wurden,

Tabelle 16: Anteil der Frauen, die je von Männern sexuell genötigt wurden. Nach sozialen Merkmalen in Prozent

	schon einmal sexuell genötigt worden	nie sexuell genötigt worden	keine Antwort
Frauen insgesamt	22	77	0
Alter			
18–24	25	75	0
25–29	22	78	0
30–39	25	74	1
40–49	21	79	0
50–59	18	81	1
Familienstand/Wohnstatus			
alleinlebend	25	75	1
nicht-eheliche Lebensgemeinschaft	29	71	0
verheiratet	20	80	0
Bildungsgrad			
weniger als High-School-Abschluß	26	74	0
High-School-Abschluß oder ähnliches	17	83	0
Collegeabschluß	24	75	0
Konfession			
konfessionslos	31	68	1
normal protestantisch	21	79	0
strenggläubig protestantisch	25	74	1
katholisch	17	83	0
Rasse/ethnische Zugehörigkeit			
Weiße	23	76	0
Schwarze	19	80	1
Latinos	14	86	0
Asiaten	17	83	0
Ort der Nötigung			
die 12 größten Städte	16	82	2
13. bis 100. Stadt nach Größe	29	71	0
Vororte der 12 größten Städte	19	80	1
Vororte der 13. bis 100. Stadt nach Größe	19	81	0
andere Städte	25	74	0
ländliche Gebiete	18	81	1

Anmerkung: Die Prozentzahlen sind gerundet.

stellen also eine besondere Schwierigkeit bei der Interpretation der Daten dar.

Obwohl die Ansicht weitverbreitet ist, daß Frauen in großen Städten häufiger Opfer von Vergewaltigung und sexueller Nötigung werden, weisen unsere Daten keine eindeutige Korrelation mit der Größe der Stadt auf. Die Erklärung dafür liegt vielleicht in einem anderen Ergebnis der Studie: Die meisten Frauen kannten die Männer, von denen sie sexuell genötigt wurden, gut; die Mehrheit war entweder in den Mann verliebt oder sogar mit ihm verheiratet.

Abbildung 21 zeigt, in welcher Beziehung die Frauen zu den Männern standen. Daß ein Fremder eine Frau zum sexuellen Verkehr zwingt, ist geradezu die Ausnahme. Bis auf 4 Prozent kannten alle Frauen den Mann, der sie sexuell nötigte, und beinahe die Hälfte der Frauen war nach eigener Aussage in ihn verliebt. Auch sexuelle Übergriffe durch andere Bekannte sind unwahrscheinlich – nur 19 Prozent der Frauen geben an, von jemandem genötigt worden zu sein, den sie nur flüchtig kannten.

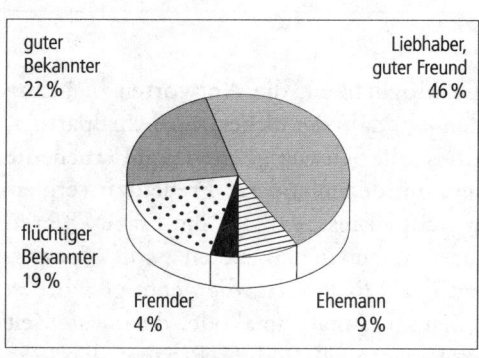

guter Bekannter 22 %

Liebhaber, guter Freund 46 %

flüchtiger Bekannter 19 %

Fremder 4 %

Ehemann 9 %

Abbildung 21:
Beziehung der befragten Frauen zu den Männern, die sie zu einer sexuellen Handlung zwangen.

Anmerkung zur Abbildung: Befragtengruppe: 204 Personen. Das Kreisdiagramm enthält die Antworten aller weiblichen Befragten, die nach ihrer Aussage mindestens einmal »von einem Mann zu einer sexuellen Handlung gezwungen wurden, die sie nicht wollten«. 86 Frauen (oder 30 Prozent aller genötigten Frauen) berichteten, von mehr als einem Partner sexuell genötigt worden zu sein. Diese sind in der Abbildung nicht repräsentiert, die Aufteilung nach Beziehungen fällt jedoch ähnlich aus.

Wir haben auch untersucht, wie Frauen, die sexuell genötigt wurden, auf die Fragen bezüglich sexueller Probleme, Gesundheit und Zufriedenheit antworteten. Davon ausgehend haben wir untersucht, ob diese Frauen sich von anderen in diesen Bereichen unterscheiden.

Tabelle 17: Psychische und körperliche Beschwerden bei Frauen nach sexueller Nötigung. Bezogen auf die letzten 12 Monate in Prozent

	von einem Mann sexuell genötigt worden	
	ja	nein
nicht glücklich	21	12
psychische Probleme bei sexueller Betätigung	57	42
mangelndes Interesse am Sex	39	32
unfähig zum Orgasmus	31	22
Schmerzen beim Verkehr	20	13
kein Vergnügen am Sex	33	18
Angst vor Vollzug des Verkehrs	17	10
Schwierigkeiten bei der Lubrikation	26	17

Tabelle 17 gibt uns die Möglichkeit, die Antworten in bezug auf allgemeine Zufriedenheit, Zahl der bisherigen Sexualpartner, sexuelle Praktiken und sexuelle Schwierigkeiten von Frauen, die sexuell genötigt wurden, mit denen anderer Frauen zu vergleichen. Wir stellen zum Beispiel fest, daß auf die Frage »Waren Sie alles in allem mit Ihrem Leben in den letzten zwölf Monaten zufrieden?« 20 Prozent der 326 Frauen, die genötigt worden waren, antworteten, ihnen sei es manchmal oder die meiste Zeit überhaupt nicht gut gegangen, während 12 Prozent der 1285 Frauen, die nie sexuell genötigt worden waren, mit ihrem Leben nicht zufrieden waren. Dieser substantielle Unterschied zwischen 20 und 12 Prozent ist statistisch signifikant. Wir können nicht sagen, ob die Erfahrung der Nötigung wirklich der Grund für die Unzufriedenheit dieser Frauen ist. Fest steht jedoch, daß die Antworten derjenigen, die sagten, sie seien schon einmal sexuell genötigt worden, sich von denen der nach eigenen Angaben noch nie genötigten Frauen in diesem Punkt unterscheiden. Aus der Tabelle kann man ablesen, daß Frauen, die genötigt worden waren, häufiger zehn und mehr Sexualpartner in ihrem bisherigen Leben hatten, daß sie häufiger oralen, analen und Gruppensex praktizierten und daß sie während des vergangenen Jahres häufiger masturbierten als andere Frauen. (Wir haben nur die Elemente dargestellt, die in diesem Zusammenhang statistisch signifikant waren.) Aus der Erhebung läßt sich jedoch nicht ablesen, ob die Schwierigkeiten der Frauen aus der sexuellen Nötigung abzuleiten sind. Sie können auch Teil einer unglücklichen sexuellen Beziehung sein, die das einschließt, was die Frau als sexuelle Nötigung wahrnimmt.

Eine Frau, die einen Mann liebt, der sie schlecht behandelt, macht vielleicht schlechte Erfahrungen mit ungewolltem sexuellen Verkehr, hat also keinen Spaß am Sex, fühlt sich unglücklich und meint, daß ihre emotionalen Schwierigkeiten ihr sexuelles Empfinden beeinträchtigen, daß sie nicht erregt genug ist. Oder eine Frau kann ihr Sexualleben nicht genießen und fühlt sich deshalb vielleicht oft gegen ihren Willen genötigt. Mit Interpretationen muß man bei der jetzigen Forschungslage vorsichtig sein, weitere Studien sind erforderlich.

Obwohl viele Frauen davon berichten, sexuell genötigt worden zu sein, geben nur 3 Prozent der Männer an, eine Frau zu sexuellen Handlungen gezwungen zu haben, und nur 0,2 Prozent, einen Mann genötigt zu haben. Nur eine verschwindend geringe Zahl von Frauen hat nach den Aussagen jemals eine Frau (0,1 Prozent) oder einen Mann (1,5 Prozent) sexuell genötigt.

Man könnte diese Zahlen so interpretieren, daß unsere Befragten nicht die Wahrheit gesagt haben, daß vor allem Männer leugnen, eine Frau zu etwas gezwungen zu haben. Aber aus Gründen, die wir bereits im Kapitel 2 und an anderen Stellen im

Buch dargelegt haben, glauben wir dies nicht. Allen Anzeichen nach haben die Befragten auch die heikelsten Fragen ehrlich beantwortet, und jede Probe, die wir machten, hat uns bestätigt, daß die Abweichung, wenn überhaupt, nur sehr gering sein kann.

Darüber hinaus hat die überwältigende Mehrheit der Männer angegeben, daß die Vorstellung von erzwungenem Sexualverkehr für sie nicht sehr reizvoll sei. Nur 2 von 1000 Männern im Alter zwischen achtzehn und vierundvierzig Jahren und 8 von 1000 älteren Männern gaben an, die Vorstellung, jemanden zum Sexualverkehr zu zwingen, sei für sie sehr reizvoll. Selbst wenn man die Kategorie weniger extrem wählt und nur noch nach »reizvoll« statt »sehr reizvoll« fragt, bejahen dies nur wenige Männer: 2,1 Prozent der Jüngeren und 1,8 Prozent der Älteren. Wenn man die Angaben zu beiden Kategorien zusammennimmt, ergibt sich daraus fast exakt die Zahl der Männer, die nach ihren Angaben schon einmal jemanden zum Sexualverkehr gezwungen haben, etwa 3 Prozent.

Nach dem Reiz verschiedener sexueller Praktiken fragten wir zu einem ganz anderen Zeitpunkt des Interviews, so daß man sich nur schwer vorstellen kann, daß die Männer, die jemand sexuell genötigt haben, sich ihre Antwort extra zurechtlegten, um die Prozentangaben mit denen, die erzwungenen Sexualverkehr reizvoll finden, in Deckung zu bringen. Außerdem müssen die beiden Personengruppen natürlich auch nicht notwendig identisch sein. Bei genauerer Betrachtung der Antworten der Männer entdeckten wir, daß etwa ein Viertel derer, die erzwungenen Sexualverkehr als Vorstellung reizvoll fanden, auch zugaben, tatsächlich jemanden genötigt zu haben.

Nur eine von tausend Frauen im Alter zwischen achtzehn und vierundvierzig Jahren und keine einzige ältere Frau fand die Vorstellung, zu einer sexuellen Handlung gezwungen zu werden, sehr reizvoll. Deshalb läßt sich nicht argumentieren, daß viele Männer Frauen nötigen, weil diese sich das wünschen.

Eine andere, allerdings unwahrscheinliche Erklärung bestünde darin, eine geringe Zahl von Männern sei für die sexuellen Nötigungen, von denen die Frauen berichten, verantwortlich. Diese 3 Prozent der Männer, die nach eigenen Angaben schon einmal jemand zu sexuellen Handlungen gezwungen haben, hätten dann je etwa 7 Partnerinnen sexuell genötigt. Dieser Auslegung widersprechen jedoch die Angaben der Frauen, daß die Männer, die sie zu etwas zwangen, keine schnellen sexuellen Affären waren, sondern geliebte Partner und Ehemänner. Diese Beschreibung läßt sich schwer mit der Annahme in Einklang bringen, daß dieselben Männer zahlreiche andere Sexualpartner hatten. Wie wir in den vorangegangenen Kapiteln gesehen haben, bleibt die Minderheit der Amerikaner mit vielen Partnern weitgehend unter sich. Die vielen Partner einer Person haben ebenfalls viele Partner und tendieren nicht zu einer Dauerbeziehung.

Plausibler erscheint dagegen die Erklärung, die meisten Männer, die eine Frau sexuell nötigten, seien sich nicht bewußt gewesen, daß sie ihr Verhalten als Zwang erlebte. Einige Männer dachten vielleicht, sie hätten den Geschlechtsverkehr gewissermaßen ausgehandelt, während ihre Partnerinnen dies anders empfanden.

Man kann sich die typische Szene vorstellen: Der Ehemann kommt nach einem feuchtfröhlichen Abend unter Freunden spät nach Hause und möchte mit seiner Frau sexuell verkehren, und zwar sofort. Seine empörte Frau sträubt sich, als er ihr näher kommt. Sie möchte nicht, aber er. Er setzt sich durch, glaubt deswegen allerdings nicht, sie gezwungen zu haben. Sie jedoch empfindet dies so.

Oder die in Amerika vieldiskutierte Situation einer Vergewaltigung nach einem Rendezvous: Er glaubt, sie begehre ihn, zeige ihm den ganzen Abend, wie sehr sie »es« will. Ihr Kleid ist sexy. Sie berührt seine Hand, seinen Arm, dann streift sie leicht seine Schenkel, während sie sich beim Essen unterhalten. Sie findet, daß sie richtig gut mit ihm reden kann und ihn gerade erst kennenlernt. Später, wenn sie ihn noch zu einer Tasse Kaffee in ihre Wohnung bittet, sieht er seine Chance gekommen. Sie sagt Nein. Er glaubt, sie meine Ja. Er glaubt, daß beide es wollten. Sie fühlt sich genötigt.

Die meisten Menschen sehen die Dinge nur durch ihre eigene Brille. Unsere Ergebnisse veranschaulichen, wie unterschiedlich Menschen sexuelle Phänomene deuten. Wir vermuten, daß Männer und Frauen sehr unterschiedliche Vorstellungen darüber haben, was sexuelle Nötigung sein kann. Leider haben wir keine Lösung für diesen Geschlechterkonflikt, wir können nur zeigen, warum diese Fragen die Gemüter so erregen.

Die Diskussion darüber, was auf sexuellem Gebiet als Zustimmung gilt, ob die Zustimmung frei erteilt worden ist oder je nach Situation überhaupt frei gegeben werden kann, ist nur die Spitze des Eisbergs in einer Grundsatzdebatte über die Beziehungen zwischen Männern und Frauen in Amerika. Sexualität ist nur eines der Schlachtfelder im Krieg der Geschlechter.

13

Sexualität und Gesellschaft

Ob in der Privatsphäre oder in der Öffentlichkeit, in der Familie oder unter Freunden, die meisten von uns halten sich in ihrem Sexualverhalten an die Formen, die uns die Gesellschaft vorgegeben hat. Das soziale Umfeld bestimmt die Paarbildung, ja es prägt sogar unsere sexuellen Vorlieben. Starke gesellschaftliche Kräfte begünstigen in Amerika die Heirat und belohnen verheiratete Paare so reichlich, daß die Ehe als beste Lebensform für regelmäßigen Sexualverkehr und als Garant für ein glückliches Sexualleben erscheint.

Sozialbedingtheit der Sexualität meint jedoch noch mehr als nur soziales Umfeld, soziale Rollenvorgaben und die weitverbreitete Überzeugung, die Ehe sei für beinahe jeden das erstrebenswerteste Ziel. Auch Einstellungen und Überzeugungen sind sozial bedingt. Die oft widersprüchlichen Ansichten über die Macht der Sexualität, die Lust und die mit ihr verbundene Scham sind ein Beispiel dafür.

Um solche Einstellungen drehen sich gegenwärtig hitzige Debatten in Amerika. Sollte das Recht der Frau auf Abtreibung eingeschränkt werden? Sollte in den Schulen Sexualkunde unterrichtet werden? Sollte man Homosexualität als einen Lebensstil unter anderen tolerieren oder hat sie als Abnormität und Sünde wider die Natur zu gelten?

Wer diesen Auseinandersetzungen auf den Grund gehen will, muß nach dem Zusammenhang zwischen Sexualverhalten und fundierenden Moralvorstellungen fragen. Wenn es eine Beziehung zwischen Verhalten und Moralvorstellungen gibt, wie ist sie genauer zu fassen? Sind Personen mit hohem Bildungsgrad eher liberal eingestellt? Haben religiöse Menschen weniger Sexualpartner? Haben Personen, für die Sexualität eine Freizeitbetätigung ist, andere Sexualpraktiken als Menschen, die von sich behaupten, ihr Verhalten sei von ihren religiösen Überzeugungen geleitet?

Die Suche nach einem solchen Zusammenhang ist die Nagelprobe für unsere Kernthese, daß nämlich das Sexualverhalten sozial bedingt ist wie andere gesellschaftliche Verhaltensweisen, seien es religiöse Riten oder Freizeitaktivitäten. Wäre das Sexualverhalten hingegen völlig unabhängig vom Willen des einzelnen, würde es nur von Hormonen und Trieben reguliert, dann wären Einstellungen und Überzeugungen nur von geringer Bedeutung.

Wir fragten also die Teilnehmer zum einen nach ihrer sexuellen Einstellung und zum anderen, und separat, nach sexuellen Praktiken, die ihnen reizvoll erscheinen und/oder die sie tatsächlich anwenden. Beide Fragenkomplexe fügten wir dann zusammen. Dabei zeigte sich ein signifikanter Zusammenhang zwischen der Einstellung und dem Sexualverhalten. Das ist ein Grund, warum viele gesellschaftliche Themen, die mit Sexualität zu tun haben, so umstritten sind. Der Zusammenhang ist so signifikant, daß sich aufgrund der ermittelten sexuellen Einstellung bestimmter Bevölkerungsgruppen voraussagen läßt, welche Form des Sexualverkehrs die Befragten in der Abgeschiedenheit ihres Schlafzimmers praktizieren, ja sogar, wie oft sie an Sex denken. Die Unterschiede in Einstellung und Verhalten zwischen Männern und Frauen, Älteren und Jüngeren, Angehörigen verschiedener Konfessionen werfen auch ein Licht auf den sogenannten Geschlechterkrieg. Es wird verständlich, warum so viele Frauen klagen, daß die Männer sich nicht ehelich binden wollen, und warum viele ältere Menschen so bestürzt über die sexuellen Praktiken der Jüngeren sind.

Im folgenden wollen wir neun Fragen zur sexuellen Einstellung näher beleuchten. Die Befragten gaben zum Beispiel Auskunft darüber, was sie über voreheliche Geschlechtsverkehr denken. Sie mußten sich entscheiden, ob dies in allen Fällen, in fast allen Fällen, manchmal oder überhaupt nicht abzulehnen sei. In gleicher Weise fragten wir nach sexuellem Verkehr zwischen gleichgeschlechtlichen Partnern. Wir wollten wissen, ob religiöse Überzeugungen ihr Verhalten bestimmen. Die Antworten zu diesen Fragen analysierten wir dann nach einer statistischen Methode, der sogenannten Clusteranalyse, um die Bevölkerung gemäß ihren Ansichten zu den Themen in Gruppen einteilen zu können. Obwohl die Personen in jeder Gruppe variieren, stimmen sie doch in ihren Überzeugungen bei Schlüsselthemen überein.

Die Clusteranalyse wird häufig von Sozialwissenschaftlern benutzt, die in großen Datenmengen nach Strukturen suchen und sich dabei nicht auf eine vorgegebene strenge Theorie stützen können. In unserem Fall konnten wir nicht im voraus wissen, wie sich die Befragten nach ihren Antworten gruppieren würden, denn die Zahl der Kombinationen in den Antworten auf die neun Fragen war sehr groß. Jede Person beantwortete neun Fragen, und da wir in jedem Fall prüften, ob Übereinstimmung mit der betreffenden Aussage vorlag oder nicht, hätte jede die neun Fragen auf 2^9 oder 512 verschiedene Weisen beantworten können. Wenn aber, so war unser Gedanke, die Antworten nach einer bestimmten Logik in der zugrundeliegenden Einstellung gegeben wurden, müßten sich Häufungen bei gewissen Antworten ergeben. Ein Mann, der zum Beispiel angibt, daß seine religiösen Überzeugungen sein Sexualverhalten bestimmen, wird wahrscheinlich auch behaupten, daß außerehelicher Geschlechtsverkehr sowie Sex bei Teenagern in jedem Fall abzulehnen sei und Abtreibungen strafrechtlich verboten werden sollten.

Die Clusteranalyse wird oft bei Untersuchungen angewendet, in denen Probanden nach ihren Antworten auf einen ganzen

Fragenkatalog kategorisiert werden. Eine Wahlanalyse kann die Wähler nach ihren Antworten etwa zu folgenden Fragen einordnen: Sollte die Todesstrafe abgeschafft werden? Sollten Handfeuerwaffen gesetzlich verboten werden? Sollten Frauen ein Recht auf Abtreibung haben? Sollte der Staat den Eltern, die ihre Kinder auf eine Privatschule schicken wollen, Gutscheine dafür bereitstellen? Personen jeder einzelnen Gruppe werden auf die Fragen ähnlich antworten. Obwohl keine Frage allein die politischen Ansichten einer Person charakterisiert und keine Person in der Gruppe exakt dieselben Anworten wie die anderen geben wird, ist das Grundmuster ihrer Antworten doch ein zuverlässiger Indikator für ihre politischen Neigungen.

In unserer Analyse haben wir die Befragten nach ihren Antworten in drei große Kategorien eingeteilt, die alle für eine bestimmte Einstellung stehen: zunächst die Kategorie der *traditionell orientierten* Personen, die etwa ein Drittel der Stichprobe ausmachten. Diese Personen haben traditionelle religiöse Ansichten zur Sexualität. Sie sagen, ihr Glaube präge und bestimme ihr Sexualverhalten. Homosexualität, vor- und außereheelicher Geschlechtsverkehr sowie Sex bei Teenagern seien in jedem Fall abzulehnen. Die Abtreibungsgesetze sollten verschärft werden. Die zweite Gruppe nennen wir die Kategorie der *beziehungsorientierten* Personen. Für sie ist Sexualität integraler Bestandteil einer Liebesbeziehung, ohne daß dafür immer die Ehe notwendig ist. Diese Gruppe macht nahezu die Hälfte unserer Stichprobe aus. Sie stimmt zum Beispiel nicht der Aussage zu, voreehelicher Geschlechtsverkehr sei völlig abzulehnen. Die meisten Befragten sagten aber, eheliche Untreue sei in jedem Fall abzulehnen. Sie wollten auch keinen sexuellen Verkehr mit jemandem, den sie nicht liebten.

Die dritte Gruppe ist die Kategorie der *erlebnisorientierten* Personen. Sie macht ein wenig mehr als ein Viertel der Stichprobe aus. Gemeinsames Merkmal der Gruppe ist die Auffassung, Sexualität und Liebe seien zwei verschiedene Dinge. Außerdem lehnen die meisten ein gesetzliches Verbot des Verkaufs von Pornographie an Erwachsene ab.

Innerhalb jeder Gruppe unterscheiden sich die Personen jedoch in einzelnen Moralvorstellungen, deshalb haben wir die Kategorien weiter unterteilt. Ein Mann wird zum Beispiel als beziehungsorientiert eingestuft, wenn er außerehelichen Geschlechtsverkehr immer ablehnt und sexuellen Verkehr ohne Liebe für seine Person ausschließt. Aber vielleicht behauptet er außerdem, gleichgeschlechtlicher Verkehr sei immer abzulehnen. Eine Frau aus einer anderen Gruppe innerhalb dieser Kategorie mag mit ihm in den ersten beiden Fragen übereinstimmen, bei der Beurteilung von gleichgeschlechtlichem Verkehr aber anderer Meinung sein.

Tabelle 18 auf den Seiten 302/303 zeigt, wie die Gruppen je nach den Antworten auf die neun Fragen kategorisiert wurden. Die Prozentzahlen in den Spalten geben jeweils die Zustimmung der Befragten zu den vorangestellten Aussagen wieder. Wir haben die Kategorie der traditionell Orientierten in »konservativ« und »Für legale Abtreibung« unterteilt, je nach der Ansicht der Befragten zur Abtreibung. Obwohl fast alle Personen in dieser Kategorie außerehelichen Geschlechtsverkehr, Sex bei Teenagern und gleichgeschlechtlichen Verkehr völlig ablehnen, unterscheiden sie sich doch in der Frage, ob eine Frau abtreiben darf.

Die Kategorie der beziehungsorientierten Personen besteht aus drei Untergruppen, die wir »religiös«, »konventionell« und »modern-religiös« genannt haben. Die Personen der religiösen Gruppe geben an, ihr Glaube bestimme ihr Sexualverhalten. Sie lehnen Abtreibung ab und äußern sich tendenziell gegen gleichgeschlechtlichen Verkehr. Die konventionelle Gruppe ist toleranter in den Punkten Sex bei Teenagern, Homosexualität, Pornographie und Abtreibung. Angehörige dieser Gruppe sind in ihrem Sexualverhalten nach eigenem Bekunden auch weit weniger von ihrem Glauben beeinflußt. Für die meisten ist jedoch

Tabelle 18: Beschreibung von sieben normativen Einstellungen zur Sexualität

	traditionell orientiert		beziehungsorientiert			erlebnisorientiert		gesamte Stichprobe
	konservativ	für legale Abtreibung	religiös	konventionell	modern religiös	Lebensschützer	hedonistisch	
1. Vorehelicher Geschlechtsverkehr ist in jedem Fall falsch.	100,0*	23,6	0,0	0,4	0,8	6,5	0,0	19,7
2. Sex bei Teenagern ist in jedem Fall falsch.	99,5	90,3	78,6	29,1	33,6	65,7	19,7	60,8
3. Außerehelicher Verkehr ist immer falsch.	98,2	91,0	92,1	94,2	52,1	59,3	32,0	76,7
4. Homosexueller Verkehr ist immer falsch.	96,4	94,4	81,9	65,4	6,4	85,9	9,0	64,8
5. Der Verkauf von Pornographie an Erwachsene sollte gesetzlich verboten werden.	70,6	47,2	53,1	12,2	11,7	14,9	6,4	33,6
6. Ich möchte nur mit jemandem Geschlechtsverkehr haben, den ich liebe.	87,5	66,0	98,0	83,8	65,3	10,1	19,5	65,7
7. Meine religiösen Überzeugungen prägen mein Sexualverhalten.	91,3	72,9	74,7	8,7	100,0	25,0	0,0	52,3

8. Eine Frau, die vergewaltigt wurde, sollte eine legale Möglichkeit zur Abtreibung haben.	56,3	98,6	82,3	99,1	99,3	84,3	99,8	88,0
9. Eine Frau sollte eine legale Möglichkeit zur Abtreibung haben, wenn sie sich aus irgendeinem Grund dazu entscheidet.	0,5	100,0	0,0	87,4	84,9	9,3	88,6	52,4
N = 2843	15,4%	15,2%	19,1%	15,9%	9,3%	8,7%	16,4%	100%

Für die Analyse wurde keine Mehrfachstichprobe berücksichtigt, ebensowenig solche Befragte, die zu einem oder mehreren Items keine Angaben machten. Alle Items wurden vor der Clusterbildung in Wertpaare aufgespalten.

* Prozentanteil von Personen in der konservativ-traditionellen Gruppe, für die vorehelicher Geschlechtsverkehr in jedem Fall abzulehnen ist.

gleichgeschlechtlicher und außerehelicher Geschlechtsverkehr in jedem Fall abzulehnen. Die modern-religiöse Gruppe ist in Fragen der Homosexualität um einiges toleranter, sie geben aber an, ihre Einstellung sei von ihrem Glauben geprägt.

In der Kategorie der erlebnisorientierten Personen gibt es zwei Gruppen: Die Personen der Gruppe »Für das Lebensrecht des Kindes« lehnen sowohl Homosexualität als auch ein unbegrenztes Abtreibungsrecht ab, tolerieren aber Sex bei Teenagern, außerehelichen Geschlechtsverkehr und Pornographie. Die zweite ist die »hedonistische« Gruppe, die sich in allen angesprochenen Punkten am tolerantesten zeigt. Kein Angehöriger dieser Gruppe sieht die Religion als Maßstab für das eigene Sexualverhalten.

Die Befragten nach ihren Ansichten einzuteilen, ist jedoch nur eine Sache. Wir wollten auch wissen, wie sich die Gruppen je nach sozialen Merkmalen voneinander unterscheiden. Wie Tabelle 19 auf den Seiten 306/307 zeigt, haben wir grundsätzlich zwischen Männern und Frauen unterschieden sowie nach Alter und Rasse. Die Zersplitterung in verschiedene Gruppen macht deutlich, warum sozialpolitische Maßnahmen und Gesetze, die den Bereich der Sexualität berühren, so umstritten und schwer durchzusetzen sind.

Die beiden oberen Zeilen der Tabelle zeigen, daß Frauen mit größerer Wahrscheinlichkeit eine, wie wir es genannt haben, traditionelle Einstellung haben und seltener erlebnisorientiert sind. Im Hinblick auf das Alter läßt sich feststellen, daß ältere Frauen und Männer viel weniger zur erlebnisorientierten Einstellung neigen.

Wenn man diese Verteilung betrachtet, verwundert es nicht mehr, daß der Kampf zwischen den Geschlechtern so heftig tobt. Lance Morrow, Kolumnist des *Time Magazine,* hat das Schicksal der Männer beklagt. Frauen hätten ein abschätziges Urteil von den armen Männern und dächten ungefähr so: »Männer sind eben Schweine, na wenn schon. Wenn sie es gerade nicht tun, denken sie daran, und sie tun es auf jeden Fall, sobald sie Gelegenheit dazu bekommen.« Einige Frauen akzeptieren allerdings nicht länger, daß Männer sich mit ›ihren Trieben‹ herausreden. Sie halten es für bezeichnend, daß viele Männer eine Frau, die an ihnen vorbeigeht, immer noch mit anzüglichen Blicken verfolgen und sich manche mit Händen und Füßen gegen die Ehe wehren, so als wollten die Frauen sie in Ketten legen.

Die Verteilung von Männern und Frauen auf die verschiedenen Cluster besagt schließlich, daß viel mehr Frauen als Männer eine Liebesbeziehung wollen und die Ehe als eine Vorbedingung für sexuellen Verkehr betrachten. Wenn Frauen verbittert feststellen, die Männer, die ihnen begegneten, seien nicht an einer festen Bindung interessiert, so liegt darin ein Stück Wahrheit. Viel mehr Männer als Frauen suchen rein sexuelle Erlebnisse, Ehe oder auch Liebe gehören für sie nicht notwendig dazu. Alles in allem steht für erlebnisorientierte Männer die Verbindung von Ehe und Sexualität unten auf der Prioritätenliste. Wenn Männer behaupten, daß ihre Freundinnen immer eine feste Zweierbeziehung anstreben oder sie vor ein Ultimatum stellen (»Heirate mich, oder es ist Schluß mit uns beiden!«), so gibt es auch dafür gute Gründe.

Wie sehr sich Männer und Frauen – besonders jüngere Männer und Frauen – in ihren Zielen unterscheiden, zeigen die Tricks, die Männer anwenden, wenn sie mit Frauen zusammen sind. Besonders problematisch ist dieser Gegensatz in der Jugend und im frühen Erwachsenenalter. Hier gehören die meisten Männer reinen Männercliquen an, in denen die erlebnisorientierte Einstellung zur Sexualität vorherrscht.

Elijah Anderson, Soziologe an der Universität von Pennsylvania, berichtet, wie schwarze Teenager in einem innerstädtischen Ghetto diese Rollen annehmen: »Das ungeschriebene Gesetz der Straße besagt, daß zwischen Jungen und Mädchen Kampf herrscht, noch bevor sie sich getroffen haben. Für den jungen Mann wird die Frau, im genauesten Sinne, ein sexuelles Objekt.

Tabelle 19: Verteilung sexueller Einstellungen innerhalb von Bevölkerungsgruppen

Soziale Merkmale	sexuelle Einstellung		
	traditionell orientiert	beziehungs- orientiert	erlebnis- orientiert
Geschlecht			
Männer	26,9*	40,1	33,0
Frauen	33,7	47,6	18,7
Alter			
Männer			
18−24	17,4	46,9	35,7
25−29	21,0	46,2	32,9
30−39	26,2	38,6	35,2
40−49	31,2	38,2	30,5
50−59	40,1	31,3	28,6
Frauen			
18−24	23,0	51,8	25,3
25−29	27,5	54,6	17,9
30−39	34,6	46,6	18,8
40−49	34,5	44,9	20,6
50−59	47,0	43,4	9,6
Familienstand/ Wohnstatus			
Männer			
alleinlebend	18,4	39,7	42,0
nicht-eheliche Lebensgemeinschaft	8,6	48,4	43,0
verheiratet	36,4	39,0	24,5
Frauen			
alleinlebend	31,9	46,8	21,3
nicht-eheliche Lebensgemeinschaft	23,9	50,4	25,6
verheiratet	36,2	48,1	15,8
Bildungsgrad			
Männer			
weniger als High-School-Abschluß	31,6	39,5	28,8
High-School-Abschluß oder ähnliches	28,3	40,9	30,8
Collegeabschluß	25,0	39,8	35,2

Fortsetzung siehe folgende Seite

Tabelle 19: Fortsetzung

Soziale Merkmale	traditionell orientiert	sexuelle Einstellung beziehungs- orientiert	erlebnis- orientiert
Frauen			
weniger als High-School-Abschluß	36,6	47,6	15,9
High-School-Abschluß oder ähnliches	38,3	46,0	15,7
Collegeabschluß	30,4	48,7	20,9
Konfession			
Männer			
konfessionslos	11,7	39,1	49,2
normal protestantisch	24,2	43,8	32,0
strenggläubig protestantisch	44,5	30,1	25,3
katholisch	17,8	49,6	32,6
Frauen			
konfessionslos	10,4	44,4	45,2
normal protestantisch	30,9	51,4	17,7
strenggläubig protestantisch	50,5	38,4	11,2
katholisch	22,2	58,0	19,8
Rasse/ ethnische Zugehörigkeit			
Männer			
Weiße	26,1	41,6	32,3
Schwarze	32,4	25,4	42,3
Latinos	25,3	45,1	29,7
Frauen			
Weiße	30,5	48,3	21,2
Schwarze	45,3	45,8	8,9
Latinos	40,7	43,2	16,1

* kennzeichnet die Prozentzahl von Männern mit einer traditionellen Einstellung wie in Tabelle 18 beschrieben.

Ihr Körper und ihr Geist werden das Objekt eines sexuellen Spiels, das er zu seiner Bestätigung erobern muß.«[1] Will der junge Mann die Frau erobern, so Anderson weiter, benutzt er eine Strategie, »deren Zweck es ist, sexuelles Interesse zu wekken«. Die junge Frau hingegen möchte »einen Freund, einen Verlobten, einen Ehemann und die märchenhafte Aussicht, mit Kindern in einem schönen Haus mit netten Nachbarn bis ans Ende ihres Lebens glücklich zu leben«. Der junge Mann, der mit einer Frau sexuellen Kontakt sucht, wird ihr deshalb »die Seiten von sich zeigen, von denen er weiß, daß sie sie sehen möchte, die das darstellen, was sie sich von einem Mann wünscht«. Er nimmt die junge Frau vielleicht mit in die Kirche, besucht ihre Familie und hilft ihr im Haushalt. Aber nachdem er mit ihr geschlafen hat, verläßt er sie, um eine neue Eroberung zu machen.

Die junge Frau, so bemerkt Anderson, »weiß wohl, daß mit ihr gespielt wird, aber vorausgesetzt, seine Strategie erweist sich als erfolgreich, seine Selbstdarstellung, sein Witz und seine tänzerische Begabung kommen an und machen ihn auch bei den anderen beliebt, dann überwiegt bei der Frau doch oft die Verliebtheit«.

Andersons Text gibt ein weiteres Beispiel für den von Konkurrenz geprägten Markt der Sexualpartner. Der junge Mann betont die Eigenschaften, von denen er glaubt, daß die junge Frau sie anziehend findet. Er positioniert sich und setzt sein ganzes strategisches Geschick daran, sie zu überzeugen, daß eine Freundschaft, die Sexuelles einschließt, auch ihr gefallen wird. Auf ganz ähnliche Weise betont auch sie die Eigenschaften, von denen sie annimmt, daß sie den begehrten jungen Mann auf sie aufmerksam machen. Sie dosiert ihre ermunternden Gesten genau und besteht darauf, daß Sexualität nur im Paket mit anderen Leistungen, die sie sich wünscht, zu haben sei.

Ob das Ergebnis ein kurzes sexuelles Abenteuer ist, eine festere Beziehung oder sogar eine dauerhafte Sexualpartnerschaft, in jedem Fall ist die sexuelle Beziehung ein Anbieten und Vorenthalten. Entdeckungen werden gemacht und Überlegungen angestellt, und schließlich wird eine Übereinkunft erzielt. Das strategische Verhalten und die Anstrengungen jedes einzelnen, für den Partner attraktiv zu sein und damit das Handlungsziel zu erreichen, wurzeln in einem gesellschaftlichen Kontext, der von Wettbewerb geprägt ist.

Tabelle 19 zeigt auch, daß verheiratete Männer und Frauen am wenigsten zu einer erlebnisorientierten Einstellung neigen, während dies bei unverheirateten Männern um einiges wahrscheinlicher ist. Hingegen machen sich Frauen und Männer in einer nicht-ehelichen Lebensgemeinschaft am wenigsten die traditionelle Sichtweise zu eigen. Allerdings sind die Unverheirateten auch zumeist jünger, deshalb spiegelt sich im Merkmal des Familienstandes teilweise einfach die oben besprochene Altersstruktur. Ältere (verheiratete) Personen sind eher traditionell eingestellt als junge (unverheiratete) Befragte. Dies ist ein Grund für den Generationskonflikt: Ältere Menschen, oft Eltern von Teenagern oder erwachsenen Kindern zwischen zwanzig und dreißig, haben tendenziell ganz andere Ansichten zum Thema Sexualität.

Obwohl unsere Daten dies nicht direkt bestätigen können, liegt bei der Altersaufteilung auch die Vermutung nahe, daß die Menschen im Laufe der Jahre ihre Einstellung ändern. In der Jugend glauben viele, Sex habe nichts mit Liebe zu tun, aber sobald sie älter werden, wird eine Liebesbeziehung für das Sexualleben wichtiger. Das Spektrum der Einstellungen verschiebt sich mit dem Alter von liberal zu konservativ. Das könnte auch einer der Gründe dafür sein, warum 58 Prozent unserer Befragten, die vorehelichen Geschlechtsverkehr in jedem Fall ablehnen, gleichzeitig angeben, daß sie selbst vor der Hochzeit Geschlechtsverkehr hatten. Und es könnte erklären, warum 26 Prozent derjenigen, die Sex bei Teenagern in jedem Fall ablehnen, in ihrer eigenen Teenagerzeit bereits sexuelle Kontakte hatten. Andererseits könnten die Altersunterschiede aber mit den lebenslang unveränderten Unterschieden zwischen den Geburtsjahrgängen der 1930er, 1940er Jahre usw. erklärt werden. Wir neigen jedoch zu der ersten Erklärung, daß sich die Einstellungen mit zunehmendem Alter ändern.

Wenn wir den Zusammenhang zwischen sexueller Einstellung und Rasse, Konfession und Bildungsgrad betrachten, wird ersichtlich, warum die Menschen sich tendenziell mit einem Sexualpartner, der ihnen ähnlich ist, wohler fühlen. Die Tabelle zeigt zum Beispiel, daß nur wenige der nicht konfessionell gebundenen Befragten, aber 48 Prozent der strenggläubigen Protestanten zur Kategorie der Personen mit traditioneller Einstellung gehören. Konfessionslose sind mit großer Wahrscheinlichkeit in der Kategorie der erlebnisorientierten Personen zu finden, in unserer Untersuchung beinahe die Hälfte.

Unsere Ergebnisse zeigen auch, daß der oft klischeehaft geschilderte häufige Streit zwischen schwarzen Männern und Frauen tatsächlich fundamental verschiedene sexuelle Einstellungen widerspiegelt. Schwarze Frauen sind eher als weiße Frauen und weibliche Latinos traditionell eingestellt. Mit unter 10 Prozent sind sie auch weit seltener als die anderen Frauen erlebnisorientiert. Schwarze Männer hingegen gehören mit mehr als 40 Prozent viel häufiger zur Kategorie der erlebnisorientierten Personen.

Die Prozentzahlen in der Sparte Bildungsgrad zeigen keine Auffälligkeiten, markieren jedoch eine gewisse Regelmäßigkeit. Personen ohne High-School-Abschluß oder einen vergleichbaren Bildungsgrad haben eher eine traditionelle als eine erlebnisorientierte Einstellung. Bei den Befragten mit Collegeabschluß ist es gerade umgekehrt: Sie sind eher erlebnisorientiert und seltener traditionell eingestellt.

Wir hatten im voraus keine besonderen Erwartungen oder Theorien darüber, wie sich die Einstellungen zur Sexualität je nach sozialen Merkmalen unterscheiden würden. Die Ergebnisse in Tabelle 19 scheinen aber die Annahme zu bestätigen, daß die sexuelle Einstellung Bestandteil des viel umfassenderen religiösen und sozialen Wertesystems ist, mit denen die Menschen sich eine Identität schaffen. Ihre Ansichten werden durch die Bestätigung von Freunden, Familie und dem weiteren sozialen Umfeld gefestigt.

Die nächste Frage ist, ob sich die Ansichten tatsächlich auch im Verhalten niederschlagen. Überzeugungen zu vertreten ist die eine, sie auch im eigenen Verhalten umzusetzen, die andere Sache. Tabelle 20 auf den folgenden Seiten gibt die Ergebnisse wieder.

Die Zugehörigkeit zu einer Gruppe mit bestimmten Moralvorstellungen ist eng mit den sexuellen Praktiken verknüpft. Sie korreliert sogar mit der Häufigkeit sexueller Kontakte und sexueller Phantasien.

Der oberste Abschnitt der Tabelle enthält die Anzahl der Sexualpartner des vergangenen Jahres von alleinlebenden Männern und Frauen. Diejenigen mit traditioneller Einstellung haben zumeist keinen oder nur einen Partner, nur ein relativ geringer Prozentsatz hatte im vergangenen Jahr zwei oder mehr Sexualpartner: etwa 30 Prozent der Männer und 14 Prozent der Frauen. Bei Personen mit erlebnisorientierter Einstellung sehen die Zahlen anders aus: Etwa 60 Prozent der Männer und fast 50 Prozent der Frauen hatten im vergangenen Jahr zwei oder mehr Sexualpartner. Die Einstellungen der unverheirateten und alleinlebenden Befragten, wie sie in den drei Kategorien typisiert sind, ergeben tatsächlich deutliche Unterschiede bei der Zahl der Sexualpartner.

Sicherlich gibt es einige traditionell orientierte Personen, die mehrere Sexualpartner haben, und einige erlebnisorientierte, die keinen oder nur einen Sexualpartner haben, aber im großen und ganzen entspricht die Zahl der Partner im vergangenen Jahr der vertretenen Einstellung.

Dasselbe gilt für die Verheirateten, wie aus dem zweiten Ab-

Tabelle 20: Sexuelle Verhaltensweisen innerhalb von Gruppen, die nach ihrer sexuellen Einstellung definiert sind

Teil A: Männer

Sexualverhalten	traditionell orientiert	sexuelle Einstellung beziehungs- orientiert	erlebnis- orientiert
Partner im letzten Jahr: alleinlebend			
keinen	40,6*	22,4	12,8
einen	30,2	41,0	27,9
zwei oder mehr	29,2	36,6	59,4
Partner im letzten Jahr: verheiratet			
keinen oder einen	97,0	96,0	84,9
zwei oder mehr	3,0	4,0	15,1
Häufigkeit des Geschlechts- verkehrs im letzten Jahr			
keinen	12,5	8,8	8,4
3mal im Monat oder weniger	31,4	34,2	35,9
1mal die Woche oder mehr	56,1	57,1	55,7
Denke an Sex			
2mal im Monat oder weniger	13,4	14,1	7,1
2mal die Woche oder weniger	40,8	35,3	27,0
täglich oder öfter	45,8	50,6	65,9
Masturbiere			
nie	50,2	35,5	25,6
3mal im Monat oder weniger	32,1	38,5	39,4
1mal die Woche oder öfter	17,7	26,0	35,0
Hatte Oralverkehr mit dem Hauptsexualpartner**			
ja	56,4	78,2	80,7
Hatte Analverkehr im Laufe des Lebens			
ja	18,7	23,1	32,3
Hatte gleichgeschlechtlichen Partner seit dem achtzehnten Lebensjahr			
ja	2,6	4,5	7,8

* Prozentzahl unverheirateter, alleinlebender, traditioneller Männer, die im vergangenen Jahr keinen Sexualpartner hatten.
** Aktiv oder passiv, im vergangenen Jahr.

Tabelle 20: Fortsetzung

Teil B: Frauen

Sexualverhalten	sexuelle Einstellung		
	traditionell orientiert	beziehungs- orientiert	erlebnis- orientiert
Partner im letzten Jahr: alleinlebend			
keinen	46,7	25,2	14,6
einen	39,1	52,6	36,6
zwei oder mehr	14,1	22,2	48,8
Partner im letzten Jahr: verheiratet			
keinen oder einen	98,0	98,5	92,5
zwei oder mehr	2,0	1,5	7,5
Häufigkeit des Geschlechts- verkehrs im letzten Jahr			
keinen	18,5	10,8	8,0
3mal im Monat oder weniger	31,5	34,0	39,6
1mal die Woche oder häufiger	50,0	55,1	52,4
Denke an Sex			
2mal im Monat oder weniger	45,0	36,8	30,1
2mal die Woche oder weniger	40,6	44,0	39,0
täglich oder öfter	14,3	19,2	30,8
Masturbiere			
nie	69,0	56,6	37,5
3mal im Monat oder weniger	26,0	35,4	50,2
1mal die Woche oder öfter	5,0	8,1	12,3
Hatte Oralverkehr mit dem Hauptsexualpartner*			
ja	55,9	73,9	83,6
Hatte Analverkehr im Laufe des Lebens			
ja	13,2	19,5	37,5
Hatte gleichgeschlechtliche Partnerin seit dem achtzehnten Lebensjahr			
ja	0,8	3,0	8,6

* Aktiv oder passiv, im vergangenen Jahr.

schnitt der Tabelle ersichtlich ist. Nur 3 bzw. 4 Prozent der traditionell orientierten bzw. beziehungsorientierten Männer hatten im vergangenen Jahr mehr als einen Sexualpartner, bei den erlebnisorientierten Männern waren es hingegen 15,1 Prozent. Das gleiche Bild ergibt sich bei den verheirateten Frauen: Nur 2 bzw. 1,5 Prozent der Ehefrauen in den ersten beiden Kategorien hatten mehr als einen Sexualpartner, dafür über 7 Prozent der erlebnisorientierten Ehefrauen. An den Zahlen läßt sich also der starke Einfluß des Familienstands auf die Zahl der Sexualpartner ablesen: Die große Mehrheit der verheirateten Männer und Frauen hatte im vergangenen Jahr keinen oder nur einen Sexualpartner, während Unverheiratete häufiger mehrere Partner hatten.

Was die Häufigkeit sexueller Kontakte betrifft, kommen wir zu anderen Schlußfolgerungen: Einstellungen scheinen in diesem Punkt keine großen Auswirkungen zu haben. Etwa die Hälfte aller Befragten in allen drei Kategorien hat einmal pro Woche oder häufiger Geschlechtsverkehr. In der Gruppe der Erlebnisorientierten gibt es vielleicht etwas weniger Personen, die im vergangenen Jahr überhaupt keine sexuellen Kontakte hatten, die Unterschiede sind jedoch nicht erheblich.

Bei der Frage, wie oft der Befragte nach eigenen Angaben sexuelle Phantasien hatte, lassen sich jedoch wieder bemerkenswerte Unterschiede je nach vertretenen Moralvorstellungen erkennen. Traditionell eingestellte Personen haben weit weniger sexuelle Phantasien als die erlebnisorientierten. Ähnliches gilt für die Masturbation: Sie geben weitaus seltener an, mindestens einmal in der Woche zu masturbieren, während dies bei den erlebnisorientierten Befragten etwa doppelt so wahrscheinlich ist.

Oralverkehr, Analverkehr und gleichgeschlechtlicher Verkehr folgen dem gleichen Muster, wie die letzten drei Tabellenabschnitte belegen. Die erlebnisorientierten Befragten hatten, bezogen auf das vergangene Jahr, häufiger als die traditionell eingestellten Befragten mit ihrem Hauptsexualpartner Oral- oder Analverkehr. Dasselbe gilt für gleichgeschlechtlichen Verkehr. Entlang der Kategorienskala von »traditionell« zu »erlebnis-orientiert« nimmt die Häufigkeit von Oral-, Anal- und gleich-geschlechtlichem Verkehr zu.

Als Fazit können wir ziehen, daß zwischen sexueller Einstellung und dem tatsächlichen Sexualverhalten ein enger Zusammen-hang besteht. Zwar können wir nicht sagen, ob die Einstellung das Verhalten begründet oder umgekehrt oder beides einander beeinflußt, die Verknüpfung selbst ist jedoch eindeutig.

Mit unseren Erkenntnissen über die sexuelle Einstellung der Be-fragten, ihre Sexualpraktiken und die Sozialbedingtheit ihres Verhaltens können wir nun die Frage angehen, warum in Ame-rika so hitzige politische Debatten über sexuelle Themen wie Abtreibung, Nacktheit in der Öffentlichkeit, Homosexuellen-rechte und Pornographie geführt werden.

Anhand von Tabelle 19 ist deutlich zu erkennen, daß Einstel-lungen und soziale Merkmale gewissermaßen Hand in Hand gehen. Jüngere Befragte haben andere Ansichten über Sexualität als ältere. Strenggläubige Protestanten vertreten andere Über-zeugungen als Menschen ohne konfessionelle Bindung. Perso-nen mit geringerem Bildungsgrad äußern sich anders als diejeni-gen mit Hochschulabschluß. Tabelle 20 macht deutlich, wie sich die sexuellen Einstellungen im Verhalten widerspiegeln.

In Kapitel 3 haben wir festgestellt, daß sich sexuelle Beziehun-gen meistens zwischen Partnern mit derselben sozialen Her-kunft entwickeln, daß sich also die Sexualpartner hinsichtlich Konfession, Bildungsgrad und Rasse oder ethnischer Zugehö-rigkeit ähnlich sind. Und die weiteren Ergebnisse zeigen, daß wir uns aller Wahrscheinlichkeit nach auch Sexualpartner su-chen, die die gleiche Einstellung zur Sexualität haben. Das ist wohl auch einer der Hauptgründe dafür, warum Menschen ih-ren Partner aus ihrer eigenen sozialen Gruppe wählen. Eine

Partnerbeziehung zu jemandem aufrechtzuerhalten, der bei Themen wie Abtreibung, außerehelichem Geschlechtsverkehr oder der Wichtigkeit religiöser Maßstäbe für das Sexualleben ganz anderer Meinung ist, kann äußerst schwierig sein.

Wer zu unserem sozialen Umfeld gehört, ist uns in den sozialen Merkmalen meist ähnlich und teilt deshalb auch meist unsere Einstellung zur Sexualität. In Diskussionen mit Freunden und in der Familie ist man tendenziell einer Meinung und bestärkt sich gegenseitig in seinen Ansichten. Das dürfte der Grund dafür sein, daß unsere Moralvorstellungen in sich stimmig sind und auch mit unserem Sexualverhalten übereinstimmen.

Genau deshalb erscheinen aber auch Veränderungen als so bedrohlich. Es fällt schwer, sich in einem Aspekt, zum Beispiel beim Thema außerehelicher Geschlechtsverkehr, durch ein von außen kommendes Argument überzeugen zu lassen, ohne damit alle anderen Ansichten in Frage gestellt zu sehen. Das soziale Umfeld wirkt darauf hin, daß der einzelne seine Ansichten beibehält, die wiederum zur Stimmigkeit des gesamten Wertesystems beitragen. Da außerdem die Verhaltensweisen eng mit den religiösen und moralischen Normen einer Person verwoben sind, wird verständlich, warum Einstellungen nur widerwillig geändert werden. Eben deshalb verlaufen politische Diskussionen zu sozialen Konflikten so unversöhnlich. Es ist kein Wunder, daß wir uns als Nation über sexuelle Themen völlig uneins sind und kein Ende der Debatte in Sicht ist.

Damit schließt sich der Kreis unserer Untersuchung. Wir haben gefragt, wer die Menschen sind, was sie sexuell tun und was sie über Sexualität denken. Unsere Ausgangsfrage lautete, ob sich das Sexualverhalten in gleicher Weise wie anderes Sozialverhalten untersuchen läßt und falls ja, ob es den gleichen Gesetzmäßigkeiten folgt, die sonst in der Gesellschaft gelten. Unterscheidet sich das von starken Mythen und Heimlichkeit bewehrte Sexualverhalten von anderen sozialen Verhaltensweisen, oder erweist es sich als gar nicht so geheimnisvoll, wenn man den Vorhang einmal beiseite zieht?

Unsere Daten haben zu keinem Zeitpunkt Zweifel daran gelassen, daß das Sexualverhalten von sozialen Kräften bestimmt wird. Die Gesellschaft zwingt den einzelnen in ein Verhaltensmuster und drängt ihn zur Wahl gleichartiger Partner. Aber gleichzeitig entlastet sie uns auch, fügt die Menschen zusammen, die die gleiche Einstellung zur Sexualität haben, und fördert damit sexuelle Intimität und gegenseitiges Vertrauen. Unsere Ergebnisse zeigen ein Bild der amerikanischen Gesellschaft, das weniger »sexy« ist, als oft dargestellt. Dennoch sind die meisten Menschen mit dem Sexualleben zufrieden, das sie gewählt haben oder das ihnen durch die Verhältnisse nahegelegt wurde.

Amerika ist kein Wunderland der Erotik, in dem alle jungen und schönen Menschen am laufenden Band aufregenden Sex erleben. Es ist aber auch kein Land, in dem Scharen von Unglücklichen, vom Fest der Erotik ausgeschlossenen, in stiller Abgeschiedenheit ihre Wunden lecken. Vielmehr ist es ein Land, in dem die Gesellschaft sexuelle Normen festigt und das Sexualverhalten des einzelnen in hohem Maße bestimmt. Die meisten Amerikanerinnen und Amerikaner sind mit ihrem Sexualleben zufrieden, zumindest aber nicht sehr unzufrieden mit dem Los, das sie gezogen haben. Wem der Status quo zu weit vom eigenen Ideal entfernt ist, der muß ein Ausscheren aus den Konventionen manchmal teuer bezahlen, während all diejenigen reichlich belohnt werden, die sich den sozialen Anforderungen gemäß verhalten.

Wenn wir aber wissen, wo und wie der soziale Druck wirkt, können wir uns aus den Fesseln der Mythen und Märchen, die uns in der Vergangenheit gefangenhielten, endlich befreien. Ohne Scheu können wir uns dann fragen, ob wir unser Sexualverhalten wirklich ändern wollen und welche Vor- und Nachteile sich für uns daraus ergäben.

Anmerkungen

Kapitel 1

1. Anita Shreve, *Women Together, Women Alone*, New York 1989.
2. Nancy R. Newhouse, Hg., *Hers*, New York 1985.

Kapitel 2

1. Alfred C. Kinsey, Wardell B. Pomeroy u. Clyde E. Martin, *Das sexuelle Verhalten des Mannes*, Berlin u. Frankfurt/M. 1955; Alfred C. Kinsey, Wardell B. Pomeroy, Clyde E. Martin u. Paul H. Gebhan, *Das sexuelle Verhalten der Frau*, Berlin u. Frankfurt/M. 1963.
2. Norman M. Bradburn u. Seymour Sudman, *Polls and Surveys: Understanding What They Tell Us*, San Francisco 1988.
3. David Halberstam, *The Fifties*, New York 1993.
4. William H. Masters u. Virginia E. Johnson: *Die sexuelle Reaktion*, Frankfurt/M. 1967.
5. Carol Tavris u. Susan Sadd, *The Redbook Report on Female Sexuality*, New York 1975.
6. Shere Hite, *Hite-Report. Das sexuelle Erleben der Frau*, München 1977; Shere Hite, *Hite Report. Das sexuelle Erleben des Mannes*, München 1982.
7. Samuel S. Janus u. Cynthia L. Janus, *The Janus Report on Sexual Behavior*, New York 1993.
8. Wir erhielten Unterstützung von der Robert-Wood-Johnson-Stiftung, der Stiftung der Familie Henry J. Kaiser in

Menlo Park, der Rockefeller-Stiftung, der Stiftung von John D. und Catherine T. MacArthur, der Andrew-W.-Mellon-Stiftung, dem New York Community Trust, der amerikanischen Stiftung für Aids-Forschung und für die Auswertung der Daten von der Ford-Stiftung.

Kapitel 3

1. John Updike, *Spring doch,* Reinbek b. Hamburg 1990.

Kapitel 4

1. Paul Monette, *Borrowed Time, an AIDS Memoir,* New York 1988.
2. Douglas Massey u. Nancy Denton, *American Apartheid,* Chicago 1993.

Kapitel 5

1. Zur Studie von 1978 siehe Melvin Zelnik u. John F. Kantner, *Sex and Pregnancy in Adolescence,* New York 1981. Zur Studie von 1988 siehe Leighton Ku, Freya Sonenstein u. Joseph Pleck, »Sexual Behavior in the 90s: Male Youth in the U.S.«, als Vervielfältigung vorgelegt bei der Population Association of America Meetings, 1992.

Kapitel 7

1. Elizabeth Loftus, *Eyewitness Testimony*, Cambridge/Mass. 1979.
2. Th. H. van de Velde, *Die vollkommene Ehe*, Dt. Übers. erstmals 1926.

Kapitel 8

1. John Money, *The Destroying Angel*, Buffalo, N. Y., 1985.

Kapitel 9

1. John H. Gagnon, William Simon, *Sexual Conduct*, Chicago 1973.

Kapitel 10

1. »Epidemiology of Sexually Transmitted Diseases. A Clinical Syndrome Approach«, in: Vincent A. Spagra und Richard B. Prior (Hgg.) [Sammelband ist nicht erschienen].

Kapitel 11

1. Albert T. Jonsen u. Jeff Stryker, Hg., *The Social Impact of AIDS in the United States,* Washington, D. C., 1993.
2. Norman Hearst u. Stephen B. Hulley, »Preventing the Heterosexual Spread of AIDS: Are We Giving Our Patient the Best Advice?«, in: *Journal of the American Medical Association,* 22./29. April 1988.
3. Randy Shilts, *And the Band Played On,* New York 1987.

Kapitel 13

1. Elijah Anderson, *Streetwise. Race, Class and Change in an Urban Community,* Chicago 1990.

Appendix A
Querschnittsstichprobe NHSLS

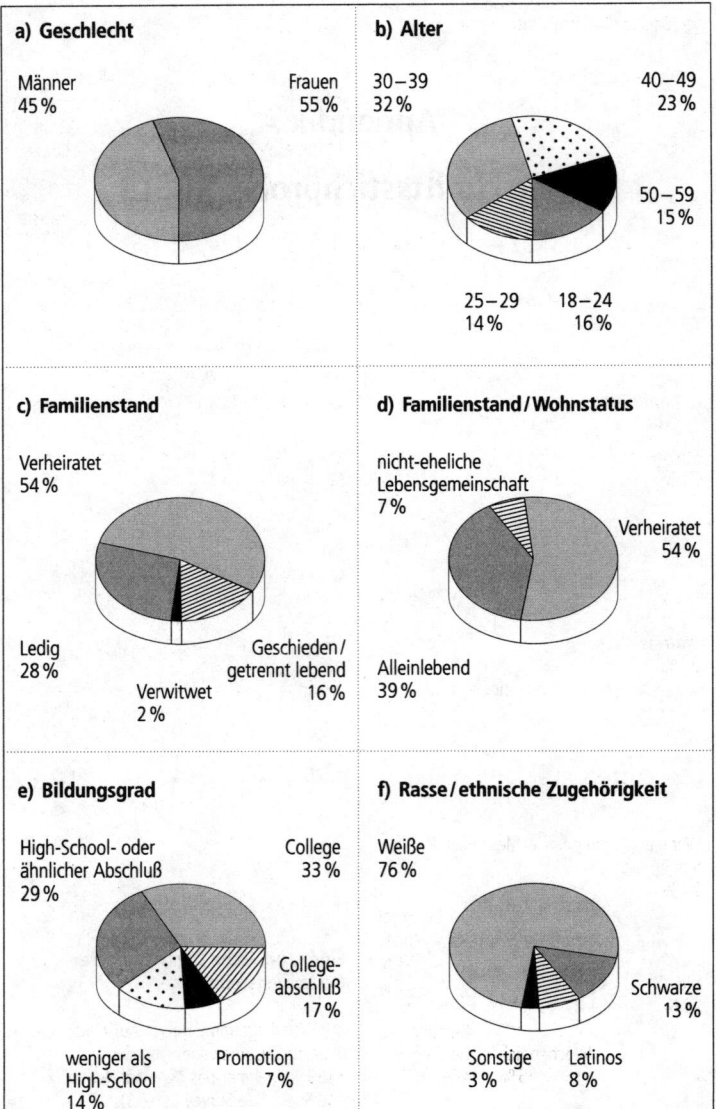

a) Geschlecht

Männer 45%   Frauen 55%

b) Alter

30–39 32%   40–49 23%

50–59 15%

25–29 14%   18–24 16%

c) Familienstand

Verheiratet 54%

Ledig 28%

Verwitwet 2%   Geschieden / getrennt lebend 16%

d) Familienstand / Wohnstatus

nicht-eheliche Lebensgemeinschaft 7%

Verheiratet 54%

Alleinlebend 39%

e) Bildungsgrad

High-School- oder ähnlicher Abschluß 29%   College 33%

College-abschluß 17%

weniger als High-School 14%   Promotion 7%

f) Rasse / ethnische Zugehörigkeit

Weiße 76%

Schwarze 13%

Sonstige 3%   Latinos 8%

324

g) Gesundheitszustand

Ausgezeichnet
43 %

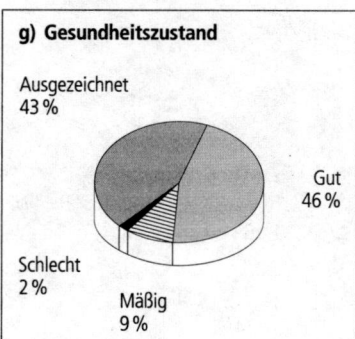

Gut
46 %

Schlecht
2 %

Mäßig
9 %

h) Region

Mittlerer Westen, nordwestl. Teil
8 %

Südliche Atlantikküste
19 %

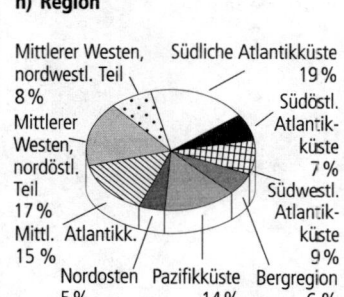

Mittlerer Westen, nordöstl. Teil
17 %

Südöstl. Atlantikküste
7 %

Mittl. Atlantikk.
15 %

Südwestl. Atlantikküste
9 %

Nordosten
5 %

Pazifikküste
14 %

Bergregion
6 %

i) Konfession

Streng protestantisch
31 %

Katholisch
27 %

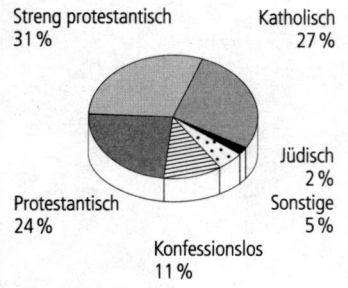

Jüdisch
2 %

Protestantisch
24 %

Sonstige
5 %

Konfessionslos
11 %

j) Größe des Wohnorts

Vorort der 13. bis 100. Stadt nach Größe
17 %

andere Städte
39 %

Vororte der 12 größten Städte
11 %

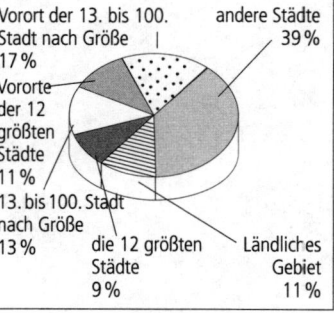

13. bis 100. Stadt nach Größe
13 %

die 12 größten Städte
9 %

Ländliches Gebiet
11 %

k) Gottesdienstbesuch

Weniger als ein paarmal im Jahr
24 %

Mehrmals im Jahr
15 %

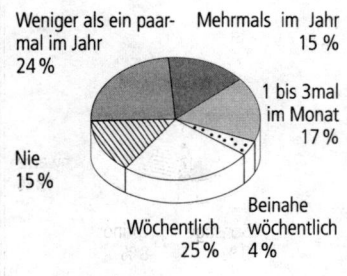

1 bis 3mal im Monat
17 %

Nie
15 %

Beinahe wöchentlich
4 %

Wöchentlich
25 %

Eine graphische Darstellung der Befragungsteilnehmer

Die Kreisdiagramme geben Aufschluß über die Zusammensetzung der 3159 Teilnehmer des National Health and Social Life Survey (NHSLS).

Appendix B

Der Fragebogen des NHSLS

Der Fragebogen, den die Teilnehmer am National Health and Social Life Survey (NHSLS) vorgelegt bekamen und den sie unter Anleitung professioneller Interviewer beantworteten, hatte einen Umfang von 120 Seiten. Hinzu kamen noch 16 Karteikarten, vier kleinere »vertrauliche« Fragebögen, ein großer »Lebenskalender« und weiteres Begleitmaterial. Der folgende Fragebogen ist eine Zusammenfassung des NHSLS-Fragebogens. Fortgelassen wurden Routinefragen zum sozialen Hintergrund und zur Fertilität sowie erklärendes Beiwerk zu Beginn jedes thematischen Abschnitts, das die Interviewer den Befragten vorlasen. Notwendige Erläuterungen wurden in die dritte Person gesetzt. Was hiermit vorliegt, ist der Fragebogen des NHSLS in seinen wesentlichen, inhaltlich unveränderten Zügen.

Abschnitt Eins: Einleitende Fragen zum Sexualleben

Die letzten zwölf Monate

1. Wie viele Sexualpartner(innen) hatten Sie in den letzten zwölf Monaten? ☐☐
   Wenn Sie keinen Sexualpartner/keine Sexualpartnerin hatten, fahren Sie mit Frage 5 fort.
2. War eine(r) davon Ihr(e) Ehepartner(in) oder regelmäßige(r) Sexualpartner(in)?
   ☐ Ja ☐ Nein
3. Falls Sie KEINEN anderen Sexualpartner/keine andere Sexualpartnerin außer Ihrer Ehefrau/Ihrem Ehemann oder Ihrem regelmäßigen Sexualpartner/Ihrer regelmäßigen Sexualpartnerin hatten, machen Sie bitte bei Frage 4 weiter.

Falls Sie noch andere Sexualpartner hatten, kreuzen Sie bitte an, welche Aussage für Sie zutrifft.

KREUZEN SIE BITTE ALLE ZUTREFFENDEN ANTWORTEN AN.
Enger Freund oder enge Freundin. 1
Nachbar(in), Arbeitskollege bzw. -kollegin oder langjährige(r) Bekannte(r). 2
Zufallsbekanntschaft. 3
Sexualpartner(in), den oder die Sie für Sex bezahlt haben 4

4. Hatten Sie in den letzten zwölf Monaten sexuellen Verkehr ...
BITTE EINE ANTWORT ANKREUZEN.
 nur mit Männern 1
 mit Männern und Frauen 2
 nur mit Frauen 3
5. Wie oft ungefähr hatten Sie in den letzten zwölf Monaten sexuellen Verkehr?
 Überhaupt nicht 0
 Ein- oder zweimal 1
 Ungefähr einmal im Monat 2
 Zwei- oder dreimal im Monat 3
 Ungefähr einmal in der Woche 4
 Zwei- oder dreimal in der Woche 5
 Mindestens viermal in der Woche 6

Die letzten fünf Jahre

6. Denken Sie jetzt bitte an die letzten fünf Jahre zurück – ungefähr der Zeitraum seit
 Februar/März/April 1987 einschließlich der letzten zwölf Monate. Wie viele Sexual-
 partner hatten Sie in dieser Zeit?
 Keinen Partner (weiter bei Frage 8) 00
 Einen Partner 01
 Zwei Partner 02
 Drei Partner 03
 Vier Partner 04
 Fünf bis zehn Partner 05
 Elf bis zwanzig Partner 06
 Einundzwanzig bis hundert Partner 07
 Über hundert Partner 08

7. Hatten Sie in den letzten fünf Jahren sexuellen Verkehr ...
BITTE EINE ANTWORT ANKREUZEN.
 nur mit Männern 1
 mit Männern und Frauen 2
 nur mit Frauen 3

Seit Vollendung Ihres achtzehnten Lebensjahres

8. Denken Sie jetzt bitte an die Zeit seit Ihrem achtzehnten Lebensjahr zurück (wiederum einschließlich der jüngsten Vergangenheit, zu der Sie bereits Fragen beantwortet haben). Mit wie vielen **Frauen** hatten Sie seither sexuellen Verkehr? ☐☐
9. Denken Sie wieder an die Zeit seit Ihrem achtzehnten Lebensjahr (wiederum ein-

schließlich der jüngsten Vergangenheit, zu der Sie bereits Fragen beantwortet haben). Mit wie vielen **Männern** hatten Sie seither sexuellen Verkehr? ☐☐

10. Hatten Sie seit Ihrem achtzehnten Lebensjahr jemals Verkehr mit einem Partner oder einer Partnerin, den oder die Sie dafür bezahlt haben? ☐ Ja ☐ Nein

Während der Ehe

11. Hatten Sie, solange Sie verheiratet waren oder sind, jemals sexuellen Verkehr mit einem anderen Partner als Ihrem Ehemann oder Ihrer Ehefrau? ☐ Ja ☐ Nein
    ☐ War nie verheiratet

Abschnitt Zwei: Ehe und nicht-eheliche Lebensgemeinschaft

1. Waren Sie einmal verheiratet oder haben Sie mit einem Sexualpartner/einer Sexualpartnerin mindestens einen Monat zusammengelebt? Im folgenden wird dies als Ehe (E) oder Lebensgemeinschaft (L) bezeichnet. ☐ Ja ☐ Nein
   Wenn Ihre Antwort **Nein** ist, fahren Sie bitte mit Frage 14 fort.

2. Mit wie vielen Personen waren Sie verheiratet oder haben Sie mindestens einen Monat in einer nicht-ehelichen Gemeinschaft zusammengelebt? Bitte zählen Sie keine Beziehungen mit, die weniger als einen Monat bestanden haben, es sei denn, die Beziehung besteht zur Zeit noch.
   A. Bitte beginnen Sie mit Ihrer ersten Ehe oder Ihrer ersten nicht-ehelichen Gemeinschaft. Welchen Vornamen hatte der oder die Betreffende? NAMEN EINTRAGEN: _____
   B. Wie hieß bzw. hießen Ihr weiterer bzw. Ihre weiteren Ehe- oder Lebenspartner(innen)? NAMEN EINTRAGEN: _____

3. Bitte geben Sie das Geschlecht Ihres Ehe- oder Lebenspartners an. ☐ Männlich ☐ Weiblich

4. Welcher ethnischen oder rassischen Gruppe gehört Ihr(e) E/L an?
   _____

5. Welches ist der höchste Bildungsabschluß den Ihr(e) E/L erreicht hat?
   _____

6. Wie viele Jahre ist Ihr(e) E/L älter oder jünger als Sie? ☐☐

7. Wann hat die Beziehung mit Ihrem/Ihrer E/L begonnen? ___/___/___

8. Waren Sie mit Ihrem/Ihrer E/L verheiratet, als Sie Ihr gemeinsames Leben begannen?
   ☐ Ja ☐ Nein
   Falls **Ja,** fahren Sie mit Frage 10 fort, falls **Nein,** fahren Sie mit Frage 9 fort. Wenn beide Partner **demselben Geschlecht** angehören, weiter mit Frage 12.

9. Waren Sie oder Ihr(e) E/L schon einmal verheiratet? ☐ Ja ☐ Nein
   Falls **Ja,** wann haben Sie geheiratet? ☐ Falls **Nein,** fahren Sie mit Frage 12 fort.

10. Wurde diese Ehe aufgelöst? ☐ Ja ☐ Nein
    Falls **Ja,** wann haben Sie sich von Ihrem/Ihrer E/L getrennt? ___/___/___

Falls **Nein,** leben Sie noch mit Ihrem/Ihrer E/L zusammen? ☐ Ja ☐ Nein (Weiter mit Frage 13)

11. Wie endete die Ehe? _____ Falls durch **Scheidung,** wann erging das Scheidungsurteil? ___/___/___ Falls **Tod des Ehepartners,** mit Frage 13 weitermachen. Falls **durch Trennung,** mit Frage 14 weitermachen.

12. Haben Sie sich von Ihrem/Ihrer E/L getrennt? ☐ Ja ☐ Nein
Falls **Ja,** wann haben Sie sich getrennt? ___/___/___

13. Falls Sie bei Frage 2B weitere E/L angegeben haben, beantworten Sie bitte auf einem separaten Blatt die Fragen 3 – 12 für diese Partner(innen).

14. Haben Sie Zeiten ausgelassen, in denen Sie mit einem Partner einen Monat oder länger in einer nicht-ehelichen Gemeinschaft gelebt haben? ☐ Ja ☐ Nein

15. Wie ist Ihr(e) E/L bzw. war er/sie in der Zeit Ihres Zusammenlebens hauptsächlich beschäftigt? Ist/War er/sie ...
Vollzeitbeschäftigt 1
Teilzeitbeschäftigt. 2
Nicht berufstätig, arbeitslos, arbeitsuchend. 3
Im Ruhestand. 4
Noch in Ausbildung . . . . 5 (Weiter bei Frage 17)
Im Haushalt tätig. . . . . 6 (Weiter bei Frage 17)
Weiß nicht. . . . . 8 (Weiter bei Frage 17)

16. Was für einer Beschäftigung geht Ihr(e) E/L nach bzw. ging er/sie nach, solange Sie zusammenlebten? Bitte tragen Sie die Berufsbezeichnung ein.
BESCHÄFTIGUNG: _____

A. Wie sah/sieht die Arbeit Ihres/Ihrer E/L aus? Beschreiben Sie die wichtigsten Aufgaben.

_____

B. In welchem Bereich arbeitet(e) Ihr(e) E/L?
BRANCHE:_____

17. Welchem religiösen Bekenntnis gehört(e) Ihr(e) E/L an?
BITTE EINE ANTWORT ANKREUZEN.
Protestantisch (Christlich). . . . . 01 (Weiter bei A)
Römisch-katholisch. . . . . 02 (Weiter bei B)
Jüdisch. . . . . 03 (Weiter bei B)
Orthodox (griechisch oder russisch) . . . . 04 (Weiter bei B)
Hinduistisch, muslimisch oder andere östliche Religion . . . . 05 (Weiter bei B)
Andere Religion (BITTE GENAU ANGEBEN). . . . . 06 (Weiter bei B)
Kein Bekenntnis . . . . 07 (Weiter bei B)
Weiß nicht. . . . . 98 (Weiter bei B)

A. Wenn Ihr(e) E/L einer christlich-protestantischen Religion angehört(e), wie lautet die genaue Bezeichnung?
Baptistisch 01

Methodistisch. 02
Lutherisch 03
Presbyterianisch 04
Episkopalistisch 05
Andere Bezeichnung (BITTE GENAU ANGEBEN) 06

B. Wie oft nimmt/nahm Ihr(e) E/L am Gottesdienst teil?
Überhaupt nicht. 00
Weniger als einmal im Jahr 01
Ungefähr ein- oder zweimal im Jahr 02
Mehrmals im Jahr 03
Ungefähr einmal im Monat 04
Zwei- bis dreimal im Monat. 05
Fast jede Woche. 06
Jede Woche 07
Mehrmals in der Woche. 08

18. Bitte markieren Sie auf einer Skala von 1 bis 4, auf der 1 »viel« bedeutet und 4 »überhaupt keinen«, wieviel Spaß es Ihnen machte, wenn Sie zusammen waren …

	viel	ein wenig	kaum	überhaupt keinen	nicht zutreffend
mit Verwandten Ihres/Ihrer E/L	1	2	3	4	7
mit Freunden Ihres E/L	1	2	3	4	7

19. Bitte markieren Sie auf einer Skala von 1 bis 4, auf der 1 »viel« bedeutet und 4 »überhaupt keinen«, wieviel Spaß es Ihrem/Ihrer E/L machte, wenn er oder sie zusammen war …

	viel	ein wenig	kaum	überhaupt keinen	nicht zutreffend
mit Verwandten von Ihnen	1	2	3	4	7
mit Freunden von Ihnen	1	2	3	4	7

Bei zwei oder mehr E/L beantworten Sie die Fragen 15 bis 19 für jede(n) einzeln. Bei nur einem/einer E/L, fahren Sie mit Abschnitt 3 fort.

Abschnitt Drei: Angaben über den Partner und über die sexuelle Aktivität im letzten Jahr

Nun bitten wir Sie, daß Sie einige Fragen über Ihre sexuelle Aktivität in den letzten zwölf Monaten beantworten. Unter sexuellem Verkehr und sexueller Aktivität werden oft ganz unterschiedliche Dinge verstanden, daher ist es bei den folgenden Fragen wichtig, von einer eindeutigen Definition auszugehen. »Sexueller Verkehr« und »sexuelle Aktivität« bezeichnen im folgenden jede freiwillige Handlung mit einer anderen Person, die sexuelle Kontakte und Erregung oder Stimulierung einschließt, unabhängig davon, ob es dabei zu Genitalverkehr oder zum Orgasmus gekommen ist.

Bitte beziehen Sie bei der Beantwortung der folgenden Fragen alle Personen oder Gelegenheiten in den letzten zwölf Monaten ein, mit bzw. bei denen Sie direkten körperlichen Kontakt mit den Genitalien (den Geschlechtsorganen) einer anderen Person hatten und sexuell erregt oder stimuliert wurden. Bestimmte Handlungen wie engumschlungenes Tanzen oder Küsse ohne genitale Kontakte sind NICHT zu berücksichtigen. NICHT einzubeziehen sind bei den folgenden Fragen ferner alle Kontakte, bei denen Gewalt angewendet wurde und sexuelle Handlungen gegen den Willen eines der Beteiligten ausgeübt wurden.

1. Denken Sie an die letzten zwölf Monate zurück. Mit wie vielen Personen, Männern und Frauen, hatten Sie mindestens einmal sexuellen Verkehr? ☐☐☐
   Falls Sie mit keiner Person sexuellen Verkehr hatten, fahren Sie mit Kasten 4A, Abschnitt 4 fort.
2. Name des Partners/der Partnerin: _____ (Sie können Ihren Partner/Ihre Partnerin (P) mit einem beliebigen Namen bezeichnen – Vorname, Initialen, Spitzname. Bei der Beantwortung der folgenden Fragen muß lediglich klar sein, von wem Sie sprechen.)
3. Hatten Sie ☐ einen Partner? ☐ eine Partnerin? Wenn P identisch ist mit E/L, fahren Sie mit Frage 7 fort.
4. Welcher ethnischen oder rassischen Gruppe gehört Ihr(e) P an

   _____

5. Welches ist der höchste Bildungsabschluß, den Ihr(e) P erreicht hat

   _____

6. Wie viele Jahre ist Ihr(e) P älter oder jünger als Sie? ☐☐
7. Hatten Sie mit Ihrem/Ihrer P innerhalb der letzten zwölf Monate zum ersten Mal sexuellen Verkehr? ☐ Ja ☐ Nein
   Falls **Ja,** machen Sie mit Frage 8A weiter. Falls **Nein,** machen Sie mit Frage 8B weiter.
8A. Wann hatten Sie zum ersten Mal sexuellen Verkehr mit P? ___/___/___ (Weiter mit Frage 9A.)
8B. Wann hatten Sie zum ersten Mal sexuellen Verkehr mit P? ___/___/___ (Weiter mit Frage 9B.)

9A. Wie viele Male hatten Sie in den letzten zwölf Monaten sexuellen Verkehr mit P?

☐☐

Falls nur einmal, fahren Sie mit Frage 11 fort. Falls zweimal oder öfter, fahren Sie mit Frage 10 fort. Falls öfter als zehnmal, weiter bei Frage 10.

9B. Wie viele Male hatten Sie in den letzten zwölf Monaten sexuellen Verkehr mit P?

☐☐

Falls nur einmal, fahren Sie mit Frage 10 fort. Falls zweimal oder öfter, fahren Sie mit Frage 10 fort. Falls öfter als zehnmal, weiter bei Frage 10.

10. Wann innerhalb der letzten zwölf Monate hatten Sie zum letzten Mal sexuellen Verkehr mit P? ___/___/___

11. Haben Sie noch weitere Partner(innen)? ☐ Ja ☐ Nein
Falls **Ja,** beantworten Sie auf einem separaten Blatt die Fragen 3 bis 10 für die weiteren Partner(innen). Falls **Nein,** fahren Sie mit Frage 12 fort.

12. BEI NUR EINEM WEITEREN PARTNER/EINER WEITEREN PARTNERIN: BITTE NAMEN EINTRAGEN: _____
A. Ist diese Person ein E/L? ☐ Ja ☐ Nein
   Falls **Ja,** weiter mit Frage 17. Falls **Nein,** weiter mit Frage 14.

13. BEI MEHR ALS EINEM/EINER PARTNER(IN):
A. Ist einer Ihrer Sexualpartner(innen) aus dem letzten Jahr ein E/L (das heißt zugleich »E/L« und »P«)? ☐ Ja ☐ Nein
   Falls **Ja,** weiter mit Frage 17. Falls **Nein,** weiter mit Frage 13B.
B. Welche der Personen, die Sie erwähnt haben, betrachten Sie als Ihren Hauptpartner/Ihre Hauptpartnerin in den letzten zwölf Monaten? NAMEN EINTRAGEN: _____ (Weiter mit Frage 14)
   Falls kein Hauptpartner/keine Hauptpartnerin, weiter mit Frage 13C.
C. Welche der Personen, die Sie erwähnt haben, war Ihr letzter Sexualpartner/Ihre letzte Sexualpartnerin? NAMEN EINTRAGEN:
   _____ (Weiter mit 14)

14. Welchem religiösen Bekenntnis gehört(e) P an? (Eines ankreuzen)
Protestantisch... 01 (Weiter bei 14A)
Römisch-katholisch.. 02 (Weiter bei 15)
Jüdisch.. 03 (Weiter bei 15)
Orthodox (griechisch oder russisch) .... 04 (Weiter bei 15)
Hinduistisch, muslimisch oder andere östliche Religion...... 05 (Weiter bei 15)
Andere Religion (BITTE GENAU ANGEBEN)............... 06 (Weiter bei 15)
Kein Bekenntnis .... 07 (Weiter bei 15)
Weiß nicht.. 98 (Weiter bei B)
A. Wenn Ihr(e) P einer protestantischen Religion angehört(e), wie lautet die genaue Bezeichnung? (Eines ankreuzen)
Baptistisch... 01
Methodistisch... 02
Lutherisch 03

Presbyterianisch 04
Episkopalistisch 05
Andere Bezeichnung (BITTE GENAU ANGEBEN) 06

15. Wie oft nimmt/nahm Ihr(e) P am Gottesdienst teil? (Eines ankreuzen)
Überhaupt nicht. 00
Weniger als einmal im Jahr 01
Ungefähr ein- oder zweimal im Jahr 02
Mehrmals im Jahr 03
Ungefähr einmal im Monat 04
Zwei- bis dreimal im Monat. 05
Fast jede Woche. 06
Jede Woche 07
Mehrmals in der Woche 08

16. Wie ist P hauptsächlich beschäftigt/ war beschäftigt in der Zeit, da Sie ihn/sie kannten? Ist/ war er/sie ...
Vollzeitbeschäftigt . . . . 1 (Weiter mit 16A)
Teilzeitbeschäftigt. . . . . 2 (Weiter mit 16A)
Nicht berufstätig, arbeitslos, arbeitsuchend. . . . . 3 (Weiter mit 16A)
Im Ruhestand. . . . . 4 (Weiter mit 16A)
Noch in Ausbildung . . . . 5 (Weiter mit 18)
Im Haushalt tätig . . . . 6 (Weiter mit 18)
Weiß nicht . . . . 8 (Weiter mit 18)

A. Was für einer Beschäftigung geht P nach bzw. ist P nachgegangen, solange Sie ihn/sie kannten? Bitte tragen Sie die Berufsbezeichnung ein.
BESCHÄFTIGUNG:_____

B. Wie sah/sieht die Arbeit Ihres/Ihrer P aus? Beschreiben Sie die wichtigsten Aufgaben.

_____

_____

C. In welchem Bereich arbeitet(e) Ihr(e) P?
BRANCHE:_____

17. NAMEN DES/DER E/L EINTRAGEN _____
(Weiter mit Frage 18)

18. Wo haben Sie Ihren Partner/Ihre Partnerin kennengelernt? Bitte kreuzen Sie alle zutreffenden Angaben an.
Arbeitsplatz 01
Schule 02
Kirche/Tätigkeit im Umfeld der Kirche. 03
Kontaktanzeige/Partnervermittlung 04
Ferien-/Geschäftsreise. 05
Bar/Nachtklub/Discothek. 06
Soziale Organisation/Gesundheitsverein/Fitneßclub/ehrenamtliche Tätigkeit 07

Privates Fest. 08
Andere Gelegenheit
(BITTE GENAU ANGEBEN)_____ 09
19. Wer hat Sie Ihrem Partner/Ihrer Partnerin vorgestellt? Bitte alle zutreffenden Ant-
worten ankreuzen.
Familie. 01
Gemeinsame Freunde oder Bekannte 02
Arbeitskollegen. 03
Klassenkameraden 04
Nachbarn 05
Habe mich selbst vorgestellt oder Partner(in) hat sich mir vorgestellt 06
Anderer (GENAU ANGEBEN) _____ 07
20. Ist/war Ihr Partner/Ihre Partnerin verheiratet, lebte er/sie mit einer anderen Person
in einer nicht-ehelichen Gemeinschaft, getrennt, geschieden oder in einer festen
Beziehung mit einer anderen Person, als Sie zum ersten Mal sexuellen Kontakt
hatten? (Eine Angabe ankreuzen)
Verheiratet. 1
In nicht-ehelicher Gemeinschaft 2
Getrennt 3
In einer festen Beziehung. 4
Geschieden 5
Keines davon 6
Weiß nicht 8
21. Wie lange kannten Sie Ihren Partner/Ihre Partnerin, bevor Sie zum ersten Mal
sexuellen Verkehr hatten? Kannten Sie ihn/sie ...
kürzer als einen Tag. 1
ein bis zwei Tage 2
länger als zwei Tage, aber kürzer als einen Monat. 3
länger als einen Monat, aber kürzer als ein Jahr 4
länger als ein Jahr? 5

KASTEN 3.1
WIE OFT HATTEN SIE IN DEN LETZTEN ZWÖLF MONATEN SEXUELLEN VERKEHR
MIT DEM PARTNER/DER PARTNERIN? ☐☐

NUR EINMAL   1 (Weiter mit Frage 41)
ZWEI- BIS ZEHNMAL   2 (Weiter mit Frage 23)
MEHR ALS ZEHNMAL   4 (Weiter mit Frage 22)

---

22. Wie oft ungefähr hatten Sie in den letzten zwölf Monaten (solange der Kontakt bestand) sexuellen Verkehr mit dem Partner/der Partnerin? (Eine Antwort ankreuzen)

Mindestens einmal am Tag 1
Drei- bis sechsmal in der Woche 2
Ein- oder zweimal in der Woche 3
Zwei- bis dreimal im Monat 4
Höchstens einmal im Monat 5

   A. Erwarten Sie bzw. erwarteten Sie, solange der Kontakt bestand, daß Ihr Partner/Ihre Partnerin nur mit Ihnen sexuellen Verkehr hat(te)?

      Ja 1
      Nein 2
      Zunächst nicht, später doch 3
      Zunächst ja, später nicht 4

   B. Erwartet Ihr Partner/Ihre Partnerin bzw. erwartete er/sie, solange der Kontakt bestand, daß Sie nur mit ihm/ihr Sex haben/hatten?

      Ja 1
      Nein 2
      Zunächst nicht, später doch 3
      Zunächst ja, später nicht 4

23. (WENN SIE ZUR ZEIT EINE(N) E/L HABEN, FAHREN SIE MIT FRAGE 27 FORT.) Rechnen Sie damit, daß Sie noch einmal sexuellen Verkehr mit dem Partner/der Partnerin haben werden? ☐ Ja ☐ Nein ☐ Weiß nicht
Falls **Nein,** machen Sie mit Frage 25 weiter.

24. Wie lange wird die Beziehung zum Partner/zur Partnerin vermutlich noch bestehen?
Noch einige Tage 1
Noch einige Wochen 2
Länger als einen Monat, aber weniger als ein Jahr 3
Mehrere Jahre 4
Ein Leben lang 5

25. Hat Ihr Partner/Ihre Partnerin im Laufe der Beziehung Ihre Familie kennengelernt, das heißt Ihre Eltern oder Geschwister? ☐ Ja ☐ Nein

25. Hat Ihr Partner/Ihre Partnerin im Laufe der Beziehung enge Freunde von Ihnen kennengelernt? ☐ Ja ☐ Nein

27. Nun folgen einige Fragen zu Ihrem Alkoholkonsum. Wie oft trinken Sie oder trinkt Ihr Partner/Ihre Partnerin vor dem oder beim sexuellen Verkehr Alkohol bzw. haben Sie oder Ihr Partner/Ihre Partnerin Alkohol getrunken? Falls nie, fahren Sie mit Frage 28 fort. (Eine Antwort ankreuzen)
Immer 1
Meistens 2
Manchmal 3
Selten 4
Nie 5

A. Trinken oder tranken in der Regel Sie, Ihr Partner/Ihre Partnerin oder beide? (Eine Antwort ankreuzen)

Nur Befragte(r)........................... 1 (NUR B beantworten)
Nur Partner(in)........................... 2 (NUR C beantworten)
Befragte(r) und Partner(in) .... 3 (B UND C beantworten)

B. Haben Sie die Alkoholwirkung sehr stark, stark, leicht oder überhaupt nicht gespürt? (Eine Antwort ankreuzen)

Sehr stark 1
Leicht.. 2
Überhaupt nicht... 3
Weiß nicht.. 8

C. Hat sich der Alkohol bei Ihrem Partner/Ihrer Partnerin im allgemeinen sehr stark, ein wenig oder gar nicht ausgewirkt?

Sehr stark 1
Ein wenig... 2
Gar nicht 3
Weiß nicht.. 8

28. Wie oft nehmen oder nahmen Sie oder Ihr Partner/Ihre Partnerin vor dem oder beim sexuellen Verkehr Drogen, um sich zu berauschen oder zu stimulieren? Falls nie, gehen Sie zu Frage 29 über.

Immer 1
Meistens 2
Manchmal 3
Selten.. 4
Nie... 5

A. Nahmen oder nehmen in der Regel Sie, Ihr Partner/Ihre Partnerin oder beide Drogen? (Eine Antwort ankreuzen)

Nur Befragte(r)........................... 1 (NUR B beantworten)
Nur Partner(in)........................... 2 (NUR C beantworten)
Befragte(r) und Partner(in) .... 3 (B UND C beantworten)

B. Haben Sie die Wirkung der Drogen im allgemeinen stark, sehr stark, leicht oder überhaupt nicht gespürt?

Sehr stark 1
Leicht.. 2
Überhaupt nicht... 3
Weiß nicht.. 8

C. Hat sich die Einnahme von Drogen bei Ihrem Partner/Ihrer Partnerin im allgemeinen sehr stark, ein wenig oder gar nicht ausgewirkt?

Sehr stark 1
Ein wenig... 2
Gar nicht 3
Weiß nicht.. 8

29. Denken Sie bitte an die Gelegenheiten, als Sie mit Ihrem Partner/Ihrer Partnerin in den letzten zwölf Monaten sexuellen Verkehr hatten. Falls Sie nicht die ganze Zeit über eine sexuelle Beziehung hatten, denken Sie nur an den Zeitraum, der in Frage kommt.

Zunächst ein paar Fragen zu oralem Verkehr. Mit **oralem Verkehr** ist gemeint, daß Sie die Geschlechtsorgane Ihres Partners/Ihrer Partnerin durch Lecken oder Küssen stimulieren oder daß Ihr Partner das gleiche bei Ihnen tut.

Wenn Sie mit Ihrem Partner/Ihrer Partnerin sexuellen Verkehr hatten, wie oft hat er/sie Sie oral stimuliert? War es ...

jedes Mal 1
meistens 2
manchmal 3
selten oder 4
nie? 5

30. Wenn Sie mit Ihrem Partner/Ihrer Partnerin sexuellen Verkehr hatten, wie oft haben Sie ihn/sie oral stimuliert?

jedes Mal 1
meistens 2
manchmal 3
selten oder 4
nie? 5

NUR MÄNNLICH/WEIBLICHE PAARE:

31. Wenn Sie sexuellen Verkehr mit Ihrem Partner/Ihrer Partnerin hatten, wie oft kam es zu vaginalem Verkehr? Mit **vaginalem Verkehr** ist gemeint, daß der Mann den Penis in die Scheide der Frau einführt. Falls es niemals der Fall war, machen Sie mit Frage 32 weiter. War es ...

jedes Mal 1
meistens 2
manchmal 3
selten oder 4
nie? 5

A. Wie oft benutzten Sie bzw. benutzte Ihr Partner beim vaginalen Verkehr ein Kondom?

jedes Mal 1
meistens 2
manchmal 3
selten oder 4
nie? 5

B. Wie oft benutzten Sie bzw. Ihr Partner/Ihre Partnerin beim vaginalen Verkehr ein anderes empfängnisverhütendes Mittel?

jedes Mal 1
meistens 2

manchmal 3

selten oder. 4

nie? 5

NUR MÄNNLICH/WEIBLICHE UND MÄNNLICH/MÄNNLICHE PAARE:

32. Wenn Sie sexuellen Verkehr mit Ihrem Partner/Ihrer Partnerin hatten, wie oft kam es zu analem Verkehr? Mit **analem Verkehr** ist gemeint, daß der Mann seinen Penis in den Anus oder After seiner Partnerin/seines Partners einführt. Wenn es niemals der Fall war, machen Sie mit Frage 33 weiter. War es ...

jedes Mal. 1

meistens 2

manchmal 3

selten oder. 4

nie? 5

A. Wie oft benutzten Sie bzw. Ihr Partner beim analen Verkehr ein Kondom?

jedes Mal. 1

meistens 2

manchmal 3

selten oder. 4

nie? 5

NUR MÄNNLICH/MÄNNLICHE PAARE:

B. Waren Sie beim analen Verkehr der aktive Partner (der den Penis beim Partner einführte), der passive Partner (bei dem der Partner den Penis einführte), oder übernahmen Sie mal die eine, mal die andere Rolle?

Nur aktive Rolle 1

Nur passive Rolle 2

Mal das eine, mal das andere 3

33. Kamen Sie, wenn Sie mit Ihrem Partner/Ihrer Partnerin in den letzten zwölf Monaten sexuellen Verkehr hatten, jedes Mal, meistens, manchmal, selten oder nie zum sexuellen Höhepunkt oder Orgasmus?

jedes Mal. 1

meistens 2

manchmal 3

selten oder. 4

nie? 5

34. Kam Ihr Partner/Ihre Partnerin, wenn Sie in den letzten zwölf Monaten sexuellen Verkehr hatten, jedes Mal, meistens, manchmal, selten oder nie zum sexuellen Höhepunkt oder Orgasmus?

jedes Mal. 1

meistens 2

manchmal 3

selten oder. 4

nie? 5

35. Nun geht es darum, wie Sie sich nach dem sexuellen Verkehr mit Ihrem Partner/Ihrer Partnerin fühlten. Fühlten Sie sich ...

a. befriedigt . . . . J   N

b. traurig . . . . J   N

c. geliebt . . . . J   N

d. beunruhigt . . . . J   N

e. begehrt . . . . J   N

f. umsorgt . . . . J   N

g. verängstigt . . . . J   N

h. erregt . . . . J   N

i. schuldig . . . . J   N

j. anders (BITTE GENAU ANGEBEN) _____

36. Bereitete Ihnen, körperlich gesehen, die Beziehung mit Ihrem Partner/Ihrer Partnerin außerordentlich viel Vergnügen, viel Vergnügen, einigermaßen Vergnügen, wenig Vergnügen oder überhaupt kein Vergnügen?

Außerordentlich viel 1

Viel 2

Einigermaßen 3

Wenig 4

Überhaupt nicht 5

37. War die Beziehung mit Ihrem Partner/Ihrer Partnerin gefühlsmäßig gesehen für Sie außerordentlich befriedigend, sehr befriedigend, einigermaßen befriedigend, wenig befriedigend, überhaupt nicht befriedigend?

Außerordentlich befriedigend 1

Sehr befriedigend 2

Einigermaßen befriedigend 3

Wenig befriedigend 4

Überhaupt nicht befriedigend 5

38. Die Menschen haben aus sehr verschiedenen Gründen sexuellen Verkehr. Was waren Ihre Gründe, wenn Sie in den letzten zwölf Monaten mit Ihrem Partner/Ihrer Partnerin sexuellen Verkehr hatten? Wollten Sie ...

a. sich nach einem Streit oder einer Meinungsverschiedenheit
versöhnen? . . . . J   N

b. sexuelle Spannung (Erregung) lösen? . . . . J   N

c. den Wunsch Ihres Partners/Ihrer Partnerin erfüllen? . . . . J   N

d. NUR MÄNNLICH/WEIBLICHE PAARE:
ein Kind zeugen? . . . . J   N

e. Ihre Liebe oder Zuneigung ausdrücken? . . . . J   N

f. etwas anderes ausdrücken? . . . . J   N

(Falls Ja) Was wollten Sie ausdrücken?_____

39. Hatte Ihr Partner/Ihre Partnerin, soweit Sie wissen, in den letzten zwölf Monaten noch andere Sexualpartner? ☐ Ja ☐ Nein
Falls **Ja,** fahren Sie mit Frage 39A fort.
  A. Wie viele andere Partner waren es ungefähr? ☐☐
  B. Waren es nur Männer, nur Frauen oder Männer und Frauen? (Eine Antwort ankreuzen)
     Männer 1
     Frauen 2
     Beides 3
     Weiß nicht... 4
  C. Hatte Ihr Partner/Ihre Partnerin in der Zeit, in der Ihre Beziehung bestand, andere sexuelle Kontakte?
     Ja... 1
     Nein... 2

NUR MÄNNLICH/WEIBLICHE PAARE:
40. Nun folgen einige Fragen zu vaginalem Verkehr. Mit vaginalem Verkehr ist ge-meint, daß der Mann den Penis in die Scheide der Frau einführt. Hatten Sie beim Sex mit Ihrem Partner/Ihrer Partnerin vaginalen Verkehr? ☐ Ja ☐ Nein
Falls **Nein,** fahren Sie mit Frage 45 fort.
  A. Benutzten Sie bzw. Ihr Partner beim vaginalen Verkehr ein Kondom? ☐ Ja ☐ Nein
  B. Benutzten Sie oder Ihr Partner/Ihre Partnerin beim vaginalen Verkehr ein anderes empfängnisverhütendes Mittel? ☐ Ja ☐ Nein

NUR MÄNNLICH/WEIBLICHE UND MÄNNLICH/MÄNNLICHE PAARE:
41. Nun folgen einige Fragen zu analem Verkehr. Mit **analem Verkehr** ist gemeint, daß der Mann seinen Penis in den Anus oder After seiner Partnerin/seines Partners einführt. Hatten Sie beim Sex mit Ihrem Partner/Ihrer Partnerin auch analen Verkehr? ☐ Ja ☐ Nein
  A. Benutzten Sie bzw. Ihr Partner beim analen Verkehr ein Kondom? ☐ Ja ☐ Nein

NUR MÄNNLICH/MÄNNLICHE PAARE:
  B. Waren Sie beim analen Verkehr der aktive Partner (der den Penis beim Partner einführte), der passive Partner (bei dem der Partner den Penis einführte), oder übernahmen Sie mal die eine, mal die andere Rolle?
     Nur aktive Rolle.. 1
     Nur passive Rolle... 2
     Mal das eine, mal das andere 3

Abschnitt Vier: Die jüngste sexuelle Begegnung

Nun folgen einige Fragen zu Ihrer jüngsten sexuellen Begegnung, das heißt zu Ihrem letzten sexuellen Kontakt innerhalb der zurückliegenden zwölf Monate. Die Fragen beziehen sich nur auf dieses eine Mal und nicht auf die anderen Gelegenheiten, wenn Sie mit demselben Partner/derselben Partnerin Sex hatten.

1. Mit wem hatten Sie zuletzt sexuellen Verkehr?
   NAMEN EINTRAGEN:_____
2. Wann hatten Sie zuletzt sexuellen Verkehr? ☐
3. Wo hatten Sie zuletzt sexuellen Verkehr?
   In Ihrer Wohnung. 1
   In der Wohnung Ihres Partners/Ihrer Partnerin 2
   In der Wohnung vom jemand anderem 3
   In einem Hotel oder Motel. 4
   Im Auto oder Wohnwagen 5
   Am Arbeitsplatz 6
   An einem öffentlichen Ort, z.B. in einem Park 7
   An einem anderen Ort (GENAU ANGEBEN) 8

   _____

   Weiß nicht mehr 98
   Will ich nicht beantworten 97
4. Wie lange dauerte die letzte sexuelle Begegnung, gerechnet vom Beginn des physischen (sexuellen) Kontakts bis zum Ende des Kontakts?
   Nicht länger als eine Viertelstunde 1
   Länger als eine Viertelstunde, aber kürzer als eine halbe Stunde 2
   Länger als eine halbe Stunde, aber kürzer als eine Stunde. 3
   Länger als eine Stunde, aber kürzer als zwei Stunden 4
   Zwei Stunden oder länger 5

WENN SIE MIT DEMSELBEN PARTNER/DERSELBEN PARTNERIN ÖFTER ALS DIESES EINE MAL SEXUELLEN VERKEHR HATTEN (ENTSPRECHEND IHREN ANTWORTEN AUF DIE FRAGEN 9A UND 9B IN ABSCHNITT DREI), FAHREN SIE MIT FRAGE 5 FORT.

WENN SIE MIT DIESEM PARTNER/DIESER PARTNERIN NUR DIESES EINE MAL SEXUELLEN VERKEHR HATTEN, FAHREN SIE MIT DEM NÄCHSTEN ABSCHNITT FORT: SEXUALPARTNER IM LAUFE DES LEBENS.

5. Nun folgen einige Fragen zum Alkoholkonsum. Hatten vor oder bei Ihrem letzten sexuellen Kontakt Sie oder Ihr Partner/Ihre Partnerin Alkohol getrunken? ☐ Ja
   ☐ Nein
   Falls **Nein,** machen Sie mit Frage 6 weiter.
   A. Hatten Sie, Ihr Partner/Ihre Partnerin oder beide Alkohol getrunken?
   Nur Befragte(r). 1   (NUR B beantworten)
   Nur Partner(in). 2   (NUR C beantworten)
   Befragte(r) und Partner(in) 3   (NUR B beantworten)

B. Haben Sie die Alkoholwirkung sehr stark, ein wenig oder überhaupt nicht gespürt?

Sehr stark 1
Ein wenig. 2
Überhaupt nicht. 3
Weiß nicht. 8

C. Hat sich der Alkohol bei Ihrem Partner/Ihrer Partnerin sehr stark, ein wenig oder gar nicht ausgewirkt?

Sehr stark 1
Ein wenig. 2
Gar nicht. 3
Weiß nicht. 8

6. Haben Sie oder Ihr Partner/Ihre Partnerin vor oder bei diesem letzten sexuellen Kontakt Drogen genommen, um sich zu berauschen oder zu stimulieren? ☐ Ja ☐ Nein

Falls **Nein,** machen Sie mit Frage 7 weiter.

A. Haben Sie, Ihr Partner/Ihre Partnerin oder beide Drogen genommen?

Nur Befragte(r). 1   (NUR B beantworten)
Nur Partner(in). 2   (NUR C beantworten)
Befragte(r) und Partner(in) 3   (B UND C beantworten)

B. Haben Sie die Wirkung der Drogen sehr stark, ein wenig oder überhaupt nicht gespürt?

Sehr stark 1
Ein wenig. 2
Überhaupt nicht. 3
Weiß nicht. 8

C. Hat sich die Einnahme von Drogen bei Ihrem Partner/Ihrer Partnerin sehr stark, ein wenig oder überhaupt nicht ausgewirkt?

Sehr stark 1
Ein wenig. 2
Überhaupt nicht. 3
Weiß nicht. 8

7. Hat Sie bei diesem letzten sexuellen Kontakt Ihr Partner/Ihre Partnerin oral stimuliert? ☐ Ja ☐ Nein

8. Haben Sie bei diesem letzten sexuellen Kontakt Ihren Partner/Ihre Partnerin oral stimuliert? ☐ Ja ☐ Nein

NUR MÄNNLICH/WEIBLICHE PAARE:

9. Hatten Sie bei Ihrem letzten sexuellen Kontakt mit Ihrem Partner/Ihrer Partnerin vaginalen Verkehr? ☐ Ja ☐ Nein

Falls **Nein,** fahren Sie mit Frage 10 fort.

A. Benutzten Sie bzw. benutzte Ihr Partner bei dieser Gelegenheit beim vaginalen Verkehr ein Kondom? ☐ Ja ☐ Nein

B. Benutzten Sie bzw. benutzte Ihr Partner/Ihre Partnerin bei dieser Gelegenheit beim vaginalen Verkehr ein anderes Mittel zum Schutz vor einer Infektion oder zur Empfängnisverhütung? ☐ Ja ☐ Nein

NUR MÄNNLICH/WEIBLICHE UND MÄNNLICH/MÄNNLICHE PAARE:

10. Hatten Sie bei diesem letzten sexuellen Kontakt mit Ihrem Partner/Ihrer Partnerin analen Verkehr? ☐ Ja ☐ Nein Falls **Ja,** fahren Sie fort mit Frage 10A.
Falls **Nein,** fahren Sie fort mit Frage 11.

A. Benutzten Sie bzw. Ihr Partner bei Ihrem letzten sexuellen Kontakt beim analen Verkehr ein Kondom? ☐ Ja ☐ Nein

NUR MÄNNLICH/MÄNNLICHE PAARE:

B. Waren Sie beim letzten sexuellen Kontakt der aktive Partner (der den Penis beim Partner einführte), der passive Partner (bei dem der Partner den Penis einführte), oder übernahmen Sie mal die eine, mal die andere Rolle?
Nur aktive Rolle 1
Nur passive Rolle 2
Mal das eine, mal das andere 3

11. Kamen Sie beim letzten sexuellen Kontakt zum sexuellen Höhepunkt oder Orgasmus? ☐ Ja ☐ Nein Falls **Nein,** machen Sie mit Frage 12 weiter.

A. Wie oft kamen Sie zum Orgasmus? ☐ ☐

12. Kam Ihr Partner/Ihre Partnerin beim letzten sexuellen Kontakt zum sexuellen Höhepunkt oder Orgasmus? ☐ Ja ☐ Nein

13. Die Menschen haben aus sehr verschiedenen Gründen sexuellen Verkehr. Was waren Ihre Gründe, als Sie zum letzten Mal mit Ihrem Partner/Ihrer Partnerin sexuellen Verkehr hatten? Wollten Sie ...

a. sich nach einem Streit oder einer Meinungsverschiedenheit
versöhnen? . . . . J   N
b. sexuelle Spannung (Erregung) lösen? . . . . J   N
c. den Wunsch Ihres Partners/Ihrer Partnerin erfüllen? . . . . J   N
d. NUR MÄNNLICH/WEIBLICHE PAARE:
ein Kind zeugen? . . . . J   N
e. Ihre Liebe oder Zuneigung ausdrücken? . . . . J   N
f. etwas anderes ausdrücken? . . . . J   N
Falls Ja, was wollten Sie ausdrücken?_____

Abschnitt Fünf: Sexualpartner im Laufe des Lebens

KASTEN 5A
SIND SIE ACHTZEHN ODER NEUNZEHN JAHRE ALT?
FALLS JA, MACHEN SIE MIT ABSCHNITT 6 WEITER.
FALLS NEIN, BEANTWORTEN SIE DIE FOLGENDEN FRAGEN.

In den vorangehenden Abschnitten haben Sie Fragen über einige Ihrer Sexualpartner beantwortet. Die folgenden Fragen beziehen sich auf die anderen Sexualpartner, die Sie seit Vollendung Ihres achtzehnten Lebensjahrs hatten.

Um es noch einmal deutlich zu machen: In diesem Abschnitt geht es nur um die Partner/Partnerinnen, mit denen Sie im Zeitraum seit Vollendung Ihres achtzehnten Lebensjahrs bis vor einem Jahr sexuellen Verkehr hatten und zu denen Sie noch keine Fragen in den vorangehenden Abschnitten beantwortet haben.

KASTEN 5B DAVOR
WENN SIE SEIT VOLLENDUNG IHRES ACHTZEHNTEN LEBENSJAHRS BIS VOR EINEM JAHR KEINE(N) E/L HATTEN, FAHREN SIE MIT KASTEN 5G FORT.
WENN SIE VOR VOLLENDUNG IHRES ACHTZEHNTEN LEBENSJAHRS EINE(N) E/L HATTEN, FAHREN SIE MIT KASTEN 5C FORT.
WENN SIE SEIT VOLLENDUNG IHRES ACHTZEHNTEN LEBENSJAHRS BIS VOR EINEM JAHR EINEN ODER MEHR ALS EINEN E/L HATTEN, BEANTWORTEN SIE DIE FOLGENDEN FRAGEN.

---

1. Denken Sie an die Zeit nach Vollendung Ihres achtzehnten Lebensjahrs zurück, als Sie noch nicht mit Ihrem/Ihrer ersten E/L zusammenlebten. Mit wie vielen Personen, Männern und Frauen, hatten Sie mindestens einmal sexuellen Kontakt? Bitte denken Sie daran, daß Sie nur die Personen berücksichtigen, über die Sie noch keine Angaben gemacht haben. ☐☐☐
Falls mit keiner Person, fahren Sie mit Kasten 6C fort. Falls mit einer Person, weiter mit Frage 2. Falls mit zwei oder mehr Personen, weiter mit Frage 6.

2. Hatten Sie sexuellen Kontakt mit einem Mann oder einer Frau? ☐ Mann ☐ Frau

3. Mit welchem Begriff würden Sie bezeichnen, welcher Rasse er/sie angehörte? War er/sie ...
weiß. 1
schwarz 2
hispanischer Herkunft. 3
asiatischer Herkunft 4
anderer Herkunft 5

4. Welches war der höchste Bildungsabschluß, den er/sie erreicht hatte?
Weniger als zwölf Schuljahre 1
High-School-Abschluß. 2
College oder Berufsschule ohne Abschluß 3
Collegeabschluß. 4
Höherer Abschluß als College. 5

5. Wie oft hatten Sie mit diesem Partner/dieser Partnerin sexuellen Verkehr? ☐☐☐
Weiter mit Kasten 5C.

6. Mit wie vielen Männern und Frauen hatten Sie sexuellen Verkehr?

Männer . . . . ☐☐☐

Frauen . . . . ☐☐☐

7. Wie viele Ihrer Partner(innen) waren ...

weiß. . . . . ☐☐☐

schwarz . . . . ☐☐☐

hispanischer Herkunft. . . . . ☐☐☐

asiatischer Herkunft . . . . ☐☐☐

anderer Herkunft . . . . ☐☐☐

8. Wie viele Ihrer Partner(innen) hatten als höchsten Bildungsabschluß ...

weniger als zwölf Schuljahre . . . . ☐☐☐

High-School-Abschluß. . . . . ☐☐☐

College oder Berufsschule ohne Abschluß . . . . ☐☐☐

Collegeabschluß . . . . ☐☐☐

einen höheren Abschluß als College. . . . . ☐☐☐

9. Mit wie vielen dieser Partner(innen) hatten Sie sexuellen Verkehr ...

nur einmal . . . . ☐☐☐

zwei- bis zehnmal . . . . ☐☐☐

mehr als zehnmal. . . . . ☐☐☐

10. Hatten Sie in dem betreffenden Zeitraum einmal sexuellen Verkehr mit einem Partner/einer Partnerin, während Sie zugleich mit einem anderen Partner/einer anderen Partnerin eine sexuelle Beziehung unterhielten? ☐ Ja ☐ Nein

---

KASTEN 5C WÄHREND

WENN DIE BEZIEHUNG ZU IHREM/IHRER ERSTEN E/L VOR MEHR ALS EINEM JAHR ENDETE, FAHREN SIE MIT DER FOLGENDEN FRAGE 11 FORT.
WENN IHR ZWEITER/IHRE ZWEITE E/L IHR GEGENWÄRTIGER/IHRE GEGEN-WÄRTIGE E/L IST ODER DIE BEZIEHUNG VOR WENIGER ALS EINEM JAHR ENDETE, MACHEN SIE MIT KASTEN 5H WEITER.

---

11. Es folgen nun einige Fragen über etwaige andere Partner(innen), mit denen Sie sexuelle Kontakte hatten, während die Beziehung zu Ihrem/Ihrer ersten E/L bestand. Mit wie vielen Personen, Männern und Frauen, hatten Sie, während die Beziehung zu Ihrem/Ihrer ersten E/L bestand, mindestens einmal sexuellen Verkehr? Bitte denken Sie wieder daran, daß Sie nur die Personen berücksichtigen, über die Sie noch keine Angaben gemacht haben und mit denen Sie nach Vollendung Ihres 18. Lebensjahrs zum ersten Mal sexuellen Verkehr hatten. ☐☐☐ Falls Sie mit keinem anderen Partner/keiner anderen Partnerin sexuellen Verkehr hatten, fahren Sie mit Kasten 5D fort. Bei einem Partner/einer Partnerin beantworten Sie zunächst die folgende Frage 12, und kehren Sie dann zu Frage 2 unterhalb von Kasten 5B zurück.

Bei zwei oder mehr Partnern/Partnerinnen beantworten Sie zunächst die folgende Frage 12, und kehren Sie dann zu Frage 6 unterhalb von Kasten 5B zurück.

12. Hatten Sie in diesem Zeitraum auch noch sexuellen Kontakt mit einem oder mehreren der Partner(innen), mit denen Sie eine sexuelle Beziehung gehabt hatten, bevor die Beziehung mit Ihrem/Ihrer ersten E/L begann? ☐ Ja ☐ Nein

---

KASTEN 5D ZWISCHENZEIT.

WENN SIE ZWEI ODER MEHR BEZIEHUNGEN ZU EHEPARTNERN BZW. LEBENS-PARTNERN ANGEGEBEN HABEN, FAHREN SIE MIT DER FOLGENDEN FRAGE 13 FORT.

ANSONSTEN ÜBERSPRINGEN SIE DIE FOLGENDEN FRAGEN UND MACHEN SIE MIT KASTEN 5I WEITER.

---

13. Nun folgen einige Fragen über andere Sexualpartner(innen), die Sie in der Zeit hatten, nachdem die Beziehung zu Ihrem/Ihrer ersten E/L beendet war und bevor die Beziehung zu Ihrem/Ihrer zweiten E/L begann. Mit wie vielen Personen, Männern und Frauen, hatten Sie in dieser Zeit mindestens einmal sexuellen Kontakt? Bitte denken Sie wieder daran, daß Sie nur die Personen berücksichtigen, über die Sie noch keine Angaben gemacht haben. ☐☐☐ Falls kein(e) Partner(in) in dieser Zeit, weiter mit Kasten 5E. Falls ein(e) Partner(in), weiter mit Frage 2. Falls zwei oder mehr Partner(innen), beantworten Sie erst die folgende Frage 14, und gehen Sie dann zu Frage 6 zurück.

14. Hatten Sie in dieser Zeit auch noch sexuellen Kontakt mit einem oder mehreren der Partner(innen), die Sie bereits weiter oben genannt haben? ☐ Ja ☐ Nein

---

KASTEN 5E WÄHREND

WENN DIE BEZIEHUNG ZU IHREM/IHRER ZWEITEN E/L VOR MEHR ALS EINEM JAHR ENDETE, FAHREN SIE MIT DER FOLGENDEN FRAGE 15 FORT.

WENN IHR ZWEITER/IHRE ZWEITE E/L IHR GEGENWÄRTIGER/IHRE GEGEN-WÄRTIGE E/L IST ODER DIE BEZIEHUNG VOR WENIGER ALS EINEM JAHR ENDETE, MACHEN SIE MIT KASTEN 5H WEITER.

---

15. Nun folgen einige Fragen über andere Sexualpartner/-partnerinnen, die Sie in der Zeit hatten, als die Beziehung zu Ihrem/Ihrer zweiten E/L bestand. Mit wie vielen Personen, Männern und Frauen, hatten Sie in der Zeit, als Sie mit Ihrem/Ihrer zweiten E/L zusammenlebten, mindestens einmal sexuellen Verkehr? Bitte denken Sie daran, daß Sie nur die Personen berücksichtigen, über die Sie noch keine Angaben gemacht haben. ☐☐☐ Falls Sie keine anderen Partner(innen) hatten, fahren Sie

mit Kasten 5F fort. Bei einem Partner/einer Partnerin machen Sie mit Frage 2 weiter. Bei zwei oder mehr Partner/Partnerinnen machen Sie mit Frage 6 weiter.

KASTEN 5F ZWISCHENZEIT
WENN SIE DREI ODER MEHR E/L HATTEN, FAHREN SIE MIT DER FOLGENDEN FRAGE 16 FORT.
ANSONSTEN MACHEN SIE BEI KASTEN 5I WEITER.

16. Nun folgen einige Fragen über andere Sexualpartner(innen) in der Zeit, nachdem die Beziehung zu Ihrem/Ihrer zweiten E/L beendet war, bis vor einem Jahr. Mit wie vielen Personen, Männern und Frauen, hatten Sie in dieser Zeit mindestens einmal sexuellen Kontakt? Bitte denken Sie wieder daran, daß Sie nur die Personen berücksichtigen, über die Sie noch keine Angaben gemacht haben. ☐☐☐ Falls kein(e) Partner(in) in dieser Zeit, weiter mit Kasten 5G. Falls ein(e) Partner(in), weiter mit Frage 2. Falls zwei oder mehr Partner(innen), weiter mit Frage 6.

KASTEN 5G KEINE EHEPARTNER/LEBENSPARTNER
WENN SIE BISHER KEINEN E/L HATTEN, FAHREN SIE MIT DER FOLGENDEN FRAGE 17 FORT.

17. Nun folgen einige Fragen über Ihre Sexualpartner(innen) seit Ihrem achtzehnten Lebensjahr, über die Sie noch keine Angaben gemacht haben. Mit wie vielen Personen, Männern und Frauen, hatten Sie in dieser Zeit mindestens einmal sexuellen Kontakt? Bitte denken Sie wieder daran, daß Sie nur die Personen berücksichtigen, über die Sie noch keine Angaben gemacht haben. ☐☐☐
Falls kein(e) Partner(in) in dieser Zeit, weiter mit Abschnitt 6. Falls ein(e) Partner(in), beantworten Sie erst die folgende Frage 18, dann weiter mit Frage 2. Falls zwei oder mehr Partner(innen), beantworten Sie erst die folgende Frage 18, dann weiter mit Frage 6.

18. Hatten Sie in dem betreffenden Zeitraum jemals sexuellen Verkehr mit einer dieser Personen, während Sie zugleich eine sexuelle Beziehung mit einer anderen Person unterhielten? ☐ Ja ☐ Nein

KASTEN 5H GEGENWÄRTIGE(R) E/L
WENN SIE ZUR ZEIT EINE(N) E/L HABEN ODER DIE BEZIEHUNG ZU IHREM/ IHRER LETZTEN E/L VOR WENIGER ALS ZWÖLF MONATEN ENDETE, FAHREN SIE MIT DER FOLGENDEN FRAGE 19 FORT.

19. Nun folgen einige Fragen über andere Sexualpartner(innen), die Sie während der Beziehung zu Ihrem/Ihrer GEGENWÄRTIGEN E/L hatten, ausgenommen die Personen, mit denen Sie in den letzten zwölf Monaten sexuellen Verkehr hatten. Mit wie vielen Personen, Männern und Frauen, hatten Sie in dieser Zeit mindestens einmal sexuellen Kontakt? Bitte denken Sie wieder daran, daß Sie nur die Personen berücksichtigen, über die Sie noch keine Angaben gemacht haben. ☐☐☐ Falls kein(e) Partner(in) in dieser Zeit, weiter mit Abschnitt 6. Falls ein(e) Partner(in), beantworten Sie erst die folgende Frage 20, und machen Sie dann weiter mit Frage 2. Falls zwei oder mehr Partner(innen), beantworten Sie erst die folgende Frage 20, und machen Sie dann weiter mit Frage 6.

20. Hatten Sie in diesem Zeitraum auch sexuellen Verkehr mit einer der Personen, über die Sie bereits Angaben gemacht haben? ☐ Ja ☐ Nein

---

KASTEN 5I WENIGER ALS DREI E/L
WENN IHRE LETZTE BEZIEHUNG ZU EINEM/EINER E/L VOR WENIGER ALS ZWÖLF MONATEN ENDETE, FAHREN SIE MIT DER FOLGENDEN FRAGE 21 FORT.

---

21. Nun folgen einige Fragen über andere Sexualpartner(innen), die Sie in der Zeit hatten, nachdem die Beziehung zu Ihrem/Ihrer LETZTEN E/L beendet war. Mit wie vielen Personen, Männern und Frauen, hatten Sie in dieser Zeit mindestens einmal sexuellen Kontakt? Bitte denken Sie wieder daran, daß Sie nur die Personen berücksichtigen, über die Sie noch keine Angaben gemacht haben. ☐☐☐ Falls kein(e) Partner(in), weiter mit Abschnitt 7. Falls ein(e) Partner(in), beantworten Sie erst die folgende Frage 22, dann weiter mit Frage 2. Falls zwei oder mehr Partner(innen), beantworten Sie erst die folgende Frage 22, und gehen Sie dann zu Frage 6 zurück.

22. Hatten Sie in diesem Zeitraum auch sexuellen Verkehr mit einer der Personen, über die Sie bereits Angaben gemacht haben? ☐ Ja ☐ Nein

Abschnitt Sechs: Masturbation und sexuelle Phantasien

Teil I

Viele Menschen befriedigen sich selbst. Um ein umfassendes Bild des Sexualverhaltens zu bekommen, folgen einige Fragen nach Ihren Erfahrungen mit Masturbation. Unter Masturbation verstehen wir Selbststimulation oder Selbstbefriedigung, das heißt die Stimulation der eigenen Genitalien (Geschlechtsorgane) bis zur sexuellen Erregung, aber nicht unbedingt bis zum Orgasmus. Die folgenden Fragen beziehen sich nicht auf sexuelle Handlungen mit einem Partner/einer Partnerin, sondern nur auf die Gelegenheiten, wo Sie allein und unbeobachtet waren.

349

1. Wie oft haben Sie im Durchschnitt in den letzten zwölf Monaten masturbiert? BITTE NUR EINE ZAHL ANKREUZEN.

Öfter als einmal am Tag...01
Täglich..02
Mehrmals in der Woche..03
Einmal in der Woche..04
Zwei- bis dreimal im Monat.....................................05
Einmal im Monat..06
Jeden zweiten Monat..07
Drei- bis fünfmal im Jahr......................................08
Ein- bis zweimal im Jahr.......................................09
Überhaupt nicht in diesem Jahr (Kreuzen Sie 10 an, und fahren Sie mit Frage 5 fort)...10

2. Wie oft haben Sie innerhalb der letzten zwölf Monate beim Masturbieren einen Orgasmus gehabt?

Immer..1
Meistens...2
Manchmal...3
Selten...4
Nie..5

3. Die Menschen masturbieren aus ganz unterschiedlichen Gründen. Denken Sie bitte an das letzte Jahr zurück, und kreuzen Sie die Zahlen hinter all den Gründen an, aus denen Sie im allgemeinen masturbiert haben. ALLE ZUTREFFENDEN ANTWORTEN ANKREUZEN.

Um mich zu entspannen..1
Um eine sexuelle Spannung zu lösen.............................2
Weil kein(e) Sexualpartner(in) da war..........................3
Um körperliche Lust zu verspüren...............................4
Aus Langeweile...5
Weil der Partner/die Partnerin keinen Verkehr wollte...........6
Um besser einzuschlafen..7
Aus Angst vor Aids oder einer anderen Krankheit................8
Anderer Grund (bitte genau angeben) _____9

4. Fühlen Sie sich nach dem Masturbieren schuldig?

Immer..1
Meistens...2
Manchmal...3
Selten...4
Nie..5

Teil II

Die Menschen haben unterschiedliche Vorstellungen von Sex und finden bestimmte sexuelle Handlungen reizvoller als andere. Um ein genaueres Bild davon zu bekommen, folgen einige Fragen über Ihre Gedanken und Gefühle.

1. Wie oft denken Sie im Durchschnitt an Sex? Falls niemals, fahren Sie mit Frage 3 fort.

   Weniger als einmal im Monat 1
   Einmal oder einige wenige Male im Monat 2
   Einmal oder einige wenige Male in der Woche 3
   Täglich 4
   Mehrmals am Tag... 5
   Denke nie an Sex... 6

2. Wie oft fühlen Sie sich schuldig, wenn Sie an Sex denken?

   Nie.. 1
   Selten... 2
   Gelegentlich.. 3
   Oft.. 4
   Fast immer.. 5

3. Laufen Ihre sexuellen Gedanken und Phantasien wie eine Geschichte ab, oder handelt es sich eher um einzelne Bilder?

   Geschichte.. 1
   Bilder... 2
   Beides.. 3

4. Bitte geben Sie auf einer Skala von 1 bis 4 an, wie reizvoll Sie die folgenden Handlungen finden. 1 bedeutet sehr reizvoll, 4 bedeutet überhaupt nicht reizvoll.

	sehr reizvoll	etwas reizvoll	nicht sehr reizvoll	gar nicht reizvoll
a. Verkehr mit mehreren Personen gleichzeitig	1	2	3	4
b. Verkehr mit einer Person desselben Geschlechts	1	2	3	4
c. Jemanden zu einer sexuellen Handlung zwingen, die er/sie nicht will	1	2	3	4

Fortsetzung siehe folgende Seite

	sehr reizvoll	etwas reizvoll	nicht sehr reizvoll	gar nicht reizvoll
d. Gegen den eigenen Willen zu einer sexuellen Handlung gezwungen werden	1	2	3	4
e. Anderen Personen bei sexuellen Handlungen zusehen	1	2	3	4
f. Verkehr mit einer unbekannten Person	1	2	3	4

5. Bitte geben Sie auf einer Skala von 1 bis 4 an, wie reizvoll Sie die folgenden sexuellen Handlungen finden. 1 bedeutet sehr reizvoll, 4 bedeutet überhaupt nicht reizvoll.

	sehr reizvoll	etwas reizvoll	nicht sehr reizvoll	gar nicht reizvoll
a. Dem Partner/der Partnerin beim Ausziehen zusehen	1	2	3	4
b. Vaginalen Verkehr	1	2	3	4
c. Einen künstlichen Penis oder Massagestab benutzen	1	2	3	4
d. Vom Partner/von der Partnerin oral stimuliert werden	1	2	3	4
e. Den Partner/die Partnerin oral stimulieren	1	2	3	4
f. Partner(in) stimuliert Ihren Anus mit der Hand	1	2	3	4
g. Sie stimulieren den Anus Ihres Partners/Ihrer Partnerin mit der Hand	1	2	3	4
h. Passiven Analverkehr	1	2	3	4
NUR MÄNNER				
i. Aktiven Analverkehr	1	2	3	4

Es sind viele Dinge auf dem Markt, mit denen man das sexuelle Vergnügen steigern kann.

6. Haben Sie in den letzten zwölf Monaten ...

indizierte Filme oder Videos gekauft oder ausgeliehen? . . . . J   N

Pornomagazine oder -bücher gekauft? . . . . J   N

einen Vibrator oder künstlichen Penis gekauft? . . . . J   N

irgendein anderes Sexspielzeug gekauft? . . . . J   N

Telefonsex gehabt? . . . . J   N

irgend etwas anderes für Ihr sexuelles Vergnügen gekauft? (genau angeben)

_____

7. (Falls eine der Fragen unter 6. mit Ja beantwortet wurde:) Wieviel Geld haben Sie Ihrer Schätzung nach in den letzten zwölf Monaten für solche Dinge ausgegeben?

\$ ☐☐☐.☐☐☐

Die Menschen probieren alles mögliche aus, um neue sexuelle Erfahrungen zu machen oder ihre sexuellen Triebe zu befriedigen. Es folgen nun einige Fragen nach Ihren Erfahrungen.

8. Haben Sie in den letzten zwölf Monaten ...

einen Nachtklub besucht, wo nackt oder halbnackt getanzt wurde? . . . J   N

einen Massagesalon besucht? . . . . J   N

eine Prostituierte aufgesucht oder jemand anderen für Sex bezahlt? . . . J   N

sich nackt unter vielen Menschen bewegt? . . . . J   N

sich nackt fotografieren lassen? . . . . J   N

9. (Falls mindestens eine der Fragen unter 8. mit Ja beantwortet wurde:) Wie oft haben Sie das in den letzten zwölf Monaten gemacht?

☐☐☐

Abschnitt Sieben: Kindheit, Adoleszenz und sexuelle Gewalt

Nun folgen einige Fragen über Ihre frühen sexuellen Erfahrungen. Die Antworten sollen erhellen, welche Bedeutung verschiedene Ereignisse im Laufe der sexuellen Entwicklung haben.

1. Wie alt waren Sie, als bei Ihnen die Pubertät einsetzte?

WEIBLICHE BEFRAGTE

Wann hatten Sie Ihre erste Menstruation? ☐☐

MÄNNLICHE BEFRAGTE

Wann kamen Sie in den Stimmbruch, oder wann begann Ihnen das Schamhaar zu wachsen? ☐☐

2. Auf welche Weise erfuhren Sie im Laufe des Heranwachsens von sexuellen Zusammenhängen? (ALLE ZUTREFFENDEN ANTWORTEN ANKREUZEN) Wenn Sie sich nicht mehr erinnern können, fahren Sie mit Frage 3 fort. Wurden Sie aufgeklärt durch ...

Mutter 01

Vater 02

Bruder/Brüder. 03
Schwester(n) 04
andere Verwandte 05
Sexualkundeunterricht in der Schule. 06
gleichaltrige Freunde 07
MÄNNER: erste Freundin oder Sexualpartnerin. 08
FRAUEN: ersten Freund oder Sexualpartner 08
Arzt, Krankenschwester oder Klinik. 09
Fernsehen. 10
Radio. 11
Bücher. 12
Zeitschriften oder Zeitungen. 13
Andere (BITTE GENAU ANGEBEN) 14
Kann mich überhaupt nicht mehr erinnern. 98

WENN SIE ZWEI ODER MEHR ANTWORTEN ANGEKREUZT HABEN, FAHREN SIE FORT
MIT FRAGE 2A, ANSONSTEN MIT FRAGE 3.

A. Von welcher einzelnen Person oder aus welchem Medium haben Sie am meisten erfahren?

Mutter. 01
Vater 02
Bruder/Brüder. 03
Schwester(n) 04
andere Verwandte 05
Sexualkundeunterricht in der Schule. 06
gleichaltrige Freunde 07
MÄNNER: erste Freundin oder Sexualpartnerin. 08
FRAUEN: ersten Freund oder Sexualpartner 08
Arzt, Krankenschwester oder Klinik. 09
Fernsehen 10
Radio. 11
Bücher. 12
Zeitschriften oder Zeitungen. 13
Andere (BITTE GENAU ANGEBEN) 14
Kann mich nicht für eine Antwort entscheiden (die wichtigsten angeben) . 96
Kann mich überhaupt nicht mehr erinnern. 98

3. Hat sich Ihnen jemand sexuell genähert, bevor Sie in dem unter Frage 1 angegebenen Alter waren? ☐ Ja ☐ Nein Falls **Nein,** fahren Sie mit Frage 20 fort.

A. Was geschah, bevor Sie in dem unter Frage 1 angegebenen Alter waren? (Eine
Antwort ankreuzen)

Ich wurde geküßt. 01
Ich wurde an den Genitalien berührt/gestreichelt. 02
oraler Verkehr. 03

vaginaler Verkehr 04
analer Verkehr 05

Bitte beantworten Sie nun einige Fragen über die Person(en), die sich Ihnen sexuell genähert hat/haben.

4. Wie viele Personen waren es? ☐ ☐ Falls es nur eine Person war, beantworten Sie die folgenden Fragen für diese Person. Falls es zwei oder mehr Personen waren, beantworten Sie die Fragen für alle Personen.

5. Denken Sie an die Personen zurück. Wie viele davon waren ...
Männer? . . . . ☐☐
Frauen? . . . . ☐☐

A. Wie viele waren ...
nicht älter als dreizehn? . . . . ☐☐
vierzehn bis siebzehn? . . . . ☐☐
achtzehn oder älter? . . . . ☐☐

B. In welcher Beziehung standen Sie zu diesen Personen? Wie viele waren ...
Fremde . . . . ☐☐
Lehrer . . . . ☐☐
Freunde/Bekannte der Familie . . . . ☐☐
Verwandte (Onkel/Vetter) . . . . ☐☐
Freund der Mutter . . . . ☐☐
älterer Freund/ältere Freundin des/der Befragten . . . . ☐☐
älterer Bruder . . . . ☐☐
Stiefvater . . . . ☐☐
Vater . . . . ☐☐
andere . . . . ☐☐

6. Mit wie vielen Personen geschah es ...
nur einmal? . . . . ☐☐
einige wenige Male? . . . . ☐☐
viele Male? . . . . ☐☐

7. Wie alt waren Sie, als es zum ersten Mal geschah? ☐☐

8. Wie alt waren Sie, als es zum letzten Mal geschah? ☐☐

9. Wußte jemand von diesen Vorfällen, als Sie noch ein Kind waren? ☐ Ja ☐ Nein
Falls **Ja,** fahren Sie mit Frage 10 fort. Falls **Nein,** fahren Sie mit Frage 12 fort.

10. Wer wußte davon? (Bitte alle zutreffenden Antworten ankreuzen)
Mutter 01
Vater 02
Stiefmutter oder Stiefvater 03
Bruder/Schwester 04
Andere(r) Verwandte(r) 05
Anderes Kind 06
Erwachsener Freund/Erwachsene Freundin 07
Priester/Geistlicher 08

Lehrer 09
Andere Person 10
Weiß nicht mehr 98

11. Haben Sie es der betreffenden Person erzählt, oder hat sie es auf andere Weise herausgefunden?
    Habe es erzählt 1
    Hat es auf andere Weise herausgefunden 2

12. Meinen Sie, daß diese Erfahrungen sich irgendwie auf Ihr weiteres Leben ausgewirkt haben? ☐ Ja ☐ Nein Falls **Ja,** machen Sie mit Frage 12A weiter.
    Falls **Nein,** weiter mit Frage 13.
    A. Wie haben sie sich ausgewirkt? (d.h. haben Sie Ihr Sexualleben, Ihre Beziehungen zu Männern oder Frauen beeinträchtigt o. ä.)

    _____

13. Nun folgen einige Fragen über Ihre Sexualität seit Ihrem zwölften oder dreizehnten Lebensjahr. Wie alt waren Sie, als Sie zum ersten Mal vaginalen Verkehr mit einer Person des anderen Geschlechts hatten? ☐☐
    Falls nie, fahren Sie mit Frage 20 fort.

14. War der erste Geschlechtsverkehr ...
    etwas, das Sie damals wollten . . . . 1 (C beantworten)
    etwas, das Sie geschehen ließen, aber nicht wollten . . . . 2 (D beantworten)
    etwas, zu dem Sie gegen Ihren Willen gezwungen wurden . . 3 (A beantworten)
    A. In welcher Beziehung standen Sie zu der betreffenden Person? (Eine Antwort ankreuzen) Falls Ehepartner, fahren Sie fort mit Frage 17.
    Ehepartner(in) 1
    Jemand, in den Sie verliebt waren, aber mit dem Sie nicht verheiratet waren 2
    Jemand, den Sie kannten, aber in den Sie nicht verliebt waren 3
    Jemand, den Sie kannten, aber nicht gut 4
    Jemand, den Sie gerade erst kennengelernt hatten 5
    Jemand, den Sie für Sex bezahlt haben 6
    Jemand, der Sie für Sex bezahlt hat. 7
    Jemand, den Sie nicht kannten, eine fremde Person. 8
    Eine andere Person
    (GENAU ANGEBEN)_____ 9
    B. Auf welche Weise wurden Sie zum Verkehr gezwungen? (Alle zutreffenden Antworten ankreuzen)
    Drohung mit oder Anwendung von körperlicher Gewalt 1
    Drohung mit oder Gebrauch einer Waffe, zum Beispiel Messer
    oder Schußwaffe 2
    Andere Form von Drohung oder Einschüchterung (Nötigung, Erpressung,
    Bedrohung anderer). 3
    WEITER MIT FRAGE 16

C. Es gibt viele unterschiedliche Gründe, warum Menschen zum ersten Mal vaginalen Verkehr haben wollen. Was war Ihr Hauptgrund, als Sie zum ersten Mal vaginalen Verkehr hatten? (Eine Antwort ankreuzen)

Liebe zum Partner/zur Partnerin 1
Druck der Gleichaltrigen. 2
Neugierde/körperliche Bereitschaft 3
Wunsch nach einem Kind. 4
Lust auf körperliches Vergnügen. 5
Stand unter dem Einfluß von Alkohol oder Drogen. 6
Hochzeitsnacht. 7
Anderer Grund (GENAU ANGEBEN)_____ 8
Weiß nicht/erinnere mich nicht mehr 9
WEITER MIT FRAGE 15

D. Es gibt viele unterschiedliche Gründe, warum Menschen das erste Mal beim vaginalen Verkehr mitmachen, auch wenn sie ihn eigentlich gar nicht wollten. Was war Ihr Hauptgrund dafür, daß Sie das erste Mal beim vaginalen Verkehr mitmachten? (Eine Antwort ankreuzen)

Liebe zum Partner/zur Partnerin 1
Druck der Gleichaltrigen. 2
Neugierde/körperliche Bereitschaft 3
Wunsch nach einem Kind. 4
Lust auf körperliches Vergnügen. 5
Stand unter dem Einfluß von Alkohol oder Drogen. 6
Hochzeitsnacht. 7
Anderer Grund (GENAU ANGEBEN)_____ 8
Weiß nicht/erinnere mich nicht mehr 9
WEITER MIT FRAGE 15

15. In welcher Beziehung standen Sie zu der Person, mit der Sie das erste Mal vaginalen Verkehr hatten? Falls Ehepartner(in), weiter mit Frage 17.

Ehepartner(in) 1
Jemand, in den Sie verliebt waren, aber mit dem Sie nicht verheiratet waren . . 2
Jemand, den Sie kannten, aber in den Sie nicht verliebt waren 3
Jemand, den Sie kannten, aber nicht gut. 4
Jemand, den Sie gerade erst kennengelernt hatten 5
Jemand, den Sie für Sex bezahlt haben 6
Jemand, der Sie für Sex bezahlt hat. 7
Jemand, den Sie nicht kannten, eine fremde Person. 8
Eine andere Person (GENAU ANGEBEN)_____ 9

16. War diese Person mit Ihnen verwandt? ☐ Ja ☐ Nein
Falls **Ja,** weiter mit Frage 16A. Falls **Nein,** weiter mit Frage 17.

A. Wie waren Sie miteinander verwandt? War es ...

Ihr Vater. 1

Ihre Mutter 2

ein Bruder 3

eine Schwester. 4

ein Onkel. 5

eine Tante 6

ein(e) Cousin(e) 7

andere Verwandtschaft _____ 2

17. Benutzte Ihr(e) Partner(in) beim ersten Mal ein Verhütungsmittel? ☐ Ja ☐ Nein ☐ Weiß nicht

18. Zu welchen sexuellen Handlungen kam es beim ersten Mal? (Alle zutreffenden Antworten ankreuzen)

Küssen. 01

Berühren/Streicheln der Genitalien 02

Oralverkehr. 03

Vaginalverkehr 04

Analverkehr 05

19. Wie oft hatten Sie mit der betreffenden Person vaginalen Verkehr?

nur einmal 1

zwei- bis zehnmal 2

mehr als zehnmal. 3

habe immer noch Verkehr 4

KASTEN 7A

WAR DER ERSTE SEXUELLE VERKEHR ERZWUNGEN? ☐ JA ☐ NEIN

FALLS **JA,** WEITER MIT FRAGE 21. FALLS **NEIN,** WEITER MIT FRAGE 20.

---

20. Hat Sie nach der Pubertät, d. h. nach dem Lebensjahr, das Sie in Frage 1 angegeben haben, eine Person des anderen Geschlechts zu sexuellen Handlungen gezwungen, die Sie nicht wollten? ☐ Ja ☐ Nein

Falls **Ja,** weiter mit Frage 22. Falls **Nein,** weiter mit Frage 34.

21. Hat Sie nach diesem ersten Mal noch einmal eine Person des anderen Geschlechts zu sexuellen Handlungen gezwungen, die Sie nicht wollten? ☐ Ja ☐ Nein

Falls **Ja,** weiter mit Frage 22. Falls **Nein,** weiter mit Frage 34.

22. Wie viele Personen insgesamt haben Sie zu sexuellen Handlungen gezwungen? ☐☐ Falls eine Person, weiter mit Frage 23. Falls zwei oder mehr, weiter mit Frage 34.

23. In welcher Beziehung standen Sie zu der Person? (Eine Antwort ankreuzen)

Ehepartner(in) 1

Jemand, in den Sie verliebt waren, aber mit dem Sie nicht verheiratet waren . . 2
Jemand, den Sie kannten, aber in den Sie nicht verliebt waren 3
Jemand, den Sie kannten, aber nicht gut 4
Jemand, den Sie gerade erst kennengelernt hatten 5
Jemand, den Sie für Sex bezahlt haben 6
Jemand, der Sie für Sex bezahlt hat 7
Jemand, den Sie nicht kannten, eine fremde Person 8
Eine andere Person (GENAU ANGEBEN)_____ 9

24. Wie oft geschah es? ☐☐

25. Zu welchen sexuellen Handlungen kam es? (Alle zutreffenden Antworten ankreuzen)
Küssen 01
Berühren/Streicheln der Genitalien 02
Oralverkehr 03
Vaginalverkehr 04
Analverkehr 05

KASTEN 7B

FAND DER ERSTE VAGINALE GESCHLECHTSVERKEHR VOR VOLLENDUNG DES
ACHTZEHNTEN LEBENSJAHRES STATT? ☐ JA ☐ NEIN
FALLS **JA,** WEITER MIT FRAGE 26. FALLS **NEIN,** WEITER MIT FRAGE 29. FALLS
NOCH NIE VAGINALVERKEHR STATTFAND, WEITER MIT FRAGE 29.

---

26. Mit wie vielen Personen des anderen Geschlechts außer dieser ersten haben Sie
vor Vollendung des achtzehnten Lebensjahres vaginalen Verkehr gehabt? ☐☐
Falls mit keiner weiteren Person, fahren Sie mit Frage 29 fort. Falls mit einer weiteren
Person, fahren Sie mit Frage 27 fort.
Keine weitere Person 00
Eine weitere Person 01
Mehr als eine weitere Person 02

27. Wie oft hatten Sie vaginalen Verkehr mit dieser Person?
nur einmal 1
zwei- bis zehnmal 2
oder mehr als zehnmal 3
habe immer noch Verkehr 4

28. In welcher Beziehung standen Sie zu der betreffenden Person?
Ehepartner(in) 1
Jemand, in den Sie verliebt waren, aber mit dem Sie nicht verheiratet waren . . 2
Jemand, den Sie kannten, aber in den Sie nicht verliebt waren 3
Jemand, den Sie kannten, aber nicht gut 4
Jemand, den Sie gerade erst kennengelernt hatten 5

Jemand, den Sie für Sex bezahlt haben 6
Jemand, der Sie für Sex bezahlt hat................................ 7
Jemand, den Sie nicht kannten, eine fremde Person..................... 8
Eine andere Person (GENAU ANGEBEN)_____ 9

29. Nun folgen einige Fragen über sexuelle Erfahrungen mit einer Person Ihres Ge-
    schlechts nach der Pubertät, das heißt nach Ihrem zwölften oder dreizehnten Le-
    bensjahr. Wie alt waren Sie, als Sie zum ersten Mal mit einer Person Ihres Geschlechts
    sexuellen Verkehr hatten? ☐☐
    Falls Sie niemals gleichgeschlechtlichen Verkehr hatten, weiter mit Frage 36.

30. War dieses Mal ...
    etwas, das Sie damals wollten .... 1 (C beantworten)
    etwas, das Sie geschehen ließen, aber nicht unbedingt wollten 2 (D beantworten)
    etwas, wozu Sie gegen Ihren Willen gezwungen wurden .... 3 (A beantworten)

    A. In welcher Beziehung standen Sie zu der betreffenden Person?
       Jemand, in den Sie verliebt waren 1
       Jemand, den Sie kannten, aber in den Sie nicht verliebt waren 2
       Jemand, den Sie kannten, aber nicht gut.......................... 3
       Jemand, den Sie gerade erst kennengelernt hatten 4
       Jemand, den Sie für Sex bezahlt haben 5
       Jemand, der Sie für Sex bezahlt hat............................. 6
       Jemand, den Sie nicht kannten, eine fremde Person.................. 7
       Ein Verwandter/eine Verwandte 8
       Eine andere Person (GENAU ANGEBEN)_____ 9

    B. Auf welche Weise wurden Sie zum Verkehr gezwungen? (ALLE ZUTREFFENDEN
       ANTWORTEN ANKREUZEN)

       _____

       _____

       Drohung mit oder Anwendung von körperlicher Gewalt................ 1
       Drohung mit oder Gebrauch einer Waffe, zum Beispiel Messer oder
       Schußwaffe 2
       Andere Form von Drohung oder Einschüchterung (Nötigung, Erpressung,
       Bedrohung anderer)... 3
       WEITER MIT FRAGE 32

    C. Es gibt viele unterschiedliche Gründe, warum Menschen zum ersten Mal sexu-
       ellen Verkehr mit einer Person ihres eigenen Geschlechts haben wollen. Was
       war Ihr Hauptgrund, als Sie zum ersten Mal gleichgeschlechtlichen sexuellen
       Verkehr hatten? (EINE ANTWORT ANKREUZEN)
       Liebe zum Partner/zur Partnerin 1
       Druck der Gleichaltrigen....................................... 2
       Neugierde/Körperliche Bereitschaft 3
       Lust auf körperliches Vergnügen................................. 5
       Stand unter dem Einfluß von Alkohol oder Drogen.................. 6

Anderer Grund (GENAU ANGEBEN)_____ 8
Weiß nicht/erinnere mich nicht mehr 9
WEITER MIT FRAGE 31

D. Es gibt viele unterschiedliche Gründe, warum Menschen das erste Mal sexuellen Verkehr mit einer Person ihres Geschlechts haben, auch wenn sie es eigentlich gar nicht wollten. Was war Ihr Hauptgrund dafür, daß Sie das erste Mal beim gleichgeschlechtlichen Verkehr mitmachten? (Eine Antwort ankreuzen)
Liebe zum Partner/zur Partnerin 1
Druck der Gleichaltrigen. 2
Neugierde/Körperliche Bereitschaft 3
Lust auf körperliches Vergnügen. 5
Stand unter dem Einfluß von Alkohol oder Drogen. 6
Anderer Grund (GENAU ANGEBEN)_____ 8
Weiß nicht/erinnere mich nicht mehr 9
WEITER MIT FRAGE 31

31. In welcher Beziehung standen Sie zum Zeitpunkt des ersten sexuellen Verkehrs zu der betreffenden Person?
Jemand, in den Sie verliebt waren 1
Jemand, den Sie kannten, aber in den Sie nicht verliebt waren 2
Jemand, den Sie kannten, aber nicht gut 3
Jemand, den Sie gerade erst kennengelernt hatten 4
Jemand, den Sie für Sex bezahlt haben 5
Jemand, der Sie für Sex bezahlt hat. 6
Jemand, den Sie nicht kannten, eine fremde Person. 7
Ein Verwandter/eine Verwandte 8
Eine andere Person (GENAU ANGEBEN)_____ 9

32. War Ihr erster gleichgeschlechtlicher Partner/Ihre erste gleichgeschlechtliche Partnerin älter, jünger oder genauso alt wie Sie?
Älter. . . . . 1 (A beantworten)
Jünger . . . . 2 (A beantworten)
Genauso alt . . . . 3 (Weiter mit Frage 33)
A. Wie viele Jahre war er/sie jünger oder älter als Sie? ☐☐

33. Zu welchen sexuellen Handlungen kam es beim ersten Mal? (Alle zutreffenden Antworten ankreuzen)
HANDLUNGEN ZWISCHEN MÄNNERN
Partner stimuliert Ihre Genitalien mit der Hand 01
Sie stimulieren die Genitalien Ihres Partners mit der Hand 02
Passiver Oralverkehr: Partner stimuliert Ihre Genitalien mit dem Mund 03
Aktiver Oralverkehr: Sie stimulieren die Genitalien des Partners mit dem Mund 04
Aktiver Analverkehr: Sie führen Ihren Penis in den Anus Ihres Partners ein. . . . 05
Passiver Analverkehr: Ihr Partner führt seinen Penis in Ihren Anus ein. 06
Etwas anderes 07

HANDLUNGEN ZWISCHEN FRAUEN

Sie reiben Ihre Genitalien am Körper Ihrer Partnerin. 11
Partnerin reibt ihre Genitalien an Ihrem Körper 12
Partnerin stimuliert Ihre Genitalien mit der Hand 13
Sie stimulieren die Genitalien Ihrer Partnerin mit der Hand 14
Passiver Oralverkehr: Partnerin stimuliert Ihre Genitalien mit dem Mund. 15
Aktiver Oralverkehr: Sie stimulieren die Genitalien Ihrer Partnerin
mit dem Mund. 16
Etwas anderes 17

34. Wie oft hatten Sie nach dem ersten Mal mit derselben Person noch sexuellen Verkehr? ☐
nie mehr 1
nur noch einmal. 2
zwei- bis zehnmal 3
mehr als zehnmal. 4
habe immer noch Verkehr 5

KASTEN 7C
WURDEN SIE ZUM ERSTEN GLEICHGESCHLECHTLICHEN VERKEHR
GEZWUNGEN? ☐ Ja ☐ Nein
FALLS **JA,** FAHREN SIE MIT FRAGE 34B FORT. FALLS **NEIN,** FAHREN SIE MIT
FRAGE 34A FORT.

A. Wurden Sie jemals von einer Person Ihres Geschlechts zu sexuellen Handlungen gezwungen, die Sie nicht wollten? ☐ Ja ☐ Nein Falls **Ja,** machen Sie mit Frage 34C weiter.
Falls **Nein,** machen Sie mit Kasten 8D weiter.
B. Wurden Sie außer diesem ersten Mal noch einmal oder mehrere Male von einer Person Ihres Geschlechts zu sexuellen Handlungen gezwungen, die Sie nicht wollten? ☐ Ja ☐ Nein
Falls **Ja,** machen Sie mit Frage 34C weiter. Falls **Nein,** machen Sie mit Kasten 8D weiter.
C. Wie oft geschah es noch? ☐☐
D. Zu welchen sexuellen Handlungen kam es? (ALLE ZUTREFFENDEN ANTWORTEN ANKREUZEN)
Küssen. 01
Berühren/Streicheln der Genitalien 02
Oralverkehr 03
Vaginalverkehr 04
Analverkehr 05

362

HATTEN SIE VOR VOLLENDUNG IHRES ACHTZEHNTEN LEBENSJAHRES ZUM ERSTEN MAL GLEICHGESCHLECHTLICHEN VERKEHR? ☐ JA ☐ NEIN FALLS **JA,** FAHREN SIE MIT FRAGE 35 FORT. FALLS **NEIN,** FAHREN SIE MIT FRAGE 36 FORT.

35. Wie viele gleichgeschlechtliche Sexualpartner(innen) hatten Sie vor Vollendung Ihres achtzehnten Lebensjahres außer der Person, mit der der erste gleichgeschlechtliche Verkehr stattfand? ☐☐
Falls keine(n), weiter mit Frage 36. Falls eine(n), beantworten Sie bitte A und B. Falls mehr als eine/einen, antworten Sie für jede Person getrennt.
Kein weiterer Partner/keine weitere Partnerin 00
Ein weiterer Partner/eine weitere Partnerin 01
Mehr als ein weiterer Partner/eine weitere Partnerin 02
A. Wie oft hatten Sie mit diesem Partner/dieser Partnerin sexuellen Verkehr? ☐
nur einmal 1
zwei- bis zehnmal 2
mehr als zehnmal 3
habe immer noch Verkehr 4
B. In welcher Beziehung standen Sie zu der betreffenden Person?
Jemand, in den Sie verliebt waren 1
Jemand, den Sie gut kannten, aber in den Sie nicht verliebt waren 2
Jemand, den Sie kannten, aber nicht gut 3
Jemand, den Sie gerade erst kennengelernt hatten 4
Jemand, den Sie für Sex bezahlt haben 5
Jemand, der Sie für Sex bezahlt hat 6
Jemand, den Sie nicht kannten, eine fremde Person 7
Ein Verwandter/eine Verwandte 8
Eine andere Person (GENAU ANGEBEN)_____ 9
NUR FRAUEN:
36. Fühlen Sie sich im allgemeinen sexuell hingezogen ...
nur zu Männern 01
überwiegend zu Männern 02
zu Männern und Frauen 03
überwiegend zu Frauen 04
nur zu Frauen 05
NUR MÄNNER:
37. Fühlen Sie sich im allgemeinen sexuell hingezogen ...
nur zu Frauen 01
überwiegend zu Frauen 02

zu Frauen und Männern 03
überwiegend zu Männern. 04
nur zu Männern. 05

35. Betrachten Sie sich selbst als ...
heterosexuell 01
homosexuell. 02
bisexuell. 03
etwas anderes? (GENAU ANGEBEN)_____04
Normal/richtig 05
Weiß nicht 98

Abschnitt Acht: Körperliche Gesundheit

Nun folgen einige Fragen über Ihren Gesundheitszustand und zu Dingen, die mit der Gesundheit zusammenhängen.

1. Wie schätzen Sie ganz allgemein Ihren Gesundheitszustand ein? Würden Sie sagen, er sei ...
ausgezeichnet 1
gut. 2
mittelmäßig oder 3
schlecht? 4

2. NUR MÄNNER: Sind Sie beschnitten? ☐ Ja ☐ Nein

3. Waren Sie alles in allem mit Ihrem Leben in den letzten zwölf Monaten zufrieden? Ging es Ihnen ...
außerordentlich gut 1
die meiste Zeit sehr gut. 2
im allgemeinen zufriedenstellend 3
zeitweilig überhaupt nicht gut oder 4
die meiste Zeit nicht gut? 5

4. Wie regelmäßig haben Sie in den letzten zwölf Monaten alkoholische Getränke zu sich genommen? Würden Sie sagen ...
jeden Tag. 1
mehrmals in der Woche 2
mehrmals im Monat. 3
höchstens einmal im Monat oder. 4
überhaupt nicht? 5

5. Wie viele Gläser werden es üblicherweise im Verlauf eines Tages, wenn Sie trinken?
☐☐

6. Wie oft innerhalb der letzten zwölf Monate waren Sie durch gesundheitliche Probleme in Ihrer Sexualität beeinträchtigt? War es ...
die ganze Zeit über 1
die meiste Zeit. 2
einige Zeit 3

nur vorübergehend oder. 4

nie? 5

7. Wie oft innerhalb der letzten zwölf Monate waren Sie durch seelische Probleme in Ihrer Sexualität beeinträchtigt? War es ...

die ganze Zeit über 1

die meiste Zeit. 2

einige Zeit 3

nur vorübergehend oder. 4

nie? 5

8. Wie oft innerhalb der letzten zwölf Monate waren Sie durch Druck oder Streß in Ihrer Sexualität beeinträchtigt? War es ...

die ganze Zeit über 1

die meiste Zeit. 2

einige Zeit 3

nur vorübergehend oder. 4

nie? 5

Manchmal gibt es Phasen im Leben, in denen man sich nicht für Sex interessiert oder in denen die Sexualität nicht befriedigend ist. Es folgen einige Fragen dazu, ob Sie innerhalb der letzten zwölf Monate solche Phasen durchgemacht haben.

9. Gab es im Laufe des letzten Jahres eine Phase von einigen Monaten Dauer, in der Sie ...(bei jeder Frage Ja oder Nein ankreuzen)

A. kein Interesse an Sex hatten . . . . J   N

B. nicht zum Orgasmus oder sexuellen Höhepunkt kommen konnten . . J   N

C. zu rasch zum Orgasmus oder sexuellen Höhepunkt kamen . . . . J   N

D. körperliche Schmerzen beim Verkehr hatten . . . . J   N

E. keinen Spaß am sexuellen Verkehr hatten (ohne daß er schmerzhaft war) . . . . J   N

F. unmittelbar vor dem Geschlechtsverkehr Angst vor sexuellem Versagen hatten. . . . . J   N

NUR MÄNNER:

G. Schwierigkeiten hatten, eine Erektion zu bekommen oder zu halten? J   N

NUR FRAUEN:

H. Ihre Scheide nicht richtig feucht wurde? . . . . J   N

WENN SIE ALLE VORANGEHENDEN FRAGEN MIT «NEIN» BEANTWORTET HABEN, ÜBERSPRINGEN SIE DIE FOLGENDEN FRAGEN UND FAHREN SIE MIT FRAGE 12 FORT, ANSONSTEN MACHEN SIE MIT FRAGE 10 WEITER.

10. Ist es im Laufe des letzten Jahres vorgekommen, daß Sie wegen einer oder mehrerer der erwähnten Schwierigkeiten auf Sex verzichtet haben? ☐ Ja ☐ Nein

11. Manchmal sucht man, wenn man solche Probleme hat, Hilfe bei einem Arzt oder geht zu einer Beratung. Haben Sie im Laufe des letzten Jahres wegen der erwähnten sexuellen Probleme einmal eine der folgenden Personen aufgesucht:

Einen niedergelassenen Psychiater oder Psychotherapeuten? . . . . J   N

Einen Psychiater oder Psychotherapeuten an einer Klinik? . . . . J N
Einen anderen niedergelassenen Facharzt? . . . . J N
Einen anderen Facharzt an einer Klinik? . . . . J N
Einen Eheberater? . . . . J N
Einen Geistlichen? . . . . J N
Jemand anderen? (GENAU ANGEBEN)_____

Es gibt eine Reihe von Krankheiten oder Infektionen, die beim sexuellen Verkehr übertragen werden. Man bezeichnet sie manchmal als Geschlechtskrankheiten. Wir verwen-
den im folgenden die Bezeichnung sexuell übertragbare Krankheiten oder STD
(engl. sexually transmitted diseases).

12. Bitte beantworten Sie einige Fragen zu sexuell übertragbaren Krankheiten.

Wenn Sie in Spalte A bei einer der genannten Krankheiten »JA« ankreuzen, beantworten Sie bitte auch die Spalten B und C. Wenn Sie bei allen Krankheiten »NEIN« ankreuzen, fahren Sie mit Frage 13 fort.	A Kreuzen Sie bitte »JA« an, wenn man jemals bei Ihnen eine der genannten Krankheiten festgestellt hat, ansonsten »NEIN«. JA NEIN	B Wie oft hat man ins- gesamt die betreffende STD bei Ihnen festgestellt?	C Wurde bei Ihnen in den letzten zwölf Monaten eine STD fest- gestellt? JA NEIN
a. Gonorrhö (Tripper)	1 2	☐☐	1 2
b. Syphilis	1 2	☐☐	1 2
c. Herpes genitalis	1 2	☐☐	1 2
d. Chlamydien	1 2	☐☐	1 2
e. Papillomaviren (Feigwarzen)	1 2	☐☐	1 2
f. Hepatitis	1 2	☐☐	1 2
g. Aids, HIV	1 2	☐☐	1 2
NUR FRAUEN: h. Scheidenentzündung durch Pilzinfektion oder Trichomoniasis	1 2	☐☐	1 2
NUR FRAUEN: h. Unterleibsentzündung	1 2	☐☐	1 2
NUR MÄNNER: j. Harnröhrenentzündung durch Mykoplasmen	1 2	☐☐	1 2
k. ANDERE KRANKHEIT (genau angeben:)	1 2	☐☐	1 2

WENN SIE ALLE FRAGEN IN SPALTE C MIT NEIN BEANTWORTET HABEN, FAHREN SIE MIT KASTEN 8A FORT. ANDERNFALLS BEANTWORTEN SIE D UND E FÜR JEDE KRANKHEIT, BEI DER SIE IN SPALTE C JA ANGEKREUZT HABEN.

D. Wo ließen Sie sich behandeln?
FÜR JEDES JA IN SPALTE C
BEANTWORTEN. Gingen Sie ...
zu einem niedergelassenen Arzt
oder in eine Praxisgemeinschaft 1
in die Ambulanz eines Krankenhauses 2
in ein Zentrum für Familienplanung . 3
in eine auf STD spezialisierte Klinik . 4
in eine andere Klinik 5
zu einer anderen Einrichtung 6

E. Bei welchem Partner/welcher Partnerin haben Sie sich vermutlich mit der STD angesteckt? NAMEN EINTRAGEN (Spitznamen, Abkürzungen u. ä. sind zulässig)

a. 1 2 3 4 5 6
b. 1 2 3 4 5 6
c. 1 2 3 4 5 6
d. 1 2 3 4 5 6
e. 1 2 3 4 5 6
f. 1 2 3 4 5 6
g. 1 2 3 4 5 6
h. 1 2 3 4 5 6

a. _____
b. _____
c. _____
d. _____
e. _____
f. _____
g. _____
h. Handelt es sich um eine nicht durch einen Partner übertragene Krankheit, zum Beispiel eine Pilzinfektion? _____

i. 1 2 3 4 5 6
j. 1 2 3 4 5 6
k. 1 2 3 4 5 6

i. _____
j. _____
k. _____

WEITER MIT KASTEN 8A.

13. Haben Sie jemals vermutet, Sie könnten sich mit einer STD angesteckt haben?
☐ Ja ☐ Nein

KASTEN 8A
WENN SIE IN SPALTE D OBEN MINDESTENS EINMAL »4« ANGEKREUZT HABEN:
SIND SIE IN EINE AUF STD SPEZIALISIERTE KLINIK GEGANGEN?
☐ JA ☐ NEIN FALLS JA, FAHREN SIE MIT FRAGE 15 FORT. FALLS NEIN, WEITER MIT FRAGE 14.

14. Haben Sie jemals eine auf Geschlechtskrankheiten oder STD spezialisierte Klinik aufgesucht, gleichgültig aus welchem Grund? ☐ Ja ☐ Nein
    Falls Nein, fahren Sie mit Frage 17 fort.
15. Wann haben Sie das letzte Mal eine auf STD spezialisierte Klinik aufgesucht?
    MONAT ☐ ☐ JAHR ☐ ☐
16. Was war der Hauptgrund dafür, daß Sie eine auf STD spezialisierte Klinik aufgesucht haben? BITTE MIT EIGENEN WORTEN SCHILDERN
    Rat eines Sexualpartners/einer Sexualpartnerin 1
    Klinik nahm Kontakt mit mir auf, weil ich von einem Patienten/einer Patientin mit einer STD als Sexualpartner(in) genannt wurde 2
    Beschwerden 3
    Kontrolluntersuchung nach einer STD 4
    Untersuchung ohne bestimmten Anlaß 5
    Anderer Grund 6
17. Haben Sie in den letzten zwölf Monaten jemals eine der folgenden Beschwerden gehabt:
    Schmerzen oder Schwierigkeiten beim Urinieren . . . . J   N
    Schmerzen beim Geschlechtsverkehr . . . . J   N
    Wundsein oder Entzündungen im Genitalbereich . . . . J   N
    Anhaltenden starken Juckreiz im Genitalbereich . . . . J   N
    (NUR FRAUEN) Ausfluß? . . . . J   N
18. Im folgenden werden Ihnen einige Methoden genannt, die als mögliche Vorbeugung gegen Aids gelten. Bitte sagen Sie zu jeder Methode, ob Sie meinen, daß sie sehr wirksam, einigermaßen wirksam oder überhaupt nicht wirksam ist, um eine Ansteckung mit dem Immunschwächevirus beim Geschlechtsverkehr zu verhindern.

	Sehr wirksam	Einigermaßen wirksam	Überhaupt nicht wirksam
A. Benutzung eines Diaphragmas	3	2	1
B. Benutzung eines Kondoms	3	2	1
C. Benutzung eines spermienabtötenden Gels, eines Schaums oder einer Creme	3	2	1

Fortsetzung siehe folgende Seite

	Sehr wirksam	Einigermaßen wirksam	Überhaupt nicht wirksam
D. Benutzung eines Kondoms in Verbindung mit einem spermien- abtötenden Gel, einem Schaum oder einer Creme	3	2	1
E. Sterilisation	3	2	1
F. Nicht mit dem Immunschwächevirus infizierte Partner haben ausschließlich miteinander sexuellen Verkehr	3	2	1

19. Haben Sie Ihr Sexualverhalten in irgendeiner Weise wegen Aids geändert?
    ☐ Ja ☐ Nein Falls **Ja,** weiter mit Frage 20. Falls Nein, weiter mit Frage 21.
20. Was haben Sie geändert? BITTE IN EIGENEN WORTEN SCHILDERN.

_____

_____

21. Wie viele Personen, noch lebende oder inzwischen verstorbene, kennen oder kann-
    ten Sie, die an Aids erkrankt oder daran gestorben sind?
    ZAHL ☐☐
    eine oder mehr 01
    Keine . . . . 00 (WEITER MIT ABSCHNITT 6)
22. Denken Sie an die Person, die Sie von allen an Aids erkrankten Personen, von denen
    Sie wissen, am besten kennen oder kannten. Welche Bezeichnung trifft für Ihre
    Beziehung zu dieser Person zu?
    A. Ehepartner. 01
    B. Partner(in) oder Liebhaber/Geliebte 02
    C. Sohn oder Tochter 03
    D. Andere(r) Verwandte(r). 04
    E. Freund(in). 05
    F. Nachbar(in). 06
    G. Arbeitskollege/-kollegin 07
    H. Bekannte(r) 08
    G. Patient(in) 09
    J. Andere Beziehung. 10

23. Wir würden gerne noch etwas mehr über diese Person erfahren.
   A. Lebt diese Person noch, oder ist sie inzwischen gestorben? ☐ Lebt noch
      ☐ Ist gestorben
   B. Handelt es sich um einen Mann oder eine Frau? ☐ Mann ☐ Frau
   C. Wie alt ist/war der/die Betreffende? Ist/war er/sie ...
      nicht älter als zehn Jahre.. 1
      zwischen 11 und 20 Jahren....................................... 2
      zwischen 21 und 40 Jahren....................................... 3
      älter als 41 Jahre.. 4
   D. Welcher ethnischen Gruppe gehört(e) der/die Betreffende an? Ist/war er/sie
      schwarz, weiß, Latino oder anderer Abstammung?
      Schwarz.. 1
      Weiß... 2
      Latino... 3
      Andere Abstammung.. 4
   E. In welchem Staat lebt(e) der/die Betreffende?
      Staat _____

KASTEN 8B
FALLS BEI FRAGE 21 EINE PERSON ANGEGEBEN WURDE, WEITER MIT
ABSCHNITT 9.

Abschnitt Neun: Sexuelle Einstellungen

1. Es wurde viel darüber diskutiert, wie sich die Moral und die Einstellung gegenüber
   Sex in unserem Land verändert haben. Finden Sie es immer falsch, fast immer
   falsch, nur manchmal falsch oder überhaupt nicht falsch, wenn ein Mann und eine
   Frau vor der Ehe Geschlechtsverkehr haben?
   immer falsch 1
   fast immer falsch 2
   nur manchmal falsch 3
   überhaupt nicht falsch 4
2. Nehmen wir einmal Jugendliche im Alter von vierzehn oder fünfzehn Jahren. Finden
   Sie bei so jungen Leuten Sex vor der Ehe immer falsch, fast immer falsch, nur
   manchmal falsch oder überhaupt nicht falsch?
   immer falsch 1
   fast immer falsch 2
   nur manchmal falsch 3
   überhaupt nicht falsch 4
3. Wie denken Sie darüber, wenn ein verheirateter Mann oder eine verheiratete Frau

Geschlechtsverkehr mit einem anderen Partner/einer anderen Partnerin hat? Finden Sie das immer falsch, fast immer falsch, nur manchmal falsch oder überhaupt nicht falsch?

immer falsch 1
fast immer falsch 2
nur manchmal falsch 3
überhaupt nicht falsch 4

4. Wie denken Sie darüber, wenn zwei Erwachsene desselben Geschlechts miteinander eine sexuelle Beziehung haben? Finden Sie das immer falsch, fast immer falsch, nur manchmal falsch oder überhaupt nicht falsch?

immer falsch 1
fast immer falsch 2
nur manchmal falsch 3
überhaupt nicht falsch 4

5. Wann ist Ihrer Ansicht nach die Wahrscheinlichkeit, daß eine Frau schwanger wird, am größten?

unmittelbar vor ihrer Monatsblutung 1
während der Monatsblutung 2
unmittelbar nach der Monatsblutung 3
ungefähr zwei Wochen vor der Monatsblutung 4
während des ganzen Monatszyklus 5
weiß nicht 8

Bitte sagen Sie uns, ob Sie den folgenden Aussagen voll und ganz zustimmen, zustimmen, nicht zustimmen oder ganz und gar nicht zustimmen.

6. Männer haben einen stärkeren Sexualtrieb als Frauen.

Stimme voll und ganz zu 1
Stimme zu 2
Stimme nicht zu. 3
Stimme ganz und gar nicht zu. 4

7. Alle Arten von sexuellen Handlungen zwischen Erwachsenen sind in Ordnung, solange beide einverstanden sind.

Stimme voll und ganz zu 1
Stimme zu 2
Stimme nicht zu 3
Stimme ganz und gar nicht zu. 4

8. Der Verkauf von pornographischen Schriften und Filmen an Erwachsene über achtzehn Jahren sollte gesetzlich verboten werden.

Stimme voll und ganz zu 1
Stimme zu 2
Stimme nicht zu. 3
Stimme ganz und gar nicht zu. 4

9. Wenn ich ein oder zwei Gläser getrunken habe, bin ich im Bett besser.

Stimme voll und ganz zu 1
Stimme zu 2
Stimme nicht zu 3
Stimme ganz und gar nicht zu 4

10. Ich fühle mich schuldig, wenn ich beim Geschlechtsverkehr mit meinem Partner/meiner Partnerin an jemand anderen denke.
Stimme voll und ganz zu 1
Stimme zu 2
Stimme nicht zu 3
Stimme ganz und gar nicht zu 4

11. Wenn man den Partner/die Partnerin gut kennt, braucht man kein Kondom zu benutzen.
Stimme voll und ganz zu 1
Stimme zu 2
Stimme nicht zu 3
Stimme ganz und gar nicht zu 4

12. Ich habe nur Geschlechtsverkehr, wenn ich den Partner/die Partnerin auch liebe.
Stimme voll und ganz zu 1
Stimme zu 2
Stimme nicht zu 3
Stimme ganz und gar nicht zu 4

13. Meine religiösen Überzeugungen haben mein Sexualverhalten geprägt und bestimmt.
Stimme voll und ganz zu 1
Stimme zu 2
Stimme nicht zu 3
Stimme ganz und gar nicht zu 4

14. Es ist mir wichtig, daß mein Partner/meine Partnerin zum Orgasmus kommt, wenn wir Geschlechtsverkehr haben.
Stimme voll und ganz zu 1
Stimme zu 2
Stimme nicht zu 3
Stimme ganz und gar nicht zu 4

15. Bitte sagen Sie uns nun, ob es Ihrer Meinung nach für eine schwangere Frau eine legale Möglichkeit zur Abtreibung geben sollte ...
A. wenn sie durch Vergewaltigung schwanger geworden ist?
Ja 1
Nein 2
Weiß nicht 8
Keine Antwort 9
B. wenn die Frau es aus einem anderen Grund will?
Ja 1

Nein. 2

Weiß nicht 8

Keine Antwort 9

16. Wer hat Ihrer Meinung nach mehr Spaß am Sex – Männer, Frauen oder beide gleich viel?

Männer 1

Frauen 2

Beide gleich viel 3

Weiß nicht 8

Vielen Dank, daß Sie sich die Zeit genommen haben, die Fragen für unsere Untersuchung zu beantworten. Ihre Teilnahme an unserer Umfrage wird Auswirkungen darauf haben, wie wir als Nation mit sexuellen Fragen und mit Krankheiten wie Aids umgehen.

Register

Knaur Ⓚ

Geheimnis
Sexualität

(3994)

(4817)

(84025)

(77046)

(7791)

(4852)

Sexualität – ein Tabu?

(3994)

(77046)

(84057)

(77087)

(77096)

(84016)

Aus der Beziehungskiste

(3994)

(4034)

(4095)

(7790)

(7791)

Wenn Männer sich nicht binden wollen

(7858)